S.F.
V.

GABRIEL KOLKO

DAS JAHRHUNDERT DER KRIEGE

AUS DEM AMERIKANISCHEN
VON HANS GÜNTER HOLL

S. FISCHER

Die amerikanische Originalausgabe erschien 1994
unter dem Titel »Century of War«
im Verlag The New Press, New York

Für die deutsche Ausgabe:

Druck und Bindung: Clausen & Bosse, Leck
Printed in Germany
ISBN 3-10-040010-0

Die deutsche Fassung wurde gegenüber der amerikanischen Ausgabe gekürzt.

Für Iris und Stan Ovshinsky,
meine geliebten, immer anregenden Freunde,
die Idealismus und Humanismus
mit wissenschaftlicher Neugier verbinden.

INHALT

EINLEITUNG

Das 20. Jahrhundert begann voller Zuversicht. Man blickte optimistisch in die Zukunft und vertraute so blind auf die Kraft der Intelligenz und des technischen Fortschritts, daß einen heute die abgrundtiefe Kluft zwischen den Erwartungen und dem, wie es dann kam, sehr nachdenklich stimmen muß.

Das fröhliche Einverständnis über die Zukunft der Zivilisation beruhte letzten Endes auf dem Fortschrittsglauben der Aufklärung; zwar trugen marxistische Theorien ihren Teil dazu bei, aber auch altbackene, intellektuell weitaus weniger anspruchsvolle Konzepte weckten große Hoffnungen. Im übrigen waren die Machthaber es leid, ihre Autorität oder Urteilskraft in Frage stellen zu lassen, und orientierten sich nach vorn. Daß ihre Entscheidungen grundfalsch sein könnten, verhängnisvoll nicht nur für ihre Staaten, sondern auch für sie selbst, galt bis 1914 fast als undenkbar – sogar für die große Mehrzahl der Sozialisten.

Ob die herrschenden Schichten mitsamt ihrer Klientel wenigstens vernünftig genug wären, die bestehende Ordnung zu bewahren, der sie ihre Legitimität verdankten, das wurde in Europa zur offenen Frage, nachdem der Boden für den Ersten Weltkrieg bereitet war. Die Kriegsbereitschaft der Staatsmänner Europas läßt, ebenso wie die von den verfeindeten Generälen geteilten Illusionen über die Dauer und die Folgen des Kriegs, grundsätzlich daran zweifeln, ob Klugheit und Einsicht nach der Jahrhundertwende überhaupt noch eine Rolle spielten. Ahnten die Verantwortlichen jemals die ganze Tragweite ihrer Entscheidungen? Und warum beurteilten gerade jene, die Kriegsvorbereitungen treffen und Armeen befehligen sollten, die strategische Gesamtlage nahezu übereinstimmend falsch? Schließlich kam es maßgeblich darauf an, was die moderne Rüstungstechnik leisten würde, das heißt, wie schnell der Waffengang entschieden wäre – denn je länger der Krieg dauerte, desto größer wurde die Wahrscheinlichkeit sich zuspitzender sozialer und politischer Krisen, die ihrerseits wieder Rückwirkungen auf die militärische Stärke der Staaten hätten.

Eine Kriegsorganisation auf die Beine zu stellen, die den Bedürfnissen der Rüstungsindustrie entsprach, war nur möglich, wenn die innenpolitischen Macht- und Kompetenzverhältnisse berücksichtigt wurden. Waren die Militärs der hochkomplizierten Waffentechnik und Logistik gewachsen? Und würden die zivilen Experten die öffentlichen Interessen über ihren persönlichen und geschäftlichen Vorteil stellen? Ein weiteres Problem lag darin, in welchem Umfang Arbeiter und Bauern die angespannte Lage auf dem Arbeits- und Versorgungsmarkt für sich ausnutzten: Würden die neuen Pfründe und Rollen, die der Krieg den einst benachteiligten Schichten zuwies, langfristig die traditionellen Machtstrukturen unangetastet lassen?

Solche und ähnliche Fragen stellten sich im Zusammenhang mit den Auswirkungen der beiden Weltkriege auf die Länder Europas und Asiens, insbesondere für jene sozialen Gruppen, die am meisten unter den Folgen litten: Inflation, Hunger, Traumatisierung durch eindringende Truppen, Zwangsvertreibung, Elend, Not und Kampf ums nackte Überleben. Der Krieg ist im Lauf der Zeit immer grausamer geworden und erschüttert Gesellschaftsordnungen schwerer denn je, bis zum totalen Zusammenbruch. So steril Wirtschaftsdaten über den Lebensstandard auf dem Papier wirken mögen: Im Alltag bedeuten sie allgegenwärtige Existenznot, oft Hunger, und letzten Endes lösten solche Gegebenheiten (vielleicht mehr als jede andere Entwicklung einschließlich Sieg und Niederlage auf dem Schlachtfeld) politische und soziale Veränderungen aus, indem sie vielerorts Protestbewegungen und Massenparteien hervorbrachten und dadurch wiederum erheblichen Einfluß auf die Kriegsfolgen nahmen.

Kriege peinigten aber nicht nur die Zivilbevölkerung in einem für Politiker und Militärstrategen ungeahnten Ausmaß, sondern auch die Soldaten selbst, was in Zentraleuropa ab 1916 eine zunehmend wichtige und in Rußland 1917 sogar eine ausschlaggebende Rolle spielte. Die Stimmung in der Truppe angesichts des ungeheuren fortwährenden Schreckens gewann einen Stellenwert, mit dem weder Hurrapatrioten noch Marxisten je gerechnet hatten. Zu den brisantesten Folgen des Kriegs gehört, daß er (nicht nur jugendliche) Bauern und Arbeiter dazu veranlassen kann, die bestehende Ordnung abzulehnen oder gar zu bekämpfen – was sich in Europa besonders gegen Ende des Ersten Weltkriegs zeigte und nach 1939 mit über den Ausgang der Kämpfe in Frankreich, China und Vietnam entschied.

Historiker nehmen die kriegsbedingten Lebensverhältnisse der Zivilbevölkerung wie auch der Soldaten selbst meist nur als Hintergrund der militärischen und diplomatischen Entwicklung wahr, auf die sie sich konzentrieren. Aber diese Lebensverhältnisse und das Trauma des Kriegs selbst bringen – bei Siegern wie bei Besiegten – das ganze Gefüge der staatlichen und gesellschaftlichen Institutionen ins Wanken. Dies gilt es zu beachten, wenn man die direkten Kriegsfolgen und die unvermeidlichen Nachwirkungen auf soziale Strukturen und die internationalen Beziehungen verstehen will, wie sie – zu Friedens- wie zu Kriegszeiten – die Weltpolitik unseres Jahrhunderts geprägt haben. Kriege werden heute zunehmend auch als Wettstreit zwischen sozialen Systemen geführt und stellen die Belastbarkeit der jeweiligen politischen, kulturellen und ökonomischen Netzwerke auf eine schwere Probe, was ihren Ausgang zumindest ebenso beeinflußt wie die traditionell betonte militärische Stärke. Stets unvorhersehbar blieb indes, an welchem Punkt Nationen in eine ausweglose Lage geraten, weil ihr Integrations- oder Durchhaltevermögen erschöpft ist, so daß sie, ohne im eigentlichen Sinne militärisch geschlagen zu sein, doch demoralisiert aufgeben müssen.

Im 20. Jahrhundert haben Kriege gesellschaftliche Entwicklungen stets extrem beschleunigt und ehemals privilegierte Schichten ökonomisch massiv geschwächt oder gar völlig ausgelöscht. Arbeitern und Bauern drängten sie Denk- und Handlungsweisen auf, die in Friedenszeiten kaum vorstellbar gewesen wären. Derart ausgeprägte Reaktionen hatten vielerlei Ursachen, von Verelendung oder Zwangsarbeit bis zum abscheulichen Verhalten der

– um nur zwei Beispiele zu nennen – französischen oder philippinischen Kollaborateure an der Spitze ihrer besetzten Staaten. Angesichts solcher Phänomene war es wenig überraschend, daß viele Menschen, die ansonsten wahrscheinlich apolitisch geblieben wären, durch Kriege auf die Barrikaden getrieben wurden. Konventionen und Ikonen brachen zusammen, es entstanden veränderte Einstellungen und damit neue Bedürfnisse und Wünsche. So trugen die Mobilmachung und das allgemeine Elend ab 1914 erheblich dazu bei, daß nach Kriegsende starke faschistische und kommunistische Strömungen aufkamen. Die Dritte Welt erlebte nach 1945, bedingt durch Kriege und den Vormarsch neuer Exportbranchen, die zahllose Bauern verdrängten, einen Strukturwandel, der viele einst relativ stabile Staaten zu Fall brachte; später ließen sich die radikalen Kräfte, die in einem solchen Klima immer gedeihen, in einen heillosen Strudel von Gewalt und Krieg reißen.

Der Krieg war auch eine Grundvoraussetzung für das Erstarken der Linken, die 1917/18 ganz ins Zentrum der europäischen, ab 1941 sogar der Weltpolitik rückte (und den Vereinigten Staaten bis vor kurzem, als die kommunistischen oder sozialistischen Staaten und Parteien marginalisiert wurden, massives Kopfzerbrechen bereitete). Daß die Macht der sozialistischen Parteien wuchs, der Kommunismus erstarkte und die Sowjetunion entstand, resultierte aus der politischen Eigendynamik, die der Krieg ab 1916 besonders – aber keineswegs ausschließlich – unter den Soldaten in Gang setzte. Der starke Einfluß der Linken während des Ersten Weltkriegs ergab sich direkt aus den Protesten tief entfremdeter einfacher Soldaten überall in Europa, und das zeigte, wie verkehrt die Staatsmänner den Widerstand gegen ihre fatalen Strategien eingeschätzt hatten.

Der Erste Weltkrieg ließ erstmals die Kernfrage aufkommen, was für eine politische Rolle die moderne Linke spielen und ob ihre Führungsriege anders auftreten würde als jene radikalen, ziemlich desorganisierten Gruppen, in denen sich Weltverbesserer mit hohen Idealen und ehrgeizigen Zielen aufrieben. Die Bolschewisten – und sogar viele Sozialdemokraten – sahen in der Partei eine unentbehrliche Vorhut: In den Planungen der ersteren kam ihr die entscheidende katalytische, in denen der letzteren eine notwendige Aufgabe zu. Doch ob die Linke sich geordnet oder eher konfus und chaotisch entwickeln würde, das hing weitgehend von den Kriegsfolgen und von den Infrastrukturen der jeweiligen Länder (einschließlich der Kommunikationsmittel) ab. Es geht dabei um das Standardproblem, was Menschen zum politischen Handeln veranlaßt: Charismatische Persönlichkeiten? Äußere Ereignisse? Objektive Bedingungen? Ein verändertes Bewußtsein? Avantgardisten und Parteien? Daß die Arbeiter in Europa zwar zunächst erwachten und erstarkten, um dann jedoch beim Aufbau des Sozialismus zu scheitern, spricht für die Annahme, daß dieser Aufbruch eher durch die Kriegsfolgen bestimmt war als durch die fragwürdige Qualität orthodox-marxistischer Prognosen – von der wachsenden Verelendung des Proletariats bis hin zu den von Anfang an rätselhaften Thesen des *Kapitals*. Eine umfassende historische Analyse der Entstehung von Strömungen und Parteien der Linken in jüngerer Zeit ist längst überfällig und bildet insofern auch ein zentrales Thema dieser Abhandlung.

Nachdem der Zweite Weltkrieg die Gesamtbevölkerung Europas noch viel stärker traf als der Erste, bleibt zu fragen, warum sich im Süden und Westen ab 1944 – als bewaffnete Widerstandskräfte das Machtvakuum hätten füllen können, das die als Kollaborateure oder Faschisten diskreditierten konservativen Kräfte hinterließen – nur relativ wenig veränderte. Daß es angesichts der radikalisierten Massen in keinem europäischen Land außer in Griechenland zu einer schweren politischen Krise kam, lag am Pochen der Sowjetunion und der kommunistischen Parteien auf bedingungslose Gefolgschaft, erklärt allerdings auch die lange Friedensphase in Europa, die erst mit dem Zusammenbruch des Ostblocks zu Ende ging.

War nun aber der Kommunismus, waren die Abermillionen von Kommunisten oder die bewaffneten Aufständler nach 1945, etwa in Griechenland, in Vietnam und auf den Philippinen, schuld an den großen Krisen (und Kriegen) der zweiten Jahrhunderthälfte? Oder wirkte hier vor allem die tiefe, durch zwei Weltkriege verursachte Zerrüttung der traditionellen Staatenwelt? Schließlich sehen wir uns heute, nach dem Zerfall des Ostblocks, weltweit wieder mehr bewaffneten Konflikten gegenüber als in jeder anderen Phase der Nachkriegszeit. Und es fragt sich, ob es die bloße Hegemonie der Sowjetunion mit ihrem Einfluß auf die kommunistischen Parteien Westeuropas war, die den Westen vor schweren inneren Zerreißproben bewahrte, wie sie die Welt bereits nach dem Ersten Weltkrieg in Atem gehalten hatten. Wenn dem so wäre – was wird die Zukunft bereithalten, jetzt, da politischer und gesellschaftlicher Fortschritt nicht mehr mit Verweis auf die Zustände im sowjetischen Block abgetan werden kann?

Erster Teil

KRIEGSORGANISATION

I. DAS VORFELD

Seit inzwischen mehr als einem Jahrhundert plagt uns der Ungeist des Nationalismus – mit all seinen Einflüsterungen, Illusionen und schrecklichen Gefahren –, der erst die Einigung Deutschlands und Italiens herbeiführte, anschließend einen Großteil Osteuropas und der Kolonialgebiete zu fanatischen Anhängern des Selbstbestimmungsrechts der Völker machte und zuletzt ganze Imperien zerstörte. Trotz ihrer verheerenden Folgen blieben die nationalistischen Ideale für viele Menschen reizvoll, von zynischen Machthabern bis zum gemeinen Volk, das ansonsten von der Politik kaum mehr erwartet, als in Ruhe gelassen zu werden. Das Unabhängigkeitsstreben hat Regionen und Kontinente in immer kleinere Staaten zersplittert und so starke Spannungen und Konflikte heraufbeschworen, weil diese Staaten weder aus eigener Kraft bestehen noch Frieden mit ihren Nachbarn halten können. Dies alles fällt in eine Epoche, deren maßlos gefährliche Waffen es fraglich erscheinen lassen, ob die Menschheit das nächste Jahrhundert ohne entsetzliche nukleare oder chemisch-biologische Katastrophen überstehen wird.

Ausgleichend wirkte der Nationalismus bestenfalls einmal kurzfristig, da ihn die bösen Motive seiner ideologischen Tradition zwangsläufig immer wieder einholten. Zu den Einstellungen, die er überall auf dem europäischen Festland massenhaft hervorbrachte, gehörten ein mehr oder weniger giftiger Rassismus, die vermeintlich logische, naturgegebene Überordnung bestimmter Sprach- oder Volksgruppen über andere sowie eine oft romantisch verklärte Neigung zur Gewalt aus eigenem Recht. Ideologisch gesehen war um 1900 nicht nur Europa, sondern fast die ganze Welt kriegsbereit und ist es in dieser oder jener Form bis heute geblieben.

Die betreffende Ideologie darzustellen ist einerseits einfach, weil sie auf wenigen schlichten und erstaunlich stereotypen Prämissen beruht; andererseits schwierig, weil die darin verquickten Ideen und Impulse vielfältige geistige und kulturelle Formen annehmen – zumal in den herrschenden Schichten, die seit jeher überall am nachdrücklichsten für nationalistische Ziele eintreten. Um die wesentliche Bedeutung des Nationalismus und des Chauvinismus für das 20. Jahrhundert zu begreifen, dürfen wir allerdings nicht bei seinen mannigfachen historischen Auswirkungen verharren, sondern müssen seine institutionellen Wurzeln aufspüren.

Nationalismus und Militarismus im Gleichschritt

Vor 1914 hatte ihr chauvinistischer Nationalismus französischen Politikern eingeflüstert, sie seien den Deutschen überlegen und sollten eine Vormachtstellung ihres Landes in Europa erstreben. Ihre deutschen Kollegen, die ihren Überlegenheitsdünkel auf biologische Rasselehren stützten, waren gar bereit, einen Präventivkrieg anzuzetteln. Nicht ganz so bösartige vaterländische Ambitionen, die jedoch letzten Endes ebenfalls in Militarismus umschlugen, kamen unter den herrschenden Schichten der USA auf. Als sich die kriegerischen und die eher zivilen Stränge der nationalistischen Tradition schließlich zu einer diffusen Weltanschauung verbanden, entstanden Ideale, die zwar klassenübergreifend, aber gleichzeitig miteinander unvereinbar waren und dadurch unweigerlich die alte Gesellschaftsordnung in den Ruin trieben.

Anfangs hatte der europäische Militarismus hauptsächlich von echten oder vorgetäuschten aristokratischen Werten gezehrt. Erheblich an Einfluß gewann er, als ihn auch bürgerliche Kreise förderten. Es wäre allerdings falsch, die Wurzeln des Militarismus nur in Europa zu suchen und dabei die eigenständige Entwicklung des amerikanischen und des japanischen Imperialismus zu übersehen. Meist prägte er die Innen- und Außenpolitik lediglich im Sinne einer dumpfen, gehässigen Grundstimmung. In der Praxis saugte er von anmaßenden sozialdarwinistischen Machttheorien über einen heimtückischen Kolonialismus bis zum dümmlich aggressiven Fremdenhaß alles auf.

Auch wenn die Vorstellung, nationale Feldzüge seien grundsätzlich legitim, erheblich zu den Kriegen unseres Jahrhunderts beitrugen – sie war dafür weder ursächlich noch gar auslösend. Um zu verstehen, warum Kriege begonnen oder überhaupt ernsthaft in Erwägung gezogen werden, müssen wir die Dynamik der Machtverhältnisse und den Einfluß eigenständiger Ideen im jeweiligen ökonomischen und sozialen Umfeld betrachten. Zur Jahrhundertwende prägten die Gedanken von Clausewitz, Darwin oder Mahan viele derer, die das Schicksal der Industrieländer lenkten, wie das ihnen allen gemeinsame kurzsichtige Verhalten bezeugt. Clausewitz hatte der Kriegslehre eine pseudowissenschaftliche Moral unterlegt und damit die Macht der im übrigen geistfeindlichen europäischen Militärs in einer (von den meisten Offizieren als seelenlos und rein materialistisch abgelehnten) Ära der aggressiven Industrialisierung begründet. Die Sozialdarwinisten ergänzten ihren Clausewitz durch primitive Kampfparolen vom Überleben des Tüchtigsten und vom Untergang der Schwachen. Der mit wissenschaftlichen Weihen versehene Krieg ließ sich angeblich »vernünftig« führen, und Clausewitz' Loblied auf den genialen Feldherrn stellte ihn sogar als ein unerläßliches Element der Naturordnung dar.

Als Kapitän Alfred T. Mahan 1890 seine berühmte Abhandlung über die Marine veröffentlichte und für die Expansion zur See und den Erwerb von Stützpunkten und Kolonien eintrat, warteten in Europa und in den Vereinigten Staaten bald auch einflußreiche imperialistische Kreise mit vermeintlich schlüssigen Argumenten für strategische und ökonomische Beutezüge auf. Seltsamerweise resultierten diese zur kriegerischen Eroberung neigenden nationalistischen Bestrebungen durchweg aus einem – wiewohl konfliktorientierten – globalen Denken. Auch lag ihnen allen eine völlige Blindheit für die innenpolitischen Konsequenzen von Kriegen bis hin zum Zusammenbruch der traditionellen Ordnungen zugrunde.

Viele ranghohe Offiziere lehnten das eigennützige Kommerzdenken des Industriekapitalismus von Grund auf ab. Später einte sie ihre antimoderne Einstellung nicht nur im Glauben an die restaurative Kraft der Kriegführung an sich, sondern auch in der strategischen Lagebeurteilung auf dem Schlachtfeld und in ihren Reaktionen, als der Erste Weltkrieg ganze Sozialsysteme erschütterte oder gar einstürzen ließ. Viele britische, französische und deutsche Generäle und auch Zivilisten wie Theodore Roosevelt und sein Kreis in den Vereinigten Staaten sowie die »ewiggestrigen« Aristokraten Englands trieben einen aktiven Kult der körperlichen Ertüchtigung, mit dem alle herrschenden Schichten der Industrieländer das Opfer im Kampf als persönlich erhebend – ja, als ein Heilserlebnis – verklärten. Spuren davon finden sich übrigens noch heute.

Der Kriegerkult, der um die Jahrhundertwende international zu Ansehen gelangte, war im Grunde romantisch feudal, versetzt mit einem persönlichen Ehrenkodex von Disziplin und Mut und gestützt auf Clausewitz' Glauben an die Moral der Kriegführung. Er gab den Feldherren der einzelnen Länder das nötige Selbstvertrauen, um völlig obsolete Kriegsnormen aufzustellen und dann vor sich und ihren Zivilistenkollegen zu rechtfertigen. Außerdem führte er jene Verblendung herbei, die Kriege zum Ausgangspunkt aller großen Krisen und Umwälzungen unseres Jahrhunderts machte. Die zunehmende ideologische Absegnung des Kriegs vor und nach 1914 verband den Kult des Tatmenschen mit einer diffusen Ablehnung ökonomischer Motive – der »Egoismus« wurde durch das angeblich transzendente Schicksal der Nation ersetzt –, was die Macht sowohl der Militärs als auch ihrer zivilen Pendants innerhalb der herrschenden Schichten vieler Industrieländer merklich steigerte. Diese Stimmung äußerte sich in so unterschiedlichen Formen wie Robert Baden-Powells paramilitärischer antistädtischer Pfadfinderbewegung, die Überlebenstraining und Männlichkeitsrituale kultivierte, und im italienischen Faschismus, der fanatisch »Aktionen« organisierte und Opfermut predigte.[1]

Da solche persönlichen Tugenden – die Städtern nach Ansicht vieler Offiziere weitgehend abgingen – bei den Planern des Ersten

Weltkriegs noch viel zählten, lief die allgemeine Strategie darauf hinaus, durch mobile Offensiven schnell die Entscheidung herbeizuführen, wobei man vor allem auf die unerschrockenen Elitetruppen der Kavallerie setzte, die den Feind sogar mit Schwert und Bajonett niedermachen würden. »Beide Seiten«, schrieb der französische Oberbefehlshaber von 1914, Marschall Joseph Joffre, als er später diese beinahe an mittelalterliche Turniere erinnernden Bilder Revue passieren ließ, »nahmen übereinstimmend an, daß nur eine beherzte Offensive zum Erfolg führen konnte.« Da auch die Deutschen besaßen, was Joffre »den unnachgiebigen Siegeswillen« nannte, war das Erstaunliche am ersten großen Kriegsdrama dieses Jahrhunderts nicht so sehr, wie schnell eine Pattsituation entstand, sondern daß Generäle und Politiker aller Seiten darauf völlig unvorbereitet waren, obwohl es von Anfang an auf der Hand lag.[2] Die Grundüberzeugung, man könne Kriege bequem im Sinne der eigenen Strategien und Prioritäten führen, auch was die Ausrüstung und das Budget angeht, hat sich in unterschiedlichen Formen bis heute am Leben erhalten. Ohne diese Selbsttäuschung hätte die Vorstellung, man könne nationale Interessen mit Waffengewalt durchsetzen, wohl schon viele ihrer Anhänger verloren.

Die territorialen und ökonomischen Ziele der Großmächte stützten sich auf anerkannte ideologische, kulturelle und strategische Prämissen – im Fall Deutschlands nicht erst seit Hitlers Bestreben, »Lebensraum im Osten« zu erobern. Hitler brauchte lediglich Ressentiments gegen die Slawen aufzugreifen, wie sie bereits seit dem Ende des 19. Jahrhunderts bei den wichtigsten deutschen Politikern gang und gäbe waren. Frankreichs Militärs teilten die überhebliche Einstellung der deutschen Offiziere und wünschten ebenso wie diese eine Expansion sowohl nach Übersee als auch in Europa selbst, und ähnliche – ebenso raubgierige wie anmaßende – Überlegungen stellte man auch in Großbritannien an.

Überreste dieses Gedankenguts tauchten auch nach dem Ersten Weltkrieg immer wieder auf, da die herrschenden Eliten schlicht unfähig waren, aus dem abscheulichen Gemetzel und den sozialen

Erschütterungen des Kriegs zu lernen. Schon bald erfaßten die romantischen Kriegsillusionen auch italienische Politiker sowie japanische Offiziere, die ein tödliches Gemisch aus Aktionismus, Selbstverleugnung, blindem Gehorsam gegenüber der kaiserlichen Autorität und Expansionismus, verbunden mit der Ablehnung von Kommerz und Demokratie zusammenbrauten. Obwohl die Hauptgründe für den japanischen Imperialismus ab 1931 geopolitischer, vor allem aber ökonomischer Natur waren, spielte die militärische Tradition dabei eine erhebliche Rolle. Im Grunde ging der Krieg auf ideologische, materielle und strategische Motive zurück, die von nichts als Wunschdenken zeugten.

Daß verstiegene Ideen und dogmatische Fixierungen Politiker daran hindern können, aus wiederholten Fehlschlägen zu lernen, zeigte sich nach 1947 überdeutlich im Vorgehen der Vereinigten Staaten gegen Rebellenbewegungen (vgl. Kapitel 14 und 15). [3]

Die Blindheit unfähiger Eliten

Keine Kriegsgeschichte kann verschweigen, daß die Herrschenden durchweg stumpf sind für die Leiden der Bevölkerung. Und da die Machthaber des 20. Jahrhunderts auffällig zu einem halsstarrigen Größenwahn neigen, können wir nicht umhin, über die Auswirkungen dieses Zuges, das heißt darüber nachzudenken, wie sie ihre Staaten eigentlich in kritischen Phasen führen. Grundsätzlich fragt sich allerdings, ob Entscheidungsträger die regelmäßig wiederkehrenden Krisen der Sozialsysteme verursachen oder bloß verkörpern.

Zwar wären hier Biographien gefragt, aber so faszinierend sie sein mögen, sie schöpfen selten die vielschichtigen Beziehungen des Menschen zum ihn prägenden kulturellen und politischen Milieu aus. Wer die vielen Porträts zum Beispiel des Feldmarschalls Earl Douglas Haig liest, der ab Dezember 1915 die in Frankreich an der Westfront kämpfenden britischen Streitkräfte befehligte, kann nur über sein Vermögen staunen, den Krieg ganz abstrakt als ein routinemäßiges Planspiel aufzufassen, so daß er stets weit hinter der Front blieb, sie selten besuchte und kaum Verbindung zu seinen Führungsoffizieren hielt, sich statt dessen jedoch unausgesetzt um die fortwährend auftretenden Notfälle kümmerte. Da er allein auf den Allmächtigen hörte, konnten selbst Tatsachen seine vorgefaßten Meinungen nicht umstoßen. Haigs Verbohrtheit spiegelt keineswegs nur den Dünkel der britischen Elite wider, sondern eine Mentalität, die auch deutsche, russische und französische Militärs teilten.

Haig stieg auf, weil er reich und gesellschaftlich angesehen war, ausgestattet mit den entsprechenden Beziehungen, vor allem zum König, aber auch mit dem Geschick, jene viktorianischen Tugenden des heroischen Kavalleristen zu pflegen, die seine Offizierskollegen als maßgeblich für den Kriegserfolg ansahen. Allein deshalb behielt er das Kommando, obwohl er ausgesprochen mittelmäßig war und viele Landsleute in den Tod schickte, nur um ohne Rücksicht auf das strategisch Gebotene an einem aberwitzigen Ideal von Mut und Standhaftigkeit festzuhalten.

Noch schlimmer als Haig war Feldmarschall Earl Horatio Kitchener, der bis 1916 als Kriegsminister diente, nur an seine Karriere dachte und nicht das geringste von moderner Kriegführung verstand. Ähnlich wie Haig hielt sich auch der deutsche General Paul von Hindenburg ernsthaft für ein auserwähltes Werkzeug des Allmächtigen, brachte es allerdings viel weiter, nämlich bis zum Reichspräsidenten, der 1933 sogar den Steigbügel zur Machtergreifung Hitlers hielt.

Persönliche Unfähigkeit behindert den Aufstieg in Befehlsränge viel weniger als schlechte Beziehungen zu den Machteliten, zumal zu denen, die über Ernennungen befinden. Insofern trägt schon die Sozialisation ehrgeiziger Funktionäre entscheidend dazu bei, daß sie in den Grenzen ihres analytischen Denkens befangen bleiben und nicht in der Lage sind, Kriege entweder tunlichst zu vermeiden oder doch wenigstens zu gewinnen. Weil politische Interessen und Vorurteile stets mit darüber bestimmen, wie Informationen genutzt werden und was als gesicherte oder erwiesene Tatsache zu gelten hat, wird die verfügbare Intelligenz nicht dafür eingesetzt, Urteile kritisch zu prüfen, sondern nur dafür, oft völlig unhaltbare, aus sachfremden Erwägungen getroffene Entscheidungen abzusegnen. Streber und Kleingeister in Machtpositionen zeugen von der tiefen Borniertheit einer Gesellschaft, die willkürliche Selektionsverfahren und überholte Prinzipien als *Ultima ratio* ausgibt. Allerdings bringen Politiker, die kollektive Irrtümer teilen und sich dem herrschenden Denk- und Verhaltenskodex unterwerfen, ihre Staaten – gerade aufgrund der geheiligten Werte und Dogmen – unweigerlich in sehr bedrohliche Situationen.[4]

Großstrategien im Bannkreis der Innenpolitik

Wie formulieren Regierungen ihre konkreten sozialen und politischen Ziele und die Wege zu deren Verwirklichung? Und warum kommt es dabei so oft zu Fehleinschätzungen oder bequemen Lügen, die dann in ein tieferes Schlamassel führen, als man es je für möglich gehalten hatte?

Die Krisen unseres Jahrhunderts lassen vermuten, daß bedeutende Staatsmänner und Militärs ihre außenpolitischen Prioritäten sowohl an den Interessen der herrschenden Schichten und Eliten als auch an ihren Einstellungen zu Krieg und Gewalt ausrichten. Wenn ihre Motive überwiegend innenpolitischer Natur sind – wie es sich oft verhält –, neigen sie dazu, die Risiken bewaffneter Konflikte herunterzuspielen und trügerische Szenarien zu entwerfen, um Risiken einzugehen, die ansonsten unverantwortlich erschienen, und zwar mit ziemlich fadenscheinigen, oft widersprüchlichen, ja hanebüchenen Begründungen. Die brisante Wechselwirkung zwischen innenpolitischen Zwangslagen und der strategischen Militärplanung förderte alle Kriege dieses Jahrhunderts und erklärt manchmal erst, warum sie überhaupt entstanden.

Am eindeutigsten ließen sich Frankreichs Militärs im Vorfeld des Ersten Weltkriegs – erst in der Lagebeurteilung und dann in der Strategiewahl – durch Neigungen und Interessen beeinflussen. Ein ausgesprochen antidemokratisch eingestelltes Offizierskorps verschanzte sich gegenüber Angriffen kritischer Zivilisten im Zusammenhang mit der Dreyfus-Affäre hinter der Aussicht auf einen schnellen Sieg durch Offensiven hoch mobiler Elitetruppen. Daran hielt es nach Kriegsbeginn fest, obwohl die Militärführung den deutschen Angriffsplan schon seit 1904 in seinen Grundzügen kannte, also auf eine Abwehrstrategie mit Wehrpflichtigen hätte setzen müssen. Statt dessen empörte sich die Armeespitze über die Demokratisierungspläne närrischer Politiker, denen daran lag, die Reserven aufzustocken und die Defensive zu verstärken, nachdem sie den Wehrdienst bereits 1905 auf zwei Jahre verkürzt hatten. Den Generälen ging es vor allem darum, sich nicht von Zivilisten hineinreden zu lassen, und als Deutschland 1912 massiv aufzurüsten begann, schlug die Stimmung um, so daß sie im August 1913 ihr Ziel erreichten, die Wehrpflicht wieder auf drei Jahre zu verlängern. Als dann die offen antimilitaristisch auftretenden Sozialisten bei den Wahlen im April 1914 auch noch 34 Parlamentssitze dazugewannen, ließ sich eine überwiegend chauvinistisch empfindende Bourgeoisie von der Demokratiefurcht des Offizierskorps anstecken. Bei Kriegsausbruch gab fast nur noch die Verunsicherung der Eliten den Ausschlag für die strategische Marschroute Frankreichs.[5]

Zwar bestimmten auch in Deutschland innenpolitische Motive die Außen- und Militärpolitik inklusive der Offensivkriegsdoktrin, aber hier steckten die antimilitaristischen demokratischen Kräfte erst in den Anfängen. Deutsche wie französische Strategen schwelgten in fast spiegelbildlich übereinstimmenden Kriegsphantasien und nahmen ernsthaft an, der Feind würde sich wie von Geisterhand gelenkt auf genau die vorbereiteten Gefechte einlassen. Daraus resultierte ein gräßliches Blutbad, bei dem Millionen junger Menschen für die verqueren Annahmen und Illusionen vergangener Dekaden in den Tod gingen.

Als Preußen schließlich den politischen Entwicklungen seit 1871 Einhalt gebot, gewann das Militär in Deutschland viel mehr Einfluß als überall sonst in Europa. Deshalb und wegen ihrer autoritären Ideologie, einem Gemisch aus Furcht, Respekt und Gehorsam, dachte die Reichsführung anfangs weniger als die Frankreichs daran, ihre Macht gegenüber dem Volk abzusichern. Der um 1890 zwischen Industrie und Militär geschlossene Pakt mit dem Ziel, die Flotte aufzurüsten, erreichte zwar nicht, wie eigentlich beabsichtigt, die Verbesserung der wirtschaftlichen Lage und die Befriedung der zunehmend radikalen Arbeiter, aber das wachsende Engagement reaktionärer Kräfte für die Hegemonie Deutschlands in Europa führte dafür zum Krieg. Durch den Ausbau der Flotte – statt die Armee zu vergrößern und die Gefahr heraufzubeschwören, ein weniger elitäres oder linientreues Offizierskorps und politisch aufmüpfige Soldaten auf den Plan zu rufen – nahm man die britische Überlegenheit zur See aufs Korn und ersparte Frankreich gleichzeitig schmerzliche Kontroversen über eine Demokratisierung *seiner* Armee.

Nach 1912 war die deutsche Kriegs- und Friedenspolitik beeinflußt davon, daß die Sozialdemokraten die stärkste Reichstagsfraktion stellten. Auch wenn das Kaiserreich noch viel autokratischer organisiert war als etwa Frankreich, bedrohte das – trotz des Sozialistengesetzes von 1878 – anhaltende Wachstum der SPD den staatstragenden Dreierbund aus Monarchie, Preußens Gloria und Großindustrie ernsthaft. Indessen übten die Herrschenden nicht nur Druck auf die Sozialdemokraten aus, erwogen sogar drakonische Maßnahmen, um sie gefügig zu machen, sondern wollten durch ihre Rüstungspolitik auch die äußeren Gegner einschüchtern. Ungeachtet dessen, wie stark ihre Außenpolitik auch nach innen schielte: Ihr Expansionskurs ging jeweils in erster Linie auf innenpolitische Krisen zurück. Als die politische Lage ab 1909 immer brenzliger wurde, weil eine gegen die SPD gerichtete Mitte-Rechts-Koalition gescheitert war, strebten die Konservativen mit ihrer aggressiven Außenpolitik einen nationalen Schulterschluß an, um die Arbeiter einzubinden und die für den Bestand des Status quo so gefährliche innenpolitische Debatte zu beenden. Die latente sozialpatriotische Begeisterung der SPD war jedoch nur für einen »kalten Schlag« gegen das zaristische Rußland zu gewinnen, den man als Antwort auf die Umzingelung ausgab, zumal unter den Verfechtern eines Präventivkriegs gerade die Überzeugung wuchs, man müsse der russischen Gefahr so früh wie möglich begegnen.

Angesichts der Bündnislage bedeutete das automatisch auch

Krieg mit Frankreich, was die Armee und verschiedene Industrielle ebenfalls guthießen. Mit einer derart breiten Unterstützung – allerdings nur für eine kurze, erfolgreiche Offensive – fand Deutschland zu einer in Friedenszeiten undenkbaren Harmonie. Niemand rechnete mit einem längeren Konflikt, und die Regierenden hofften, ein schneller Sieg, noch bevor im Dezember 1914 wieder die Reichstagsdebatten begännen, würde das Ansehen des Militärs aufpolieren, die bestehende Ordnung stärken und die rote Flut eindämmen, kurz: alle innen- und außenpolitischen Probleme mit einem Schlag lösen.[6]

Unter dem Druck der sozialen Konflikte hielten die Staatsmänner der europäischen Großmächte bis 1914 im wesentlichen an den alten Rezepten fest. Einige glaubten wirklich daran, während andere klar erkannten, daß außenpolitische Allianzen in der Praxis zu Konfrontation und schließlich zum Krieg führen mußten. Sie verfolgten rein materielle Interessen, was die Kriegsgefahr keineswegs minderte, sondern nur dafür sorgte, daß innen- und wirtschaftspolitische Motive noch stärkeres Gewicht bekamen.

Das bestätigte sich später sogar im Fall Nazi-Deutschlands. Hitler wußte trotz seiner wahnwitzigen Tiraden und romantischen Anwandlungen bestens über die Nöte im Ersten Weltkrieg und der Zeit danach Bescheid und wollte das deutsche Volk bewußt keinen Entbehrungen aussetzen. Um innenpolitische Krisen wie der nach 1917 vorzubeugen, hob und hielt er den Lebensstandard, was auf Kosten noch erheblich größerer Rüstungsausgaben ging und ihn vielleicht sogar um den militärischen Sieg brachte.

Japans Führung gebot zwar über panasiatische Dogmen und diverse Rassentheorien, begründete ihre Expansionspolitik nach 1930 jedoch im wesentlichen ökonomisch, und der spätere Ministerpräsident Hideki Tojo – bereits seit 1931 einer der größten Kriegstreiber – hatte ausgeklügelte Ideologien überhaupt nicht nötig, sondern sah den Krieg ausschließlich unter materiellen und Machtaspekten.

Die jeweiligen Machteliten stellten also parallele Erwägungen an, was die internationalen Beziehungen zunehmend prägte, und das Spannungsfeld der entsprechenden innen- und außenpolitischen Ziele entschied für ein ganzes Jahrhundert über Krieg und Frieden. Dabei war sogar die scheinbar klare Einschätzung ökonomischer Vorteile ein bequemer Selbstbetrug, hatte mit der Realität und den Fakten wenig zu tun. In erster Linie ging es dabei um Gruppeninteressen oder persönliche Karrieren.

Wie Einmütigkeit entsteht

Bei allen politischen Differenzen hegten die am großen Blutbad von 1914 bis 1918 beteiligten Staaten zunächst gleichartige Illusionen über den Krieg und seine Auswirkungen, was sogar einer weitgehend übereinstimmenden Sicht der Lage in Europa entsprach. Doch waren auch jeweils alle Bevölkerungsschichten mit dem von oben verordneten Konfliktkurs einverstanden? Mit anderen Worten, wäre es jemals zu den beiden Weltkriegen gekommen, wenn die Herrschenden nicht auf die Unterstützung der Arbeiter und Bauern hätten zählen können?

Es wäre töricht, die besondere Stimmung in Deutschland speziell in den Jahrzehnten vor 1914, in denen das Bürgertum mit seinen ehrgeizigen Expansionszielen beim Regime für einen Präventivkrieg warb, einfach zu übergehen. Während die Mittel- und Oberschicht überwiegend für Expansionismus oder zumindest für jene Rüstungs- und Wirtschaftspolitik eingetreten waren, die dem Militär zum Aufstieg verholfen hatte, ging es den preußischen Junkern und ihren Verbündeten in erster Linie um die Belange der modernen Industrie- und Handelsbranchen. Hätte das Deutsche Reich nicht durch etatistische Maßnahmen die Rüstungsindustrie gefördert, um die Mittelschicht im Rahmen der bestehenden Ordnung mit dem Adel und dem Militär zu verbünden, so wäre vielleicht das Wertgefüge der Nation zusammengebrochen. Und da der Grundkonsens ebensosehr auf Interessen wie auf Werten beruhte, war Deutschlands Weg in den Krieg vorgezeichnet.

Wo neofeudal gesinnte Offiziere einer ökonomischen Modernisierung zustimmen, da können sich die Eliten einer Nation pragmatisch aufeinander – und auf die verschiedenen Ansätze – einstellen, ohne viel von den eigenen Grundpositionen aufgeben zu müssen; vor allem deshalb kam es in diesem Jahrhundert so häufig zur Einigung zwischen Militärs und bürgerlichen Eliten.

In England verbanden, wie schon erwähnt, martialische und ritterliche Tugenden die viktorianischen Ideale mit denen der Mittelschicht. In den Vereinigten Staaten führten Zivilisten in Theodore Roosevelts *Progressive Movement* das kriegerische Ethos auf bürgerliche Wurzeln zurück, ohne sich indes mit den Militärs immer schnell auf Expansion und Krieg einigen zu können. Japans Kriegspartei blieb in puncto Taktik bis 1941 mit den Zivilisten zerstritten, doch was die Ausdehnung in Ostasien anging, war man sich grundsätzlich einig.

Kriegsentscheidungen sind eigentlich immer durch das soziale Umfeld geprägt, was meist zu Schönfärbereien führt. Ehrgeiz und Machtstreben verengen den Horizont, so daß bestimmte Einwände gar nicht erst zur Sprache kommen. Und das alles geschieht vor dem Hintergrund einer immer schneller wachsenden Kluft zwischen strategischen Planungen und den Unwägbarkeiten des modernen Kriegs.[7]

Spätestens wenn es zu ernsthaften Kriegsvorbereitungen kam, beschränkte sich die nationale Übereinstimmung niemals nur auf die Ober- und Mittelschicht, und gerade das prägte die Entwicklung der sozialistischen Parteien nach 1914. Während sie anfangs zustimmten, traten später andere Interessen in den Vordergrund, ohne daß ihr Sinneswandel freilich den Krieg wieder hätte beenden können. Wenn die Arbeiterschaft einverstanden schien, so lag das zum Teil an der Verblendung und am Unverstand von Parteifunktionären, die nicht anders als viele Angehörige der Mittelschicht einen Schritt unterstützten, den sie erst im nachhinein als tragischen erkannten. Wer behauptet, die Arbeiterschaft habe den Krieg, ob aus eigenem Antrieb oder unter Druck, mitgetragen, der verwechselt schiere Apathie und Passivität mit stillschweigendem Einverständnis oder gar wirklicher Zustimmung. Gewöhnlich prüfen Staaten nicht laufend den gesellschaftlichen Grundkonsens, sondern setzen ihn prinzipiell voraus, zumindest solange keine Sonderopfer verlangt werden. Und die soziale Anpassung ist, ungeachtet persönlicher Vorbehalte, ja schon deshalb ratsam, weil es von Berufsverboten bis zur Strafhaft viele einschneidende Sanktionsmöglichkeiten gibt.

Ob nun die gesellschaftliche Grundstimmung oder die Archetypen des kollektiven Unbewußten eine Kriegspolitik fördern: Jedenfalls neigen Massen dazu, die Vorhaben herrschender Parteien immer genau zum falschen Zeitpunkt zu begünstigen. Doch obwohl wir Menschen gewiß keine geborenen Rebellen sind, darf man die schweigende Mehrheit auch nicht zu einem Heer von Jasagern erklären.

Um mögliche soziale Spannungen und Konflikte voraussehen zu können, gilt es, bloße Trägheit oder Vorsicht von echter Zustimmung zu unterscheiden. Angesichts der jeweiligen Folgen sind Krisen in der herrschenden Schicht und in der Arbeiterschaft lediglich zwei Aspekte ein und desselben Problems. Denn schon der unangefochtene Bestand eines Wertesystems kann gemeingefährliche Kriegsabsichten fördern, wenn Wünsche und Mißverständnisse zu einer Großstrategie verschmelzen. Falls sich daran interne Konflikte entzünden, kommt es zu den typischen Unruhen unserer Epoche. Gerade eine versäumte Auseinandersetzung über gesellschaftliche Brüche und Ziele erhöht, zumal im Verein mit der Gewißheit, notfalls auch einen Krieg überstehen zu können, das Risiko schwerer Prüfungen für die bestehende Ordnung. Ab einem bestimmten Punkt können sich zuvor stabile Systeme nicht mehr auf einen breiten Grundkonsens stützen, weil die Übereinkunft plötzlich in Zwietracht umgeschlagen ist.

Die Logik der Abschreckung

Bloße Überheblichkeit hat schon manchen Politiker dazu verführt, ohne Not aus aufgebauschten, nichtigen Gründen Kriege mit furchtbaren Folgen für viele Millionen Menschen vom Zaun zu brechen. »Fast könnte man meinen, die Welt habe leiden wollen«, sinnierte Winston Churchill später, als ehemaliger Kriegsminister, über den Ersten Weltkrieg, um sich begreiflich zu machen, warum eine kollektive Raserei ganz Europa erfaßt hatte. »Jedenfalls brannten Männer allerorten darauf, ihr Leben zu wagen.«[8] Doch entscheidend für die innere Logik des Ersten Weltkriegs und späterer Konflikte war der durch nichts verbürgte Glaube, nur Bündnissysteme könnten in einer prinzipiell erschreckend gefährlichen Welt für Sicherheit sorgen.

Die Großmächte riskierten vor allem deshalb Kriege, weil ihre Politiker meinten, potentielle Feinde glaubwürdig abschrecken und daher bereit sein zu müssen, auch ohne triftige Gründe jederzeit Gewalt anzuwenden (wie vor allem Bismarcks Drohpolitik während der »Krieg-in-Sicht-Krise« von 1875 bezeugt). Vielfach ging damit die Annahme einher, wenn das nationale Ansehen erst irgendwo beschädigt sei, könne das in der Region eine regelrechte Lawine auslösen – worin schon die sogenannte »Dominotheorie« der späteren amerikanischen Außenpolitik anklang.

Mitte Juli 1914 erklärte Österreichs Führung, energisch gegen Serbien einschreiten zu müssen, »um ihre Lebenskraft zu beweisen«.[9] Obwohl das letztlich zur allgemeinen Mobilmachung Europas führte, pochten die seit langem erstarkenden deutschen Befürworter eines Präventivkriegs sogar auf die Bündnispflicht, um Militäraktionen Österreich-Ungarns ohne Rücksicht auf die Folgen zu unterstützen. So trieb ein Gemisch aus Bündnistreue, Kraftmeierei, ostentativer Kampfbereitschaft, aber auch herkömmlichen Zielen und Interessen Europas Großmächte in das erste große Blutbad dieses Jahrhunderts.

In dem Bestreben, sein Machtpotential schlagend unter Beweis zu stellen und die Welt einzuschüchtern, dehnte Japan ab 1940 seinen Ostasienfeldzug aus, wohl wissend, daß dies einen kaum gewinnbaren Krieg mit den Vereinigten Staaten provozieren konnte. Die Truman-Doktrin formulierte 1947 die Grundprämisse der Dominotheorie, daß der Fall eines Landes die ganze Region aus dem Gleichgewicht bringen könne, und begründete damit künftige Militäreinsätze der USA. Das Engagement Washingtons in Vietnam ab 1962 folgte zum einen aus dem De-facto-Bündnis mit einem korrupten, labilen Vasallenregime, von dem man zunehmend abhängig wurde, zum anderen jedoch – wie es der stellvertretende amerikanische Befehlshaber in Saigon nachträglich formulierte – aus der Überzeugung, »daß auch unsere internationale Glaubwürdigkeit ein Hauptinteresse der USA bildete«.[10]

Trotz aller nationalen Eigenarten kamen die Großmächte dieses Jahrhunderts stets zu ähnlichen Urteilen über den Sinn, die Berechtigung und die Folgen von Kriegen, schätzten also ihre Auswirkungen, auch für die herrschenden Schichten selbst, völlig verkehrt ein. Da die Verantwortlichen und ihre Berater dem gleichen starren Wertgefüge verhaftet waren, blieb wenig Raum für Zweifel an den altbewährten Grundsätzen. Solche Einmütigkeit prägte die Politikerkasten aller Staaten – teils weil sie Querdenker gar nicht erst zuließen, teils jedoch auch, weil sie die Außenpolitik gerne mißbrauchten, um von innenpolitischen Problemen abzulenken. Das nährte Illusionen und Überheblichkeiten, die sich nahtlos in ein elitäres Wunschdenken einfügten und dazu einluden, extrem gewagte Bündnisstrategien zu entwickeln, überspannte außenpolitische und Militärdoktrinen zu formulieren und letztlich Kriege anzuzetteln.

Besonders erschreckend ist, daß die Verantwortlichen in ihrem Wahn nicht einmal ahnten, wieviel Blut und Geld ihre schneidigen Eskapaden kosten würden.

2. FALSCHE ERWARTUNGEN

Alle Entscheidungsträger dieses Jahrhunderts, die Kriege vom Zaun brachen, ersetzten die realistische Einschätzung der ungeheuerlichen Risiken und Folgen moderner Kriege durch die Summe ihrer innenpolitischen Interessen und persönlichen Ambitionen, und so spiegelten die gewählten Militärstrategien in der Regel vor allem interne Vorgaben und Erfordernisse wider. Da ihnen die innen- und wirtschaftspolitischen Konsequenzen der Kriegführung über den Kopf wuchsen, erzeugten die Staatsmänner immer wieder ungewollt jene gesellschaftlichen Spannungen und Krisen, die internationale Konflikte in heftige soziale Unruhen und Umwälzungen einmünden ließen. Um alles zu bedenken, was über den Ausgang von Kriegen entscheidet, hätte es einer analytischen Klarheit und Redlichkeit bedurft, die Politiker und Militärs ohnehin selten besitzen. Wenn einmal nützliche Informationen oder Geheimdienstberichte vorlagen, sahen die Karrieristen in der Staatsführung geflissentlich darüber hinweg, zumal sie oft schlechte Siegesaussichten verhießen.

Die kriegführenden Nationen dieses Jahrhunderts scheiterten nicht nur unter abstrakten philosophisch-moralischen Aspekten, sondern auch im Sinne einer konkreten Güterabwägung. Überdies zogen sie einfach nicht ins Kalkül, daß große Umwälzungen, ob im eigenen Lande, bei Bündnispartnern oder bei Gegnern, auch das gesamte weltpolitische Machtgefüge verschieben können.

Krieg geht, als ein Spiel mit dem Feuer, immer mit falschen Erwartungen und überraschenden, völlig unabsehbaren Wendungen einher. Wenn Politiker gründlich über ihr Umfeld und die Kluft zwischen Hoffnung und Realität nachdenken, so muß ihnen Krieg als gefährlich und unverantwortlich erscheinen. Da sie sich dieser Einsicht aber meist verschlossen, kam alles stets ganz anders als geplant oder gar für möglich gehalten.

Arglose Planspiele: Der Erste Weltkrieg

Es wirkte fast, als hätten sich die Mitglieder jener kleinen Clique aus Staatsmännern aller Nationen, die über das Schicksal Europas entschied, regelrecht verschworen, denn Unterschiede wiesen sie fast nur in der Sprache auf, in der sie ihre ignoranten Einschätzungen artikulierten. Die gleichförmige Sozialisation innerhalb eines allesüberspannenden Netzes fester Überzeugungen und Ansichten ist ein Grundübel, dem wir immer wieder begegnen werden.

Deutschland bildete da, ungeachtet seines Expansionsdranges und der ideologischen Neigung zu einer riskanten Außenpolitik, keine Ausnahme. Bis 1910 plante man lediglich bescheidene Aufwendungen für einen Krieg, der schnell, und selbstverständlich siegreich, beendet werden sollte. Erst danach stiegen die Rüstungsausgaben drastisch an, machten aber vorerst dennoch nur einen Bruchteil des späteren Etats aus. Die bis 1911 bestehende Vorliebe der Armee für ein sozial homogenes – also exklusives – Offizierskorps kam diesem fiskalischen Ansatz entgegen, so daß die Marine fast ein Drittel der Rüstungsausgaben beanspruchen konnte. Der Betrag reichte zwar für ihre ehrgeizigen Ziele nicht aus, genügte aber durchaus, um die Briten derart zu verschrecken, daß sie das Deutsche Reich als die Hauptbedrohung ihrer Seeüberlegenheit ansahen.

Die Briten ihrerseits planten, sich im Kriegsfall ganz auf ihre Flottenverbände zu verlassen, und unterhielten nur eine kleine Armee, hauptsächlich um die Kolonien zu überwachen. Man glaubte fest an die Wirkung einer Seeblockade gegen Deutschland, dachte also kaum ernsthaft darüber nach, welche strategischen Folgen es hätte, wenn die französische oder auch die russische Armee den Mittelmächten nicht gewachsen wären. Während der acht Jahre bis 1914 hatte sich das Kabinett, so Premierminister David Lloyd George im nachhinein, »lächerlich wenig« um Außenpolitik gekümmert und wußte nichts von dem geheimen Militärabkommen zwischen Rußland und Frankreich. Die Balkankrise kam dort »erst am Freitag abend vor der endgültigen Kriegserklärung Deutschlands zur Sprache. Erheblich mehr Sorgen bereitete uns der drohende Bürgerkrieg in Nordirland.«[1] Frankreichs Kabinett und Parlament zeigten sich nicht weniger leichtfertig.

Da der Konflikt überschaubar erschien und Militärdoktrinen wie Kostenprognosen einen Rahmen vorgaben, waren die Hauptbeteiligten in keiner Weise auf das Kommende eingestellt und rechneten nicht mit einem Aderlaß, der ihre Wirtschaftssysteme massiv schwächen oder gar ausbluten konnte. Beim deutschen Heer erachtete man Vorräte für neun Monate als ausreichend, zumal das Reich in dem Jahrzehnt vor dem Ersten Weltkrieg fast ein Viertel seines Agrarbedarfs importieren mußte und darüber hinaus etwa eine Million ausländische Erntehelfer benötigte. Die aus Großbritannien, Frankreich und Rußland bestehende Triple-Entente war den Mittelmächten 1913 in puncto Einwohnerzahl, Truppenstärke und Anteil an der Weltproduktion weit überlegen, konnte also den Krieg eigentlich kaum verlieren – es sei denn, wie man im Reich meinte, nicht das Wirtschaftspotential gäbe den Ausschlag, sondern die überlegene Militärstrategie würde für eine schnelle Entscheidung bürgen.

Einigen wachsamen englischen Skeptikern zum Trotz beherrschte die »Illusion des kurzen Kriegs«, wie Historiker es nannten, fast alle führenden Politiker und Militärs der beteiligten Staaten. Obwohl das europäische Bündnissystem sicherstellte, daß jeder Staat fest auf die Hilfe der Verbündeten zählen, also auch nach wiederholten Niederlagen weiterkämpfen würde, hielt sich diese Illusion hartnäckig am Leben.

Anfang Juli 1914 erwarteten die Deutschen, der österreichisch-serbische Krieg werde räumlich begrenzt bleiben und nicht länger als drei Wochen dauern. Noch als sich abzeichnete, daß alle kontinentalen Mächte hineingezogen würden, war Berlin fest von einem baldigen Ende überzeugt, und Paris teilte diese Ansicht. Beide gingen dabei von der im Prinzip zutreffenden Erwägung aus, daß man sich ein endloses Blutbad einfach nicht leisten konnte. Als Italien im Mai 1915 auf s eiten der Entente in den Krieg eintrat, hatte es nicht einmal einen Kostenplan aufgestellt, weil die Politiker in Rom mit dem sofortigen Ende des Konflikts rechneten.

Alle historischen Analysen des Ersten Weltkriegs bezeugen krasse taktische und strategische Planungsfehler. Russen wie Franzosen besaßen viel zu geringe Waffen- und Munitionsvorräte, weil ihre führenden Militärs befunden hatten, ein Zwei-Fronten-Krieg gegen Deutschland werde binnen sechs Wochen gewonnen sein. Die Deutschen rechneten mit einer ähnlichen Zeitspanne, und ihre Vorbereitung wies noch größere Mängel auf; auch wenn sie weniger himmelschreiend im taktischen Bereich war, erwies sie sich als völlig unzureichend für einen ausgedehnten Konflikt, weshalb der Krieg mit Frankreich schließlich verlorengehen mußte.

Die deutschen Politiker hatten einen Zwei-Fronten-Krieg unbedingt vermeiden wollen, weil man dem einfach nicht gewachsen war. Dabei beobachtete der Generalstab schon Jahre vor dem August 1914 mit großer Sorge, daß die rasant fortschreitende russische Aufrüstung spätestens ab 1917 jede deutsche Militärstrategie zum Scheitern verurteilen würde. Diese Einschätzung der Kräfteverhältnisse und der Glaube an einen erfolgreichen Erstschlag ließen die deutschen Generäle 1914 für den Präventivkrieg als die einzige Möglichkeit plädieren, einer späteren Niederlage vorzubeugen.

Der bereits vielfach analysierte Schlieffenplan sah vor, die französischen Truppen von Belgien und Lothringen her in die Zange zu nehmen und auszuschalten, bevor Rußland eingreifen konnte. Anschließend sollten die deutschen Truppen mit Zügen nach Osten befördert werden. Für den Blitzsieg mußte man die Neutralität Belgiens verletzen, was die Briten auf den Plan rufen konnte – doch deren kleine Armee nahmen die deutschen Generäle nicht sehr ernst. Der Plan scheiterte kläglich, weil die Angreifer viel zu schlecht ausgestattet waren. Zwar war die deutsche Artillerie der französischen deutlich überlegen, aber die Transportmittel des Heeres reichten für Schlieffens Mammutprojekt nicht aus: Es fehlte sogar an Pferdefutter. So wurde schließlich fast ganz Europa in den Krieg verstrickt und der Alptraum eines Zwei-Fronten-Kriegs wahr, und zwar in erster Linie deshalb, weil man die Neutralität Belgiens verletzte und mit dem ebenso tollkühnen wie moribunden Österreich-Ungarn verbündet war, das Rußland zum Kriegseintritt provozierte.

Frankreich kannte die deutschen Pläne und wollte darauf mit einer analogen Offensivstrategie antworten – dem »Plan XVII« –, die im Kern darin bestand, mobile Truppen mit leichten Waffen nordwärts in Richtung Lothringen-Luxemburg vorrücken zu lassen, die deutschen Verbände zu spalten und aufzureiben. Die Franzosen besaßen keine genauen Einsatzpläne, sondern setzten auf Mut und Siegeswillen. Sie waren, wie Marschall Joffre später unterstrich, »fest entschlossen, mit allen Kräften anzugreifen«, und »beide Seiten wußten, daß allein der bedingungslose Vormarsch Erfolg versprach«.[2] Während die französische Offensivstrategie stark innenpolitisch motiviert war, galt für alle Militärs, so Lloyd George im Rückblick, »daß sie durchaus nicht abgeneigt waren, ihre Theorien, Pläne und Hoffnungen auf die Probe zu stellen«.[3] Die britischen Generäle rechneten sogar mit einer »echten Völkerschlacht«, geprägt von Nahkämpfen, in denen Bajonette, kalter Stahl und Tapferkeit obsiegen würden.[4] Romantisch militaristische Illusionen täuschten viele Strategen darüber hinweg, was Krieg im Maschinenzeitalter bedeutete.

So gingen beide Seiten in den trostlosen, schlammigen Weiten Nordfrankreichs unter, und es entwickelte sich ein fürchterlicher Stellungskrieg, der in nichts dem glich, was sich Europas Militärs ausgemalt hatten.

Bündniszwänge

Den Krieg entfachten, neben innenpolitischen Erwägungen und der Illusion einer glaubhaften Abschreckung, auch die förmlichen und mehr noch die informellen Bündnisblöcke, denen vor 1914 alle größeren Mächte einschließlich der Vereinigten Staaten und Japans angehörten. Erstere übten seit dem Ende des 19. Jahrhunderts mit Hilfe Großbritanniens eine unbestrittene Hegemonie über die westliche Welt aus, während die japanische

Vorherrschaft in Nordostasien eng mit dem anglo-japanischen Abkommen von 1902 verknüpft war, das zwei Jahrzehnte lang bestand. Diese Bündnisse führten so viele Unwägbarkeiten in die diplomatische und militärische Landschaft ein, daß ihre Häufung ab Ende des 19. Jahrhunderts allein schon genügte, um einen baldigen Krieg für unvermeidlich zu halten. Denn ihre Verpflichtungen machten die künftige Entwicklung von völlig unberechenbaren Faktoren wie dem Prestige oder Temperament der Partner abhängig, und wenn es zum Krieg kam, zogen sie ihn auch noch in die Länge und in die Breite.

Die heillose Verflechtung der internationalen Beziehungen läßt sich gut am Beispiel Großbritanniens darstellen, das vielleicht – zumindest eine Zeitlang – neutral geblieben wäre, hätte Deutschland nicht durch den Einmarsch in Belgien seine Herrschaft über den Kanal bedroht. Doch um die Stabilität in Europa zu wahren, wollte man Frankreich als ein Bollwerk gegen den deutschen Expansivdrang halten. Im Juli 1914 befanden die Briten, im Balkankonflikt – an dem keines der beiden Länder direkt beteiligt war, wohl aber Frankreichs Bündnispartner Rußland – loyal bleiben zu müssen, um nicht dereinst völlig isoliert dazustehen. Das europäische Machtgleichgewicht hing also, wie das britische Verhältnis zu Frankreich und Rußland zeigt, in hohem Maße von der Bereitschaft ab, sogar aus nichtigen Gründen und ohne förmliche Verpflichtung in den Krieg zu ziehen. Im übrigen nährte das unablässige Erstarken der deutschen Flotte britische Ängste. Und obwohl man am Quai d'Orsay die Balkankrise am liebsten beigelegt hätte, mußte Frankreich den Russen notfalls helfen, damit seine Militärstrategie aufging, Deutschland an zwei langgestreckten Fronten zu bekämpfen.

Ebenso bedeutsam war allerdings, daß sich die Briten zwar mit den Russen gegen gemeinsame europäische Gegner verbünden konnten, diese aber gleichzeitig als die größte Bedrohung ihrer Interessen in Persien, Afghanistan und Indien betrachteten; von den Verpflichtungen in Europa entbunden, mochte sich Rußland durchaus, zum Nachteil Großbritanniens, südwärts wenden. »Die Russen könnten unserer überdrüssig werden und uns als unnötigen Ballast über Bord werfen« (sogar Deutschland vor die Füße!), »was für uns endlose Scherereien zur Folge hätte«: Genau deshalb wollte die britische Regierung Rußland stets fest in Europa einbinden.[5] Es galt also, die berechtigte Sorge der Russen zu zerstreuen, die Triple-Entente sei nicht auf Dauer angelegt. Vor Kriegsausbruch fand man sich in London vor der Alternative, Deutschland siegen und ganz Europa bis zum Kanal beherrschen oder Frankreich und Rußland die vom Mittelmeer bis Indien reichende britische Hegemonie bedrohen zu sehen. Beides hätte England geschwächt, das also unter diesem Aspekt von Anfang an einem Krieg beitreten mußte, den es eigentlich gerne verhindert hätte. Die britische Absicht, den Verbündeten zu helfen und alle potentiellen Gegner um einer »glaubwürdigen Abschreckung« willen von der eigenen Kampfbereitschaft zu überzeugen, beruhte jedoch niemals nur auf klaren Überlegungen, sondern zeugte von endlosen geopolitischen Verstrickungen. Ähnliches gilt für das Verhalten der anderen großen Parteien des Ersten Weltkriegs.

Nicht weniger verwickelt waren die Beziehungen Deutschlands zu seinen Alliierten, allen voran Österreich-Ungarn, das einen festen Block gegen die französisch-russische Allianz bilden mußte, damit der Schlieffenplan aufgehen konnte. Doch der 1879 geschlossene Pakt gegen Rußland war ziemlich schwammig, und im Frühjahr 1914 ließen Österreichs Scherereien mit den serbischen Panslawisten in Berlin keinen Zweifel daran, daß dieser Verbündete ebenso unzuverlässig wie schwach war. Am meisten befürchtete man, daß Wien den Russen Offerten machen könnte, was den Traum von der deutschen Dominanz über Europa schnell zunichte gemacht hätte. Das bereits im Niedergang begriffene Österreich, so folgerte Berlin, würde »auf seine Stellung als Großmacht endgültig Verzicht leisten«, wenn es sich gegen Serbien nicht durchsetzte, so daß Rußland auf dem Balkan, wenn auch nur indirekt, eine unannehmbare Vorherrschaft begründen konnte. Als die Serbienkrise ausbrach, ging es der deutschen Führung in erster Linie um die »Würde und Selbsterhaltung der österreichisch-ungarischen Monarchie«, und sie tat alles, um deren schwankende Herrscher davon abzuhalten, den nationalistischen Kräften, die das Reich zu sprengen drohten, irgendwelche Zugeständnisse zu machen.[6] Wenngleich man in Berlin anfangs weder wünschte noch einkalkulierte, daß Österreichs Attacke gegen Serbien einen europaweiten Krieg auslösen würde, lag auf der Hand, daß alles weitere vom Verhalten Rußlands abhing. Als dessen Eingreifen unabwendbar erschien, fand sich Berlin mit einem unbegrenzten Konflikt ab – der dann allerdings möglichst bald beginnen sollte.

Da Deutschland die Glaubwürdigkeit und den gesicherten Bestand der Doppelmonarchie als unverzichtbar für die eigenen Machtpläne ansah, beharrte der Kaiser, obwohl »der Rückzug Serbiens in sehr demüthigender Form erzwungen« und »damit *ein Kriegsgrund nicht mehr vorhanden*« sei, auf der Besetzung des Landes, um Österreich »unbedingt eine sichtbare satisfaction d'honneur« zu verschaffen, was in der Tat gelang.[7] Dadurch band sich Deutschland auf Gedeih und Verderb an schwache Staaten, darunter neben Österreich-Ungarn auch die Türkei, Rumänien und Italien. Geplant war ein mitteleuropäischer Machtbereich im Schutze eines massiven Bollwerks, das sich im Westen gegen die Angelsachsen und im Osten gegen Rußland und die vermeintliche slawische Bedrohung richtete. Die noch weitergehenden Weltmachtpläne Berlins zeugten von echtem Größenwahn und führten der Triple-Entente schlagend vor Augen, daß eine Konfrontation mit Deutschland absolut unumgänglich war.

Nachdem alle europäischen Großmächte Bündnissen angehörten, die für ihre äußere Sicherheit bürgen sollten, spielte Diplomatie fast keine Rolle mehr, da es nur noch um die »Glaubwürdigkeit« ging, mit der man Freunden zur Seite stand und Feinde abschreckte. Nur weil Deutschland militärisch auf Österreich-Ungarn zählte, konnte es seine Gesamtstrategie gegen Frankreich und dann Rußland planen. Dieses seinerseits mußte, um den Schlieffenplan zu vereiteln und schnell eine zweite Front aufzubauen, in aller Eile mobil machen und zuschlagen, was ernsthafte diplomatische Bemühungen fast ausschloß. So bürgten allein die Bündnisgeflechte für einen rasend um sich greifenden Flächenbrand, der mehr Gebiete und Menschen erfaßte als jeder andere zuvor. Im Grunde war das Schicksal der Menschheit schon Mitte

1914 besiegelt, obwohl der blutigste Konflikt, den die Welt je gesehen hatte, erst am 4. August ausbrach.

Der Zweite Weltkrieg

Deutschland und Japan lösten den Zweiten Weltkrieg letzten Endes deshalb aus, weil die Führer beider Länder planten, ihre Kontinente neu zu ordnen. Erstaunlicherweise meinten sie anfangs, damit keinen größeren Krieg zu riskieren. Dies verbindet – bei allen Unterschieden – Hitler und die japanische Kriegspartei mit der Politikergeneration von vor 1914. Die Berechnungen Hitlers und die von Japans extremen Militaristen waren nicht so weit vom Selbstbetrug früherer Staatsmänner entfernt, denen Krieg als eine aussichtsreiche Option erschien. Sieht man die Ursachen des Zweiten Weltkriegs im Kontext dieser Tradition, so entsprachen sie in der Tat einer herrschenden Logik, die auch (zumindest auf den ersten Blick) viel vernünftigere und ehrenwertere Männer als Adolf Hitler zu den Waffen greifen ließ.

Hitlers Weg in den Krieg

Unter Historikern ist man sich im großen und ganzen einig über Hitlers Annahmen und Ziele, und Abweichungen im einzelnen ergeben sich fast nur aus seinen vielfach irreführenden Äußerungen. Klar ist jedoch, daß er bis Herbst 1941, wie sein enger Berater Albert Speer später bestätigte, »auf kurze Kriege mit langen Ruhepausen dazwischen eingestellt« war [8], seine Truppen also nicht wie im Ersten Weltkrieg an zwei Fronten aufreiben lassen wollte. So zielten die militärischen Vorbereitungen lediglich darauf, einzelne Länder zu überwältigen, ohne die relativ begrenzten wirtschaftlichen Mittel Deutschlands übermäßig zu beanspruchen. Man setzte auf Mobilität, Feuerkraft und Stoßtruppen, die Luftwaffe und selbstverständlich das Überraschungsmoment. Anfangs wollte Hitler den totalen Krieg vermeiden, zumindest bis die Feldzüge gegen die Tschechoslowakei, Polen und die Sowjetunion wirtschaftlich voll verkraftet wären. Im Grunde plante er eine stetige, relativ ungestörte Expansion – nicht nur mit Hilfe seiner großspurigen Militärstrategie, sondern auch begünstigt durch Hader zwischen den Feinden.

Letzten Endes wollte Hitler mit der Blitzkriegdoktrin seine außenpolitischen Ziele ohne die schweren Rückschläge des Ersten Weltkriegs erreichen. Ähnlich wie die deutsche Führung vor 1914, so glaubte auch er, die Militärpolitik auf die innenpolitischen Erfordernisse einstellen zu können.

Offenbar besaß Hitler nicht einmal einen richtigen Kriegsplan, wollte er doch Speer zufolge »immer alles zugleich«, so daß er, mit gutem Gespür für das jeweils Mögliche, improvisierte und mal kurz-, mal längerfristige Ziele verfolgte, wobei seine kaum verhohlenen Gesamtabsichten weder vorherbestimmte Methoden noch einen genauen Terminplan kannten.[9] Hitler schwebte vor, einen Großteil Osteuropas zu entvölkern, um in stark erweiterten Reichsgrenzen »Lebensraum für die arische Herrenrasse« zu schaffen. Ob er den Aufbau eines gewaltigen Staatsgefüges schon 1943 bis 1945 in Angriff nehmen wollte, wie einige Historiker behaupten, oder erst ein Jahrzehnt später: Jedenfalls wollte er persönlich die Mission, der er allein gewachsen sei, vollenden, befürchtete allerdings stets, nicht lange genug zu leben. In gewissem Sinne war Hitler also ein Spieler, der zu riskanten, tollkühnen Einsätzen neigte. Dabei hoffte er auf eine schnelle Eroberung der Nachbarländer, um sich jene breite Rohstoffbasis zu verschaffen, die er für spätere Feldzüge brauchte. Die bereits vor 1939 erzielten spektakulären Erfolge an der Saar, in Österreich und in der Tschechoslowakei hatten ihn in seinem Glauben an eine Blitzkriegstrategie zur Beherrschung Europas nur bestätigen können.

Als Hitler am 1. September 1939 in Polen einfiel, nahmen er und seine wichtigsten Berater an, daß Frankreich, wie schon im Fall der Tschechoslowakei, ungeachtet seiner Bündnispflichten stillhalten und daß die Briten niemals von sich aus einen Krieg mit Deutschland anfangen würden. Zwar ging Hitlers Blitzkriegstrategie insofern auf, als Polen bereits am 6. Oktober kapitulieren mußte, doch die Kriegserklärungen aus London und Paris machten ihm einen Strich durch die Rechnung. Sein Pakt mit Stalin sollte die Gefahr eines Zwei-Fronten-Kriegs bannen, denn nun wandte Hitler sich früher als geplant westwärts, bevor die beschleunigte anglo-französische Aufrüstung die herrschenden Kräfteverhältnisse verschieben konnte. Allerdings war Hitler auf einen europaweiten Konflikt noch überhaupt nicht vorbereitet, und einige seiner Generäle und Admirale hielten sogar den Krieg mit Großbritannien für verfrüht, so daß sie mit einer langwierigen Auseinandersetzung rechneten.

Hitler hoffte indes, die neuen Feinde ebenso wie die alten mit kurzen, schnellen, konzentrierten und nicht sehr teuren Feldzügen bezwingen zu können, und der sensationelle Erfolg gegen Frankreich vom Mai und Juni 1940 zerstreute auch die letzten Zweifel der alten Offiziersgarde, die im Juni 1941 mit wenigen Ausnahmen begeistert für den Angriff gegen die UdSSR plädierte. Militärisch gesehen war dieser das bis dahin bei weitem waghalsigste Unternehmen Hitlers, und die Widerstandskraft der UdSSR entschied schließlich mehr als alles andere über den Kriegsausgang.

Hitler nahm an, Großbritannien mit einer verstärkten Luftwaffe und Marine besiegen oder wenigstens gefügig machen zu können, doch deren Aufbau erforderte Zeit und Geld. Die Sowjetunion dagegen tat er stets als ein militärisches Kartenhaus ab; nach seinem Pakt mit Stalin mußte er allerdings wertvolle Rohstoffe für russische Öl- und Weizenlieferungen abgeben und beschloß deshalb im Juli 1940, sich zunächst der Sowjetökonomie zu bemächtigen, bevor er an die vermeintlich weitaus schwierigere Aufgabe ging, Großbritannien zu überwältigen. Er selbst setzte für den Rußlandfeldzug fünf Monate an, während viele seiner Generäle nach den sowjetischen Schlappen im Konflikt mit Finnland von 1940 noch knapper kalkulierten und den Japanern mitteilten, der Sieg werde binnen dreier Monate unter Dach und Fach sein. Entsprechend stattete man nur ein Fünftel der regulären Verbände, die künftige Verwaltung des zu erlegenden Kolosses, mit Winterkleidung aus, und die Wehrmacht brach fast ohne verläßliches Kartenmaterial auf. Der Rest ist hinreichend bekannt: Deutschland wurde letzlich erneut in einen Zwei-Fronten-Krieg verwickelt, und Hitlers Träume zerplatzten.

Bis die Sowjets Ende November 1941 zum Gegenschlag ausholten, hatten die Nazis nur in relativ bescheidenem Umfang Menschen und Material aufbieten müssen, um Europa zu erobern. Im Sommer 1939 hätten die deutschen Rüstungsvorräte im Fall schwerer Gefechte lediglich für einige Monate ausgereicht. Im übrigen produzierte England mehr Panzer, Frankreich sogar die doppelte Anzahl, und beim Flugzeugbau lag Deutschland allenfalls gleichauf mit den Briten. Der Überfall auf Polen war mit Munitionsreserven für kaum sechs Wochen erfolgt, und es entstanden sofort schwere Engpässe. Im Jahr 1939 verbrauchte und baute die Zivilbevölkerung nicht weniger als 1929, und Hitler dachte selbst bei Kriegsbeginn keineswegs daran, seine großspurigen Bauvorhaben einzuschränken. Noch 1942 lag der zivile Pro-Kopf-Verbrauch fünf Prozent über dem von 1934. Im Herbst 1939 stellte Deutschland im Verhältnis zur gesamten Industrieproduktion weniger Kriegsgerät her als Frankreich, und Großbritannien wandte noch 1941 einen größeren Anteil des Bruttosozialprodukts für die Rüstung auf. Gemessen an Hitlers Ehrgeiz, an den faktischen Kräfteverhältnissen und am hohen späteren Waffenausstoß blieben die deutschen Kriegsanstrengungen bis Ende 1941 eher gering.

Hitlers überaus optimistische Einschätzung der Kriegsdauer und der Stärke seiner Feinde brachte die Wehrmacht schon beim Ausbruch des Konflikts in eine prekäre Lage. Da es an Kohlewaggons fehlte, konnten im Frühjahr 1940 allein Hitlers Dreistigkeit und die gute Disziplin der Wehrmacht, begünstigt durch die schwache Kampfmoral und Führung der Franzosen, eine vernichtende Niederlage abwenden. Frankreich verfügte über 4000, zur Hälfte nagelneue, gepanzerte Fahrzeuge, wogegen Deutschland 2500 Panzer aufbot, kaum tausend davon moderne. Darüber hinaus besaßen die Alliierten eine klares Übergewicht bei den Divisionen, und die deutsche Luftwaffe war den britisch-französischen Geschwadern (die bei Ausbruch der Kämpfe gerade hatten verstärkt werden sollen) nur leicht überlegen. Es lag also nicht an der Logistik und am Material, daß die Wehrmacht sich so schnell durchsetzen konnte. Hitler irrte gründlich, als er sich einbildete, eine schlampig ausgerüstete, nachlässig versorgte Armee nach Rußland schicken zu können, wo die Hälfte der Divisionen ganz auf Zugpferde – das heißt gewaltige Futtermengen – angewiesen und mindestens zwei Drittel der teils veralteten, teils eigentlich nur für Ausbildungszwecke bestimmten Panzer dem sowjetischen T-34 hoffnungslos unterlegen waren.

Da Hitler erst zwei Jahre nach Beginn des Zweiten Weltkriegs – und auch dann nur widerstrebend – bereit war, sich dessen ganzes Ausmaß vor Augen zu führen, fanden Briten, Amerikaner und Russen genügend Zeit, ihre gewaltigen Industriepotentiale zu aktivieren. In Deutschland, mit seinen unvermindert hohen Zivilausgaben, wurden Fremdarbeiter zur Hauptstütze der von Mai 1939 bis Mai 1941 um das Zehnfache gesteigerten Kriegsanstrengungen – ganz zu schweigen von den Zwangsbeiträgen der eroberten Staaten. Speer stellte Hitlers Wohlfahrtspolitik (Näheres dazu im Kapitel 9) vor allem als ein Bemühen dar, »das Volk durch Zugeständnisse in möglichst guter Stimmung zu erhalten. Hitler und die Mehrzahl seiner politischen Gefolgsleute gehörten der Generation an, die im November 1918 die Revolution als Soldaten erlebt und nie verwunden hatten. In privaten Gesprächen ließ Hitler oft durchblicken, daß man nach der Erfahrung von 1918 nicht vorsichtig genug sein könne. Um jeder Unzufriedenheit vorzubauen, wurde für die Konsumgüterversorgung, für Kriegsrenten oder für die Entschädigung der Frauen für den Verdienstausfall ihrer im Felde stehenden Männer mehr aufgewandt als in den demokratisch regierten Ländern.«[10] Kurz, Hitler nahm lieber ein militärisches Debakel als eine Revolution in Kauf.

Hitlers Traum von einem tausendjährigen Reich, das letzten Endes die ganze Welt umspannen sollte, stand im inneren Widerspruch zum eingeschlagenen Weg, und sein Größenwahn zeigte sich überdeutlich in der Illusion, eine maßlos ehrgeizige Militärpolitik treiben zu können, ohne im Inneren größere Abstriche machen zu müssen. Da er zudem annahm, »Lebensraum im Osten« nur erschließen zu können, wenn er zuvor die lästigen Briten und Franzosen schlug, alle Hauptziele auf einmal verfolgte, dabei jedoch aufs Geratewohl entschied, vor einem Sieg über England erst Rußland bezwingen zu müssen, verstieß er gegen seinen militärischen Grundsatz, nicht an mehreren Fronten gleichzeitig zu kämpfen. Hitlers krasse Fehleinschätzung der Roten Armee zeugte allerdings nicht von besonderer Unvernunft, denn auch die Briten und Franzosen trauten den Sowjets militärisch wenig zu; hätte Hitler nicht mit Stalin paktiert, sondern die UdSSR sofort auszuschalten versucht, wären ihm Großbritannien und Frankreich – wenn überhaupt – gewiß nicht so schnell mit ihrer Kriegserklärung auf den Leib gerückt.

Faktisch drang die Wehrmacht mit territorial unbegrenzten Zielen in die Sowjetunion ein, wobei jedoch als sicher galt, daß man den Kommunismus ein für allemal zerschlagen mußte, um diese Landmasse später irgendwie dem Deutschen Reich einverleiben zu können. Die Invasion war demnach kurz- und mittelfristig offen ausgerichtet, zumal die Nationalsozialisten ihren Expansionsdrang nicht auf Bündnisse mit Drittstaaten stützten, deren Forderungen sie später belastet hätten. Insofern mußten sie unentwegt weiter aufrüsten und sahen sich schließlich zu jenem Vernichtungsfeldzug gezwungen, der im Herbst 1939 hauptsächlich Polens Oberschichten traf, um dann auf Juden, Zigeuner und mehrere andere Gruppen überzugreifen, nachdem sich Hitlers ursprüngliches Vorhaben, die Juden aus Europa zu vertreiben, als undurchführbar herausgestellt hatte.

Bis 1941 beruhten die Motive der Nazis teils auf Größenwahn – stark begünstigt durch eine verfehlte Beschwichtigungspolitik der späteren Kriegsgegner –, teils auf den kulturspezifischen Phobien eines traditionellen, jetzt braun gefärbten deutschen Chauvinismus mit der aberwitzigen Bereitschaft, für seine Ideale nach außen hin alles, im Inneren aber nichts zu wagen. Dabei war eine konsequente Militärstrategie unmöglich, so daß sich Deutschland letzten Endes in einem Krieg mit zwei Haupt- und mehreren Nebenfronten aufrieb. Allerdings hätten geschickteres Taktieren und bessere Vorbereitung durchaus zum Sieg führen können, mit unabsehbaren Folgen für das Schicksal Europas und der ganzen Welt.

Die Strategie der Alliierten

Die gemeinsame Strategie Großbritanniens und Frankreichs gegen Deutschland stützte sich auf mehrere kritische Fehlkalkulationen, vor allem die, durch eine hinhaltende Defensivtaktik im Westen genügend Zeit zu gewinnen, um ihre potentiell überlegene industrielle Basis und Truppenstärke ausspielen zu können. Dabei setzten beide einen klaren Rüstungsvorsprung der Deutschen voraus. Deshalb sollte der Krieg länger dauern, als den Nazis lieb sein konnte, allerdings möglichst nicht zu lange für einen relativ schnellen Wiederaufbau der Friedenswirtschaft. Während beide Staaten für Polen zu kämpfen bereit waren, trauten sie der polnischen Armee wenig zu, und die Briten mochten sie nicht einmal in größerem Umfang materiell oder finanziell unterstützen. Gegenüber dem Ersten Weltkrieg rechneten Briten wie Franzosen mit nur einer Front und nahmen auch nach dem Überfall der Nazis auf die Sowjetunion erst einmal nicht an, daß diese etwas ausrichten würde; offiziell ließen sie verlauten, der russische Widerstand werde in spätestens sechs Wochen gebrochen sein.

In Wahrheit war Deutschland viel schlechter vorbereitet, als die Briten meinten, doch bei Kriegsbeginn rüsteten diese aufgrund ihres Irrtums so fieberhaft auf, daß sie viel mehr Flugzeuge – ab Ende 1940 auch Panzer und Munition – anhäuften als die Deutschen. In den späten dreißiger Jahren nahm man in England an, die Marine werde grundsätzlich nur der Verteidigung dienen, dabei jedoch eine nützliche Seeblockade gegen Deutschland errichten. Man wollte Hitler durch Bombenangriffe und eine Aushöhlung des Reiches in die Knie zwingen, bevor der eigene Staatsbankrott drohte. So beschloß man, schwere Flugzeuge zu bauen, die mehr als dreimal so viele Bomben faßten wie herkömmliche, denn die Führung meinte, nicht das Heer, sondern die Luftwaffe würde den Krieg entscheiden. Das aber erwies sich als irrig: Von Juni 1939 bis Juni 1945 mußten die Briten ihre Truppenstärke auf fünf Millionen Mann verzehnfachen, und außerdem zog sich der Krieg viel länger hin und verschlang viel mehr Geld als erwartet. Da er in erster Linie von Bodentruppen ausgefochten wurde, konnte sich die Rote Armee entscheidend in Szene setzen – was die politischen Folgen des Konflikts für Ost- und Mitteleuropa nachhaltig beeinflußte. Mit nichts von alledem hatten die Briten gerechnet.

Ungeachtet der britisch-amerikanischen Vereinbarung, die Zeit und ihr überlegenes Wirtschaftspotential zu nutzen, stritten die Alliierten unablässig über das Vorgehen gegen Deutschland. Ende 1943 plante London, den Sieg im folgenden Jahr zu erzwingen, um eine wirtschaftliche Katastrophe abzuwenden, doch die USA wiesen alle entsprechenden Vorschläge zurück. Schließlich wurstelten sich die Briten, trotz vieler böser Überraschungen, mit mehr Glück als Verstand irgendwie durch.[11]

Da auch die Franzosen dem Irrtum aufsaßen, Deutschland liege bei den Kriegsvorbereitungen weit vorn, rüsteten sie ebenfalls beschleunigt auf. So konnten die Alliierten (Holland und Belgien eingeschlossen) für ihre Defensivstrategie insgesamt etwa eine Million Soldaten mehr aufbieten als der Aggressor. Frankreich besaß stärkere Panzerverbände als Deutschland, und trotz einer deutlichen Überlegenheit von Hitlers Luftwaffe verbreitete diese noch mehr Schrecken, als sie tatsächlich anzurichten vermochte. Frankreich lag bei den Kriegsanstrengungen fast gleichauf mit Deutschland, das es in absehbarer Zeit sogar überholt hätte. Seine Defizite wurzelten weniger im Materiellen als im Strategischen und Planerischen, das heißt, in den verfehlten Analysen und Prognosen der Staats- und Militärführung.

Da die Franzosen 1939 ganz auf Defensive setzten, mußte Hitler nur ihre Schwächen ausfindig machen, um sie mit möglichst geringem Aufwand an Menschen und Material überwältigen zu können. Die starke französische Armee war über zahllose ausgebaute Stellungen entlang der Nord- und Ostgrenze verteilt und operierte fahrplanmäßig, und zwar ohne jede Rücksicht auf die inzwischen bekannte Blitzkrieg-Strategie der Nazis. Wiederholt schlug sie Vorwarnungen in den Wind, die sogar genaue Angaben über den deutschen Angriff vom 10. Mai 1940 enthielten.

Das Hauptproblem Frankreichs, neben dem abwegigen strategischen Konzept, lag in einer tiefen Demoralisierung vor allem auch der Führungsriege und im Bankrott der Bündnispolitik. Die meisten ranghohen Militärs beurteilten ihr Land noch im September 1939 als unzureichend auf einen Konflikt vorbereitet, seine Kriegserklärung daher als nicht zu rechtfertigen. Den Anlaß hatte ja der deutsche Einmarsch in Polen gebildet, dem Frankreich trotz anderslautender Zusagen im Grunde niemals militärisch hatte beistehen wollen, und dementsprechend hielten viele Funktionäre den Krieg für unnötig, jedenfalls aber verfrüht. In den neun Monaten nach der förmlichen Kriegserklärung verfiel die Moral der Soldaten zusehends, da sie sich beim endlosen Warten an den Verteidigungslinien langweilten: Davon zeugten der grassierende Alkoholismus und die Plünderungen evakuierter Grenzdörfer. Nachdem die neun französischen Ardennen-Divisionen von fünfmal so vielen deutschen überrannt worden waren, ließ das zusätzliche Gewicht der deutschen Luftwaffe die gesamte Armee binnen sechs Wochen zusammenbrechen – während man 1914 mit viel geringerem Einsatz erheblich mehr erreicht hatte. Entscheidend war, daß die Franzosen weder die Strategie der Nazis noch ihre eigene Achillesferse klar erkannt hatten.[12]

Japans Vorgehen in Asien

Japans Weg in den langwierigen Krieg mit China und schließlich mit den Vereinigten Staaten stellt sich gleichsam als ein fernöstliches Spiegelbild der Motive und Annahmen dar, denen Europa seit der Jahrhundertwende gefolgt war. Und ähnlich wie die Europäer im Juli 1914 oder später Hitler rechneten die Japaner im Sommer 1937 damit, ihre politisch-ökonomische Hegemonie quasi im Handstreich und mit geringem Aufwand auf Nordchina ausdehnen zu können – nachdem sie 1931 ja schon die Mandschurei annektiert hatten. Was so als der »Zwischenfall von China« begann, endete als Asienkrieg, der die ganze Region tief erschütterte und umwälzte.

Trotz gravierender Differenzen in planerischer, rhetorischer und taktischer Hinsicht bestand zwischen Japans zivilen und militärischen Eliten ab 1932 ein breites, sogar offiziell erklärtes Einverständnis über die anzustrebende Vormachtstellung in Ostasien: Die Vereinigten Staaten und in zweiter Linie auch die UdSSR sollten veranlaßt werden, dieses Vorhaben mit seinen noch unklaren strategischen und politisch-ökonomischen Folgen hinzunehmen. Mindestvoraussetzungen waren die Herrschaft über China, die Seeüberlegenheit im Westpazifik und ein Heer, das sich notfalls mit der Roten Armee messen konnte. Zwar gab es in der Regierung heftigen Streit über die Verwirklichung dieser ehrgeizigen Pläne, doch zugleich beugte sie durch Unterdrückung der (selbst in ihren besten Zeiten noch schwachen) demokratischen Kräfte einem Machtverlust vor. Nicht einmal die Admiralität, die sich 1935 – aus allerdings rein pragmatischen Gründen – weiteren Vorstößen in China widersetzt hatte, stellte das Programm der gewaltsamen Unterwerfung Asiens in Frage.

Anläßlich eines Gefechts zwischen japanischen und chinesischen Truppen, zu dem es am 7. Juli 1937 an der Marco-Polo-Brücke vor Peking kam, konnten Japans Falken schon einmal sondieren, ob sich Tschiang Kai-scheks nationalistische Regierung mit der Rolle eines bloßen Marionettenregimes abfinden würde. Tschiang hielt dagegen, was Tokio einen Monat später beantwortete, indem es seine Invasion auf Schanghai und die anderen Küstenstädte ausdehnte – der erste große Schritt zur Blockbildung in Ostasien. Japan rechnete damit, daß die als »rassisch minderwertig« verachteten chinesischen Soldaten keine ernsthafte Gegenwehr leisten würden. So faßte man den ganzen Einsatz als eine Art Spaziergang auf und gab den Invasionstruppen zu wenig Munition mit. Außerdem erweiterte man die gesetzten Ziele später noch leichtfertig, statt sie von Grund auf neu zu überdenken.

Im Mai 1938 erkannte Japans Führung endlich, daß der China-Feldzug viel mehr Zeit und Geld kosten würde als angenommen, und ergriff daher Maßnahmen, um ihn rasch zu beenden. Doch nun gab Tschiang die Küstenregion auf und zog ins Landesinnere, um sich in den Weiten des Westens zu verschanzen. Damit entstand eine Pattsituation, und eine Million japanische Soldaten sahen sich in einen ausweglosen Konflikt verwickelt, der eigentlich »innerhalb eines Monats ausgestanden sein sollte«, wie der Kriegsminister im Juli 1937 vollmundig angekündigt hatte.[13]

Japans Grunddilemma bestand darin, daß seine imperialistisch orientierte Staatsführung (übrigens ähnlich wie Hitler) ihre Ziele aufs Geratewohl immer höher steckte, ohne ihnen wirklich gewachsen zu sein. Als die Admiralität 1940 und 1941 mehr Vorsicht anmahnte, hatte sie nicht einmal das Expansionsstreben als solches im Sinn, sondern allein die kostspielige Pleite von China. Doch die bloße Existenz mächtiger Fraktionen erlaubte es Offiziercliquen, die sich an jedem kleinen Sieg berauschten und in ihrem romantisch verklärten Draufgängertum alle Warnungen in den Wind schlugen, erheblichen Druck auszuüben. Seine ebenso hochfahrenden wie chauvinistischen militärisch-politischen Ziele trieben Japan in die wildesten Abenteuer, und der Reinfall von China verfestigte nur die dümmliche Argumentation der Militärführung, Hindernisse überwinde man am besten im Vorwärtsgang.

Nachdem Hitlers Wehrmacht im Mai 1940 Frankreich und Holland besetzt hatte, womit deren Kolonien in Südostasien plötzlich schutzlos dastanden, fielen in der japanischen Politik endgültig die Würfel. Führende Militärs begannen sofort zu überlegen, wo man zuerst zuschlagen sollte, und entschieden sich für den Einmarsch im südlichen Teil von Französisch-Indochina – zum einen als Stützpunkt für den Krieg mit China und zum anderen für die Eroberung der Malaiischen Halbinsel, aber auch Niederländisch-Ostindiens. Angesichts der gewaltigen Rohstoffvorkommen dieser Region hätte man so deutlich gestärkt in den geplanten Waffengang mit China und, was noch gewichtiger erschien, mit den Vereinigten Staaten eintreten können. Als die Nazis jedoch die Sowjetunion angriffen, erhob sich die Forderung, erst einmal Sibirien zu annektieren. Allgemeine Einmütigkeit bestand darin, daß man die neue Lage entschlossen nutzen mußte, um das leidige China-Problem zu lösen, den notorischen Rohstoffmangel zu beheben und schließlich ganz Asien zu beherrschen.

Was als ein kleiner Übergriff begonnen hatte, wuchs sich jetzt zum blutigen Drama des Asienkriegs aus, der ähnlich wie die heillosen Unternehmungen Hitlers der unerbittlichen Logik nationalistischer Hegemonialträume folgte, in denen sich die Verachtung für andere Kulturen mit fatalen Illusionen über die Realität moderner Kriege verband.

Japans Regierung ging in ihrer Unvernunft so weit, sehenden Auges auf den Krieg mit Amerika zuzusteuern, ohne ihre Ziele in China erreicht zu haben. Obwohl man in Tokio schon 1936 ausgetüftelt hatte, eine westliche Großmacht besiegen und gegen zwei ein Patt halten zu können, aber drei Gegnern wie den USA, Großbritannien und der UdSSR keinesfalls gewachsen zu sein, begann sich gerade diese Konstellation im Juni 1941 abzuzeichnen. Doch angesichts ihres wahrhaft mystischen Schicksalsglaubens, der verlockenden Beute in Südostasien und der Befürchtung, ansonsten international in die »Drittklassigkeit« abzugleiten, ließ Japans Führung sich, zusätzlich getrieben vom dringenden Rohstoffbedarf, in blindem Gottvertrauen auf eine Strategie ein, die 1941 in der Entscheidung gipfelte, die Vereinigten Staaten anzugreifen.[14]

Den Krieg mit Amerika sollte vor allem die Marine bestreiten, die zwar den sofortigen Angriff auf die UdSSR verhindern, die Regierung jedoch nicht dazu hatte bewegen können, vor dem Eintritt in ein noch größeres Wagnis erst einmal China niederzuwerfen. Im September 1940 stimmte die Admiralität widerwillig zu, die Einnahme Südostasiens zu unterstützen, obwohl man dadurch eine Konfrontation mit den USA riskierte, denen Japan aufgrund seiner mangelhaften industriellen Basis und knapper Ölvorräte nicht länger als ein Jahr würde Paroli bieten können.

Als dann Washington am 26. Juli 1941 das totale Ölembargo gegen Japan verhängte, geriet die Admiralität – allen Bedenken zum Trotz – in einen imperialistischen Taumel. Japan schlug mit Blick auf die dortigen Rohstoffquellen zuerst im Süden zu und griff dann im Dezember die USA an. Im Prinzip galt es, bloß durchzuhalten (die Admiralität traute sich jetzt zwei Jahre zu), bis die Amerikaner bereit wären, die Vorherrschaft Japans in Ostasien als den Status quo anzuerkennen. Gleichwohl nahm man erst Ende 1941 gezielt den Aufbau einer regelrechten Rüstungsindustrie in Angriff: Immerhin hing der angestrebte Erfolg ja nicht nur davon ab, die USA gleich zum Auftakt empfindlich zu treffen und damit einen strategischen Vorteil zu erringen, was beides glückte; diese mußten auch, trotz der einstweiligen Überlegenheit Japans, die schnelle militärische Entscheidung suchen, schon bevor sie ihr gewaltiges Wirtschaftspotential in die Waagschale werfen würden.[15]

Damit wagte allerdings kaum jemand zu rechnen. Vielmehr waren die Prognosen der japanischen Führung unmittelbar vor dem Angriff auf Pearl Harbor von einem düsteren Fatalismus durchdrungen. Doch am Ende setzte sich der martialische Übermut gegenüber erstaunlich klaren und nüchternen Lagebeurteilungen durch und riß Nippon noch tiefer in das Verhängnis, das bereits mit dem Angriff auf China seinen Lauf genommen hatte. Dieser Entschluß ragt sogar in einem Jahrhundert, dessen groteske Unvernunft für unermeßliches Elend und Leid sorgte, durch seine bizarre Dummheit heraus.

Eine Verschwörung gegen die Intelligenz

Warum sahen Staatsmänner gerade im 20. Jahrhundert so selten die verheerenden Folgen ihres Tuns voraus? Mit Ausnahme Japans im Jahr 1941 ließen sich alle Parteien – überzeugte Demokraten mit humanistischen Idealen ebenso wie zynische oder verrückte Tyrannen – ganz von Illusionen und falschen Erwartungen erfüllt auf Kriege ein. Ob sie dabei im Recht oder im Unrecht waren, spielt hier keine Rolle, weil dieses Mittel grundsätzlich abwegig und untauglich war. Meist scheiterten ihre Pläne nicht nur, sondern die Kriege zogen auch noch schwere soziale und politische Krisen nach sich, was Revolutionen von links und rechts ermöglichte, die ansonsten gewiß ausgeblieben wären.

Entscheidend für die endemische Borniertheit der herrschenden Schichten sind die überall, ungeachtet des jeweiligen politischen Systems, ähnlichen Werdegänge der Verantwortlichen. Da sich ihre Sozialisation weder auf vernünftige noch auf sachliche Kriterien stützt, werden alle, die zu einem nüchternen, unvoreingenommenen, analytisch strengen und redlichen Denken neigen, strikt ausgesiebt – zumal sie in ihrer kritischen Haltung vielfach unbequeme Fragen stellen. Daher finden sich in den Führungsriegen so gut wie keine wirklichen Dissidenten, deren Einwände das Schlimmste verhindern könnten.

In modernen Staaten kann nur aufsteigen, wer sich ohne Wenn und Aber zu den Grundsätzen der herrschenden Schichten bekennt – dafür wird systematisch gesorgt. So konnte sich in Deutschland ab 1870 in der großen, durch linientreue Beamte und Offiziere geprägten Mittelschicht ungehindert eine streng autoritäre, militaristische Ideologie ausbreiten. Obwohl die Spitzenbeamten des amerikanischen Außen- und Verteidigungsministeriums seit 1945 nicht mehr von den Eliteuniversitäten, sondern meist aus einfachen, oft wenig angesehenen Colleges stammen, hat sich an ihren elitären Einstellungen nichts geändert. Auch wenn in einigen Ländern kontrovers über die Planung und Ausführung von Angriffen diskutiert wurde, stellte keine der beteiligten Fraktionen die Grundannahmen des Imperialismus oder Militarismus in Frage. Schlimmer noch, man hielt sogar an ihnen fest, als sie längst augenfällig gescheitert waren. Entsprechend führten die Vereinigten Staaten nach 1947, trotz schwerer politischer und militärischer Einbrüche, immer wieder Kriege gegen revolutionäre Regimes. Dabei mochten interne Differenzen über methodische oder strategische Einzelheiten bestehen, aber im Grundsätzlichen war man sich immer einig.

Eine unvoreingenommene Regierung – im Sinne von sachlich, vernünftig oder gar »intellektuell« – gab es noch nie und wird es nie geben. Obwohl Weberianer, gestützt auf rein formale Kriterien, behaupten, in modernen Institutionen sei vor allem Kompetenz gefragt, kommt es beim Aufstieg in Machtpositionen ungleich mehr auf zielstrebiges Durchsetzungsvermögen an. (Scheinbar) geeignete Kandidaten stehen Schlange, denn Führungspositionen sind dünn gesät. Zwar bürgen gute Beziehungen allein noch nicht für Erfolg, auch wenn sie sehr hilfreich sind, aber in manchen Ländern steigen Kinder aus gutem Hause ganz ohne eigenes Zutun von selbst auf. Dabei beruht die Übereinstimmung zwischen führenden Politikern ja gerade auf ihrem Machtstreben und ihrem Ehrgeiz. Daher bilden sie einen verschworenen Klüngel und schützen die Normen und Werte des bestehenden Systems. Das bezeugt ihr fast einziges Erfolgskriterium: der Aufstieg in einer gegebenen Hierarchie, ob Diktatur oder Demokratie, Tollhaus oder Akademie. Daß sie der Gesellschaft durch ihre Machtgier und Ignoranz schweren Schaden zufügen, kümmert solche Karrieristen wenig; ihnen geht es allein darum, irgendwie weiterzukommen. In welchem Umfang sie selbst an ihre Ideologien glauben, das zeigen die politischen Purzelbäume, die ehemalige Nazis, Faschisten und Kommunisten im Lauf unseres Jahrhunderts geschlagen haben – manchmal sogar unter dem Beifall ihrer einstigen Gegner.

Wer sich selbst hochdienen mußte, verlangt von seinen Untergebenen gewöhnlich Gehorsam und Respekt. Das reicht von Extremen wie Hitlers engem Kreis von Kriechern, die ihm nur nach dem Munde redeten, bis zu einem Präsidenten wie Lyndon B. Johnson, dessen Berater ihre erheblichen Zweifel an seiner Politik bis 1968 in der Regel verschwiegen, jedenfalls aber niemals öffentlich äußerten, um nicht geschaßt zu werden. Ein Grundprinzip der Diplomatie lautet: Wer in der Politik vorankommen will, muß der Elite, die ihn trägt, treu ergeben bleiben.

Überehrgeizige Offiziere melden ihren Vorgesetzten unweigerlich nur Erfolge, weil allein die ihre Beförderung rechtfertigen. Militärische Einrichtungen nähren jedoch in der Regel kaum mehr Illusionen und Hirngespinste über den Krieg und seine Auswirkungen als zivile. In deren Nachrichtendiensten zeigt sich vor allem ein erschreckendes Maß an Desinformation, zumal die Verantwortlichen ohnehin nur das zur Kenntnis nehmen, was ihnen in den Kram paßt.

Aus allen diesen Gründen fielen Entscheidungen über Krieg und Frieden gewöhnlich, ohne daß gründliche militärische, ökonomische und politische Analysen zu Rate gezogen oder auch nur eingeholt worden wären. Am Ende folgte stets das böse Erwachen.[16]

Was Regierende aus Informationen machen, hängt bekanntlich direkt von ihren politischen Zielen und Programmen ab. Daten, die den amtlichen Vorgaben widersprechen, werden gezielt übergangen. Obwohl der Schlieffenplan den Franzosen frühzeitig in allen Einzelheiten bekannt war, taten sie ihn als Mumpitz ab und hielten an ihrer Offensivstrategie fest, so daß der deutsche Angriff sie unvorbereitet traf. Auf der anderen Seite hatte Schlieffen selbst die Schwachpunkte seines Planes erkannt, dann aber sofort die Augen davor verschlossen. Der französische Generalstab hingegen redete in seinem blinden Glauben an eine Offensivdoktrin noch bis Ende August 1914 nicht allein der Regierung, sondern auch sich selbst ein, es sei mit einer relativ geringen deutschen Truppenstärke zu rechnen. Das deutsche Pendant hingegen stützte seine Kriegsvorbereitungen im Juli 1914 auf die Annahme, England werde sich heraushalten, obwohl London schon im Dezember 1912 seinen Kriegseintritt auf seiten Rußlands und Frankreichs angekündigt hatte. Allerdings überschätzten die Deutschen (ebenso wie der Zar selbst) die Stärke Rußlands und fürchteten es deshalb mehr als Frankreich. Der Zar indes hörte nicht auf jenen einsamen Rufer, der Anfang 1914 bezweifelte, daß Rußland für einen längeren Krieg gewappnet sei – und sogar schon vor einer Revolution warnte. Berlin wiederum nahm 1916 konkrete Angaben eines Kriegsgefangenen über Pläne für die Somme-Offensive nicht ernst. Da sich 1914 alle Parteien auf einen kurzen, relativ schmerzlosen Krieg eingestellt hatten, schlugen sie gesicherte militärische Erkenntnisse in den Wind, um an rein politisch motivierten Entscheidungen festhalten zu können.[17]

Auch der verheerende Erste Weltkrieg änderte nichts an der Entschlossenheit, mit der vorgefaßte Meinungen, Ideologien und Wunschträume für die Realität gehalten wurden. So nahm die britische Regierung Geheimdienstberichte über das Aufrüstungsprogramm der Nazis einfach nicht ernst und verbot ihren Militärs sogar, eine Gefahr an die Wand zu malen. Einmal von ihrer Beschwichtigungspolitik abgerückt, stellte sie den deutschen Vorsprung indes maßlos übertrieben dar, um dann massiv verstärkte eigene Rüstungsanstrengungen zu fordern. Frankreich erhielt umfassende Hinweise auf die für den 10. Mai 1940 geplante deutsche Offensive, aber Rangeleien zwischen den Generälen und schiere Dummheit bewirkten, daß sie im Sande verliefen. Die Beurteilung des sowjetischen Militärpotentials seitens der Feinde wie auch der späteren Alliierten spielte in der englisch-französischen und deutschen Vorkriegsdiplomatie eine ganz entscheidende Rolle. So faßte Frankreich Ende 1938 den Beschluß, im Kriegsfall nicht auf die Rote Armee zu setzen, und bestimmt hätten sich weder die Nazis (die ja bis Juni 1941 fast keine verläßlichen Auskünfte über die Rote Armee besaßen) noch die Briten (die ihr im Kampf mit der Wehrmacht allenfalls sechs Wochen gaben) je träumen lassen, daß die UdSSR schon bald beim Panzerbau führen würde. Sie legten voreilig deren außergewöhnlich schwache Darbietung 1940 im Krieg mit Finnland zugrunde und ließen sich im übrigen durch ihre allgemeine Geringschätzung der Kommunisten täuschen. Auf der anderen Seite erklärte Stalin, der partout keinen Krieg mit Deutschland wollte, solide Geheimdienstberichte über Hitlers Unternehmen Barbarossa, die ihm ab dem 20. März 1941 laufend vorgelegt wurden, kurzerhand für falsch und beschwor so die Gefahr eines Hitlerschen Endsieges herauf. Analog wäre der japanische Überraschungsangriff auf Pearl Harbor nicht möglich gewesen, hätte Washington die vorliegenden Warnungen ernst genommen.

Im Zweiten Weltkrieg trat zur Macht der Vorurteile noch hinzu, daß eine schier unfaßbare Informationsflut die Nachrichtendienste überschwemmte. Während der fünfziger Jahre uferten diese Dienste wieder aus und wurden immer größer, teurer und unnützer.

Wie dem auch sei, bis zu ihrem Engagement in Korea im Oktober 1950 und in Vietnam 15 Jahre danach hatten es die Amerikaner immer noch nicht gelernt, unangenehmen Tatsachen zu begegnen. In Vietnam gerieten die Kosten sofort völlig außer Kontrolle, was maßgeblich zu der späteren politischen Krise beitrug. Trotz den ab 1964 immer unheilvolleren Prognosen der CIA gaben die Verantwortlichen ihren Starrsinn erst auf, als ihnen der katastrophale Einbruch bei der Tet-Offensive 1968 (die aufgrund der gesammelten Indizien ohne weiteres vorauszusehen war) keine andere Wahl mehr ließ. Da Henry Kissinger nach dem Debakel in Vietnam die internationale Glaubwürdigkeit der USA wiederherstellen wollte, stürzte man sich 1975 in Angola blindlings in einen blutigen, völlig ungewinnbaren Bürgerkrieg und hielt ihn mehr als 15 Jahre lang am Köcheln, ohne überhaupt zu wissen, wem er einmal nützen würde.

Während die aggressive Vietnam-Politik stets mit geschönten Zahlen untermauert wurde, sorgte die schiere Informationsmenge dafür, daß die Führungskräfte fast gar nichts mehr zur Kenntnis nahmen, zumal die Berichterstatter ihnen ohnehin nur vortrugen, was sie hören wollten oder verlangten, also lediglich vorgefaßte Meinungen und behördliche Interessen bestätigten. So entstellten die meisten Datenanalysen entweder die Tatsachen oder waren schlicht abwegig. Wie der ehemalige CIA-Chef William Colby später zugab, hatten die Kommunisten ihre Grundstrategie aber sogar im Rundfunk und in der Presse verbreitet. Die offiziellen Nachrichten, so bekannte sein Kollege Admiral Stansfield Turner später, waren in der Regel viel aufschlußreicher als alles, was die CIA mit einem enormen Aufwand zusammentrug.[18]

Die Kriegsherren dieses Jahrhunderts ersetzten also fast immer seriöse Güterabwägungen durch Interessen, Wünsche und Vorurteile, so daß selbst die schlimmsten Katastrophen sie kaum eines Besseren belehren konnten. Wie ich unten näher ausführen werde, ließen sich Politiker und Militärs gerne von den allerneuesten Waffentechniken zu Allmachtphantasien und euphorischen, aber unhaltbaren Prognosen für Feldzüge verleiten.

Die Kriege dieses Jahrhunderts hatten nicht nur ökonomische und geopolitisch-strukturelle Gründe (wie den Nationalismus), sondern resultierten auch aus den herrschenden Militärstrategien und deren Annahmen über die Aussichten und Risiken bewaffneter Konflikte. Dank des technischen Fortschritts richten Kriege heute immer schlimmere Verwüstungen an, mit den entsprechenden sozialen, politischen und ökonomischen Folgen und Gefahren, besonders auch für die künftigen Generationen. Dabei ist ihr

Verlauf unberechenbar, entzieht sich also jeder Planung und Kontrolle, auch wenn am Ende unweigerlich die Selbstzerstörung steht. Gerade das hat unser Jahrhundert mit furchterregender Klarheit bewiesen.

Beide Weltkriege zeugten nicht nur vom Widersinn herrschender Dogmen und Werte, sondern auch davon, daß sich Aggressoren stets rücksichtslos über die Grundbedürfnisse der Menschen – auch im eigenen Lande – hinwegsetzen. Dazu ermutigte sie ein System der Unvernunft, in dem es als »intelligent« galt, Wunschträume und Illusionen überzeugend zu begründen und infolgedessen immer wahnwitzigere Ziele anzustreben.

3. OFFIZIERSDÜNKEL

Zu Beginn des 20. Jahrhunderts sahen sich die Offizierskorps in aller Welt vor einer widersprüchlichen Situation: Einerseits hatte das Militär sich mit dem modernen Krieger- und Berufssoldatentum eine eigene Subkultur mit ausgesprochen martialischen Werten geschaffen; und diese Werte beeinflußten die Entstehung, den Verlauf und den Ausgang von Kriegen nachhaltig. Andererseits wurden die Offiziere jedoch von der fortschreitenden, hochentwickelten Rüstungstechnik zunehmend an den Rand gedrängt.

So entstand die paradoxe Lage, daß die Offiziere zwar auf ihrem ureigenen Terrain, dem Kriegführen, an Bedeutung und damit auch an Prestige verloren, daß sie aber andererseits in den politisch-gesellschaftlichen Sphären, in denen eigentlich aufgrund nicht-militärischer Erwägungen über das Für und Wider eines Kriegs entschieden werden sollte, weiterhin großen Einfluß hatten. Ihr atavistisches Kriegerethos erhielt so ein viel größeres Gewicht, als ihm nach dem Stand der Rüstungstechnik noch zugestanden hätte. Damit wird die Frage relevant, woher sich die Überzeugungen der Offiziere speisten. Resultieren die politischen Grundeinstellungen von Offizieren stets aus ihrem quasi feudalen Hintergrund, oder ließen sich Emporkömmlinge aus der bürgerlichen Mittelschicht stark durch technokratische Imperative beeinflussen? Können Offiziere überhaupt eine öffentliche Rolle spielen, ohne kriegerische Überzeugungen und Werte zu personifizieren? Mehr noch, sind sie imstande, nicht bloß zu kämpfen, sondern Konflikte auch »vernünftig« zu lösen, um ihren Ländern Kriege zu ersparen?

Die Welt von gestern

Im 19. Jahrhundert zeichnete sich der Offiziersberuf in den europäischen Großmächten, insbesondere in Großbritannien, vor allem durch Privilegien und einen dünkelhaft zur Schau gestellten Heroismus aus. Das britische Offizierskorps war ein Bollwerk des Konservatismus, kochte politisch-ideologisch aber auf kleiner Flamme und stellte keinerlei Machtansprüche, zumal man in einer stabilen Ordnung ohne soziale Unruhen oder Massenaufstände lebte. Insofern war der Offizier eine Art Sportsmann, verkehrte in Clubs, konnte einiges vertragen, legte Wert auf elegante Kleidung und hielt sich an feste Spielregeln. Im übrigen galt das Militär hauptsächlich als Aufseher für die Kolonien; die Heimatinsel schützte eine relativ kleine, aber hoch motivierte Elitetruppe, und die weltweit unerreichte Marine verschaffte der Krone überall im Empire Respekt.

Der Adel und die Offiziere selbst schickten ihre Sprößlinge zur Armee, so daß 1914 – wie schon im späten 19. Jahrhundert – zwei Drittel der Generäle und 56 Prozent der Obersten aus solchen Familien stammten. Allerdings kamen 1914 zwei Drittel, das heißt mehr als 1899, vom Lande – meist weil sie den höheren Anforderungen der Zivilberufe nicht genügten. Während des 19. Jahrhunderts mußten Offizierspatente fast immer gekauft werden, und obgleich diese Regelung schließlich nominell abgeschafft wurde, blieben die finanziellen und sozialen Hürden bis 1914 bestehen. Die meisten Offiziersposten setzten, je nach Ansehen des betreffenden Regiments, ein mittleres bis größeres Privatvermögen voraus. Im Regiment verschmolz die Hackordnung der obligatorischen Internate mit einer Art Clubatmosphäre. Ganz auf seinesgleichen fixiert, war ein britischer Offizier in erster Linie Gentleman, das Militärische blieb eher zweitrangig. Im europäischen Vergleich war er geistig etwas unterbelichtet, was aber durch eine rational kaum nachvollziehbare, wahrhaft fanatische Aufopferungsbereitschaft ausgeglichen wurde. Von den britischen Offizieren ging folglich kaum eine Gefahr für die bestehende Ordnung aus.

In einem derart traditionsverhafteten Umfeld stieg man nur dank guter Beziehungen, vor allem zum Hof und zur königlichen Familie, bis an die Spitze auf. Offiziere gehörten festen Cliquen an, die wie Pech und Schwefel zusammenhielten, so daß ihre in sich geschlossene Welt bis 1914 erstaunlich intakt blieb. Und sogar das anschließende Trauma sollte sie erheblich weniger erschüttern als die anderen bedeutenden Führungsschichten Europas.[1]

Auch wenn sich das deutsche Offizierskorps ab 1900 stärker wandelte als das britische, blieben seine oberen Ränge doch weitgehend dem Adel vorbehalten. Seine besondere Zusammensetzung entsprach den gesellschaftlichen, militärischen und politischen Aufgaben, die sich ihm stellten. Es wäre grundfalsch, die deutschen Offiziere nur als technokratisch denkende Berufssoldaten zu betrachten. Im Unterschied zu ihren britischen Kollegen waren sie eine starke politische Kraft und vertraten die Interessen des Adels und Preußens. Ironischerweise brachten am Ende allerdings gerade ihre Machtansprüche das Kaiserreich zu Fall, dem sie ihre Privilegien in einem bis 1918 autoritär regierten Staat verdankten.

Im preußisch-deutschen Offizierskorps sank die Adelsquote bei den preußischen Offizieren zwischen 1860 und 1913 zwar von 65 auf 30 Prozent, aber auf den maßgeblichen höheren Ebenen blieb alles beim alten: 1871 stammten 96 Prozent der Brigadegeneräle aus adligen Familien, und in den zehn Jahren bis 1914 machte deren Anteil an den Neuernennungen immer noch 58 Prozent aus. Von den »bürgerlichen« Generälen heiratete jeder fünfte eine Adlige (fast jeder dritte eine Offizierstochter), und jeder sechste hatte eine adlige Mutter. Da ganz oben immer die guten Beziehungen zählen, kamen Fürsten schneller voran als Junker, der alte Adel schneller als der neue. Feldmarschalle führten ihre Adelstitel meist auf die Zeit vor 1400 zurück; von 1866 bis 1914 waren außerdem 83 Prozent der Generalstabsmitglieder – das heißt der Führungsriege – bei ihrer Ernennung adlig, acht Prozent erhielten das Prädikat später.

Ähnlich wie bei den Briten benötigten Offiziere ein dem jeweiligen Truppenteil angemessenes Privatvermögen; bis 1914 traten die reichsten und adligsten aus Prestigegründen und wegen des städtischen Umfeldes in die Gardeeinheiten der Kavallerie ein, wo die Eitelkeit ihre Blüten trieb. Adlige kommandierten zwar auch Heeresverbände, mieden aber den Pionierdienst als ihrer unwürdig. Da jedoch immer mehr Techniker gebraucht wurden, öffnete die elitäre Führung widerstrebend die niederen Offiziersränge für Nichtadlige. Während ein Teil des Adels um 1900 durchaus überzeugend dafür plädierte, Bürgerliche aufzunehmen, um das Bündnis zwischen Armee und Mittelschicht zu festigen, stand die Angst vor Niveauverlust einem schnellen Umdenken im Wege. Als der spürbar kriegslüsterne Generalstab jedoch 1911 (gegen heftigen Widerstand) beschloß, das Reichsheer stark zu vergrößern und mehr Offiziere einzustellen, mußten die sozialen Hürden weiter sinken. Andererseits durften die Bildungsanforderungen nicht dergestalt steigen, daß sie Adlige ohne Abitur ausschlossen. Während Bürgerliche – Kinder von Juden und Sozialdemokraten ausgenommen – die unerläßlichen technischen und organisatorischen Aufgaben übernahmen, gab der Adel das Heft nicht aus der Hand, mit den bekannten Folgen für die Politik des Kaiserreiches.

Bürgerliche Offiziere und Beamte wurden strikt auf die Werte und Normen des bestehenden Systems eingeschworen, und wer sich ihnen nicht beugte, blieb rasch auf der Strecke. Erstere waren dem von Preußen dominierten Deutschen Reich nicht minder treu ergeben als die adligen und teilten auch deren Annahmen über Kriegführung und Strategie. Daß das Offizierskorps zwischen äußeren und inneren Prioritäten gespalten war, also teils die russische, teils die wachsende sozialdemokratische Gefahr in den Vordergrund stellte, resultierte nicht aus der sozialen Herkunft ihrer Offiziere. Die Spaltung wurde 1911 durch eine verbindliche Expansionsstrategie überwunden, in deren Zuge man die Truppenstärke zur Vorbereitung einer Offensive allmählich um 210 000 Mann aufstockte, wobei der größte Teil allerdings erst 1914 hinzukam.[2]

Nach einer großen Reform der siebziger Jahre entwickelte sich das russische Offizierskorps ähnlich wie das deutsche: Man nahm zwar – bei strengen Zulassungskriterien – viele Bürgerliche auf, aber im Prinzip blieb der alte Adel tonangebend. Die höheren Offiziere wurden so schlecht bezahlt, daß sie auf private Pfründe angewiesen waren, womit Führungsposten allein reichen Adligen offenstanden. Wie in Deutschland und Großbritannien favorisierten sie Kavallerie oder Artillerie, während die Infanterieoffiziere meist dem Kleinbürgertum beziehungsweise dem niederen Adel entstammten; bis 1902 stellte im Agrarstaat Rußland allerdings die Bauernschaft bereits fast ein Viertel der Neulinge. Adlige Kandidaten unterlagen keinen der für die übrigen Schichten eingeführten Beschränkungen, frönten dem standesgemäßen Zeitvertreib und waren meist ebenso träge wie unfähig. Auch nachdem 1883 eine Führungsakademie gegründet worden war, um den Generalstab zu reformieren, entschied weiterhin das Geld, schon wegen der hohen Studienkosten. Um die Kampfkraft der Truppe zu erhöhen, richteten die Zaren parallel zum traditionellen System ein relativ offenes Rekrutierungsverfahren ein, aber die Maßnahme schlug weitgehend fehl, so daß 1914 immer noch gut die Hälfte der Offiziere dem Adel angehörte.

Wie die britischen und deutschen wählten auch die russischen Monarchen ihre Führungsspitzen höchstpersönlich nach politischen Kriterien aus, und obgleich sich die Beförderungspraxis fast nur am Dienstalter orientierte, blieb das Oberkommando schon deshalb ein Politikum, weil die Zaren der Gefahr einer Verschwörung oder gar eines Militärputsches vorbeugen wollten. Um für etwas Abstand zu sorgen, rekrutierte man die Oberbefehlshaber, einzigartig in Europa, mit Vorliebe aus ethnischen Minderheiten (bevorzugt waren Balten und Polen), und sie beherrschten das Bild auch 1914. Zwar läßt sich die Zusammensetzung der russischen Generalität im Grunde weder technokratisch noch soziologisch umfassend erklären, aber wie die deutschen Offiziere gegen die Sozialisten im eigenen Lande zusammenhielten, so wurden die russischen zur letzten Säule des Zarismus, und später kämpfte ein Großteil von ihnen gegen die Bolschewiken.[3]

Die maßgeblichen Offizierskorps von 1914 – mit Ausnahme des französischen – waren also fest in die bestehenden Systeme eingebunden und spiegelten deren innere Spannungen und Widersprüche. Doch die erwähnte Ausnahme zwingt uns, über die Herkunft und den Status von Offizieren hinauszublicken auf die Wechselwirkungen zwischen Milieufaktoren, dem streng militärischen Wertsystem und den Folgen des technischen Fortschritts.

Das französische Offizierskorps hielt als einziges in ganz Europa Distanz zum Adel und führte strenge Eignungsprüfungen durch. Dank dieser Unabhängigkeit und einer Arroganz, wie sie elitären Dünkel stets begleitet, nahm sich Frankreichs Militär eine europaweit beispiellos aufmüpfige Haltung gegenüber den Zivilbehörden heraus. Ansonsten herrschten jedoch die Ähnlichkeiten vor, so daß wir uns fragen sollten, was eigentlich an modernen Offizierskorps unheilvoller ist: ihre Nähe zur Staatsmacht oder die institutionell tradierten martialischen Wertsysteme und dumpfen Kriegsideologien.

Die École Polytechnique und die Militärakademie Saint-Cyr liefern der Armee seit 1794 beziehungsweise 1803 vorzüglich ausgebildete Pioniere sowie Artillerie- und Infanterieoffiziere. (Allerdings traten und treten die begabtesten *polytechniciens* meist direkt in die Staatsführung ein, was den immensen Einfluß dieser Hochschule erahnen läßt.) Die elitäre Militärausbildung wurde im Lauf der Zeit immer stärker gefördert; ab Ende des 19. Jahrhunderts gewährten Saint-Cyr und Polytechnique fast allen ihren Studenten staatlich finanzierte Stipendien. Bevorzugt wurden Beamten- und Offizierssöhne – meist die ehemaliger Absolventen –, so daß sich in Staat und Armee ein dichtes Beziehungsgeflecht aus Cliquen und Eliten entwickelte.

Da Frankreich im 19. Jahrhundert häufig Krieg führte und Kolonien eroberte, rückten zur Deckung des Bedarfs zunehmend auch Bauern- und Arbeitersöhne auf, wodurch die unteren Offiziersränge fast demokratische Züge annahmen. Bis weit ins 20. Jahrhundert hinein sorgte diese Öffnung in Verbindung mit rigoros aussiebenden Prüfungen für ein in seiner Sozialstruktur außergewöhnliches Offizierskorps. Doch in seinen strategischen und technischen Vorstellungen unterschied es sich kaum von den anderen in Europa und teilte auch deren Anfälligkeiten.

Dabei neigte Frankreichs Armee zu ausgesprochen reaktionären Einstellungen. Der Kampf gegen die Pariser Kommune von 1871 hatte sie stark politisiert, bis hin zu der Forderung nach einer streng autokratischen, bonapartistischen Monarchie; später trat sie sogar für Vichy und danach für de Gaulle ein. Die Dreyfus-Affäre des Jahres 1898 spaltete das Militär; zwischen 1905 und 1912 wiesen die Republikaner es nach zähem Ringen in die Schranken, doch bei Kriegsausbruch tanzte es der Regierung wieder auf der Nase herum. Die inneren Brüche der Armee hatten eindeutig mehr rassisch-religiöse als soziale Ursachen, und trotz ihrer famosen technischen Ausbildung hielt sie verbohrt an einer abwegigen Offensivstrategie fest, nur um ihre einheimischen Kritiker auszustechen.[4]

Da Offiziere immer sehr vielfältige, oft sogar in sich widersprüchliche Rollen spielen, müssen wir ihre Aufgaben genau betrachten. Zu ihren Hauptpflichten gehört es, Angriffe auf ihr Land abzuwehren und gegebenenfalls Kriege zu gewinnen. Andererseits jedoch dienen sie auch als innenpolitisches Machtinstrument – und gewiß nicht nur, um die Privilegien des Adels zu schützen. In dieser Hinsicht kann man ohne Übertreibung sagen, daß die europäischen Offiziere 1914 wegen ihrer gemeinsamen traditionellen Prägungen fast durch die Bank zu einer Sicht des Kriegs gelangten, die Heldentum und Kampfmoral betonte und Technik und Feuerkraft vernachlässigte.

Bis 1914 stand letztlich nicht ihre überwiegend aristokratische Herkunft im Vordergrund (deren Gewicht ja vom Umfeld abhängt), sondern das gemeinsame Weltbild, der geteilte Glaube an militärische Werte und ihre feste Einbindung in reaktionäre oder bestenfalls konservative Gesellschaftskreise. Trotz vielfältiger sonstiger Motive glaubte die Mehrzahl der führenden Offiziere an eine Berufung zum Kampf, an Mannhaftigkeit, Charakterfestigkeit, Aufopferungsbereitschaft und eine die vermeintlich engstirnigen Klasseninteressen überschreitende Vaterlandsliebe. Auch wenn diese unerschütterliche Grundhaltung neofeudal oder vorindustriell erscheinen mag, ging sie Hand in Hand mit einem zunehmenden, vor allem eigennützigen Engagement für die moderne Waffentechnik und Rüstungsindustrie.[5] So hatten der französische Technokrat, der britische Gentleman und der preußische Junker im Grunde das gleiche Weltbild und schlidderten im August 1914 gleichermaßen ahnungslos in das große Gemetzel – zumal die neuen Gegebenheiten sie alle restlos überforderten.

Der Umbruch: 1914–1920

Das gräßliche Blutbad des Ersten Weltkriegs wurde für Europas Offizierskorps zur Stunde der Wahrheit: In blindem, ahnungslosem, dumpfem Fanatismus waren sie übereinander hergefallen, und erst die endlosen Leichenberge führten ihnen allen – ob Pionieren oder Fürsten – vor Augen, daß ihre Siegesträume trügerisch gewesen waren, weil die modernen Waffen sie hatten obsolet werden lassen.

Am wenigsten beeindruckt zeigte sich das britische Korps, obwohl seine tollkühnen Offiziere reihenweise gefallen waren, oft weil sie die Front mit einem Sportplatz verwechselten. Um das Militär zu verjüngen und auf künftige Grabenkriege vorzubereiten, öffnete man zunächst einmal die Offiziersschulen für einen Nachwuchs, der ungeachtet seiner kaum noch aristokratischen Wurzeln im wesentlichen genauso redete und dachte wie die alte Garde. So blieb das mit dem Adel verbundene, streng hierarchische Ideal der Unterordnung und des persönlichen Gehorsams völlig unangetastet.

Da auch die noch im Vorkriegsstil ausgebildeten jüngeren Offiziere schnell fielen und der Bedarf sich im Lauf des Kriegs verachtfachte, stammte 1917 die Hälfte der neu ernannten Leutnants aus dem Mannschaftsstand oder diente nur behelfsmäßig. Zwar mußte sich das britische Offizierskorps an der Basis umstellen, weiter oben aber ließ es die Vorkriegsstrukturen unangetastet.

Das deutsche Kriegsministerium rechnete mit einem ganz kurzen Feldzug und öffnete sogar während der Aufrüstungsphase ab 1912 weder die Offizierslaufbahn für breitere Schichten, noch schaffte es das Vorrecht der – durchweg wohlsituierten – Abiturienten ab, auch im Mobilmachungsfalle nur ein Jahr lang dienen zu müssen. So grub es sich beim Nachschub selbst das Wasser ab, während Frankreich seine Reserven seit 1905 massiv aufstockte. Obwohl gut ein Fünftel der französischen Offiziere fiel, besaß man dank der Nachrücker Ende 1918 doppelt so viele wie im August 1914, nicht gerechnet die aus den Mannschaften beförderten Behelfskräfte. An der Spitze standen wie üblich *polytechniciens* und *saintcyriens*.

Die deutsche Armee drohte bei längerer Kriegsdauer entweder stark zu schrumpfen oder doch ihre Aufnahmekriterien lockern zu müssen. Ihre Nachwuchsoffiziere waren ähnlich heldenmütig wie die britischen und fielen scharenweise. Da die Oberste Heeresleitung nicht im entferntesten mit einem solchen Kriegsverlauf gerechnet hatte, sah sie sich schließlich zwischen 1914 und 1918 gezwungen, die Offiziersstellen aus dem Stegreif zu verdoppeln und den Reservistenfonds sogar mehr als zu verachtfachen. An der vordersten Front kämpften überwiegend Reserveoffiziere, meist nur mit sechswöchiger Grundausbildung, denn anders als bei den Franzosen weigerte sich der Generalstab, herausragende Unteroffiziere mit Führungstalent auf die Posten zu befördern. Sechs der sieben Feldmarschalle, 11 der 15 Generalobersten und 20 der 29 Infanteriegeneräle gehörten dem Adel an, der somit das Reichsheer im Krieg befehligte.

Zwar führte bis zur bolschewistischen Revolution auch in Rußland weiterhin die alte Garde das Regiment, man begann aber beizeiten, die Ausbildung der Nachwuchsoffiziere zu reformieren – mit ungeahnten Folgen. Im Lauf des Kriegs machte die Armee gut 15 Millionen Mann mobil – weit mehr als jede andere –, teils um technische Defizite durch Truppenstärken auszugleichen, teils aber auch wegen hoher Verluste. Wenngleich die vorliegenden Zahlen erheblich voneinander abweichen, dürften allein im ersten Kriegsjahr 60 000 überwiegend junge Offiziere gefallen sein. Da nur ein Drittel bis die Hälfte der vakanten Posten mit Absolventen von Akademien besetzt werden konnte, brach das traditionelle Gefüge sofort zusammen.

Zunächst öffnete man die Offizierslaufbahn für Soldaten mit Schulbildung, aber das reichte nicht aus, so daß man die Anforderungen erheblich senkte, um auch Bauern und Arbeiter einstellen zu können, sofern sie nur des Lesens und Schreibens mächtig waren. Gleichzeitig rückten alle Unteroffiziere auf, ohne jedoch in den Genuß der traditionellen Privilegien zu kommen. Mindestens die Hälfte der seinerzeit ernannten Nachwuchsoffiziere verdankten ihre Posten diesem Notprogramm. Wenn die Führungsspitze auch scheinbar intakt blieb, so wandelte sich das Offizierskorps doch tiefgreifend, und viele der Revolutionäre von 1917 waren unzufriedene benachteiligte Offiziere oder Unteroffiziere, die der Adel auf die gefährlichsten Posten gestellt hatte.[6]

Das Verhältnis der führenden Militärs zur Regierung und ihre anmaßende Forderung, neben der Strategie auch die Kriegswirtschaft in die Hand zu nehmen, wird uns im nächsten Kapitel eingehend beschäftigen. In Frankreich, Deutschland und Großbritannien zeigte sich schnell, daß die vermeintlich allwissenden, von zivilen Experten aber meist nur belächelten Generäle nicht einmal imstande waren, die Weichen für einen militärischen Erfolg zu stellen. Wenn sie sich auch im Deutschen Reich (dank der Vorherrschaft Preußens) fast mühelos der Kriegswirtschaft bemächtigen konnten, fehlten selbst aufstrebenden bürgerlichen Offizieren doch die elementarsten ökonomischen Kenntnisse, womit sie lediglich als Kitt für den Zusammenhalt einer Rechten dienten, die Deutschland durch ihre zynische Arroganz 1918 an den Rand einer Revolution trieb und somit letztlich das Kaiserreich und Preußens Gloria zerstörten.

Um die Autorität des so mächtigen und angesehenen britischen Generalstabs war es geschehen, als er den Krieg zu verlieren und das Land in den Ruin zu stürzen drohte. Sobald er sich als ratlos erwies, nahm die Regierung das Heft selbst in die Hand. Im übrigen trug der ungewöhnlich starke Zusammenhalt unter den Offizieren aller Ebenen (und die Insellage) dazu bei, daß dem Land vieles erspart blieb, was seine Verbündeten durchmachten. Dagegen setzten sich die elitären Militärtechnokraten Frankreichs bedenkenlos über die Verfassung hinweg und führten einen autoritären Bonapartismus ins Feld (in dessen Geist noch die demokratische Dritte Republik ab 1940 rigoros bekämpft wurde). Bei Kriegsausbruch 1914 zog die Regierung nach Bordeaux um, wo sie blieb, bis Marschall Joffre sie Ende des Jahres zurückrief. Bis Mitte 1916, als dessen dümmliche Arroganz endgültig untragbar, ja gemeingefährlich wurde, lagen Frankreichs Kriegsanstrengungen ganz in den Händen des Militärs.

Das Leidige an den hohen Offizieren war somit nicht ihr blaues Blut, sondern ihr Machtanspruch und vor allem der Umstand, daß sie trotz pseudowissenschaftlicher Kriegstheorien militärisch nicht einmal das Schlimmste verhüten konnten. Weil der deutsche Adel und die französische Bourgeoisie zu einem durchweg militaristischen Welt-, Menschen- und Gesellschaftsbild neigten, verrannten sie sich auch beide in die gleichen Irrtümer. Zwar trug auch der Monarchismus erheblich zur gemeinsamen Ideologie bei, aber wie die ab 1914 ganz ähnlichen Entwicklungen in Frankreich, in den Vereinigten Staaten und in vielen weiteren Ländern beweisen, kann der Militarismus genausogut ohne höfische Etikette gedeihen. Insofern lassen sich die Motive und Doktrinen der modernen Kriegführung sicher nicht allein durch die Herkunft der Spitzenoffiziere erklären.

Die rasanten Fortschritte der Rüstungstechnik erhöhten nicht nur das Anforderungsprofil für Offiziere nachhaltig, sondern stärker noch die Kosten. So kam es, daß die Leistungsfähigkeit sowohl des Militärs als auch der Wirtschaft zunehmend überstrapaziert wurde, was politischen Unruhen Tür und Tor öffnete.

Wie sich nach 1914 zeigte, hängt das Durchhaltevermögen von Kriegsparteien in letzter Konsequenz von ihren Rohstoffreserven sowie vom Zusammenhalt des Wirtschafts- und Verwaltungsapparats und natürlich der Gesellschaftsstrukturen ab – also nicht allein vom Rüstungspotential. Das betraf auch die Beziehungen der Offiziere zu den Mannschaften und untereinander, was sich am krassesten in Rußland zeigte, wo man leichtfertig genug war, einen Großteil der unteren Offiziersränge mit widerwilligen Intelligenzlern zu besetzen.

Die relativ gebildeten russischen Jungoffiziere waren anfangs zwar für den Krieg, aber mehrheitlich seit langem gegen das Zarentum eingestellt gewesen. Das rächte sich in doppelter Hinsicht. Zum einen verheizten viele der adligen Militärführer sie als Kanonenfutter, nutzten aber selbst ihre guten Verbindungen, um sich vor dem Frontdienst zu drücken und bei der Nachhut ein Lotterleben zu führen. So wurden die am engsten mit den Mannschaften verbundenen Nachwuchsoffiziere schnell demoralisiert und verloren jede Achtung oder gar Ehrfurcht vor ihren Vorgesetzten.

Zum zweiten sahen altgediente Kommandeure die einfachen Soldaten buchstäblich als dumme »Frontschweine« an, so daß die verstörten, schlecht behandelten und versorgten Männer immer aufgeschlossener wurden für die rebellischen Ideen der Jungoffiziere, ihre Kritik am Zarentum sowie ihre Neuerungsvorschläge. Infolgedessen trugen letztere maßgeblich zu der zunehmend revolutionären Stimmung bei, die sich 1917 entladen sollte.[7]

Die große Leere nach 1918

Der Krieg zerrüttete die Existenz zahlloser Offiziere und Soldaten in ganz Europa und ließ tiefe Zukunftsängste aufkommen, so daß sich in den ausgezehrten, bedrückten Völkern ein böser Virus einnisten konnte. Ausgemusterte Offiziere trugen zur konservativen Reaktion auf die sozialen, ökonomischen und ideologischen Forderungen der neuen Linken ebenso maßgeblich bei wie zum Erfolg des Faschismus. Die mit dem Zerfall der neofeudalen Grundstrukturen aufbrechenden Risse ließen Verdruß und Wehmut um sich greifen; infolgedessen entstanden vielerorts meist erzreaktionäre Veteranenvereine, die anheimelnde Kameradschaftsideale pflegten. Eine neue Rechte suchte die Ursachen der erlittenen Schmach und die Schuldigen nicht mehr im Aus-, sondern im Inland: Als Sündenböcke mußten die Liberalen, vor allem aber Linke aller Schattierungen und die Juden herhalten. In zahlreichen Ländern Europas, die vor 1914 so gefestigt erschienen waren, drohten jetzt sogar Bürgerkriege.

Deutschland bereitete seinen Veteranen einen begeisterten Empfang, und tüchtige Fachkräfte waren bald wieder eingegliedert, aber viele arbeitslose Schulabbrecher und verwirrte Offiziere gerieten in den Sog der heillos verschworenen Freikorps und der ultranationalistischen Parteien – darunter die braune –, die ihnen sowohl Bestätigung als auch eine glorreiche Zukunftsvision boten. Das Militär war partout nicht bereit, gegen die Umtriebe der reaktionären Exoffiziere und Soldaten einzuschreiten, ja, es duldete oder förderte sogar ihre diversen Gruppierungen, die später den Sturz der Weimarer Republik ins Auge faßten. Die Generalstäbe glaubten weiter fest an ihren besonderen politischen, also nicht nur militärischen Auftrag, ja die Politik nahm sie wie eine Zwangsvorstellung völlig gefangen.

In Italien beschleunigte die Inflation den Abstieg ehemaliger Nachwuchsoffiziere, die es viel schwerer hatten als Arbeiter, sich über Wasser zu halten. So bestanden die Faschisten, die 1921 schon ungleich stärker waren als die deutsche Rechte, zu 57 Prozent aus Exsoldaten. Zwar blieben Offiziere auch in Osteuropa überwiegend der traditionellen Rechten treu, mischten allerdings zunehmend in neuen faschistischen Parteien mit, an denen sie hauptsächlich der rabiate Antisemitismus reizte.[8]

Der Weltuntergang: 1939–1945

In einer nicht nur technisch und politisch schnelllebigen Welt konnten die traditionellen, vor 1914 ausgebildeten Offizierskorps kaum in der alten Form bestehen bleiben. Zwar folgten die Entwicklungen in den verschiedenen Ländern keinem einheitlichen Muster, aber die konservativen bis reaktionären Einstellungen der Offiziere hielten sich durchweg am Leben, verschärften sich meist sogar noch, wenn Regimes nicht willens oder fähig erschienen, die Massen im Zaum zu halten. Das bezeugen besonders Italien, Deutschland, Japan und Frankreich. Doch überall höhlte der politische und technische Wandel nach dem Ersten Weltkrieg, wenn auch unterschiedlich schnell, die einstige Autorität der Offiziere aus. Während sich ihr sozialer Hintergrund ab 1918 etwas erweiterte, schlug ihnen der beschleunigte technische Fortschritt ein Schnippchen. Nun konnte auch der so stark wie eh und je auftrumpfende Korpsgeist den Niedergang der Offizierskaste nicht mehr aufhalten – außer vielleicht in Frankreich und besonders in Japan.

Dabei führt uns besonders das Beispiel Großbritanniens vor Augen, wie tief der Ethos und Lebensstil einer herrschenden Elite auch Außenstehende prägen kann, sofern diese deren traditionelle Ausbildungsgänge durchlaufen. Ab 1919 besuchten immer weniger Aristokraten, dafür aber mehr Offizierssöhne (meist aus der Oberschicht) die elitären Militärakademien, so daß letztere 1930 in der Überzahl waren und das Gesamtbild wieder dem von 1914 glich. Obwohl sich die Briten im Zweiten Weltkrieg um gerechte Aufnahmekriterien bemühten, kam jetzt das Bildungsbürgertum unverhältnismäßig stark zum Zuge, und noch 1961 stammten die Kadetten der führenden Militärakademien zu einem Drittel aus den Eliteinternaten. Darüber hinaus fügten sich die Gymnasiasten ebenso nahtlos in das Offizierskorps ein wie die Internatszöglinge, wodurch dieses – gleich dem ganzen politischen System – noch ungewöhnlich lange durch mächtige Nachwirkungen des aristokratischen Kastenwesens geprägt blieb.

In Japan politisierte sich die Armee zunehmend. Ihr ideologisches Rüstzeug, ein Kult der nationalen Einheit und Größe und eine tiefe Verachtung des schnöden Kommerzes, fand sein Pendant unter anderem bei deutschen und italienischen Offizieren, die es leid waren, sich von schlappen Zivilisten die Oberhoheit über die nationalen Ziele und Werte sowie den Zugang zu ihren Budgets verwehren zu lassen. In Frankreich blickte der Generalstab voller Abscheu und Entsetzen auf die politisch gespaltene Dritte Republik, ab 1935 dann auf die von den Kommunisten geförderte Machtübernahme der Sozialisten, und so brüteten sie ihr autoritäres Staatskonzept aus, das dem Projekt einer auf Zwang gestützten Einheitsgesellschaft entsprach und sich in Vichy verwirklichen sollte.[9]

In Deutschland bewies das Verhalten der Offiziere, daß politische Verquickungen und militaristische Standesnormen viel schwerer ins Gewicht fallen können als Milieufaktoren. So traten ab 1918, ganz wie auf der britischen Insel, zunehmend wieder Offizierssöhne ins Korps ein und stellten ab 1921 gut ein Drittel, zwischen 1930 und 1934 sogar mehr als die Hälfte der Mitglieder. Aufgrund ihres zutiefst militaristischen Wertsystems hatten sie den Adel bereits seit langem rechts überholt und betrieben eifrig Kriegshetze. Dabei waren sie zwar überzeugte Berufssoldaten, aber gewiß keine Profis oder Fachleute in dem Sinne, daß sie traditionelle Annahmen in Frage stellen konnten, um ihre Entscheidungen und Maßnahmen auf vernünftige, sachliche Erwägungen zu stützen. Vielmehr pries ihr ideologisches System den Heroismus als einzige verbindliche Verhaltensnorm und nahm sie gegen die Demokratie ein, sobald eine Regierung von ihren militärischen und außenpolitischen Zielen abwich, trotzte also den dekadenten Moden der Säkularisierung und Modernisierung.

Etwa zwischen 1850 und 1944 wollte der Militäradel mit Deutschland hoch hinaus und lehnte deshalb das parlamentarische System der Weimarer Republik ab, kooperierte aber trotzdem schon ab November 1918 mit dem neuen Regime, um es besser an die Kandare nehmen zu können und eine Revolution der Linken abzuwenden. In den folgenden zehn Jahren ergötzten sich große Teile der Generalität an den Putschisten und Rechtsextremisten, die den Parlamentarismus ständig bedrohten. Ab 1929 nutzte Hitler den Haß der Militärs auf die Demokratie ebenso aus wie ihre Aufrüstungswünsche, um sie für seine Machtergreifung einzuspannen, stieß sie dann aber vor den Kopf, indem er die neue Wehrmacht nach eigenen Plänen aufbaute. Auch wenn der Adel bei den jüngeren Offizieren Anteile einbüßte, stellte er 1932 noch fast ein Viertel des gesamten Korps, bei den Generälen sogar ein Drittel. Politisch noch entscheidender war allerdings, daß die preußische alte Garde das Heft bis Anfang 1938 in der Hand behielt.

Spätestens ab Sommer 1932 konnte sich Hitler voll auf die Militärs verlassen, die ihm allerdings nach seinem Amtsantritt genau auf die Finger sehen wollten. Hitler wiegte sie jedoch in Sicherheit, und als er im Juni 1934 die Parteifraktion um Ernst Röhm von der SS zerschlagen ließ (mit der dessen paramilitärische SA rivalisierte), wies zwischen der Wehrmacht und Hitler in puncto Wiederaufrüstung und Außenpolitik alles auf schönste Harmonie hin. Doch ab August 1934 ließ Hitler alle Soldaten auf sich persönlich vereidigen und begann, die unteren Offiziersränge mit ihm hörigen Männern aus dem Volke zu überschwemmen. Gleichzeitig baute er die SS massiv aus, um sich notfalls auch gegen die Wehrmacht behaupten zu können. Bis Anfang 1938, als Hitler das Oberkommando selbst übernahm, hatte sich die Wehrmacht als gleichberechtigte Partnerin der NSDAP wähnen dürfen. Später brachen seine außergewöhnlich erfolgreichen Feldzüge sogar den hartnäckigsten Widerstand altgedienter Offiziere, und bis auf eine Handvoll lagen sie ihm ab 1939 zu Füßen.

Durch seine massive Vergrößerung der Wehrmacht senkte Hitler das gesellschaftliche Niveau des Offizierskorps, zumal als später im Krieg auch noch viele Unteroffiziere und niedere Ränge befördert wurden. Diese neuen Offiziere, die überwiegend der Arbeiterschaft und dem Kleinbürgertum entstammten und den Mannschaften besonders nahestanden, kamen in der Folge erheblich langsamer voran als die Großbürgerlichen oder die Offizierssöhne. Außerdem beförderte die Wehrmacht jetzt lieber überzeugte Nazis als neue Parteimitglieder auf Generalsposten. Aus Dumpfheit und einem fatalen Opportunismus angesichts der gemeinsamen inneren und äußeren Feinde schloß sich das Offizierskorps Hitlers Wahnvorstellungen an und übernahm alle seine Kriegspläne. Erst als es längst zu spät war, bereuten einige adlige Herrschaften ihr Mitläufertum und wollten mit dem Attentat vom 20. Juli 1944 retten, was noch zu retten war.[10]

Die ausgemusterten Offiziere

Nach 1945 konnte sich nur noch das amerikanische Offizierskorps regelmäßig in der Kriegführung üben. Besonders seine Großeinsätze in Korea und Vietnam hielten es viel besser auf Zack als etwa das französische oder sowjetische Militär.

Als die amerikanische Rüstungsindustrie forsch voranpreschte, geriet die Generalität insofern unter die Räder, als sie zwar noch das Sagen hatte, aber den Einsatz der ebenso komplizierten wie verheerenden Waffensysteme in immer geringerem Umfang wirklich lenken konnte. Doch ungeachtet der neuartigen Anforderungen und Risiken, besonders in der Dritten Welt, hielten die Militärs an traditionellen Konzepten, Strategien und Methoden fest: Obwohl schon die beiden Weltkriege bewiesen hatten, daß sich soziale und politische Probleme nicht mit Waffengewalt lösen lassen, wandten sie dieses wahrhaft untaugliche Mittel nun sogar auf die heiklen Konflikte von Entwicklungsländern an.

Ab 1950 waren die amerikanischen Kampfmethoden denen anderer Länder nur noch graduell überlegen, die aus eigener Kraft aufrüsten oder sich auf dem boomenden Weltmarkt mit Waffen eindecken konnten. So wurde die Truppenstärke zunehmend durch Rüstungstechnik und Waffenpotentiale ersetzt. In Vietnam entfiel auf jedes abgeleistete Dienstjahr 26mal soviel Munition wie im Zweiten Weltkrieg. Von den finanziellen und ethischen Fragen einmal abgesehen, liefern modernste Waffensysteme die Militärs in zunehmendem Maße spezialisierten Zivilisten aus.

Entsprechend gewannen diese im Pentagon immer mehr Einfluß, so daß sich die drei Stäbe bei fast allen Neuerungen an universitäre oder private Forschungsinstitute beziehungsweise Großunternehmen wenden mußten. Mittlerweile hat der technische Fortschritt den Militärapparat sowohl »zivilisiert« als auch entlarvt, indem er aufdeckte, daß es eine schlüssige Strategie prinzipiell gar nicht gibt; entscheidend ist letzten Endes, wie schon in Europa vor 1914, welche behördlichen und ökonomischen Interessen sich durchsetzen.

Die zwischen Militärs und Zivilisten aufgeteilte Befehlsgewalt über beispiellose Waffenarsenale bekundete neben den Gefahren auch die Unsinnigkeit der vermeintlichen »Sicherheitspolitik«, zumal deren ausufernde Budgets nichts anderes sicherten als die Pfründe ihrer politischen und ökonomischen Nutznießer. Dementsprechend verloren die Militärs zunehmend an Einfluß auf die Kriegführung und mußten schließlich durchweg die von Experten und Politikern am Reißbrett entworfenen Planspiele ausführen.

Als längster Konflikt dieses Jahrhunderts und schwerster nach 1945 bezeugte der Vietnamkrieg, daß Planungsfehler, falsche Erwartungen, Offiziersehrgeiz und das naive Vertrauen auf Waffentechniken nicht nachgelassen haben. Kennedys und Johnsons Beamte redeten sich ein, den Krieg im Handumdrehen gewinnen zu können, wenn sie nur mit der richtigen Doktrin gegen die Revolutionäre vorgingen, und in dieser politisch definierten statt konventionellen Kriegführung sahen sie auch ein taugliches Mittel, um Partisanengruppen in anderen Krisengebieten der Dritten Welt zu zerschlagen. Doch der politische Aspekt löste sich in Vietnam bald unter Napalm und Agent Orange auf, zumal es ja gar keine wirkliche Alternative zu den Kommunisten gab, wenn man nicht die ebenso korrupte wie unfähige Clique um Thieu als eine solche betrachten wollte.[11]

Der in vielen Offizierskorps schwindende Einfluß des Adels änderte also nichts an deren Welt- und Gesellschaftsbild, zumal Militarismus nicht an blaues Blut gebunden ist: Auch wo der Adel keine Rolle spielte, wie in den Vereinigten Staaten, setzten sich konservative bis martialische Ideologien durch, die 1914 alle Großmächte erfaßt hatten. Offiziere waren zwar überall fest in das politische System eingebunden, aber in Deutschland gingen sie ab 1932 so weit, einem Diktator die Steigbügel zu halten. Wenn sie sich auch manchmal als Technokraten und Profis ausgaben, schien ihr tiefer Konservatismus doch immer durch. Ihre Beflissenheit, todsichere Verteidigungsdoktrinen aufzustellen, nur um Haushaltskürzungen oder politischen Angriffen vorzubeugen, ließ nüchtern sachliche Erwägungen gar nicht erst zu. Wissenschaft und Technik rührten eigentlich nie an die Grundfesten ihres Selbstverständnisses. Clausewitz' Idee einer »Wissenschaft« vom Kriege blieb blanke Anmaßung und Heuchelei.

Ab 1914 erlebte die Welt, was die tiefe und immer weiter wachsende Kluft zwischen Strategie und Waffentechnik bedeuten kann. Trotzdem blieb außer dem Zerstörungspotential alles Wesentliche beim alten: Wie eh und je prägen Kurzsichtigkeit, Dünkel und Selbstbetrug auch heute noch die Einstellungen gegenüber bewaffneten Konflikten. Bis 1914 traten überwiegend Offiziere als Kriegstreiber auf, ab 1918 nahmen zunehmend Zivilisten das Heft in die Hand. Doch beide erwiesen sie sich als gleichermaßen unfähig, Kriege irgendwie zu begrenzen, und standen am Ende regelmäßig vor einem Scherbenhaufen.

4. DAS ORGANISIERTE CHAOS

Kriege stellen die Sozialsysteme und Grundwerte der beteiligten Nationen auf eine schwere Zerreißprobe, und schon dadurch haben sie unser Jahrhundert nachhaltig geprägt. Hinzu kommt, daß über Sieg oder Niederlage nicht allein die materiellen Voraussetzungen entscheiden, sondern auch die Moral der Bevölkerung. Führenden Industriellen und Bankiers mag eine maßgebliche Rolle zufallen, der Ausgang jedoch hängt von allen Schichten ab.

Auf dem Prüfstand stehen in diesem Zusammenhang nicht zuletzt auch die neueren Gesellschaftstheorien mit dem Anspruch, das Woher und Wohin der modernen Zivilisation schlüssig erklären zu können, und daneben selbstverständlich die Grundkonzepte der politischen und militärischen Planungslehre.

Krieg als Geschäft: 1914–1918

Kaum hatten sie den Ersten Weltkrieg leichtfertig vom Zaun gebrochen, da standen seine Parteien schon vor unerwartet großen ökonomischen und logistischen Problemen. Obwohl der deutsche Generalstab eigens für Zwei-Fronten-Kriege eine neue Abteilung »Eisenbahnen« geschaffen hatte, stellte er aus elitärem Dünkel keine Fachleute ein und war damit den technischen Anforderungen nicht gewachsen, zumal es dort auch an geistiger Beweglichkeit mangelte.

Bei den Briten und Franzosen sah es ähnlich aus, weshalb kurz nach Kriegsbeginn ein zähes Kompetenzgerangel zwischen Zivilisten und Militärs ausbrach, das gut ein Jahr anhielt. Im Grunde zeigte sich relativ schnell, daß keines der europäischen Offizierskorps imstande war, die technischen, ökonomischen und militärischen Systeme in der Praxis aus eigener Kraft aufeinander abzustimmen. Anderseits jedoch behielten die zuständigen Zivilisten bei ihren Maßnahmen stets die Interessen der Oberschicht im Auge, denn im modernen Krieg bleibt die Militärtechnik ihrer wirtschaftlichen Basis verhaftet, kann also keine eigenständigen verbindlichen Normen für die angemessene Kampfstrategie begründen.[1]

Kriege haben im 20. Jahrhundert mehr als alle anderen Faktoren das Verhältnis zwischen Staat und Wirtschaft, die Verteilung des Wohlstandes und die entsprechenden Steuerungsversuche der öffentlichen Hand beeinflußt. In den meisten Ländern sprengte das Diktat der größtmöglichen Produktionsbeschleunigung rasch die eher biederen Planungsmodelle der Militärs. Und sobald es um Zermürbungskriege, also auch Materialschlachten ging, bereiteten Generäle oft nolens volens den Weg für eine wachsende Konzentration der Industrie. Ausnahmen bestätigen hier nur die Regel, nach der im Ersten Weltkrieg ein Prototyp für den Einfluß der Wirtschaftskapitäne auf den Staat entstand, der sich dann in fast allen Industrieländern mehr oder weniger umfassend durchsetzte.

Zunächst behinderten zur Jahrhundertwende alte Spannungen in der Geschäftswelt selbst zunächst den Aufbau einer Kriegsorganisation. So strebten Großunternehmen in den kapitalintensiven Branchen eine gezielte Koordination oder sogar staatlich abgesegnete Kartelle an, um den Markt lenken zu können, was der eher wettbewerbsorientierte Mittelstand als einen Affront empfinden mußte. Dieser Grundkonflikt besteht nach wie vor, wobei die »Monopolisten« meist rein funktional argumentieren, ohne eine »politisch« schlüssige Theorie des »geordneten« oder »geregelten« Kapitalismus als Gegenentwurf zur traditionellen Marktwirtschaft vorzulegen.

Der Krieg spitzte den Disput weiter zu, förderte er doch in aller Regel die Verflechtung des Staates mit dem Industriekapital. Das gilt besonders für die Vereinigten Staaten und Deutschland, zumal beide schon vor dem Krieg einige große Rüstungsunternehmen besaßen, die nur darauf warteten, behördlich abgesegnete

Kartelle bilden zu können. Anfangs kümmerte sich jeweils hauptsächlich das Militär um die Kriegswirtschaft, mußte indes schon bald die Segel streichen. Trotzdem stiegen im deutschen Generalstab ungewöhnlich viele Techniker aus der Mittelschicht auf, während in den anderen Kriegsorganisationen sofort Industrielle und Manager, überwiegend aus Großunternehmen mit Kartellambitionen, das Sagen hatten. Wenn der ehemalige AEG-Direktor Walther Rathenau nahezu allein über die Rohstoffzuteilung und damit die Einsatzschwerpunkte entschied, so läßt das erahnen, welchen Einfluß wirtschaftliche Interessen auf die Kriegführung hatten. Auch wenn der Pakt zwischen Großindustrie und Politik den materiellen Anforderungen des Kriegs schließlich nicht genügte, konnte die erstere ihre Macht dadurch erheblich ausbauen.

Das amerikanische Militär sah in zivilen Kriegsorganisationen anfangs nur eine Bedrohung. Als dann jedoch im Juli 1917 der »War Industries Board« gegründet wurde, übernahmen Geschäftsleute alle Sparten des Beschaffungswesens und schalteten dafür die (meist aus Großunternehmen stammenden) Leiter der Handelsverbände ebenso ein wie Führungskräfte mächtiger Konzerne und Banken, die immer schon mehr Einfluß auf die öffentliche Hand gefordert hatten.

Ähnlich verhielt es sich in Frankreich, wo die großen Hersteller auf den entscheidenden Ebenen den Ton angaben. Marschall Joffre, der Frankreich in den ersten Kriegsmonaten diktatorisch regierte, hatte schon seit Jahren für Munitionsaufträge an den Privatsektor plädiert, und jetzt übertrug der Staat dem »Comité des Forges«, in dem die großen Metallgesellschaften dominierten, reichlich Mittel und die gesamte Rüstungsproduktion. Dieses Konsortialprinzip galt in abgewandelter Form auch für viele andere Sektoren, die dadurch mit staatlicher Unterstützung weitgehend eigenständig wurden. Die oft engen persönlichen Beziehungen zwischen hohen Beamten und den Führungskräften der Industrie – die im Comité und auch sonst alle Freiheiten hatten – verquickten private und öffentliche Belange genauso eng miteinander wie in Deutschland und in den Vereinigten Staaten, was die Konzerne immer häufiger auf dirigistische Fördermaßnahmen drängen ließ.

Die Briten brauchten für ihre Kriegsanstrengungen gewöhnlich keine ideologische Legitimation, und obwohl ihre Geschäftsleute kaum zum französischen oder amerikanischen *dirigisme* neigten, trugen sie ab 1915, als Lloyd George die Vorrechte und damit den Dünkel des »War Office« und der Generalität beseitigt hatte, maßgeblich dazu bei, Engpässe in der Waffen- und Munitionsherstellung zu überwinden.

Die schon bei Kriegsausbruch völlig zerrüttete russische Regierung versuchte im Sommer 1915, die gesamte Wirtschaft vier Fachkomitees zu unterstellen, wobei sie auch mit inoffiziellen Delegationen der Kriegsindustrien verhandelte und der Metallbranche umfassende Befugnisse einräumte, so daß diese – was später heftig kritisiert wurde – fast nach Belieben schalten und walten konnte.

Doch ungeachtet der jeweiligen Vorgaben oder Begründungen gingen die Kriegsorganisationen 1914 bis 1918 zumindest in dem Sinne aus den herrschenden Klassenverhältnissen hervor, als darin führende Kreise der Industrie und des Finanzwesens die erste Geige spielten. Während die europäische Geschäftswelt vor 1914 einmütig für den Krieg gewesen war, rief das heikle Thema Kriegswirtschaft ihre widerstreitenden Ziele und Interessen auf den Plan. Schließlich setzten sich die Großen durch – aber nicht, weil sie am besten planen konnten, sondern allein wegen ihres politischen Einflusses, der sich noch verstärkte, als die Unfähigkeit der Militärs unübersehbar zutage trat. Damit entstand ein Machtvakuum, das zur Selbstbedienung regelrecht einlud. Allerdings beschworen offizielle Redner stets die patriotische Selbstlosigkeit – des Volkes, dem in der Tat nur Blut, Schweiß und Tränen blieben.[2]

Die Anhäufung von Macht und Kapital

Vielen Gruppen kam die Verbindung von staatlicher und privater Macht 1914 bis 1918 sehr gelegen, zumal das Militär sich gewöhnlich mit der Verfügungsgewalt über die fortwährend gelieferten Waffen begnügte. Die Unternehmer wollten verdienen und die Produktion nach eigenem Gutdünken organisieren; wenn sie eine marktbeherrschende Stellung anstrebten, so vor allem aus planerischen und operativen Gründen, wiewohl maßgebliche Großindustrielle schon vor dem Krieg häufig daran gedacht hatten, sich so auch die Politik gefügig machen zu können, was anschließend in den Vereinigten Staaten, in Deutschland und Frankreich zu ihrem Hauptanliegen wurde. Die Politiker wollten zwar zu Rate gezogen werden, sympathisierten aber meist mit den Zielen entweder des Militärs oder der Wirtschaft, verstanden sich also kaum als neutrale »Aufseher«. Ab 1917 erwies sich diese Kungelei bei den Mittelmächten als hoch brisant, in Großbritannien, Frankreich und Amerika konnte sie sich ungehindert entfalten.

Der Krieg sorgte für heftige Turbulenzen und löste mit seiner nicht zu lenkenden Eigendynamik regelrechte Lawinen aus. Von diesen wurden manche überrollt, andere erhielten freie Bahn, meist noch beschleunigt durch die Kriegsorganisationen. Beispielsweise kamen kriegsbedingte technische Entwicklungen direkt der Großindustrie zugute und eröffneten ihr ganz neue Felder.

Jedenfalls sahnten die Kriegsgewinnler kräftig ab, und obendrein nahmen sie zinsgünstige Kredite, Subventionen und Steuervorteile in Anspruch, doch das ganze Ausmaß ihrer Profite können wir mangels verläßlicher Daten lediglich schätzen. 1913/14 erwirtschafteten die deutschen Aktiengesellschaften insgesamt rund 1,6 Milliarden, 1917/18 etwa 2,2 Milliarden Reichsmark, das heißt zehn respektive 13,7 Prozent des Grundkapitals. Allerdings verraten solche Zahlen nichts darüber, welche Unternehmen direkt an der Kriegsproduktion beteiligt waren. So konnten die Metallgesellschaften ihre Erträge von 1912 bis 1918 verdreifachen, die Munitionshersteller von 1913 bis 1916 sogar gut vervierfachen (und anschließend eine Dividende von 23 Prozent ausschütten). Da Frankreichs Munitionsfabriken nicht in neue Techniken investierten, um keine später überflüssigen Kapazitäten aufzubauen, half der Staat mit kräftigen Spritzen nach – die übrigens lange nachwirkten. Französische Stahlkonzerne konnten verhindern, daß ihnen staatliche Hüttenbetriebe den Rang abliefen. Angesichts der Kriegspreise schnitten die Waffen- und Munitionshersteller in Frankreich vermutlich mindestens genausogut ab wie in Deutschland, zumal beide nach Kräften gehätschelt wurden und die französischen Steuerprüfer nicht einmal Unternehmenskonten einsehen durften. In Großbritannien konnten Maschinenbauer, Werften und Hüttenbetriebe ihre Erträge bis Mitte 1916 um 32 Prozent gegenüber 1913 steigern, und als der Fiskus zugreifen wollte, verschleierte man kurzerhand den Realgewinn – so daß auch wir ihn nur schätzen können.

Der Erste Weltkrieg verschob das gesamte Grundgefüge der Wirtschaft und damit zugleich die Größenverhältnisse zwischen den einzelnen Sektoren. Die Kriegserfordernisse drängten das Wirtschaftswachstum auf eine ziemlich schiefe Bahn und förderten so mittels neuer Unternehmerstrategien langfristig auch eine schräge Machtverteilung. Außerdem machte sich zunehmend bemerkbar, daß es sowohl im Umfeld als auch innerhalb der verschiedenen Gruppen Gewinner und Verlierer gab. In Deutschland zum Beispiel ging ein Riß durch die Unternehmerschaft, weil der Krieg einen Teil der traditionellen Branchen regelrecht verödet hatte – was später stark zum Erfolg des Nationalsozialismus beitrug.

Schon der gegenüber dem Zweiten noch vergleichsweise altertümliche Erste Weltkrieg riß ökonomische, sozialpolitische und logistische Abgründe auf, die gleichsam ein Muster für all das abgaben, was später kommen sollte.[3]

Die Großindustrie erstarkt: 1920–1945

Die rasante Mechanisierung und Modernisierung der Waffensysteme lieferte das Militär zunehmend der Rüstungsindustrie aus und machte es nach dem Ersten Weltkrieg fast überall von Zivilisten abhängig, besonders von Unternehmern und Banken. In der Folge maßten sich Offiziere nie wieder jene überlegenen Fähigkeiten und Kenntnisse an, die einmal ihre Vormachtstellung hatten rechtfertigen sollen.

In den Vereinigten Staaten pflegten das Kriegsministerium und der Generalstab zwischen den beiden Weltkriegen regelmäßig offizielle Kontakte mit Vertretern der Rüstungsindustrie, und bis 1939 gaben in allen wesentlichen Bereichen die Großkonzerne das Tempo vor. Auch in Japan, wo das Militär von 1937 bis 1941 fast allein über Krieg und Frieden hatte entscheiden können, kooperierte es danach mit den jeweiligen *zaibatsu*, den Giganten der Industrie und des Finanzsektors, und es fand sogar ein reger Personalaustausch zwischen ihnen statt. Die meisten Generäle gaben unumwunden zu, daß sie in Wirtschafts- und Produktionsfragen völlig auf Fachleute angewiesen waren.

In Deutschland warf die Militärspitze, allen voran der Reichspräsident Feldmarschall von Hindenburg, in der kritischen Phase ab November 1932 ihren ganzen Einfluß auf die traditionelle Machtelite in die Waagschale, um Hitler auch ohne eine parlamentarische Mehrheit ins Amt zu hieven. Dafür erwartete sie allerdings die sofortige Wiederaufrüstung und ihre Gleichstellung mit dem Parteiapparat, um den Machtverlust seit 1918 wieder auszugleichen. Da Hitler der Reichswehr jedoch (trotz der gemeinsamen autoritären und expansionistischen Einstellungen) nicht traute, ersetzte er in der neuen Wehrmacht viele der führenden preußischen Offiziere bis Frühjahr 1938 durch linientreue Nachfolger und brachte die Militärverwaltung völlig unter seine Kontrolle. Die angestrebte »Professionalisierung« sollte ein für allemal unterbinden, daß Generäle aufmüpfig wurden und sich in die Politik einmischten.

Bei Ausbruch des Zweiten Weltkriegs hatten die Offizierskorps fast überall, außer in Japan, gegenüber 1915 erheblich an Macht über die Kommandoebenen verloren. In den kapitalistischen Industrieländern beherrschten jetzt zivile Institutionen das Bild, deren Vertreter sich dem Militär in allen Belangen überlegen fühlten, zumal ihnen wirkmächtige Interessen und Ideologien den nötigen Rückhalt gaben. Sieht man von Japan ab, so war die Offizierskaste allenthalben in die Defensive geraten, auch was ihre Militärdoktrinen anging, und mußte sich den politisch-ökonomischen Zwängen beugen.

Gerade weil Japans Militär zu Beginn des Konflikts noch so großen Einfluß hatte, bezeugt sein Einbruch unter dem Druck der

Umstände, wie leicht sich Sonderinteressen gegen staatliche Ziele durchsetzen können. Hatten die Offiziere vor dem Krieg noch hochfahrende Pläne für ihr Land geschmiedet, so stritten sie bald erbittert über Zuteilungsfragen und ließen alte Eifersüchteleien aufflammen – von der zerfaserten Staatsverwaltung und den Rivalitäten in der Wirtschaft ganz zu schweigen. Im übrigen diskreditierte sich das Militär selbst, indem es eine unhaltbare Prognose über einen kurzen China-Feldzug stellte, der ein bloßes Vorspiel zum Erfolg am Verhandlungstisch bilden sollte. Daher scheiterte Mitte 1940 sein Versuch, sich gegen die Vertreter der *zaibatsu* sowie der wichtigen Handels- und Wirtschaftsverbände durchzusetzen, am Widerstand der Unternehmer, die nun staatlich geförderte Kartelle anstrebten. Dieses Vorhaben beherrschte die Innenpolitik bis Ende 1941, als den *zaibatsu* eine führende Rolle eingeräumt wurde, nachdem sich mehrere Regierungen an diesem Problem die Zähne ausgebissen hatten. Im Frühjahr 1943 beherrschten die *zaibatsu* alle wesentlichen Bereiche der Kriegswirtschaft.

Auch wenn den amerikanischen Militärs derlei Demütigungen erspart blieben, mußten sie eine ähnliche Kriegsorganisation hinnehmen, in der sich vor allem wirtschaftliche Interessen durchsetzten. So schlug eine von der Großindustrie dominierte Komission 1939 vor, Hunderte von Fachgremien zu bilden, die Steuern und Preise regeln sollten, und die Kreise des Militärs erheblich einzuengen. Das im Januar 1942 gegründete »War Production Board« (WPB) folgte diesen Empfehlungen der Vorgängerin weitgehend, und nun konnten Vertreter der großen Konzerne und Handelsverbände nach Belieben schalten und walten. Allerdings durfte das Militär seinen Bedarf wieder selbst ermitteln, dann jedoch entschieden Zivilisten über alles weitere, darunter die Reihenfolge und den Umfang der Produktion.[4]

Der deutsche Kraftakt

Nachdem es dem maßlos ehrgeizigen Hitler nicht gelungen war, seine militärischen Ziele gleichsam im Handumdrehen zu erreichen, wollte er in einem gewagten Drahtseilakt ganz widersprüchliche politische und ökonomische Projekte miteinander verbinden. Die Maßnahmen der Nazis zeigen, daß sachliche oder vernünftige Erwägungen beim Kampf auf Leben und Tod fast keine Rolle mehr spielten, denn sie sorgten dafür, daß sich zuerst in Deutschland und später dann in ganz Europa unterschiedliche Wirtschaftsimperien ausbreiten konnten, die ihre jeweiligen Einflußsphären absteckten, was die Kriegsanstrengungen der Nazis erheblich beeinträchtigte.

Entscheidend war auch, daß die Verwaltung unter Hitlers absoluter Herrschaft in den Händen häufig wechselnder, eigennütziger Cliquen und Organisationen lag. Obwohl er die Koordinationsmängel kannte, wollte Hitler sie nicht durch eine verstärkte Zentralisierung beheben. Im Prinzip war die Macht gar nicht in erster Linie an Institutionen, sondern an Personen gebunden: an Handlanger und Konsorten Hitlers, der eine dezentrale Wirtschaft anstrebte, um die Führungskräfte an sich zu binden und Machtkonzentrationen vorzubeugen. Während verschiedene Autoren in Hitlers Entschlüssen mehr Unvermögen und Schwäche als machiavellistisches Kalkül sehen wollen, zeugt sein Verhalten in der Zeit vor 1941 sicherlich eher von Zynismus. Selbst wenn er nur wenig von Wirtschaftsplanung verstand, hatte er einen Riecher für den Machterhalt, um den es ihm ja schließlich ging.

Hitlers Blitzkriegstrategie war ganz auf Deutschlands begrenzte Ressourcen zugeschnitten, und der »Führer« wollte Europa ausbluten, um das eigene Volk schonen zu können. Insofern beruhten die dezentralen Organisationsformen auch auf seinem Bestreben, die Deutschen nie wieder so schlimmen Entbehrungen auszusetzen wie zwischen 1916 und 1918, weshalb die Gauleiter ihre »Gaue« ziemlich selbständig verwalten konnten und versuchten, ihre Einwohner (und Pfründe) vor dem Zugriff der Reichsbehörden zu schützen. Dementsprechend unterblieben auch nach 1942 jene drakonischen Maßnahmen bei der Aushebung von Zwangsarbeitern, wie sie angesichts der verzweifelten militärischen Lage durchaus denkbar gewesen wären.

Hitlers Umbau der Wehrmacht diente lediglich seinem Machtkalkül, wobei der Staat, die Partei und seine persönlichen Stellvertreter infolge der unablässigen Rivalitäten und Querelen ständig wechselnden Dienstwegen und Zuständigkeiten ausgesetzt blieben. Wenn das System von außen auch als ein einziges Chaos erschien, so genügte es Hitlers Hauptanliegen doch voll und ganz: Alles kreiste um ihn als das absolute Machtzentrum. Das bürgte für ideologische Einheit, trotz der äußerst zersplitterten und damit konfliktanfälligen Verwaltung des Reiches, erst recht aber der eroberten Gebiete, in denen noch keine klaren Strukturen bestanden und das Schielen auf Beutegelder die ohnehin starken Rivalitäten noch verschärfte.

Hitlers Vorbehalte gegen einen »totalen Krieg« verrieten nicht Schwäche, sondern entsprachen der Überzeugung, daß politische Motive, nämlich Unruhen zu verhindern und die Macht zu sichern, schwerer wogen als ökonomische. Zweifellos hätten führende Militärs und Wirtschaftsplaner, darunter Albert Speer, lieber viel früher und uneingeschränkter auf volle Kriegsproduktion umgestellt. Schließlich kämpften mindestens zehn verschiedene Organisationen um die gänzlich unzureichenden Rohstoffe. Zwar bildeten auch andere Kriegsparteien mehrere Stäbe, aber nirgendwo sonst waren sie derart zahlreich und so schlecht koordiniert wie in Deutschland.

Allerdings wollte Hitler, als es unausweichlich wurde, die Kriegsorganisation straffen, solange solche Maßnahmen nicht übermäßig zu Lasten seiner politischen Prioritäten gingen, und genau in dieser Absicht ernannte er Albert Speer im Februar 1942 zum Minister für Rüstung und Kriegsproduktion. Ganz im Geiste Hitlers nutzte dieser seine weitreichenden Kompetenzen, um den Einfluß des Militärs auf die Industrie gering zu halten. Auch wenn Speer später die unüberwindlichen Widerstände gegen seine Bemühungen beklagte, zog die deutsche Rüstungsproduktion ab Ende 1941 doch mächtig an. Dabei hatte Speer lediglich, auf Hitlers ausdrücklichen Wunsch vom Februar 1942, die technischen Planungsmaßnahmen weitgehend den Organisationskomitees für die verschiedenen Industrien übertragen. Diese bildeten Interessengemeinschaften, Kartelle und dergleichen, die gegen den Widerstand rivalisierender Wirtschaftsämter, der SS und der Wehrmacht auch auf die besetzten Gebiete ausgedehnt werden sollten.

Speer strebte ein zentralisiertes Zuteilungsverfahren für alle Sektoren an und spannte die jeweils maßgeblichen Technokraten und Unternehmer in seine Bemühungen ein. Allerdings bekam er die Belegschaften nie in den Griff, was sich ganz massiv auswirkte. Während er eifrig alles tat, um die politisch-organisatorischen Tücken des Systems zu bewältigen, stieg die Produktion nicht zuletzt aufgrund Hitlers Entscheidung, der Wirtschaft selbst erhebliche Kompetenzen einzuräumen, und allein deshalb glich die Kriegsorganisation des Dritten Reiches zunehmend der anderer Länder.

Genau wie alle anderen verfolgten auch die deutschen Industriellen ihre Sonderinteressen, strebten also keineswegs in uneigennützigem Patriotismus optimale technisch-organisatorische Abläufe an. Sie waren deshalb beileibe keine Nazigegner – aber ihr Hauptaugenmerk galt eben satten Gewinnen. Gerade in den besetzten Gebieten konnte das Profitmotiv fröhliche Urständ' feiern, wie das Beispiel der »I. G. Farben« bezeugt, die munter expandierte, den Wettbewerb ausschaltete, sich Rohstoffquellen erschloß und ausländische Unternehmen für rein symbolische Beträge übernahm, was üblicherweise mit militärischen oder ideologischen Notwendigkeiten begründet wurde. Die Montanindustrie bildete zusammen mit den französischen und belgischen »Juniorpartnern« die bereits seit Jahren angestrebte enge Interessengemeinschaft. Diese setzte, nicht anders als die I. G. Farben, massenhaft Zwangsarbeiter ein, von denen viele umkamen. Man übernahm also die Methoden der Nazis, um nicht seine Monopolstellung einzubüßen. Zwar klagten Großunternehmer hinter vorgehaltener Hand oft bitter über die Wirtschaftspolitik der Nazis und hatten stets nur ihren eigenen Vorteil im Sinn – führten zum Beispiel je nach Branchenlage Rüstungsaufträge schnell aus oder verschleppten, etwa in der Montanindustrie, die strategisch so wichtige Energiegewinnung; aber ungeachtet ihrer jeweiligen Einwände gegen das Regime begrüßten sie viele seiner Maßnahmen und nutzten ihren neuen Spielraum nach Kräften aus. Damit waren sie indes nicht direkt für die Expansionspolitik der Nazis verantwortlich, sondern kooperierten nur immer bereitwillig mit ihnen und leisteten einen bedeutenden Beitrag zur Verwaltung der Kriegswirtschaft.[5]

Die Kriegsgewinne

Der Zweite Weltkrieg trieb die wirtschaftliche Machtkonzentration des Ersten weiter voran. Obwohl ihn fanatische Militaristen und Nationalisten angezettelt hatten, setzten später Industrielle die Akzente bei den Kriegsanstrengungen und stellten damit die Weichen für die künftige Branchenorganisation. Zugleich jedoch weckten die staatlich geförderten technischen Neuerungen eine Nachfrage, die das Gesicht der Wirtschaft stärker veränderte als je zuvor.

In vielen Industrieländern beschleunigte der Zweite Weltkrieg auch die weltweit zu beobachtende Aufblähung des öffentlichen Sektors. Privatunternehmen bemächtigten sich zunehmend des Fiskus, etwa um öffentliche Mittel in Anspruch zu nehmen oder organisatorische Neuerungen absegnen zu lassen. Zwei so unterschiedliche Systeme wie das japanische und das amerikanische bezeugen gleichermaßen das für Kriegszeiten neuerdings typische Muster der staatlich geförderten Kapitalanhäufung.

In Japan konnten die *zaibatsu*-Konzerne während des Kriegs aufgrund staatlich genehmigter, ja sogar finanzierter Fusionen ihre Machtstellung im Privatsektor kräftig ausbauen. Allein in den Jahren 1941 bis 1943 waren davon 1354 Industrieunternehmen betroffen, aber bis zum Kriegsende kamen noch jede Menge hinzu. Insgesamt konnten die vier größten *zaibatsu* ihre Industriebeteiligungen gegenüber 1935 fast verzehnfachen, von den Zuwächsen der konzerneigenen Banken ganz zu schweigen. Angesichts des beispiellosen Einsatzes öffentlicher Mittel zur Förderung des Privatsektors und zur Abwehr ausländischer Wettbewerber mußte die Position der *zaibatsu* unweigerlich erstarken. Kaum weniger folgenreich für die japanische Wirtschaft war jedoch die im Jahrzehnt von 1932 bis 1942 vollzogene Akzentverlagerung von Leichtindustrien (Textilien, Nahrung, Bekleidung etc.) auf kapitalintensive schwere, deren Anteil zwischen 1930 und 1942 von 38 auf 73 Prozent stieg – so daß Japan seine heutige Grundstruktur in hohem Maße dem Krieg und der damit verbundenen Fiskalpolitik verdankt. Ab 1940 versuchte das Militär, die enormen Kriegsgewinne der Wirtschaft (1941/42 rund 13 Prozent des investierten Kapitals) einzudämmen, doch 1944 lagen sie immer noch bei fast elf Prozent, so daß der Krieg für die Großindustrie ein überaus lukratives Geschäft war.

In den Vereinigten Staaten ging es ähnlich zu. Während 1914 bis 1918 neue Anlagen und Maschinen fast durchweg privat finanziert worden waren, forderten die amerikanischen Unternehmer jetzt erhebliche staatliche Zuschüsse – angeblich weil die erhöhten Kapazitäten nach dem Krieg brachliegen würden. Die Beihilfen nahmen astronomische Ausmaße an. Hatte der gesamte Maschinenpark 1939 einen Neuwert von rund 40 Milliarden Dollar, so kamen bis Juni 1945 gut 26 Milliarden Dollar durch neue Investitionen hinzu. Etwa zwei Drittel davon stammten direkt aus Bundesmitteln. Nominell entsprach dieser Zuschuß einem Viertel des eingebrachten Grundkapitals, in Wirklichkeit aber einem noch viel höheren Anteil; außerdem entfiel die Hälfte der staatlichen Hilfsmaßnahmen auf nicht mehr als 25 Unternehmen, darunter General Motors. Mehr als drei Viertel der neuen Fabriken waren 1945 noch gut in Schuß und wurden als »Kriegsüberhang« fast verschenkt, 70 Prozent davon an 250 Unternehmen (die damit mehr erhielten, als sie vor dem Krieg besaßen): eine fette Beute für die Großindustrie. Die Folge war ein mächtiger Konzentrationsschub im Fertigungsbereich, denn der Gesamtanteil von Unternehmen mit mehr als 50 Millionen Dollar Jahresumsatz stieg zwischen 1934 und 1942 von 37 auf 49 Prozent, bei ungebrochener Tendenz. Zusätzlich bewirkten neue Abschreibungsregeln, daß sich die steuerpflichtigen Kriegseinkünfte der Unternehmen um fast zehn Milliarden Dollar reduzierten. Das spielte eine entscheidende Rolle, weil von den 175 Milliarden Dollar für Staatsaufträge, die das War Production Board zwischen Juni 1940 und September 1944 vergab, zwei Drittel an nur hundert Unternehmen gingen, von denen zehn allein 30 Prozent der Gesamtsumme einstrichen.[6]

Die Illusion, daß sich ein nationales Kriegsmanagement dem Einfluß der herrschenden Eliten und Fraktionen entziehen, also sachbezogen arbeiten könnte, brach schnell in sich zusammen. Der moderne Krieg mit seinen bösen Überraschungen spottete jedem ernsthaften Planungsversuch, zumal die Verantwortlichen ihr Wunschdenken stets leichtfertig für eine realistische Einschätzung der bestehenden Kräfteverhältnisse nahmen. Außerdem lösten sich die ohnehin fließenden Übergänge zwischen dem privaten und dem öffentlichen Sektor in der Kriegsorganisation endgültig auf, so daß beide Sphären nahtlos miteinander verschmolzen. Dadurch konnten Unternehmer öffentliche Mittel in großem Umfang zum privaten Vorteil nutzen und zugleich seit langem angestrebte Infrastrukturmaßnahmen durchsetzen. Wenn sie nicht schrecklich ungeschickt waren, gingen die Industriellen – der besiegten ebenso wie der siegreichen Länder – aus Kriegen besser denn je für den technischen Fortschritt gerüstet und rundum gestärkt hervor.

Kriege zwangen stets dazu, innerhalb gegebener Strukturen zu improvisieren. Nirgendwo bestand eine in sich abgeschlossene, von langer Hand vorbereitete Kriegsorganisation. So wurde das Militär allein aufgrund seines technischen Unvermögens zusehends an den Rand gedrängt, bis es seine Schlüsselrolle von vor 1914 ein für allemal verspielt hatte.

Zweiter Teil

POLITIK UND GESELLSCHAFT

5. EUROPA IM ERSTEN WELTKRIEG

Der Erste Weltkrieg erschütterte die sozialen, ökonomischen und demographischen Strukturen Europas tiefer als jedes andere Ereignis seit der Französischen Revolution und löste Entwicklungen aus, die einen erdrutschartigen politischen Stimmungswandel nach sich zogen. Wir müssen die vielschichtigen Kriegsfolgen in allen ihren Facetten betrachten, von der ausgemachten Katastrophe im Fall Rußlands bis zu den kleinen Umbrüchen auf der britischen Insel. Kein Land Europas blieb verschont, zumal der Krieg alte Spannungen und Probleme zu tödlichen Krisen verschärfte, die vor 1914 so kaum vorstellbar gewesen wären.

Keine der Parteien hatte auch nur im entferntesten mit den am Ende gewaltigen Kosten des Kriegs gerechnet. Da 1914 massenhaft junge Landwirte einrücken mußten, schrumpften die Getreideernten in den darauffolgenden vier Jahren um insgesamt ein Drittel. Der zuvor so ausgedehnte Welthandel Europas kam teilweise zum Erliegen und konnte sein Niveau nur im Fall Großbritanniens und Frankreichs einigermaßen halten.

Die gesellschaftlichen und politisch-ideologischen Konsequenzen des Kriegs wirkten zusammen, um viele traditionell eher passive Gruppen aufzurütteln und zu mobilisieren. Anfangs hatten diese Entwicklungen hauptsächlich wirtschaftliche Gründe, die ungeachtet der streng quantitativ zu erfassenden Aspekte vor allem für Not, Elend und Entfremdung stehen. Ob daraus nun eher linksradikale oder reaktionäre, rechtsorientierte Strömungen resultierten (die im wesentlichen eine Antwort auf die Linke waren): Jedenfalls brachen die alten Staats- und Gesellschaftsordnungen infolge des großen Gemetzels in sich zusammen.

Die Kosten des Kriegs

Großbritannien

Die Briten hatten unter dem Krieg am wenigsten zu leiden, weil sie dank ihrer schlagkräftigen Flotte weiterhin vieles importieren konnten; trotz einer im europäischen Vergleich noch geringen Inflationsrate mußten jedoch auch sie erhebliche Teuerungen hinnehmen. Zwar ließ die Nahrungsqualität nach und ging der Fleischverzehr zurück, aber die Kalorienaufnahme konnte konstant gehalten werden. Die Lebenserwartung der Zivilbevölkerung stieg sogar, und das Bekleidungsangebot blieb unvermindert gut. Erst Ende 1917 bildeten sich wegen Engpässen vor allem bei Zucker, Kartoffeln und Kohlen einige Warteschlangen. Es herrschte also verglichen mit dem Rest Europas keine größere Not.

Allerdings litten Einkommensbezieher wie Angestellte und Rentner unter der Inflation. Da die Löhne sofort hinter den Preisen herhinkten, sank das Realeinkommen zwischen 1915 und 1918 um zehn bis 20 Prozent.

Frankreich

Frankreich bekam viel größere Probleme, weil die Deutschen gerade die ertragreichsten sechs Prozent seiner Anbauflächen für Weizen, Zuckerrüben und Hafer besetzt hielten. Außerdem wurden etwa zwei Drittel der Landarbeiter eingezogen, was die Erträge weiter schrumpfen ließ. Einfuhren und die staatliche Überwachung der – stark subventionierten – Mehlpreise bewirkten jedoch, daß die Franzosen ganz gut durchkamen. Lebensmittel mußten erst 1918, Kohlen indes schon ein Jahr vorher rationiert werden.

Trotz ihrer ansonsten vergleichsweise günstigen Bilanz geriet der französischen Regierung besonders im Frühjahr 1917 das Preisgefüge aus dem Lot; zudem mußte sie größere Mengen Fleisch einführen. Bis Ende 1916 waren die Reallöhne nur um etwa zehn Prozent gesunken, danach allerdings viel schneller, so daß sie bei Kriegsende im Durchschnitt rund ein Viertel unter denen von 1914 lagen. Auch wenn Frankreich viel besser dastand als seine Feinde, von Rußland ganz zu schweigen, nahmen Mangelkrankheiten zu. Abgesehen von den zehn ganz oder teilweise besetzten nördlichen *départements* kam die französische Zivilbevölkerung jedoch relativ schadlos durch den Ersten Weltkrieg.[1]

Italien

Unter den Entente-Staaten, denen eine größere Invasion erspart blieb, stand Italien wirtschaftlich am schlechtesten da. Das Land wollte hoch hinaus, hatte aber ein völlig marodes Steuersystem und eine schwindelerregende Inflationsrate. Eigentlich hätte es sich den Krieg, dem es im Mai 1915 allein aus opportunistischen Gründen in der Hoffnung auf ein rasches Ende und satte Gewinne beigetreten war, gar nicht leisten können. Obwohl der Fiskus im Inland und bei den Alliierten hohe Anleihen aufnahm, konnte er nie genügend Kohle und Weizen importieren, um die Wirtschaft in Gang zu halten. Die Reallöhne der Industriearbeiter begannen drastisch zu sinken und verloren bis 1918 rund 35 Prozent gegenüber 1913. Im Agrarsektor stürzten die Einkünfte noch tiefer ab, obwohl sich die Zahl der Landarbeiter im Laufe von knapp vier Jahren durch Einziehung mehr als halbierte.

Italien ging 1918 vor allem wirtschaftlich sehr geschwächt aus dem Krieg hervor, wobei völlig offen war, ob die alten Eliten die politischen Auswirkungen dieses Traumas überleben würden.

Deutschland

Der deutschen Arbeiterschaft spielte der Krieg noch ärger mit als der italienischen. Als die Verantwortlichen merkten, daß der Krieg langwierig und teuer würde, kurbelten sie ihre Wirtschaft mit Volldampf an. Auch wenn sie dabei geschickter vorgingen als die Entente-Mächte, bewegten sie sich auf einem sehr schmalen Grat. Im Grunde hatten sie mit ihrer Kriegspolitik nichts anderes getan, als leichtfertig die bestehende Ordnung aufs Spiel zu setzen.

Das Resultat waren herbe Entbehrungen für die Zivilbevölkerung, und die nicht direkt gefechtsbezogene Sterberate schnellte empor. Die Landwirtschaft kam fast zum Erliegen: Es gab kaum noch Düngemittel, Zugtiere mußten ans Heer abgegeben werden, und die Einberufungen taten ein übriges. Zugleich brachen die Importe ein, die normalerweise ein Fünftel des Getreide-, ein Viertel des Milch- und 40 Prozent des Fleischbedarfs deckten. 1918 wurden bei Roggen, Weizen und Kartoffeln nur etwa 60 Prozent der Erträge von 1913 erzielt. Der schwere Kohlenmangel belastete die Wirtschaft praktisch während des gesamten Kriegs, beeinträchtigte aber auch den Alltag empfindlich. Trotz der gewaltigen Rüstungsaufträge lag die Industrieproduktion in den Jahren 1915 bis 1918 bei nur knapp drei Vierteln des Niveaus von 1913. 1919 hatten sich die Preise gegenüber 1913 mehr als verdreifacht.

Auch wenn Statistiker über den Gesamtumfang der deutschen Verluste streiten, steht außer Frage, daß der Lebensstandard spürbar sank. Manche Schätzungen der Wochenlöhne lassen sogar noch unberücksichtigt, daß die Deutschen bei Kriegsende länger arbeiten mußten als 1914; bezieht man das ein, so lagen die Reallöhne 1918 im Durchschnitt 35 Prozent unter dem Vorkriegsniveau. Zwar standen Angehörige der Rüstungsindustrie etwas besser da als die ziviler Branchen, aber bergab ging es überall, besonders steil bei den Angestellten, die in den genannten Zahlen nicht berücksichtigt sind. Allerdings war das Elend faktisch viel größer, als solche Annäherungen vermuten lassen.

Die Rationierungen begannen schon Anfang 1915 und betrafen bald die meisten Lebensmittel (wie fast überall in Europa gab es einen blühenden Schwarzmarkt). Danach wurden die zugeteilten Mengen bei fast allen Grundnahrungsmitteln, außer Kartoffeln und Zucker, laufend gesenkt. 1917 entsprach der Kalorienwert einer Arbeiterration nur noch gut der Hälfte des üblichen. Schwerarbeiter waren trotz der Sonderzuteilungen am schlechtesten dran, so daß ihre Gesundheit Schaden nahm.[2]

Österreich-Ungarn

Noch tiefer sank der Lebensstandard im mit Deutschland verbündeten Habsburgerreich, das ehemals sogar Nahrungsmittel exportiert hatte. Die Kämpfe auf seinem Territorium, die

Einberufungen und die Kriegsanstrengungen ließen die Getreideernten bis 1918 um gut ein Drittel unter den Vorkriegsstand sinken.

Die Rationierung begann ungefähr zur gleichen Zeit wie in Deutschland, allerdings mit erheblich geringeren Mengen, obwohl beide Staaten immer viel mehr zuteilten, als wirklich vorhanden war. Der Überlebenskampf nahm verzweifelte Züge an.

Statistische Daten über das durchschnittliche Realeinkommen in Wien und in den ungarischen Großstädten lassen den Schluß zu, daß der Lebensstandard katastrophal sank, zum Beispiel bei fünf besonders schwer betroffenen Wiener Berufsgruppen bis Juli 1918 um mehr als 80 Prozent. Wie nähere Angaben für Ungarn zeigen, fielen die Reallöhne der Arbeiter von 1913/14 bis 1918 um etwa die Hälfte, die der Angestellten und Beamten sogar um zwei Drittel. Die Nahrungs- und Brennstoffsuche verschlang immer mehr Zeit. Österreich-Ungarn litt unter einer echten Hungersnot.[3]

Rußland

Mit einem schon vor dem Krieg verarmten Stadtproletariat, einer unfähigen politischen Führung und einer lahmenden Wirtschaft war Rußland von Anfang an nicht imstande, die Versorgungsprobleme der Kriegszeit zu lösen. Die Reallöhne der Arbeiterschaft waren seit 1907 gleichbleibend niedrig, und die gesamte ökonomische Basis war schwach und krisenanfällig. Direkte Steuern hätten gerade die zuverlässigsten Anhänger des Regimes am allerstärksten getroffen, weshalb die Regierung in ihrer Not Kriegsanleihen auflegte – die allerdings viel weniger einbrachten als erforderlich –, um inflationär wirkende Maßnahmen abwenden zu können.

Ob Rußland angesichts dieser schwierigen Lage einen längeren Krieg überstehen konnte, hing weitgehend, wenn auch nicht allein, vom Zustand der Landwirtschaft und von der Ernährungslage ab. Trotz der massenhaften Einberufung jüngerer Bauern und der vielen beschlagnahmten Zugtiere hätte der in Friedenszeiten eher überbevölkerte Agrarsektor, hypothetisch zumindest, nach wie vor in der Lage sein müssen, beim Getreide sogar Überschüsse zu erzielen. Praktisch waren die betreffenden Bauern jedoch weder willens noch imstande, nennenswerte Mengen anzubieten, zumal man nach 1915 für Geld kaum noch etwas bekam. Viele bauten weniger Getreide und statt dessen Feldfrüchte für den Eigenbedarf an, bildeten Vorräte, legten Flächen brach oder verfütterten überschüssiges Korn. Landarbeiter und arme Bauern wanderten scharenweise in die Städte ab, um mehr zu verdienen. Ein weiterer Hauptgrund für die Misere war das fast völlig unbrauchbare Eisenbahnnetz. Aufgrund seiner verfehlten Streckenführungen wurden weder die Armee noch die Städte ausreichend versorgt. Letztere hatten darunter grausam zu leiden und standen stets kurz vor dem Chaos.

So kam es zu schweren Engpässen, endlosen Warteschlangen und einer galoppierenden Inflation. Vorsichtigen Schätzungen zufolge verdoppelten sich die Preise von 1914 bis 1916, um sich allein 1917 mehr als zu verdreifachen, was für die gesamte Kriegszeit eine Versiebenfachung ergab. Andere Berechnungen besagen, daß die Preise vom Kriegsausbruch bis zur Oktoberrevolution um das Zehnfache stiegen. Trotz bestimmter Unwägbarkeiten ist sicher, daß der Lebensstandard in Arbeiterfamilien drastisch sank, besonders ab Mitte 1916. Angesichts der ohnehin schon herrschenden Armut mußte jede weitere Einbuße den Verdruß dieser Menschen noch zuspitzen, zumal sie auch unter akuter Wohnungsnot litten, die sich aufgrund der stetigen Zuwanderung in dramatischer Weise verschärfte. 1916 sanken die Reallöhne der Industriearbeiter im Durchschnitt um knapp ein Fünftel, um 1917 auf weniger als die Hälfte des Niveaus von 1913 zu fallen. Noch viel tiefer stürzten jedoch die Angestellten und Beamten ab.[4]

Der Krieg nahm also vielen Arbeitern und Bauern Europas binnen kurzem fast alles, was sie sich zuvor aufgebaut hatten, ja er brachte sie oft sogar an den Rand von Hunger und Not. Millionen von ihnen verloren dadurch jeden Anreiz, noch weiter vor denen zu kuschen, die ihnen das alles eingebrockt hatten.

Allgemeine Mobilmachung

Nachdem die Kriegsparteien im Sommer 1914 angenommen hatten, ihre Waffenbestände und sonstigen Vorräte würden ausreichen, standen sie bald sämtlich vor ungeahnten Problemen. Anfang 1915 begannen die Verantwortlichen der Großmächte daher, in aller Eile regelrechte Kriegsorganisationen aufzubauen, mit nachhaltigen Folgen für die politischen, sozialen und demographischen Strukturen.

Das größte Problem, mit dem Briten, Deutsche und Franzosen ab 1916 zu kämpfen hatten, waren die fehlenden Arbeitskräfte für eine fast unersättliche Rüstungsindustrie, so daß deren Manager und die Militärs oft erbittert um die Zuteilung der verfügbaren Männer feilschten. Die Tatsache, daß die entsprechenden französischen Fabriken bei Beginn des Kriegs 45 000 und am Ende gut zwei Millionen Arbeiter beschäftigten, deutet an, um welche Größenordnung es hier ging. Schließlich befanden alle drei Regierungen, daß Facharbeiter, die bereits in der Armee dienten oder vor der Einberufung standen, in ihren Berufen gewöhnlich mehr nützen würden als an der Front. Die Franzosen hatten bis 1918 gut eine halbe Million solcher Männer in Fabriken untergebracht, die Deutschen bis Sommer 1918 ungefähr 2,4 Millionen. Als das Deutsche Reich im November 1916 alle Männer im Alter zwischen 17 und 60 Jahren zur Arbeit zwangsverpflichtete, konnte es so zwar das Problem des Arbeitskräftemangels lösen, aber ihm fehlten nach wie vor jede Menge Soldaten. Die Briten versuchten schon ab Ende 1914, Facharbeiter in der Rüstungsindustrie zu halten. Doch wo man Leute am besten einsetzte, diese Frage spaltete die Nation noch lange nachdem das Parlament – im Mai 1916 – die allgemeine Wehrpflicht beschlossen hatte. Letzten Endes entstand das Problem deshalb, weil die Militärs immer neue Soldaten anforderten, um die in Frankreich massenhaft gefallenen und verwundeten zu ersetzen – und mangels einer allgemeinen Übereinkunft gab es keinen klaren politischen Kurs für die Verwendung der wehrtauglichen Männer.

Angesichts der vergleichbaren ökonomischen Zwänge stellten alle Parteien ihre Industrien auf Kriegsproduktion um und setzten die verfügbaren Kräfte ähnlich ein. In Italien stieg die auf Rüstungsfabriken entfallende Quote der Industriearbeiter im Lauf des Kriegs von 20 auf 64, in Rußland sogar von 24 auf 76 Prozent. Die Belegschaften des deutschen Rüstungssektors wuchsen von 1913 bis 1918 um durchschnittlich 44 Prozent. Und in allen kriegführenden Ländern erlebte die Textil- und Bekleidungsbranche, ebenso wie die Land- und Hauswirtschaft, einen regelrechten Aderlaß.[5]

Der Krieg und die Gesellschaftsstrukturen

Wenn sich der Erste Weltkrieg in den betroffenen Ländern auch sehr unterschiedlich auswirkte, so ließen die Zerstörungen, Vertreibungen und Entbehrungen die Vorkriegsordnung doch – von England einmal abgesehen – nirgends unversehrt. In einigen Fällen beschleunigte er lediglich schon laufende Entwicklungen und bereitete dadurch den Boden für Revolutionen. Während Rußland noch im Krieg selbst einen Umsturz erlebte, schwebten große Teile Mitteleuropas und Italien 1918 »erst« am Rande des Aufruhrs; die Mittel- und Oberschichten der Vorkriegszeit wurden von neuen Eliten verdrängt und oft in die Arme radikaler Parteien getrieben. Insofern ging es schließlich nicht mehr darum, ob, sondern nur noch, in welchem Ausmaß der Krieg die politischen Grundstrukturen Europas veränderte.

Auf dem Lande blieben die Verhältnisse in der Regel am stabilsten, ganz im Gegensatz zu den städtischen Milieus der Angestellten, Beamten und Rentner. Während der Krieg sämtliche Schichten schwer traf, zogen einzelne Gruppen erhebliche Vorteile daraus. Logischerweise gab es auf dem Lande mehr – oft viel mehr – zu essen als in den Städten. Auch wenn viele verarmte Kleinbauern arm blieben und fast überall einen unverhältnismäßig großen Teil des »Kanonenfutters« stellten, sahnten zahllose andere kräftig ab und bedrohten schließlich die Vormachtstellung der Gutsherren. In weiten Teile Europas erzielten Spekulanten enorme Profite auf Schwarzmärkten, an denen sich auch viele Landbewohner erbarmungslos bereicherten.

Typisch hierfür waren die Verhältnisse in Frankreich. Dort mußten etwa 3,7 Millionen Bauern einrücken, was einen schweren akuten Fehlbestand zur Folge hatte, den Alte, Frauen und Kinder beheben mußten. Zugleich stiegen dadurch 1920 die Löhne auf dem Lande mindestens doppelt so schnell wie in den Städten. Neben staatlichen Beihilfen für die Frauen eingezogener Bauern und gestiegenen Preisen sorgten vielfach satte Schwarzmarktgewinne für klingende Münze, womit im Agrarsektor ein bis dahin ungekannter Wohlstand einkehrte. Daher nimmt es nicht wunder, daß Frankreichs Bauernschaft den Krieg fast vorbehaltlos akzeptierte, ja sogar unterstützte, um anschließend ihre Liquidität und die Inflation zu nutzen, um Hypotheken abzulösen und Land aufzukaufen. In Italien hingegen, wo es keinen so akuten Personalmangel gab, standen die Arbeiter auf dem Lande meist erheblich schlechter da als in der Industrie. Viele suchten in den Städten ihr Heil, und einige Gutsbesitzer verkauften sogar Teile ihres Besitzes.

In Österreich-Ungarn war die Lage zwar etwas verwickelter, aber grundsätzlich blieb die Landbevölkerung vom Elend und Hunger der Städte verschont, während die reicheren Bauern auf dem vielleicht größten Schwarzmarkt Europas sogar fette Gewinne machten. Die Masse der armen Bauern und Landgehilfen war von der Wehrpflicht betroffen.

Deutschland war weitaus besser organisiert, und dank strenger Kontrollen hielt sich die Korruption auf dem Lande in Grenzen. Doch die ausgedünnte Bauernschaft war – zumal auch eines Großteils ihrer Pferde beraubt und fast bar aller Düngemittel – oft nicht willens, mit den Behörden zu kooperieren, und einige Landwirte wanderten ab, um in Kriegsfabriken zu arbeiten. Viele verfütterten Kartoffeln oder horteten Weizen und andere Grundnahrungsmittel, zunehmend auch, um später den Schwarzmarkt bedienen zu können.

Auch in Rußland lebten die Bauern zwar nicht gut, aber besser als die Städter, und einige machten sogar beträchtliche Gewinne.

Weil Großgrundbesitzer genauso einrücken mußten wie kleinere, verkauften oder verpachteten sie ihre Ländereien oft für wenig Geld an die gerade erst aufkommende Agrarbourgeoisie.

Im allgemeinen stellten sich die ärmeren russischen Bauern auf die kriegsbedingten Probleme des Transport- und Versorgungswesens ein, indem sie von der Hand in den Mund lebten, möglichst wenig auf den Markt gaben und oft einfach in der Stadt Geld verdienten, um davon später günstig Land zu erwerben. Anfangs brachte ihnen der Verkauf von Vieh an den Staat mehr ein, als sie je hatten. Da es immer weniger zu kaufen gab, verzehrten oder horteten sie ihre Erträge selber. So blieb 1917 ein Großteil der übrigens guten Ernte auf den Höfen.[6]

Die Krise der Mittelschichten

Vor dem Krieg hatten die Angestellten, Beamten und Rentner in den Städten Europas ein angenehmes Leben führen können und daher meist für politische und soziale Stabilität gebürgt. Doch die große Krise nährte tiefe Ängste und erschütterte ihr festgefügtes Weltbild, ja sie brachte sogar bei den Wohlhabenden einiges durcheinander, wenngleich deren stets nachdrücklich betonter Abstand zu den Massen fast unvermindert blieb.

Die Verteilung von Wohlstand und Macht ist schwer faßbar; viele Zeitgenossen ahnten und spürten jedoch, daß der Krieg die ehemals führenden Gruppen und die gesamte Mittelschicht kräftig gebeutelt hatte. Keine Gesellschaft übersteht einen längeren Krieg ohne schwerwiegende Folgen für ihr Machtgefüge.

Abgesehen von den Spekulanten füllten auch viele herkömmliche Industrielle ihre Taschen, meist am Fiskus vorbei. In Deutschland, Italien und Frankreich wurde die Steuererhebung kriegsbedingt ziemlich lasch gehandhabt, so daß der Hinterziehung Tür und Tor geöffnet waren, und die Inflation tat ein übriges, um Kriegsgewinne zu vernebeln. Auch wenn England etwas strenger vorging, behielten die oberen Zehntausend (wie übrigens auch in Frankreich) ihre Schlupflöcher und Steuerprivilegien.

Vor allem fragt sich, ob die kleine Oberschicht den Krieg im wesentlichen unverändert überstand und wie man in Europa das

System der Kriegswirtschaft mit seinen Gewinnern und Verlierern wahrnahm. Kam es bei den Eliten zu einem Umbruch? Oder zeigten sich in den bestehenden Hierarchien gewisse Angleichungstendenzen, zum Beispiel durch eine »Proletarisierung« der Mittelschichten?

In den meisten Ländern entstand eine Gruppe von Neureichen, die um so mehr auffielen, als der Krieg ein luxuriöses Leben in Saus und Braus gleichsam tabuisiert hatte. Das Geld, in dem diese Schickeria schwamm, stammte gewöhnlich aus Kriegsgewinnen oder vom Schwarzmarkt und empörte daher die Öffentlichkeit Italiens, Frankreichs und Deutschlands. Nicht nur in Paris erlebten Cafés und Restaurants einen Boom und blühte das Geschäft mit Luxusartikeln. Es fragt sich allerdings, ob diese »Herrschaften« eine neue wirtschaftliche Kraft darstellten oder lediglich gewiefte Kleinunternehmer, Landwirte oder sonstige Emporkömmlinge waren. Auch wenn es nirgends zu einer nennenswerten Angleichung der Besitzstände kam, gilt es zu eruieren, wer jeweils an den Hebeln der Macht saß und ob die Eliten ihre Stellungen halten konnten. In der Rüstungsbranche gelang ihnen das, aber wie immer bei großen ökonomischen Umbrüchen mußten sie auch Neulingen Platz machen.[7]

Am besten erforscht und auch am bezeichnendsten ist, wer durch den Krieg am meisten verlor, besonders was den Status und den politischen Einfluß angeht. Zwar wurde den Mittelschichten übel mitgespielt, aber diese Aussage muß nuanciert und für einige Länder sogar revidiert werden, da es vielen Arbeitern mindestens genauso schlecht erging wie ihnen, auch wenn sie mangels Fallhöhe nicht so tief stürzten. Jedenfalls entstand durch den Krieg nirgends in Europa so etwas wie eine homogene Sozialstruktur ohne ausgeprägte Klassengegensätze. Die beiden Extrempole bildeten Großbritannien und Rußland; alle anderen Länder Europas lagen irgendwo dazwischen.

Das klarste Bild ergab sich in Großbritannien, wo Gutsbesitzer die großen Verlierer waren, während Industrielle und Unternehmer eher noch gestärkt aus dem Krieg hervorgingen und das Gesamtsystem der Klassen und Stände verteidigen konnten. Zwar hatten ungelernte Arbeiter, Vorarbeiter, Bürokräfte und niedere Akademiker zeitweise aufgeholt gegenüber angelernten Kräften, Facharbeitern, Managern und höheren Akademikern, doch schon bald stellten sich die alten Abstände wieder her. In Rußland dagegen hatte die relativ kleine, aber wichtige Gruppe der Angestellten und Bürokräfte ab 1914 erheblich mehr zu leiden als das Proletariat, obwohl sie 1917 im Durchschnitt noch fast doppelt soviel verdienten wie etwa Industriearbeiter. Der Einkommens- und Statusverlust trieb damals viele Angestellte auf die Barrikaden. In Frankreich und Italien, um zwei weniger drastische Beispiele zu nennen, litt die untere Mittelschicht am meisten: Büroangestellte, Beamte, Rentner – kurz, das Kleinbürgertum. Der Krieg setzte sie so sehr unter Druck, daß sich der finanzielle Abstand zwischen ihnen und den meisten Industriearbeitern rasch schloß.

In Deutschland trat das europäische Grundmuster in einer anderen, letzten Endes hoch brisanten Variante auf. Wie in Rußland stürzte hier die Mittelschicht relativ gesehen am tiefsten und näherte sich in ökonomischer Hinsicht der Arbeiterschaft an, obwohl auch deren Lebensstandard im allgemeinen sank. Aber die Lage des Bürgertums, das den Krieg befürwortet hatte, nun von Armut aufgerieben wurde und während des Kriegs verbittert reagierte, war noch rosig verglichen mit den Nöten der Inflation ab 1920. Seine angebliche »Proletarisierung« wurde allerdings mehr befürchtet als wirklich erlitten, und als die Ängste wuchsen, gaben viele ihr knappes Geld für Statussymbole aus, um wenigstens ihre Würde und den Schein zu wahren. Bald nach Kriegsende stellten sich die alten Klassenstrukturen wieder her.

Das Abrutschen der Mittelschicht wirkte sich politisch fatal aus, als breite Kreise einen Rechtsruck vollzogen und damit den Erfolg der Faschisten und der Nazis ermöglichten. Auch wenn die sozialen Abstände der Vorkriegszeit keineswegs ein für allemal aufgehoben waren, zernagten die entsprechenden Ängste das Selbstbewußtsein vieler Bürger, die wirklich alles verloren hatten, und diese Verunsicherung, gepaart mit heftigen Ressentiments gegenüber der Unterschicht, sollte sich am Ende verheerend auswirken.[8]

Statistisches

Zahlen erwecken stets den Anschein einer ungerührten, mitleidlosen und kalten Sachlichkeit. Doch gerade um den großen Aufschrei Europas gegen den Krieg sowie den anschließenden Zusammenbruch der traditionellen Werteordnungen zu verstehen, bilden sie einen nützlichen, ja unerläßlichen Ausgangspunkt. Im übrigen richtete der Krieg durch Hunger, Vertreibung und Tod – wie man es auch berechnen mag – einen unvorstellbar hohen Schaden an.

Auf den Schlachtfeldern fielen etwa zehn Millionen Soldaten, außerdem wurden gut drei Millionen Vermißte für tot erklärt, was insgesamt rund 13 Millionen Opfer ergibt. Den größten Blutzoll entrichtete Deutschland mit zirka 1,8 Millionen Gefallenen und 4,2 Millionen Verwundeten. Frankreich folgte zwar, an der Truppenstärke gemessen, knapp dahinter, verlor aber im Verhältnis zur Einwohnerzahl (die je nach Berechnungsgrundlage um 17 bis 25 Millionen unter der Deutschlands lag) mehr Männer als jede andere Nation, vielleicht mit Ausnahme Ungarns. Es mobilisierte 168 von je tausend Bürgern und verlor 34, Deutschland im Vergleich dazu 154 respektive 30, Großbritannien 125 respektive 16. Gesondert auf Männer im Alter zwischen 20 und 45 Jahren bezogen, verloren Frankreich 182, Deutschland 155, Großbritannien 88 und die Vereinigten Staaten 3 pro Tausend. Nach diesem Kriterium führte Ungarn mit 187, während Österreich vor Deutschland lag. Was den Anteil der Gefallenen an der mobilisierten sowie der Toten/Vermißten an der berufstätigen Bevölkerung angeht, führte wiederum Frankreich vor Deutschland, Großbritannien und Rußland. Während die russischen Verbände mit 15,5 Millionen Mann das größte Kontingent stellten, lagen ihre entsprechend hohen Verluste anteilsmäßig betrachtet doch deutlich unter denen Frankreichs und Deutschlands, zumal die Soldaten sich zu kämpfen weigerten und den Krieg ein Jahr vor den Verbündeten verließen.[9]

Die Opfer in der Zivilbevölkerung sind erheblich schwerer zu ermitteln. Jedenfalls stieg die Sterberate wegen des akuten Nahrungs- und Brennstoffmangels kräftig an. Allein in Deutschland starben während des Kriegs 300 000 Zivilisten mehr als gewöhnlich. Doch Frankreich, dessen Geburtenrate vor dem Krieg, bei höherer Sterblichkeit, kaum zwei Drittel der deutschen ausgemacht hatte, zählte 1920 knapp drei Millionen Einwohner weniger als 1913.[10]

Außerdem standen die Kriegsparteien vor enormen Trümmerhaufen und Schuldenbergen. Die britischen Staatsschulden stiegen zwischen 1913 und 1919 nominal um das Elffache, die Frankreichs um das Siebenfache, die Deutschlands um das Vierzigfache. Die europaweiten Vermögensschäden sind unmöglich präzise zu schätzen, müssen aber immens gewesen sein. Aus dem westlichen Hauptkampfgebiet, den zehn besetzten *départements*, in denen vor dem Krieg 16 Prozent der Franzosen gelebt hatten, flohen 56 Prozent der Einwohner; von den insgesamt 1,2 Millionen Häusern dort wurden gut drei Viertel im Krieg zerstört oder schwer beschädigt. Darüber hinaus verwüsteten die Kämpfe mehr als die Hälfte der Anbauflächen. Frankreich selbst ermittelte einen Gesamtschaden in Höhe von 34 Milliarden alten Francs – was übrigens genau seiner Staatsverschuldung vor dem Krieg entsprach.

Durch die beschleunigte Industrialisierung und Landflucht veränderte sich das soziale Gefüge tiefgreifend, wie das Beispiel Frankreichs bezeugt. Obwohl sehr viele Flüchtlinge in die Städte strömten, mußte man, weil so viele Männer fehlten, noch ausländische Arbeitskräfte anwerben, was rasch zur weltweit zweithöchsten Einwanderungsquote führte. In vielen Großstädten Europas herrschte massive Wohnungsnot, und immer mehr Menschen lebten in primitivsten Quartieren. Die russischen Großstädte mußten allein 1916 sechs Millionen neue Zuwanderer aufnehmen.

Die Menschenströme und der sinkende Lebensstandard schufen gepaart mit den direkten Kriegsschäden jene Verhältnisse, unter denen Europa schließlich auch noch von Seuchen heimgesucht wurde, darunter Flecktyphus. Vom ursprünglichen Herd an der galizischen und türkischen Front verbreiteten Flüchtlinge und

Kriegsgefangene die Erreger, und 1916 gab es in Europa doppelt so viele Fälle wie üblich, mit stark ansteigender Tendenz, besonders in Rußland. Dort wurden gut neun Millionen Fälle gemeldet, und bis 1920 dürften mindestens 1,5 Millionen Infizierte gestorben sein. Andere Seuchen rafften weitere anderthalb Millionen Russen dahin. Alles in allem starben in Rußland zwischen 1914 und 1923 etwa zwölf Millionen Menschen mehr als gewöhnlich, davon weniger als ein Viertel infolge von Kriegshandlungen.

Nach 1918 irrten viele Millionen Menschen durch Europa, sei es, um ihre Haut zu retten, sei es, weil Abkommen wie das Lausanner von 1923 sie heimatlos gemacht hatten. Schätzungsweise zwei Millionen Russen flohen west- oder ostwärts. Etwa eine Million Deutsche mußten jene Gebiete verlassen, die nach der Pariser Friedenskonferenz an Polen und Frankreich fielen; gut eine halbe Million Ungarn kehrten nach dem Krieg in ihre Heimat zurück, und nahezu eine Million Polen zogen in ehemals deutsche Gebiete. Nach dem Vertrag von Lausanne mußten 1,2 Millionen Griechen die Türkei und 400 000 Türken Griechenland verlassen. Viele Millionen (die genaue Zahl kennt niemand) wurden entwurzelt und mußten ganz von vorne anfangen. Dabei griffen nicht nur tödliche Krankheiten um sich, sondern auch Haß und Verbitterung – die Europa bald von Grund auf verändern sollten.[11]

Wenn nüchterne Zahlen auch nicht das wirkliche Ausmaß der Kriegsschäden oder der Verwüstung weiter Teile Europas einfangen können, so belegen sie doch, daß die Feuersbrunst beispielloses, ja unvorstellbares Elend über die Menschen brachte und sich rasend schnell ausbreitete. Das unerbittliche Leid beherrschte die Wahrnehmung, das Denken und die Sehnsüchte der Europäer. Nachdem zahllose Söhne, Ehemänner, Brüder und Nachbarn für die alte Ordnung, eine zunehmend verwaltete und fremdbestimmte Welt, gestorben oder verstümmelt worden waren, mußte man ganz neu über soziale Grundprobleme, über Krieg und Frieden, Gerechtigkeit, Herrschaft und die Klugheit oder Dummheit der Herrschenden nachdenken. Dazu zwangen auch schon die täglichen Entbehrungen, denn Apathie oder Gleichgültigkeit in Form von Passivität und Schweigen forderten einen zunehmend hohen, ja unerträglichen Preis.

Als sich die Fakten in Gefühle und Gedanken übersetzten, als das Elend und Leid in Verbitterung und Wut umschlugen, da ging ein Beben durch die Massen Europas – und das Verhängnis nahm seinen Lauf.

6. DAS SCHICKSAL DER EUROPÄER

Nachdem sich die Regierenden leichtfertig genug auf den Krieg eingelassen hatten, gerieten sie in schwere gesellschaftliche und ökonomische Turbulenzen, und sofern sie bei Kriegsende abgelöst wurden, erging es auch ihren Nachfolgern kaum besser. Schließlich stand die ganze alte Gesellschaftsordnung auf der Kippe.

Die krisenhafte Entwicklung ging auf latente, dann aber immer akuter werdende Spannungen zurück und spitzte sich im Krieg derart zu, daß alle überkommenen Grundsätze und Institutionen zu wanken begannen. Spätestens ab Mitte 1917 schufen die wachsende Entfremdung der Massen und die Nervosität der Regierenden das ideale Klima für die verschärften Irrungen und Wirrungen der Geschichte.

Der Erste Weltkrieg hatte von Anfang an tief in den Alltag der Europäer eingegriffen und viele traditionell eher passive Menschen politisiert. Das steigerte sich mit zunehmender Kriegsdauer, und schließlich begannen sogar viele jener Liberalen und Sozialisten in Frankreich, Deutschland und Rußland zu meutern, die anfangs laut zu den Waffen gerufen und – im Fall der sozialistischen Parteien – bedenkenlos ihren Internationalismus geopfert und für die erforderlichen Kredite gestimmt hatten, damit die Völker Europas einander abschlachten konnten. Dieser fatale Fehler mußte sich rächen, und er bildete die Grundlage für Lenins Angriff auf die Einheit des Sozialismus, da allein die Kommunisten geschlossen gegen den Krieg protestiert hatten.

Allerdings gingen die um sich greifenden sozialen Unruhen, vom unüberhörbaren Murren der Briten bis zur revolutionären Erhebung in Rußland, ursprünglich mehr auf die wachsenden Entbehrungen und Härten zurück als auf das Wirken linksradikaler

Agitatoren, die erst in der Folge zunehmend aufzutreten begannen. Wenngleich die sozialistischen Parteien in den wenigsten Ländern auf eine Machtübernahme vorbereitet schienen, gewannen sie nun meist schnell an politischem Einfluß. So mußten sich die herrschenden Schichten im Lauf der Zeit erneut auf eine erstarkte Linke einstellen, was sie in der extremsten Form durch den Aufbau faschistischer oder nazistischer Parteien taten.

Gewerkschaften und Streiks

Die Sozialistenführer und ihre Gefolgsleute fanden sich bald in dem peinlichen Dilemma, daß der von ihnen unterstützte Krieg gerade die Arbeiterschaft zunehmend belastete. Frankreich, Deutschland und Großbritannien mußten ihre verfügbaren wirtschaftlichen Potentiale bis an die Grenzen ausschöpfen und daher alle arbeits- und wehrtauglichen Männer unter strenge Kuratel stellen. Facharbeiter waren für den Einsatz in Rüstungsfabriken vom Wehrdienst zu befreien, bereits eingezogene entsprechend freizustellen und »auszuleihen«. Das französische Kriegsministerium ließ Anfang 1917 sogar einen Großteil der Belegschaften von Munitionsfabriken in diesen einschließen. Analog schränkte die deutsche Regierung ab Herbst 1916 die Freizügigkeit ein, weil sich viele Arbeiter einfach aus dem Staub machten, um mehr zu verdienen. Ende 1918 waren gut zwei Millionen Wehrpflichtige oder Soldaten in Schlüsselindustrien tätig, während Rußland sich mit 640 000 begnügte. Abgesehen von diesen Zwangsmaßnahmen schwebte über wehrfähigen Arbeitern jederzeit die Drohung, aus disziplinarischen Gründen an die Front geschickt zu werden.

Auch die inflationsbedingten ministeriellen Verordnungen über Arbeitszeiten, Löhne und Zwangsschlichtungen setzten insbesondere das städtische Proletariat schwer unter Druck; hinzu kamen die akute Wohnungsnot, katastrophale sanitäre Verhältnisse und das völlig unzureichende Bekleidungsangebot. Das alles trug in wachsendem Maße zur Radikalisierung bei, besonders extrem in den russischen und österreichischen Großstädten, wo Ende 1916 eine Hungersnot ausbrach. Das Deutsche Reich mußte im Frühjahr 1917 – als die Kriegsgewinnler gerade zu schlemmen begannen – die Brotrationen senken. In Großbritannien klagten die Arbeiter vor allem über zu hohe Lebenshaltungskosten und die faktisch bestehende Prohibition. Ähnlich sah es in Frankreich aus, wo die Löhne immer weiter hinter der Inflation herhinkten.

Disziplinierungsmaßnahmen zur Steigerung der Kriegsproduktion stießen jedoch im Dickicht der überfüllten Metropolen und in den neuen Großfabriken rasch an ihre Grenzen. Außerdem sorgte die um sich greifende Anonymität für zusätzliche soziale Spannungen, was sowohl die herrschenden Schichten als auch die Gewerkschaften zu spüren bekamen. Der massive Zustrom von Jugendlichen und Frauen meist ländlicher Herkunft ließ eine gewerkschaftliche Organisation im herkömmlichen Sinne fast nicht mehr zu und veränderte das Bild der Arbeiterschaft tiefgreifend. In Deutschland regten sich viele Bürger über die »schrecklich blasierten Rotzlöffel« auf, die noch nicht im wehrfähigen Alter waren, sich aber schon in den Fabriken wichtig machten.[1]

In Rußland hatte die beschleunigte Industrialisierung bereits vor dem Krieg viele Jugendliche vom Lande in Petrograder Fabriken gelockt, die dann angesichts der schlimmen Entbehrungen viel aufgeschlossener als die traditionellen Arbeiter auf die bolschewistische Propaganda und auf Kampfaufrufe reagierten.

Die veränderte Struktur und Bewußtseinslage der Arbeiterschaft machte den Gewerkschaften schwer zu schaffen, ohne sie allerdings völlig aus der Bahn zu werfen. Frankreichs *Confédération Générale du Travail* (CGT) fiel 1915 auf ein Sechstel der Mitgliederzahl von 1913 zurück, doch als die Streikbewegung in Schwung kam, bescherte das der Gewerkschaft 1918 rund 550 000 neue Mitglieder, womit sie gegenüber der Vorkriegszeit deutlich erstarkte. Dagegen verlor die Sozialistische Partei Frankreichs bis Ende 1918 rund zwei Drittel ihres Mitgliederbestandes von 1914, und obwohl sie 1919 sogar noch mehr zurückgewann, machte ihr anschließend die ständige Konkurrenz der Kommunisten zu schaffen. Die britischen Gewerkschaften hatten ungewöhnlich aggressiv gegen die staatliche Politik gekämpft und manches für ihre Mitglieder erreicht; im Lauf des Kriegs und bis 1920 verdoppelte sich deren Zahl auf mehr als acht Millionen. Die ungarischen Gewerkschaften wuchsen zwischen 1913 und 1918 fast um das Siebenfache. Ab 1916 begünstigte die schlechte Lage kritische Debatten und Aktionen der Linken. Vielerorts polarisierte sich der politische Dialog, und es kamen ganz neue Gesellschaftsentwürfe auf. Auch wenn nicht alle diese Ansätze radikal waren, trugen sie doch zu einer gegenüber der Vorkriegszeit deutlich profilierteren und aggressiveren sozialistischen Arbeiterbewegung bei.

Angesichts der wachsenden Kriegshärten mußten sich Verbitterung und Wut der Arbeiter unweigerlich in Streiks entladen; allerdings gilt es, deren Tragweite je nach Land nüchtern einzuschätzen. In den Augen der Kriegsherren ging es dabei um Leben und Tod, zumal längere Streiks die Gefahr einer Niederlage heraufbeschworen, so daß der Teilnehmerzahl eine große Bedeutung zukam, auch wenn die Vorkriegswerte meist nicht erreicht wurden. Obwohl Ausstände bis 1918 überwiegend ökonomische Ziele verfolgten, zeitigten sie oft ungeplant schwerwiegende militärische und damit auch politische Nebenfolgen.

Großbritannien erlebte im Lauf des Kriegs mehr Streiks als jedes andere der kriegführenden Länder mit Ausnahme Rußlands und übertraf damit sogar seine Bilanz von 1913. Obwohl die Briten prinzipiell zu den eher gemäßigten Völkern gehörten, verzeichneten sie von 1915 bis 1918 rund viermal so viele Streiktage wie Deutschland und zwanzigmal so viele wie Österreich. Grundsätzlich gab es bis Ende 1915 nur wenige Ausstände, und die waren ausschließlich ökonomisch motiviert. Italien erlebte während des Kriegs nur halb so viele Streiks wie 1913 und erst ab 1919 wieder mehr. Gemessen am Durchschnitt der Jahre 1909 bis 1913 blieb Frankreich 1915/16 fast unbestreikt, um 1917 etwa die Hälfte der Vorkriegszahlen zu schreiben. Deutschland registrierte 1917 fünfmal so viele Streiktage wie im Vorjahr und weit mehr als 1912 oder 1913. Im Lauf des Jahres 1916 nahmen hier viel mehr Arbeiter an kleineren Gewerkschaftsaktionen teil als vor dem

Krieg, und im Folgejahr verdoppelte sich deren Anzahl. In Rußland hatte es von 1905 bis 1914 zahlreiche überwiegend politisch motivierte Streiks gegeben; etwas weniger 1915/16, als sie zwar meist ökonomischer Natur, aber mitten im Krieg um so brisanter waren.

Jedenfalls nahmen die Ausstände ab 1916 erheblich zu und richteten sich vor allem gegen die Teuerung, die Versorgungslage und, besonders in Großbritannien, gegen die staatliche Regulierung des öffentlichen Lebens. Wenn sie anfangs auch keine politischen oder gar revolutionären Ziele verfolgten, so stärkten sie doch jene verschiedenen Fraktionen, die einen diplomatischen Ausweg aus dem militärischen Dauerpatt zu fordern begannen. In den zunehmenden Protestaktionen äußerte sich der seltsame Widerspruch, daß viele Arbeiter zwar die Zustimmung der Gewerkschaftsbosse zum Krieg grundsätzlich hingenommen oder gar unterstützt hatten, dann aber seine praktischen Auswirkungen wie Hunger und wachsende Entfremdung als unerträglich empfanden.

Die Streiks in Deutschland und Österreich zeigen, wie bedeutsam nationale Abweichungen sein können. Anfangs blieben sie, von sehr gewichtigen Ausnahmen abgesehen, weitgehend ökonomisch motiviert. Ab 1916 nahmen die Kundgebungen gegen Mißstände und Ungerechtigkeiten zu (die meist von Frauen und Jugendlichen getragen wurden). Zwar brachten die Arbeitskämpfe spürbare Erfolge, weil die SPD und die großen Gewerkschaften für besondere Arbeitsschutzgesetze eintraten (an denen sie mitwirken wollten, um ihren Einfluß zu sichern) und das für die Kriegswirtschaft zuständige Militär die Arbeiter durch Zugeständnisse bei Laune zu halten versuchte; doch bei der hohen Inflation und der massiven Einberufung zum Wehrdienst errang die offizielle Linke allenfalls Pyrrhussiege. Als sich dann Streiks häuften, begannen radikalere Gruppen, auch offen politische Forderungen zu stellen – und sich nach und nach an die Spitze der Streikbewegung zu setzen.

In Österreich dagegen unterstützten die Sozialdemokraten nicht nur militantere Streiks und Kundgebungen – die dort übrigens früher begannen als in Deutschland –, sondern auch die spontan gebildeten Arbeiterräte. Dadurch vermieden sie jene Spaltung der Linken, die in Deutschland schließlich das Aufkommen einer starken Kommunistischen Partei ermöglichte und die Sozialdemokratie so tief zerrüttete, daß sie den Anforderungen ihrer Zeit kaum noch gewachsen war.[2]

Radikalisierung der Arbeiterschaft

Zwar litt ganz Europa unter den wachsenden materiellen und persönlichen Entbehrungen des Kriegs, aber nirgendwo außer in Rußland kam vor 1919 so etwas wie eine revolutionäre Stimmung auf. Allerdings bezeugten die oft scharfe Kritik an den Herrschenden und andere Unmutskundgebungen deutlich genug, daß sich die europäische Arbeiterschaft allmählich mit der politischen Linken anzufreunden begann.

Auch wenn es anfangs noch keine klar formulierten Alternativen zu den bestehenden Systemen gab, richteten sich die meisten Aktionen gegen die überkommene Gesellschaftsordnung und ihre Institutionen, aber auch gegen den Machtanspruch der Eliten. Die wachsende Militanz der Arbeiter bedrohte die Herrschenden gerade in einem Augenblick der Schwäche und verschärfte sich später noch durch die bitteren Kriegserinnerungen und eine zutiefst kritische Einstellung gerade jener Menschen, die einstmals als brave Bürger gegolten hatten.

Deutschland

Nachdem die patriotisch gesinnten Mehrheitssozialdemokraten und Gewerkschafter, die vielfach seit langem für den Militarismus eingenommen gewesen waren, 1913 für die Vergrößerung des Heeres und 1914 für die Kriegskredite gestimmt hatten, brachte sie im Lauf des Kriegs nicht nur der sinkende Lebensstandard ihrer Klientel zur Besinnung. Auch das Klima in den Belegschaften veränderte sich tiefgreifend, weil das neue, weniger gut ausgebildete Industrieproletariat den Status der Facharbeiter herabminderte, die sich von Anfang an zu den Gewerkschaften und zur SPD bekannt hatten und später viele der einflußreichsten unter den radikalen Agitatoren stellten; vor allem aber wegen des kriegsbedingten Sozialabbaus. Bis 1914 hatten Betriebe viel mehr Sicherheit und Stabilität bieten können, darunter sogar betriebseigene Renten und Treueprämien. Im Krieg wurden die Kräfte mehr nach Bedarf als nach ihren besonderen Fertigkeiten zugeteilt oder eingesetzt, was die Identifikation mit dem Arbeitsplatz weitgehend aufhob. Ein übriges tat, daß die Arbeitgeber in disziplinarischer Absicht mit Frontdienst drohen konnten. Außerdem entging den Arbeitern angesichts einer überaus gutgestellten Clique von Kriegsgewinnlern nicht, wie ungleich die Lasten verteilt waren. Doch anfangs sah die eher vorsichtige SPD- und Gewerkschaftsführung lieber über den wachsenden Unmut hinweg, als ihn für Protestaktionen zu nutzen.

1914 waren SPD und Gewerkschaften weitgehend von konservativen Strebern geprägt, da sie ehrgeizigen Autodidakten den Aufstieg in die höheren Etagen großer, finanzstarker Bürokratien ermöglichten, und ließen sich bis Sommer 1917 gerne vom Militär zu dem Kuhhandel »Arbeitsplätze gegen Kooperation« überreden. Bei Kriegsbeginn nahmen beide den von der Regierung angebotenen »Burgfrieden« an, wonach sie sich aus der Wirtschaftspolitik heraushalten mußten. Im Lauf des Kriegs schrumpfte ihr Einfluß zunehmend: Die Mitgliederzahlen gingen stark zurück, und viele der unteren Funktionäre mußten in ihre Fabriken zurückkehren oder wurden eingezogen. 1917 hatte die SPD noch knapp ein Viertel des Mitgliederbestandes von 1914, und der ihrer Gewerkschaften war gegenüber 1913 halbiert – was nicht allein durch die Einberufungen zu erklären ist, da es bei den Unabhängigen viel besser aussah. Daß der Staat den SPD- und Gewerkschaftsvertretern das Wasser abgraben konnte, trug sogar entscheidend zur Zähmung jener wenigen bei, die mit den unzufriedenen Arbeitern sympathisierten.

Zwar machte die Kriegsindustrie den Arbeitern auf Druck der Militärs gewisse Zugeständnisse, um sie zu besänftigen, aber angesichts der eisernen Disziplinierung in einem streng hierarchischen System, das sie weitgehend entrechtete, blieben die meisten unversöhnlich. Ende 1915 ging einigen der konservativsten Gewerkschaftsführer auf, daß bei anhaltenden Kriegshärten mit Streiks zu rechnen war. Dabei vergaßen sie jedoch nicht, daß sie sowohl ihre Pflichten gegenüber dem Staat erfüllen als auch die unzufriedenen Arbeiter bei der Stange halten mußten, um den Status quo und damit ihre Machtpositionen zu wahren.

Beides gelang in den folgenden Jahren ganz gut, weil die Basis zwar verbittert und enttäuscht, ganz überwiegend aber noch nicht revolutionär gestimmt war. Am heftigsten äußerte sich ihre Wut in den meist spontanen Massenstreiks vom Frühjahr 1917 gegen die gesenkten Brotrationen; allein in Berlin nahmen daran rund 300 000 Arbeiter teil. Die Gewerkschaftsführer begriffen sehr rasch, daß eine kriegsmüde Arbeiterschaft sich zunehmend politisierte, sie selbst also entweder die Führung übernehmen oder abdanken mußten. In der Folge lavierten sie eifrig zwischen Industriellen, Militärs und Politikern, die ja im Grunde ihre Verbündeten waren, und der äußerst mißtrauischen Arbeiterschaft, die sie notfalls sogar bis zum Sturz des bestehenden Systems vertreten sollten. Diese Doppelstrategie hatte nachhaltigen Einfluß auf den weiteren Verlauf der deutschen Geschichte.[3]

Frankreich und Großbritannien

Bis Ende 1917 entsprach die allgemeine Stimmung in Frankreich und Großbritannien weitgehend der in Deutschland: Die Mehrzahl der Arbeiter protestierte zwar gegen die Entbehrungen, ohne jedoch den Krieg als die Ursache ihrer Unzufriedenheit offen zu verurteilen. In Frankreich blieben sie trotz allem patriotisch, wenngleich mit wachsenden Vorbehalten: Der CGT drohte eine Austrittswelle, weil sie Massenstreiks ablehnte, und ab 1917 hatte sie alle Hände voll damit zu tun, ihre Mitglieder an der Kandare zu halten. Doch sie schaffte es, zumal Frankreichs Zivilbevölkerung nicht in dem Maße litt wie die deutsche und sich im großen und ganzen auch weniger verraten fühlte. Frankreich ging also innenpolitisch scheinbar ebenso gefestigt aus dem Krieg hervor, wie es in ihn eingetreten war.

Die britischen Gewerkschaften und die Labour-Partei hatten zweifellos starken Einfluß auf die Regierungspolitik und waren von Anfang an viel entschiedener für den Krieg als ihre Mitglieder. Als ehrgeizige Nutznießer der bestehenden Machtverhältnisse umwarben ihre Funktionäre geschickt die Basis, als diese sich zunehmend abwandte. So fanden dort weder pazifistische noch revolutionäre Initativen viel Zuspruch, und die Tatsache, daß die britische Oberschicht im Krieg größere finanzielle Opfer bringen mußte als zum Beispiel die deutsche oder französische, stärkte den gesellschaftlichen Zusammenhalt im Sinne eines Wir-Gefühls. Gleichwohl wuchs bei den kleinen Leuten der Widerstand gegen die Kriegslasten.

Das größte Problem für die britischen Gewerkschaften war neben den Einkommensverlusten und dem Nahrungsmangel (die allerdings, wie gezeigt sehr erträglich blieben) die Einziehung zum Arbeits- und Militärdienst – eine kriegsnotwendige Maßnahme, allerdings mit dem Risiko steigender Militanz. Obwohl die Arbeiter den Krieg bis Ende 1915 vorbehaltlos unterstützten, prangerten Gewerkschafter nun die Dienstverpflichtung als eine unzumutbare Bevormundung an. So brachte die Regierung das entsprechende Sondergesetz erst Anfang 1918 durch, als es kaum noch zum Tragen kam. Unterdessen war im Frühjahr 1917, genährt vor allem vom Ärger über die sinkenden Löhne und die längeren Arbeitszeiten, eine eigenständige Initiative der »Vertrauensleute« entstanden, was im Mai wilde Streiks nach sich zog. Doch ähnlich wie in Deutschland bekamen die offiziellen Gewerkschaftsführer die Lage rasch wieder in den Griff und pflegten dann gute Beziehungen sowohl mit den extrem streikwilligen Arbeitern als auch mit der Regierung. Doch der Pragmatismus änderte kaum etwas an ihrer Einstellung zur Grundfrage Krieg oder Frieden: Von wenigen Ausnahmen abgesehen war die Arbeiterschaft bis zum Schluß nicht nur klassenbewußt, sondern gleichzeitig auch patriotisch.[4]

Die Kriegsfolgen in der öffentlichen Meinung

Wenn die Existenzkrise der europäischen Zivilisation auch zunächst keineswegs überall neue politische Denkansätze auf den Plan rief, so kamen doch vielerorts kritische Debatten über die Vorkriegszeit auf. Entscheidend war indes, daß man unbedingt etwas tun wollte, um die politischen Verhältnisse von Grund auf umzugestalten. Übelstände wie der Hunger, das gesellschaftliche Chaos, die Entrechtung der Arbeiterschaft und dergleichen liefen zunehmend darauf hinaus, die amtlichen Kriegsanstrengungen zu untergraben – zunächst, indem viele gleichsam ungewollt ausscherten und damit zu deren Boykott beitrugen. So riß eine immer tiefere Kluft zwischen radikalen Aktionen und der Realität, zwischen der (wenn auch kritischen) Bejahung des Kriegs und seinen sozialen Folgen auf. Entsprechend hinkten die theoretischen Analysen hinter den Ereignissen her, zumal Linksintellektuelle in erster Linie versuchten, Parteidoktrinen – ob der Leninisten oder der Sozialdemokraten –, wenn nicht gar die unumstößliche Wahrheit des Marxschen Kanons zu untermauern. Ab 1917 gelang es ihnen nicht mehr, einen auch analytisch tragfähigen Denkansatz zu formulieren, um die historische Dynamik der Moderne in den Griff zu bekommen.

Die europäische Ordnung veränderte sich mithin nicht deshalb, weil man bewußt Konsequenzen aus dem Kriegstrauma gezogen hätte, sondern infolge rapider ökonomischer und politischer Umwälzungen. Wiewohl überkommene Denkmuster gewöhnlich nur schleppend dem Druck neuer Realitäten weichen, fielen die von rechts und links propagierten Alternativen in einigen Ländern tatsächlich schwer ins Gewicht. Das bezeugt vor allem die Einstellung der Mittelschicht – speziell der Angestellten (und Beamten) sowie der kleinen Rentner und Kaufleute –, denen meist keine Gewerkschaften oder Standesverbände halfen, mit der Inflation fertigzuwerden. Für die wenigsten von ihnen kamen Streiks auch nur in Betracht, zumal sie in der Regel nichts in der Hand hatten, um ihre Forderungen durchzusetzen. Auch wenn in gewisser Weise alle gleichermaßen betroffen waren, erlitt die Mittelschicht im Krieg den tiefsten ökonomischen Absturz – mit verheerenden politischen Folgen besonders in Deutschland, Italien und Frankreich.

Auch wenn die deutsche Mittelschicht gerade im Krieg besonders verwundbar wurde, hatten viele ihrer Angehörigen schon vorher die Industrialisierung und die wuchernden Großstädte mit ihren ewig unzufriedenen, politisch aufgewühlten Arbeitermassen zu fürchten begonnen, zumal ihre eigene Lage ohnehin prekär genug war. Jene demonstrativen Statussymbole, mit denen sich kleine Angestellte, Techniker oder Beamte traditionell vom städtischen Proletariat abhoben, sollten das Selbstwertgefühl der Mittelschicht stärken, um ihre Zukunftsängste zu beschwichtigen. Nun warf der Krieg ihr mühsam aufgebautes Prestige zunehmend über den Haufen, da sich die Einkommenskluft zwischen Arbeitern und Angestellten verringerte (wenn auch keineswegs schloß). Zwar wurden die Statuslinen durch ein ausgeprägtes Konsumverhalten nachgezogen, aber auch dadurch war der soziale Abstieg nicht mehr aufzuhalten und setzte sich in den folgenden 15 Jahren unerbittlich fort. Nachdem die Mittelschicht massiv für den Krieg eingetreten war in der Annahme, er werde ihren Alltag kaum berühren, richtete sich 1918 ihr ganzer Groll gegen die Arbeiterschaft, die zwar Reallohneinbußen, aber keinen Statusverlust hatte hinnehmen müssen.

Doch auch die momentane Radikalisierung vieler Angestellter und ihre Beiträge zu der Streikwelle, die in den folgenden Jahren über Deutschland hinwegrollte, änderte nichts an ihrer tiefsitzenden Furcht vor Sozialabbau und Verarmung. Das machte sie bald, ebenso wie viele kleine Kaufleute und selbständige Handwerker, hellhörig für reaktionär populistische Appelle an vorindustrielle Werte, gepaart mit Hetztiraden gegen jene Großindustriellen, die sie während des Kriegs so schamlos übervorteilt hatten, sowie gegen die Arbeiter, die ihnen nun auf den Fersen waren. Diese rasch wachsende Gruppe von zutiefst verunsicherten Kleinbürgern, die schon vor Kriegsende konservative Antisozialisten, Antisemiten oder Ultranationalisten unterstützt hatte, schwoll ab 1918 unaufhaltsam an und ermöglichte später den Erfolg der NSDAP.

Die sozioökonomischen Ursachen für das Trauma dieser Schicht und ihr massiv gestörtes politisches Verhalten waren gewiß kein spezifisch deutsches Phänomen. Vielmehr zerrüttete der Krieg die Mittelschicht überall auf dem Kontinent mindestens ebenso stark wie das Proletariat, auch wenn wir über dieses viel genauer im Bilde sind. In Italien trieben später ganz ähnliche Entwicklungen scharenweise Kleinbürger, besonders auch Beamte, in die Arme der faschistischen Partei. Frankreichs deutlich an den Rand gedrängte Mittelschicht zweifelte zunehmend an der *raison d'être* des Kriegs und wünschte sein baldiges Ende, ohne jedoch entschlossen gegen ihn aufzubegehren. Immerhin machte sie Woodrow Wilson zu ihrem Helden, als er Friedensvorschläge unterbreitete, die keines der Regime auf dem Kontinent annehmen wollte. An Vichy überzeugte sie später nicht nur die Ächtung der Linken, sondern auch der feste Vorsatz, ein neues Blutvergießen zu verhindern.[5]

Wie dem auch sei, die Massen wurden zunehmend kriegsmüde und warfen ihren Regierungen vor, sich verrannt zu haben. In Ländern wie Rußland und Italien, wo sie sich ohnehin nur widerwillig mit dem Krieg abgefunden hatten, waren sie später um so eher bereit, diesen durch aktiven Widerstand zu stoppen. Abgeklärte russische Militärs räumten sogar ein, die Bauern hätten den Krieg niemals verstehen können und sich nur gewohnheitsmäßig, aus Gehorsam ins Unvermeidliche gefügt. Intelligenzler und Bourgeois mieden den Wehr- und vor allem den Frontdienst von Anfang an nach Kräften.

Italiens Öffentlichkeit, darunter viele Politiker, hatte sich im Sommer 1914 als einzige in Europa einem Kriegseintritt überwiegend widersetzt. Nur jene verwirrten Intellektuellen, die den Faschismus mit seinem heroischen Machtideal doktrinär vorbereiteten, traten für Krieg um seiner selbst willen ein. Doch dann gelang es Premierminister Antonio Salandra im Frühjahr 1915, eine Koalition aus Monarchisten, Militärs und Konservativen zu überzeugen, daß man in den (vermeintlich kurzen) Krieg eintreten, gleichzeitig die zunehmenden Massenproteste ersticken und die Presse von ihrer einseitig innenpolitischen Berichterstattung abbringen könne und solle – ein Szenario, das in jedem Punkt ausschließlich seinem Wunschdenken entsprach. Schon zutreffender war der Gedanke, daß Italien bald eingreifen mußte, wenn es noch etwas von der Beute ergattern wollte, besonders der türkischen.

In den nächsten Jahren lösten die Kriegsfolgen so gewaltige Unruhen aus und verängstigten viele Konservative derart, daß diese den Faschismus willkommen hießen. Die Führung der Sozialistischen Partei bestand zwar offenkundig mehrheitlich aus Kriegsgegnern, beschloß aber, sich weder für noch gegen ihn auszusprechen – nahm also einen Nichtstandpunkt ein –, und verfolgte bis 1917 einen gemäßigten Kurs. Im Frühjahr jenes Jahres schlugen überwiegend spontane Proteste gegen die Inflation in Antikriegskundgebungen um, und Ende August führten Turiner Friedensmärsche zu schweren Hungerrevolten, die Soldaten brutal niederschlugen, wobei 41 Demonstranten getötet und mehr als 800 festgenommen wurden.

Doch erst nachdem die italienische Armee im Oktober darauf bei Caporetto eine verheerende Niederlage erlitten hatte, zeichneten sich in der Öffentlichkeit klare politische Einstellungen ab. Von nun an verfochten die Sozialistenführer geschickt sowohl Reformen als auch revolutionäre Ziele und beschworen die – in der Praxis eher unwahrscheinliche – Einheit der Partei. Doch ungeachtet ihrer inneren Widersprüche waren Italiens Sozialisten außergewöhnlich militant und gingen aus den Wahlen vom November 1919 als stärkste Kraft hervor. Seit 1914 war die Partei um das Vierfache gewachsen, ebenso ihre Gewerkschaft CGL mit zwei Millionen neuen Mitgliedern. Bei den Wahlen von 1920 setzte sie sich in mehr als 2000 Kommunen und in 26 der 29 Provinzen durch. Obwohl ihre Verlautbarungen eher traditionelle Politiker zweifellos verschreckten, mußte man sie nicht unbedingt beim Wort nehmen. Im Grunde beruhte die Krise der alten Ordnung darauf, daß sich die öffentliche Meinung, besonders unter dem Druck der Kriegsnöte ab 1915, zunehmend radikalisierte. Doch wenig später schlugen die Ober- und Mittelschicht zurück und schoben sowohl dem Parlamentarismus als auch den Massenprotesten einen Riegel vor, indem sie kurzerhand die kleine Minderheit der Faschisten an die Macht brachten.[6]

Das Dilemma der öffentlichen Meinung

Die krassen inneren Widersprüche der sozialistischen Parteien, ob Frankreichs, Deutschlands oder Italiens, wurden mehr und mehr zu einer Belastung mit fatalen historischen Konsequenzen. Ein Großteil der Arbeiter nahm die wachsenden Kriegsbürden nicht mehr einfach hin, und wenn sie auch meist nicht offen protestierten, so beteiligten sie sich doch mehr und mehr an Boykottmaßnahmen. Kurz, sie hatten den Krieg eine Zeitlang akzeptiert – wiewohl mit Vorbehalten –, aber irgendwann wurde es ihnen zuviel. Da jedoch die opportunistischen Partei- und Gewerkschaftsbonzen den Kriegsgegnern keinen klaren Kurs anboten, hatte Lenin mit seiner KPdSU leichtes Spiel. Ohne feste Vorstellungen von der Parteiorganisation, vom Staatsstreich oder von einer sozialistischen Gesellschaft war auch er insofern ein purer Opportunist, als er seine Maßnahmen stets ganz am Ziel der Machtergreifung orientierte. Allerdings hatte er fast als der einzige führende Sozialist Europas den Krieg und den Imperialismus unmißverständlich verurteilt. Dieser klare Kurs trieb ihm so viele Anhänger zu, daß es weltweit zu einer Spaltung der sozialistischen Parteien kam, was diese mindestens zwei Jahrzehnte lang politisch lähmte. Denn in ganz Europa beklagten Intellektuelle und Arbeiter zunehmend die Diskrepanz zwischen ihren Bedürfnissen und Aktionen und dem diffusen Erscheinungsbild der traditionellen Sozialisten. Der Kommunismus stellte sich ihnen ab 1917 wenn nicht als die einzige, so doch als die einzig vielversprechende Alternative dar.

Die italienischen Sozialisten waren zwar gegen den Krieg und gegen Annexionen, protestierten aber nicht energisch, so daß die Regierung leicht an ihrem Kurs festhalten konnte. Frankreichs und Deutschlands Sozialisten waren sich in der Beurteilung des Kriegs offenbar weitgehend einig, ohne sich allerdings auf einen gemeinsamen Friedensvorschlag verständigen zu können, da die SPD ihr Land faktisch in einen Defensivkrieg gegen den reaktionären Zarismus verstrickt sah. Im übrigen stehe es Frankreich nicht zu, so die SPD-Führung, das Ende der Monarchie und des Militarismus in Deutschland zu fordern; zudem solle Elsaß-Lothringen ohne Volksentscheid seinen Vorkriegsstatus behalten und ein Teil des Reiches bleiben. Karl Liebknecht, der im Dezember 1914 als einziger Sozialdemokrat gegen die Kriegskredite gestimmt hatte, erklärte zwei Monate darauf in der berühmten, gemeinsam mit Rosa Luxemburg und Franz Mehring verfaßten »Juniusbroschüre« etwas verquer, »Sieg oder Niederlage jedes der kriegführenden Lager wäre gleich verhängnisvoll«, und forderte statt dessen vage »die revolutionäre Intervention des internationalen Proletariats«, ohne konkrete praktische Schritte vorzuschlagen, womit sich die SPD-Minorität in ihrer Untätigkeit ideologisch geadelt fühlen konnte.[7] Ohne Rücksicht auf die ungleich verteilte Schuld, nämlich die deutsche Aggression, bestand sie nicht einmal auf dem sofortigen Rückzug aus Belgien. Eine plausible politische Strategie kam von ihr ebensowenig wie eine Alternative zu Lenins direktem Aufruf zum revolutionären Boykott der Regierung, so daß die Minderheitssozialisten nichts zu bieten hatten.

Im Grunde reagierten alle sozialistischen Parteien ähnlich auf den wachsenden Unmut der Arbeiter, die den Krieg bei allem Elend nicht als Ursache ihrer mißlichen Lage verurteilen wollten oder konnten. Im Sommer 1917 traten die deutschen Mehrheitssozialdemokraten gemeinsam mit anderen Fraktionen für eine »Friedensregelung« ein – ansonsten werde weitergekämpft; sie hatten also ihre Kriegsziele geläutert, wollten aber keineswegs kapitulieren.[8] Als der allgemeine Friedenswunsch 1918 dann übermächtig wurde, zeigten die Mehrheitssozialdemokraten und ihre Gewerkschaften zwar Verständnis für die zunehmenden wilden Streiks und Massenkundgebungen, hüteten sich aber, sie zu unterstützen oder zu verurteilen.

In Frankreich blieb der Widerstand gegen den Krieg erheblich gedämpfter, äußerte sich in allgemeiner Mattigkeit und gelegentlichen Streiks, die je nach Gefechtslage auflebten oder verebbten.

Der Krieg hatte als eine Art *grande fête* begonnen, die schnell und glorreich enden sollte. Daß die im Parlament hergestellte *union sacrée* sogar die öffentliche Debatte über soziale Grundprobleme beendete, fiel kaum ins Gewicht, da es ohnehin keine echte Opposition gegen die Regierung gab. Während Jean-Jacques Becker in seiner hervorragend dokumentierten Studie zu dem Schluß kam, daß »die große Mehrheit« der Bevölkerung den Krieg bis zuletzt bejahte, machte er auch gewisse Einschränkungen und wies auf verschiedene Formen von Lethargie, Verzweiflung oder wachsendem Unmut hin.[9] So fügte sich das Stadtproletariat, wie überall, keineswegs ergeben in die verfallenden Lebensbedingungen, und nur auf dem Lande traten viele vorbehaltlos für den Krieg ein. Nach den schweren Verlusten vom Frühjahr 1917 wollte ein Großteil der Bevölkerung nur noch Frieden, und die Stimmung in den meisten *départements* war getrübt bis miserabel. Die Öffentlichkeit trat zunehmend floskelhaft für den Krieg ein und wollte eigentlich sein Ende – allerdings nicht um jeden Preis. Die Siege von 1918 änderten das Bild wieder, doch da hatte sich auch die Lage für viele Arbeiter wieder verbessert, und die zu neuem Elan erwachende CGT wuchs von 1918 bis Mitte 1920 fast um das Dreifache auf rund 1,5 Millionen Mitglieder. Andererseits erkannten die Intellektuellen zunehmend, was für ein Wahnsinn der ganze Krieg war, so daß er die Aura des Heroischen verlor.

Die Einstellung der Briten, besonders der Arbeiter, entsprach dem französischen Muster: Auch sie waren kriegsmüde, setzten aber alles daran, ihre Lage zu verbessern, und auch sie ließen sich von Siegen beflügeln, so daß sie Ende 1918 ausgesprochen patriotisch fühlten. Gleichwohl verkündete die Labour Party nun erstmals – zur allgemeinen Grundstimmung passend –, daß sie als programmatisches Ziel eine sozialistische Gesellschaft anstrebe.

Mit all seinen Schrecken und Widersprüchen wirkte der Erste Weltkrieg gleichsam als ein Katalysator, der viele Millionen Europäer zwang, liebgewordene Gewohnheiten aufzugeben und, zuerst zögernd, dann jedoch endgültig ernüchtert, ihre traditionellen Werte und Ideale in Frage zu stellen. Auch wenn die Konsequenzen ziemlich unterschiedlich ausfielen, war Europa schon Anfang 1917 gründlich aus den Fugen geraten, was die Verantwortlichen vor kaum lösbare Probleme stellte, zumal es demokratische Institutionen teils gar nicht, teils nur rudimentär gab. So wurden, ob sofort oder erst nach Jahrzehnten, autoritär diktatorische Regimes zur prägenden Hinterlassenschaft des Kriegs.

Angesichts der Krise mußten alle maßgeblichen sozialen Kräfte Europas den Widerstreit lösen zwischen ihren Sonderinteressen und den höheren Zielen der Nation. Nach drei Jahren eines mörderischen Konflikts war ein Großteil Europas tief zerrüttet, und viele Grundsätze der Vorkriegszeit hatten ihre Überzeugungskraft verloren. Doch während die traditionellen Ordnungen im Zerfall begriffen waren, konnten sich keine neuen Visionen durchsetzen, um für Stabilität und für gemeinsame Ziele zu sorgen. Der Status quo trug nicht mehr, und die folgenden zwanzig Jahre bestätigten lediglich, was 1918 schon unabweisbar auf der Hand lag: Dieser Zusammenbruch bildete den entscheidenden Wendepunkt in der neueren Geschichte.

7. SOLDATEN IN DER KRISE

Auch scheinbar gefestigte Staaten mit loyalen Offizierskorps sind gefährdet, wenn ihre Truppen den Befehl verweigern oder die Waffen notfalls sogar gegen eigene Landsleute richten. Als die Armeen anschwollen und immer neue Rekruten einzogen, bedeutete das zugleich eine wachsende Belastung für die jeweiligen politischen Systeme. Gewiß bestanden die einschlägigen Konflikte – und Risiken – Mitte 1917 europaweit, doch ihr Störpotential nahm zu, je weiter man nach Osten kam.

Bei der Einberufung achtete man in allererster Linie auf die Wehrtauglichkeit, und 1914 dachte niemand daran, eigens auch die Staatstreue zu prüfen, zumal Soldaten ja ohnehin unbedingten Gehorsam schuldeten. Allerdings gehörten sie sozialen Netzen an, die im Lauf des Kriegs immer mehr in den Vordergrund traten. Sobald der Konflikt zwischen den beiden Sphären unerträglich wurde und die Soldaten nicht mehr ohne weiteres ihr Leben aufs Spiel setzten, konnte das die Kampfkraft der Truppe im äußersten Falle derart beeinträchtigen, daß sie für eine weitere Teilnahme am Krieg überhaupt nicht mehr in Frage kam. Dergleichen zeichnete sich 1917 immer deutlicher ab. Allerdings wollten führende Militärs es durchaus nicht wahrhaben; doch wiewohl man vielleicht nicht von ihnen verlangen muß, an der Zuverlässigkeit der eigenen Truppen zu zweifeln, sollten sie doch wenigstens abschätzen können, wie es um die Kampfkraft ihrer Verbündeten und des Gegners bestellt ist.

Die Loyalität der Truppen wie auch der Bevölkerung erwies sich 1914 bis 1918 erstmals als ein Grundproblem der Kriegführung, das die jeweiligen Ziele der Staaten ebenso betraf wie den Ausgang von Gefechten und die späteren politischen Verschiebungen nach rechts oder links. Wenn kriegerische Gewalt eine Gesellschaft in ihren Grundfesten erschüttert, so kann das Trauma auch zersetzend auf die Kampfmoral in den Schützengräben zurückwirken.

Wer dient? Die Sozialstruktur der Armeen

Aufgrund der schweren Verluste – allein in der Somme-Schlacht von 1916 fielen rund 1,1 Millionen Briten, Deutsche und Franzosen – ging den kriegführenden Nationen zunehmend das Personal für ihre aufwendigen Strategien aus. Die einfachen Soldaten stammten in einem unverhältnismäßig hohen Maße aus den unteren Schichten der Arbeiter- und Bauernschaft, und ihnen verlangte man die größten Opfer ab, da sie sich einerseits dem Frontdienst nicht entziehen konnten, andererseits aber am wenigsten zu gewinnen hatten.

Die britischen Soldaten waren vor dem Krieg überwiegend aus den ärmeren Familien der Industrie- und Bergbauregionen gekommen und meist schon unterernährt und kränkelnd in die Armee eingetreten. Das auf breiter Basis eingeführte Maschinengewehr sollte vermutlich ihre Schußschwächen ausgleichen helfen, und überhaupt diente die Automatisierung der Waffen auch zur Kompensation mangelnder Fähigkeiten der Soldaten.

Auch wo die Rekruten erheblich besser ernährt waren, wie in Deutschland oder Frankreich, entstammten sie in aller Regel der Unterschicht, zumal Facharbeiter sich vielfach freiwillig für Rüstungsbetriebe meldeten. 1917 hatte keine der Kriegsparteien noch genügend Männer, um stur weiterkämpfen zu können, zumal sie sogar bereits Eingezogene an die Rüstungsindustrie abgeben mußten.

Nachdem Frankreich seine Armee vor dem Krieg vergleichsweise demokratisch gestaltet und viel weniger Ausnahmen gemacht hatte als etwa Deutschland (mit seinen Freistellungen besonders für alle Abiturienten), schlugen später die Klassenstrukturen voll durch, und es wurden unverhältnismäßig viele Bauern in die Schützengräben geschickt. Daher fielen sie in deutlich höherer Zahl als Soldaten anderer Schichten. Eine noch krassere Ungerechtigkeit herrschte im Fall Österreich-Ungarns, wohingegen Italiens Bauern, bei einem Gesamtanteil von 55, lediglich 46 Prozent der Rekruten stellten. Die allerdings wurden hauptsächlich der Infanterie zugeteilt und entrichteten einen doppelt so hohen Blutzoll wie die Arbeiter und Angestellten.[1]

In Rußland herrschten derart extreme Verhältnisse, daß der Zustand seiner Truppen – neben anderen Faktoren – maßgeblich mit zur Revolution beitrug. Die Armee machte im Lauf des Kriegs mehr als 15 Millionen Mann mobil, konnte aber auf dem Schlachtfeld nichts ausrichten, weil es an Waffen und Munition fehlte. Zudem waren die eingezogenen Männer, überwiegend Bauern, schwach und ausgemergelt. Im übrigen gab es Ausnahmeregelungen, so daß gut 48 Prozent der Wehrfähigen, darunter die tauglichsten, zu Hause blieben. Unverhältnismäßig viele der Drückeberger gehörten einer Oberschicht an, die das Kämpfen lieber den Bauern überließ und von diesen arroganterweise auch noch bedingungslose Loyalität erwartete.

Obwohl die russische Armee zahlenmäßig sehr stark war, umfaßte sie einen vergleichsweise viel geringeren Anteil der wehrfähigen Männer als die deutsche oder französische. Aufgrund der hohen Verluste und der beschränkten Einziehung besaß sie 1917 fast keine Reserven mehr. Nachdem sie schon bei Kriegsbeginn zu mindestens drei Vierteln aus Bauern – und gut 50 Prozent Analphabeten – bestand, muß diese Quote bis 1917 noch erheblich gestiegen sein, besonders unter den Frontsoldaten. Ihre Einstellung beschrieb der britische Militärattaché in Moskau, der häufig an die Front kam, später wie folgt: »Die russischen Bauern sind im Grunde Pazifisten und gewiß keine Imperialisten. Sie haben nie verstehen können, wofür sie eigentlich kämpfen mußten.«[2]

Viele Soldaten machten sich durch selbst zugefügte Verletzungen dauerhaft dienstuntauglich, und der Alkoholismus grassierte, nicht zuletzt deshalb, weil die grausamen Gefechte und die demütigenden Schikanen der hochnäsigen Vorgesetzten ansonsten kaum zu ertragen waren. Zwar ließ der hohe Bauernanteil nicht nur in der russischen Armee erhebliche Spannungen zwischen Offizieren und Mannschaften aufkommen, aber dort spitzten sich die Konflikte am stärksten zu. Die gebildeten adligen Offiziere kamen fast nirgends mit ihren Untergebenen zurecht, am wenigsten in der Armee Österreich-Ungarns, in der gut drei Viertel von ihnen Deutsche waren und sich mit einem Großteil ihrer Soldaten kaum verständigen konnten. In der britischen Armee war die Kluft zwischen beiden Lagern vor dem Krieg fast unüberwindlich gewesen, aber die Kriegsverhältnisse und der Tod vieler regulärer Offiziere trugen einiges dazu bei, sie zu schließen. Die jüngeren französischen Leutnants standen offenbar auf einem besseren Fuß mit ihren Truppen.

In den meisten Armeen beruhte der Abstand zwischen Offizieren und Mannschaften auf festen ungeschriebenen Regeln und Bräuchen, in der russischen hingegen war die Minderwertigkeit der Soldaten sogar schriftlich geregelt: Der Zutritt zu Restaurants der ersten und zweiten Klasse war ihnen untersagt, Bücher und Zeitungen durften sie nur mit Sondergenehmigung empfangen und dergleichen mehr. Oft weigerten sich Artillerieoffiziere, Infanteristen zu helfen, weil diese ihnen buchstäblich keinen Schuß Pulver wert waren. Legion sind auch die Fälle, in denen sich befehlshabende Offiziere der Front nicht einmal auf Sichtweite näherten. Soldaten wurden häufig geprügelt, und manchmal mußten sie sogar für die an sich kostenlosen Rationen bezahlen. Die tiefe Verachtung der Offiziere für ihre Mannschaften bereitete den Boden für die Revolution vom März 1917, als Soldaten besonders arrogante Vorgesetzte töten und Demonstranten die Kommandeure zaristischer Truppen einfach niederschießen konnten, weil deren Leute ohnehin nicht eingreifen würden. Davon später mehr.

Positiv am hohen Bauernanteil der europäischen Armeen war nur, daß deren Angehörige die Kriegs- und Inflationsfolgen erheblich besser verkrafteten als viele Städter. Besonders gut ging es den französischen Bäuerinnen, so daß sich ihre Söhne oder Männer im Felde um sie kaum Sorgen machen mußten, zumal es auch erhebliche staatliche Zuschüsse gab. Deutsche Soldaten dagegen hatten meist allen Grund zur Sorge, weil die staatlichen Beihilfen für ihre Frauen gerade eben den Nahrungsbedarf deckten – allerdings immer weniger. Familien von Gefallenen drohte tiefe Armut, und dieser Übelstand wurde in der Heimat (besonders unter den betroffenen Frauen oder Witwen) zu einem Brennpunkt des Protests gegen die Kriegsnöte. Rußland behandelte Soldatenfrauen genauso schlecht, doch lebten die meisten auf dem Lande und schlugen sich leidlich durch. In der Truppe selbst trug dieses Problem hier wie dort zur Radikalisierung bei.[3]

Die Kampfmoral

Auf einen Grabenkrieg war in Europa niemand vorbereitet. Doch dann schlich er sich trotzdem ein und erschütterte mit seinen endlosen Schrecken das Weltbild der meisten Soldaten bis in die Grundfesten.

Zur folgenschweren Entscheidung der Obersten Heeresleitung, vom Bewegungs- auf den Stellungskrieg umzuschalten, schrieb der damalige Generalstabschef Falkenhayn später: »Der Nachteile, die der Übergang zum Stellungskrieg mit sich brachte, ist sich die OHL wohl bewußt gewesen. Er wurde zunächst lediglich als das kleinere Übel gewählt.«[4] Allerdings hatte dabei offenbar niemand bedacht, daß die moderne Waffentechnik eher die Defensive begünstigte. Nachdem ein grandioser Sieg nicht mehr in Betracht kam, wollte man in der Pattsituation doch wenigstens das Erreichte halten, anstatt erobertes Gelände wieder aufzugeben, um die Front zu verkleinern und später vielleicht noch einmal in die Offensive zu gehen.

Die Zielsicherheit und große Reichweite der neuen Waffen, vor allem aber die hohe Schußfrequenz des automatischen Maschinengewehrs, kamen in erster Linie den Verteidigern fester Stellungen zugute. Obwohl Briten und Franzosen mehr noch als die Deutschen zu der Ansicht neigten, eine starke Artillerie fördere die Offensive, gelang es auf diese Art und Weise nicht einmal, relativ schlecht ausgebildete Truppen zu überwinden, die tief eingegraben, durch Stacheldraht geschützt und mit Maschinengewehren bewaffnet waren – nicht zu vergessen Schaufeln, um schadhafte Gräben auszubessern. An der Westfront wurden besonders die französischen und britischen Angreifer scharenweise niedergemäht, wenn sie nach langem, sehr schwerem Artilleriefeuer voranstürmten. Abgesehen davon, daß der Dauerbeschuß mit schweren Waffen äußerst kostspielig war, konnte er ab Ende 1916 noch weniger ausrichten, weil sich die deutschen Verteidigungslinien immer mehr auffächerten. Schwere Artillerie durchpflügte im übrigen die Schlachtfelder und trug dazu bei, jenen tiefen Schlamm zu erzeugen, in dem beide Seiten immer wieder steckenblieben.

Im allgemeinen Chaos machte sich bald ein Gefühl gräßlicher Sinnlosigkeit breit. »Tag und Nacht Granatfeuer – oft daß es in der Sekunde 10–20 Geschosse heranhagelte, uns verschüttete und wieder aufgrub. Unser Leutnant hat geweint wie ein Kind; ja wie sie da lagen, ein Fuß weg – Arme weg, ganz zerfetzt... Ihr könnt Euch keine Vorstellung von diesem Schrecken machen, und niemand, der's nicht mitgemacht.« Dazu paßte es, wenn französische Artillerie versehentlich die eigenen Linien unter Granatbeschuß nahm, oder russische Soldaten unbewaffnet an die Front geschickt wurden, um sich dort Gewehre von gefallenen Kameraden zu beschaffen. Das totale Durcheinander, die mangelnde Koordination und die Unterschätzung der zunehmend zerstörerischen Waffen sind das Hauptthema aller Kriegsberichte. Damit gingen vielfach Konfusion, große Angst oder gar Panik einher – die in Extremfällen als »Granatenschock« oder »Kriegsneurose« bezeichnet wurden –, also eine Art Nervenzusammenbruch, der meist mit Herzrasen, Magenschmerzen, Tremor und Schweißausbrüchen begann und zu weichen Knien oder gar Einnässen und Einkoten führen konnte.

»Der Hölle der Materialschlachten standzuhalten, das verlangte, wie es hieß, ›eiserne Nerven‹; doch es konnte bald nicht mehr übersehen werden, daß viele Soldaten den Anspannungen nicht gewachsen waren, daß ihnen buchstäblich ›die Nerven rissen‹. Aus Verdun berichtete der Neuropsychiater und Generaloberst Robert Gnaupp: ›Ganze Kompanien (wurden) von nervösen Zuständen, Weinkrämpfen, Erbrechen usw. befallen‹; die Ärzte sahen ›Zittern, Schwäche der Beine, Heulen und Lachen in wildem Durcheinander‹. Die ›Kriegszitterer‹ wurden zum Inbegriff der seelischen Traumatisierungen, welche die Schrecken des Krieges hinterließen. Für die meisten Militärärzte waren sie ›haltlose Affektmenschen‹, ›schwächliche Psychopathen‹; mit brutalen Behandlungsmethoden, unter anderem Elektroschocks, suchten sie die ›Kriegsneurotiker‹ an die Front zurückzutherapieren. Nicht zu Unrecht hat Sigmund Freud diese ›Therapeuten‹ mit ›Maschinengewehren hinter der Front‹ verglichen.«[5]

Unter den traumatisierten Soldaten beiderseits der Westfront, die monate- und jahrelang in feuchten, schmutzigen, engen, von Ratten und Läusen verseuchten Gräben leben mußten, angeödet und stets im Ungewissen darüber, was bevorstand, waren Weinkrämpfe, Hörstürze, ja auch Befehlsverweigerung und Fahnenflucht nicht unüblich. Jene vielen Soldaten, die ihre Angst überwanden und kämpften, handelten weniger aus Verantwortungsgefühl als in einem resignierten Trott – Ungehorsam mochte noch bedrohlichere Folgen haben, und dann wollte man seine Kameraden nicht im Stich lassen. Zumindest in den ersten Kriegsjahren taten also die meisten ihre Pflicht. Zwar konnten sie anfangs vor lauter Angst oft gar nicht richtig zielen, aber das glichen die Maschinengewehrsalven wieder aus.

An der Ostfront war die Kampfmoral auch ohne Gräben von Anfang an schlecht, weil die Bauern schnell schwere Verluste erlitten, den Krieg haßten und sich keinerlei Illusionen machten. Ähnliches gilt für die italienische Armee, die schlecht ausgerüstet, völlig unzureichend vorbereitet und bereits wenige Monate nach Kriegseintritt restlos demoralisiert war.

Die Briten, Franzosen und Deutschen begannen dagegen sehr engagiert, auch wenn nur die Briten bis 1916 ein regelrechtes Freiwilligenheer aufbieten konnten. Während britische Soldaten ihrem jeweiligen Bataillon vermutlich viel enger verbunden waren als französische oder deutsche, hielten sie Offiziere anderer Einheiten, oder gar die eigenen, für hochnäsiger und anmaßender als etwa französische *poilus* die ihren.

In Frankreich widerfuhr den Briten schreckliches Unheil, als 13

Prozent ihrer Leute fielen und 36 Prozent verwundet wurden. An die Gräben gefesselt und meist untätig, hörten sie wiederholt, daß die Artillerie den Feind gewiß schlagen werde, was sie gegen 1916 kaum glauben konnten. Allein in der Somme-Schlacht, die Ende Juli 1916 begann, feuerte sie mehr als 1,5 Millionen Granaten auf deutsche Stellungen ab, von denen jedoch viele vorzeitig detonierten und die Kanoniere zerfetzten, eigene Linien trafen oder Blindgänger waren. Die Nahrungsvorräte an der Front waren knapp, am 1. Juli sogar völlig erschöpft, als britische Infanteristen ihre Gräben verließen, um vermeintlich zerstörte deutsche Geschützstellungen einzunehmen. Doch die meisten hatten dem Bombardement getrotzt, und Maschinengewehrsalven mähten die anstürmenden »Tommies« nieder. Im Verlauf der Schlacht, die nur Verlierer kannte, wurden auf beiden Seiten mehr als eine Million Mann getötet oder verwundet.

Die Kampfmoral der französischen Truppen war anfangs gut, gefördert durch verständnisvolle Offiziere, relativ häufigen Fronturlaub und gute Verpflegung, doch Ende 1916 hatten schwere Verluste und militärische Fehlschläge sie untergraben. Auch die Franzosen verließen sich ganz auf ihre Artillerie, waren schlecht organisiert und griffen oft an, ohne den Stacheldraht der Deutschen beseitigt und deren Maschinengewehrstellungen ausgeschaltet zu haben. Spätestens 1917 besaß Frankreich nicht mehr die Reserven, um den Krieg so verschwenderisch fortzuführen.

Beim deutschen Heer spitzte sich die Lage ähnlich zu, und Soldaten, die eigentlich nur für den Bewegungskrieg ausgebildet waren, fanden sich Ende 1914, wie der Offizier und Romancier Rudolf Binding in sein Tagebuch eintrug, »auf Äckern« wieder, wo »beim Aufschlagen kaum eine Granate krepiert, sondern von der klebrigen ganz weichen Erde gleichsam gefangengenommen wird«. Lange Phasen des Nichtstuns schadeten der Disziplin. »Die Generalstabsoffiziere erholen sich nicht, sondern fühlen sich unbefriedigt. Das Stilliegen führt zur Nervosität, zum Gefühl einer Schwäche, die gar nicht vorhanden ist.«[6] Ab Ende 1915 bekamen Rekruten schon nur noch eine Kurzausbildung, waren also den älteren eindeutig unterlegen. 1916 litten die Deutschen unter akuter

Personalnot und hatten viele der besten Offiziere eingebüßt. In der Folge verschlechterten sich die Bedingungen für die Soldaten zusehends, und dann kam auch noch der tage-, ja wochenlange Artilleriebeschuß hinzu. Die Erde bebte unablässig, und sie lebten im Dreck, stets durch einstürzende Mauern bedroht, für lange Zeit von der Nachhut abgeschnitten. 1916 verließen sie immer seltener ihre Gräben, um anzugreifen, und obwohl General Erich Ludendorff in seinem rückblickenden Urteil, damals sei das Heer »völlig erschöpft« gewesen, gewiß ein wenig übertrieb: Weit davon entfernt war es auf keinen Fall.[7] Deutschland verlor in der Somme-Schlacht etwa eine halbe Million seiner besten Kämpfer, die getötet oder verwundet wurden. Vermutlich lag darin für die Moral der Truppen der entscheidende Wendepunkt. Erstmals seit 1914 begannen Soldaten in großer Zahl zu desertieren.

Im Februar und März 1917 versuchte das Heer seine Lage zu konsolidieren, indem es sich zurückzog und in neuen Stellungen verschanzte, also die Truppen weiteren Unbilden aussetzte. Ab Ende 1917 merkten die Soldaten, daß ihre Bataillone rapide schrumpften, da die Verluste nicht mehr ausgeglichen werden konnten, was ihren Verdruß gewiß noch steigerte. Im Sommer 1918 wichen die deutschen Truppen in Frankreich ziemlich ungeordnet, ja sogar fluchtartig vor den Offensiven der Entente zurück.[8]

Die Reaktionen der Soldaten

Als ein totaler Konflikt beherrschte der Erste Weltkrieg jeden Tag im Leben der Soldaten, und zwar nicht im Sinne eintönig geregelter Abläufe, in denen Männer gewohnheitsmäßig aus Gehorsam, oder gar patriotischem Engagement, ihre Pflicht getan hätten. Genausowenig waren die Schlachtfelder ein bloßes Vorspiel zu politischen Krisen oder Revolutionen, auch wenn diese sich in Deutschland und Rußland daran anschlossen. Zwar reagierten italienische Soldaten anders auf den Krieg als etwa britische, aber niemand von ihnen verhielt sich lehrbuchmäßig oder tat nur das, was die Vorgesetzten von ihm erwarteten.

Zunächst einmal ging es den Männern ums bloße körperliche und seelische Überleben, und da sich die Strapazen und der tägliche Trott über Monate und Jahre hinzogen, mußten sie irgendwie mit dem grauenvollen Alltag fertig werden. Insofern interessiert uns hier weniger ihre Rebellion als die Vielfalt der Reaktionen auf den disziplinarischen Zwang und die allgegenwärtige Gewalt. Nicht wenige Soldaten veranlaßte gerade das geteilte Leid, die von ihren Oberen unablässig betriebene Dämonisierung des Feindes von sich zu weisen und mehr den Menschen in ihm zu sehen.

Zwar gibt es keine systematischen Erhebungen darüber, wie oft sich Deutsche mit ihren französischen oder britischen Gegnern verständigten, wenn sie in den Schützengräben kaum hundert Meter voneinander entfernt lagen, aber die vielen Berichte und Anekdoten über solche inoffiziellen Waffenstillstände verdienen, gründlich analysiert zu werden. Den Vorschriften und Befehlen zufolge mußte der Feind jederzeit bekämpft und möglichst vernichtet werden, doch augenscheinlich siegte häufig genug die Einsicht in das gemeinsame Schicksal. Die ersten Berichte über solche *détentes* begannen schon Weihnachten 1914 zu kursieren, als örtliche Feuerpausen zwischen britischen und deutschen Soldaten bis zu fünf Tage lang hielten. Mancherorts fraternisierten sie sogar, um miteinander Fußball zu spielen, zu singen und zu reden. Ungeachtet aller Verbote trat dergleichen in den folgenden zwei Jahren wiederholt auf, und zwei britische Offiziere kamen vor ein Kriegsgericht, weil sie nicht einschritten. Bayern und Schlesier waren angeblich viel eher als Preußen bereit, sich mit Gegnern auf »Leben und leben lassen« zu einigen.

Waren diese Absprachen einmal getroffen, so übertrug man sie offenbar auf die langen Flauten zwischen Offensiven – bei denen dann wieder scharf geschossen wurde. Auch französische Soldaten, die sonst als besonders grausam galten, verständigten sich 1915 gleich ihren englischen Verbündeten mit direkt gegenüberliegenden Deutschen stillschweigend darauf, einander besonders während der Mahlzeiten, bei Latrinengängen und beim Wasserholen unbehelligt zu lassen. In Tagebüchern machten einige französische Soldaten ihrem Haß auf den bestialischen Krieg Luft und bekannten, die Deutschen als Menschen – und Opfer, genau wie sie selbst – zu begreifen und nur gezwungenermaßen oder in Notwehrsituationen auf sie schießen zu können.[9]

Kurz, die Disziplin brach oft zusammen, wenn den Soldaten das Hemd näher war als der Rock oder wenn sie den Menschen im Feind sahen, ihr Gewissen und Verhalten also nicht total der Kontrolle ihrer Vorgesetzten unterwarfen.

Auflösungserscheinungen

Als die Armeen Rußlands, Deutschlands und Österreich-Ungarns zerfielen, hatte das weitreichende Folgen für die politische Lage in Europa. Die Jahre in den Schützengräben, in denen es an der Tagesordnung war, zu töten und ständig unter Beschuß zu geraten, mußten die Grundeinstellungen und Umgangsformen selbst der hartgesottensten Soldaten nachhaltig beeinflußt haben – was nicht zuletzt auch schwerwiegende Probleme für den inneren Frieden der jeweiligen Länder mit sich brachte.

Am offenkundigsten zeigte sich die Auflösung von Armeen in der massenhaften Fahnenflucht. Das wurde besonders augenfällig bei den italienischen Truppen mit ihrem hohen Anteil von Bauern, aber auch Südländern, die sich weder an die Gebirge des Nordens noch an die unbarmherzige Arroganz ihrer Offiziere jemals gewöhnen konnten, zumal sie dem brutalen Drill nur ganz selten durch Fronturlaub entkamen. Vom Kriegseintritt bis zum Caporetto-Debakel im Oktober 1917 hatte sich die Schwundrate bereits mehr als verachtfacht. Während des Kriegs wurden insgesamt etwa 350 000 italienische Soldaten (das entspricht einer Quote von sechs Prozent) wegen Kriegsverbrechen verurteilt, 4028 von ihnen zum Tode. Die meisten konnten allerdings noch rechtzeitig fliehen, so daß tatsächlich nur 750 hingerichtet wurden. Es gibt indes keine gesicherten Daten über standrechtliche Exekutionen, die in erheblich größerer Zahl vorgenommen worden sein dürften. Wenn die öffentlichen Antikriegskampagnen der Sozialisten und Pazifisten auch viele Soldaten erreichten, so drohten diesen im Fall des Ungehorsams doch stets drakonische Maßnahmen seitens der Offiziere. Caporetto bestätigte dann lediglich, daß die Armee inzwischen restlos demoralisiert war: Während 40 000 Mann getötet oder verwundet wurden, ergaben sich fast 300 000, weitere 350 000 ließen ihre Waffen zurück und verschwanden einfach. Viele davon zog es direkt nach Hause.

Sogar die britische Armee hatte erhebliche Disziplinprobleme, die sie nach Kräften vertuschte. Als es zur Einziehung sämtlicher Wehrpflichtigen kam, mußte sie allerdings die Militärpolizei um das Elffache verstärken. Zwischen 1914 und 1920 entschieden die Kriegsgerichte mehr als 300 000 Fälle und verhängten rund 3000 Todesurteile – hauptsächlich wegen Fahnenflucht –, von denen ungefähr zehn Prozent vollstreckt wurden. Während des Ersten Weltkriegs lag die Desertionsrate noch fast doppelt so hoch wie während des Zweiten. Im Lauf der Zeit galt die zunehmende Zahl der Kapitulationen, besonders bei Gefechten, tendenziell als versteckte Fahnenflucht, und die Armeeführung bemängelte, daß Kriegsgefangene in der Presse regelrecht als Helden gefeiert würden.

London geriet in eine hochnotpeinliche Lage, als in Frankreich desertierte Kriminelle im Umkreis der dortigen Stützpunkte weiter ihr Unwesen trieben und sich später sogar mit britischen Soldaten zusammenrotteten, die, gelangweilt, aggressiv und abgebrannt, zu allen Schandtaten bereit waren. Viele protestierten auch gegen die Schikanen der Offiziere und vor allem gegen die durch Dienstvorschriften und Routinen geförderte Verrohung. Ende September 1917 wirkte all das zusammen, als einige Tausend – wenn nicht gar 10 000 – Tommies in der Nähe von Étaples tagelang randalierten und große Teile der Stadt zu Kleinholz schlugen, wobei sie an die 100 000 Soldaten außer Gefecht setzten. Auch wenn die meisten von ihnen schnell an der Front landeten, war kaum noch zu übersehen, wie stark der Krieg den Korpsgeist in der Armee auch jenes Landes zerfraß, das viel später als alle anderen zu den Waffen gerufen hatte und dessen Bevölkerung als besonnen und konservativ galt.

Bald nach Kriegsbeginn fiel deutschen Offizieren auf, daß ihre Soldaten ebenso wie die gegnerischen die Gräben bei Sturmbefehlen immer zögerlicher verließen. In solchen unterderhand vereinbarten Waffenstillständen kam nur zum Ausdruck, daß sie zwar (ähnlich wie die Franzosen und Briten) Befehle ihrer Vorgesetzten letzten Endes ausführen würden, aber nicht unbedingt sterben wollten. Bis Mitte 1918 hatte das Deutsche Reich damit jedoch weniger große Probleme als seine Feinde, worauf ich später noch näher eingehen werde.

Die Kampfmoral der französischen Truppen ließ ab Sommer 1916 spürbar nach, und schwere Disziplinverstöße nahmen zu, da sich die Lage der Soldaten immer mehr verschlechterte. Wegen mangelhafter Koordination zwischen Artillerie und Infanterie herrschten fast chaotische Verhältnisse, und viele Offiziere waren unfähig oder schlicht feige. Außerdem setzte sich nach der tiefen Schmach, die man bei der gemeinsamen Großoffensive im April 1917 erlitt, die Einsicht durch, daß ein Ende des Kriegs vorerst nicht absehbar war. Nach dem Debakel verteidigten die Soldaten in zunehmendem Maße lediglich ihre Stellungen, ohne sich in weiteren Offensiven erneut massenhaft abschlachten zu lassen, und das bekundeten sie in den folgenden Monaten auch durch viele Proteste.

Gerüchte über enorme Verluste im Frühjahr (die in der Tat hoch waren), schwindende Zuversicht in der Generalität, die allgemeine Urlaubssperre und die russischen Meutereien anläßlich der März-Revolution lösten eine Reihe von Soldatendemonstrationen aus, die den britischen Feldmarschall Haig befürchten ließen, die »schreckliche Verfassung der französischen Truppen« könne ansteckend wirken.[10] Vom 20. Mai bis 10. Juni 1917 nahmen insgesamt rund 40 000 Soldaten in Frontnähe an 250 bis 300 Demonstrationen teil, meist mit weniger als hundert Personen – eine jedoch mit mehr als 2000 –, die in der Armeeführung für eine schwere Krise sorgten und die Hälfte der französischen Divisionen an der Westfront in ihren Einsätzen stark beeinträchtigten, wenn nicht gar lähmten. Nüchterne Offiziere erkannten, daß die Truppen nicht revolutionär gestimmt waren, sondern nur ihre Nöte äußerten und auf militärische Niederlagen reagierten. Das bestätigte sich bald – zumindest was diese Episode anging.

Um zu verhindern, daß dergleichen einriß, stellte man jedoch kurzerhand 3427 Soldaten vor Kriegsgerichte, die 554 zum Tode, 1381 zu schweren und 1492 zu leichteren Strafen verurteilten. »Nur« 51 wurden hingerichtet und die Hälfte der übrigen Strafen wurde abgemildert – so hatten beide Seiten etwas durchgesetzt. In der Folge unterblieben jene sinnlosen Offensiven, bei denen zahllose *poilus* ihr Leben gelassen hatten, und auch sonst wurde manches besser. Im November 1917 schien die Führung davon überzeugt, die Kampfmoral und Disziplin wiederhergestellt zu haben, räumte jedoch ein, daß viele Soldaten weiter murrten; erst Anfang 1918 galt die Lage wieder als normal.

Wir können uns durchaus die Gefühle, Gedanken, Ängste und Nöte von Soldaten in Schützengräben vorstellen, die zwar einerseits bei vielen kleinen Anlässen aufbegehrten, widersprachen oder gar laut protestierten, andererseits aber weiter kämpften und fielen. Ihre Führung sah dagegen nur, daß die Kampfkraft ständig nachließ. Als der Krieg vorüber war, suchten viele Soldaten ein Ventil für ihre Verbitterung, so daß er eine Subkultur, mancherorts sogar Keime einer ganz neuen Gegenkultur von Regimekritikern nach sich zog. Im Grunde muß man den Ausgang von Kriegen immer politisch beurteilen, nämlich anhand der Ansichten und Wünsche der Massen, mit denen die herrschenden Eliten anschließend konfrontiert werden – und in der Politik spielen jene geordneten und ritualisierten Verfahren, um die ihre Theorie gewöhnlich kreist, faktisch nur eine geringe Rolle.

Als sich die führenden Generäle und Politiker Europas auf ihr großes Abenteuer einließen, rechnete kein Militärstratege damit, daß der berühmte »Schütze Arsch« einen entscheidenden Einfluß auf den Kriegsausgang nehmen konnte. Daß die Männer in Uniform einen eigenen Kopf haben oder empfindlich auf Leiden und Entbehrungen reagieren würden, anstatt zuverlässige Tötungsmaschinen zu sein, blieb undenkbar, unvorstellbar – bis das Unmögliche eintrat.

8. DIE GEBURT DER LINKEN

Europas Soldaten waren gewiß keine Rebellen, sondern reagierten lediglich auf die Strapazen der Schützengräben – auf die Läuse und den Hunger, auf das sinnlose Massensterben und das entsetzliche Chaos. In der Regel hatten sie die Kriegsziele ihrer Länder anfangs patriotisch unterstützt oder waren schlicht teilnahmslos geblieben. Doch aufgrund des Erlebten verging ihnen später meist die Opferbereitschaft, zumindest trat die Nation dann zurück gegenüber den eigenen Ansprüchen, der Familie und dem sozialen Umfeld.

Als die Truppen ihren Vorgesetzten nicht mehr blindlings gehorchten, war das auch ohne klare politische Motivation ein subversiver Akt, und diese brodelnde Unterströmung wirkte bei vielen Soldaten bis 1918 nach. Auch wenn diese Gruppe nicht die einzige gesellschaftliche Kraft bildete, enthielt sie doch ein mächtiges Potential, so daß man sich schon in den letzten 18 Kriegsmonaten durchaus fragen konnte, in welcher Form – oder Partei – sie ihrer Wut und Verzweiflung einmal Nachdruck verleihen würde. Solange das offen blieb, hing die politische Zukunft Europas in der Schwebe.

Marxisten und Sozialisten kannten nur den zweckrational erklärbaren Fortschritt des Kapitalismus in seiner »Normalität«, sahen also nicht jene gewaltigen Umbrüche und Herausforderungen voraus, mit denen speziell die Kriegsfolgen sie konfrontieren würden. Denn jetzt braute sich etwas noch nie Dagewesenes zusammen. Mehrere Staaten, darunter Großbritannien, bewältigten die Situation fast mühelos. Auch Frankreich schien auf den ersten Blick relativ unbeschadet davonzukommen, Italien dagegen weniger. Doch in Deutschland, Ungarn und Rußland ging es ums Ganze, und dabei fiel gerade den Soldaten eine entscheidende Rolle zu.

Russische Kriegsheimkehrer und die Revolution

Die meisten russischen Wehrpflichtigen waren ohnehin nie besonders vielversprechende Soldaten gewesen, und immer neue Niederlagen ließen ihre Moral ins Bodenlose sinken. Schon Ende 1915 waren mehr als vier Fünftel der im Frontdienst stehenden Infanterieoffiziere getötet, verwundet oder abgezogen worden, und alles in allem hatte man die Kampfregimenter vor 1917 acht- bis zehnmal massiv auffrischen müssen, um ihre ursprüngliche Stärke wiederherzustellen. Ende 1916 begannen die Reserven auszugehen.

Wie erwähnt, hatten der allgemeine wirtschaftliche Zusammenbruch und die galoppierende Inflation viele Bauern veranlaßt, ihr Getreide und Fleisch möglichst lange zurückzuhalten, und da die Nahrungsvorräte der Armee fast erschöpft waren, mußten die Rationen drastisch gekürzt werden. Daraufhin gab es im Herbst 1916 mindestens ein Dutzend Meutereien gegen angeordnete Offensiven, und in nicht weniger als acht der 14 Armeekorps nahm daran mindestens ein Regiment teil. Ab 1917 war die Armee am Ende und völlig außerstande, noch weiterzukämpfen – ihre Soldaten erschöpft und zunehmend rebellisch. Eine Revolution wurde angesichts der akuten wirtschaftlichen und politischen Krise immer wahrscheinlicher. Trotzdem blieben die alten Kriegsherren blind für die drohende Gefahr. Unter den russischen Soldaten bestand eine Übereinkunft: Sie wollten Frieden und hatten Heimweh. Das entschied letzten Endes über die Zukunft des Landes.

Beim Ausbruch der März-Revolution war die Truppe demoralisiert und in Auflösung begriffen. Obwohl ihre Führung das zaristische Regime schnell beseitigt hatte, machte auch sie einen schweren Fehler und versuchte, die Armee im Krieg zu halten. Auch wenn es Verbände in und um Petrograd waren, die die revolutionäre Kettenreaktion in Gang setzten, trugen die vielen Deserteure überall an der Front wesentlich mit dazu bei, zumal sie den weiteren Verbleib im Krieg als wahnwitzig erscheinen ließen. Letztlich hätte Rußland den Krieg also auch ohne die Petrograder

Vorgänge (die im März etwa 25 000 Soldaten veranlaßten, überwiegend spontan zu meutern und zu demonstrieren) aufgeben müssen – nicht nur wegen der fehlenden Kampfmoral, sondern auch, weil die materielle Ausstattung eine ernsthafte Gegenwehr gar nicht mehr zuließ. Von Januar bis September 1917 desertierten gut 700 000 Mann, und weder der Zar noch sein Nachfolger Kerensky hätte die rund sechs Millionen Soldaten, die angeblich 1917 (noch) in der Armee dienten, zum Kämpfen bewegen können.[1]

Die Bolschewiken selbst konnte paradoxerweise nur reagieren, weil sie von den Ereignissen genauso überrascht wurden wie alle anderen. Insbesondere schwankten, was die Fortführung des Kriegs anging, auch viele ihrer führenden Kader bis zu Lenins Heimkehr im April. Lenin nutzte die defätistische Grundstimmung aus und stützte darauf sein ganzes Machtkalkül, nur um die Armee später wieder aufzubauen, freilich in erster Linie als innenpolitisches Faustpfand.

Die Petrograder Ereignisse vom März 1917 spiegelten im Grunde lediglich den allgemeinen Zustand der Armee wider. So waren die meisten der rund 160 000 dort stationierten Soldaten miserabel ausgebildete, unterernährte Bauern, ältere Reservisten und (kranke oder verwundete) Frontveteranen, die keinem Offizier über den Weg trauten. Als am 23. Februar Hungerrevolten und Streiks ausbrachen, gab es zwar noch genügend disziplinierte zaristische Truppen, die wahllos in die Menge feuerten, doch am Abend des 26. beschloß eine Gruppe des Volinsky-Regiments, ihren Kommandeur zu töten und sich den Demonstranten anzuschließen. Danach gerieten die Regierungstreuen stark in Unterzahl gegenüber den Aufständischen. Dessen ungeachtet hielt sich die große Masse der Petrograder Soldaten zunächst einmal ganz heraus. Bezeichnenderweise meinten die örtlichen Bolschewiken am Anfang, die Meuterei sei zum Scheitern verurteilt, schlossen sich dann aber schnell dem wachsenden Aufruhr an. Die Romanow-Dynastie fiel am 3. März in sich zusammen.[2]

Eine erfolgreiche Revolution muß sich, anders als ein Staatsstreich oder Putsch, auf eine sehr breite Massenbasis stützen und Rückschläge (wie regionale Verhaftungen oder Niederlagen) verkraften können, weil zuvor die Energie und Begeisterung zahlreicher Menschen geweckt wurden, die eine neue Ordnung anstreben. Zu diesen Grundvoraussetzungen des Umsturzes trug der Krieg selbst mehr bei als jede Partei, die Bolschewiken eingeschlossen.

Obwohl demnach keine der Parteien für sich beanspruchen konnte, die Revolution *gemacht* zu haben, waren sie in den kritischen Tagen des März 1917 alle redlich bemüht, das zaristische Regime abzuschaffen und durch ein demokratisches zu ersetzen. In dieser heißen Phase konnte sich unter den zahllosen Petrograder Arbeiter- und Soldatengruppen noch kein anderer Kurs herausbilden. Daher forderten sie lediglich die bekanntesten Politiker auf, unverzüglich die wesentlichen Institutionen der Armee, der Politik, der Landwirtschaft und so fort von Grund auf zu erneuern. Dabei kamen die maßgeblichen Impulse von den Basisräten – den Sowjets – die zugleich als eine Art Katalysator für die Verarbeitung der Kriegserlebnisse dienten.

Die Idee der Sowjets ging auf die gescheiterte Revolution von 1905 zurück, in der sie als Sachwalter einer möglichst wenig anarchischen Mitbestimmung dienen und verhindern sollten, daß die Macht gänzlich bei den Organen der alten Ordnung verblieb. Ihr Vorteil war, daß sie nicht mit dem traditionellen politischen System verfilzt waren – das ja nach dem Sturz des Zaren in Form der Staatsduma fortbestand. Der Petrograder Sowjet von 1917 arbeitete anfangs zwar mit der Duma zusammen, tagte aber auch unabhängig von ihr, nämlich in einer Halle mit etwa 250 erregten, häufig schreienden Delegierten, die unter ständigem Kommen und Gehen die verschiedensten Soldaten- und Arbeitergruppen, manchmal allerdings kaum mehr als sich selbst vertraten. Das war jedoch nicht überall so, und es besserte sich später. Anfangs lag die Stärke der Sowjets in ihrer relativ offenen Struktur und in einer Spontaneität und Flexibilität, die es ihnen erlaubte, auf die vielen erbosten Menschen und ihre Sorgen einzugehen – oft schlicht, indem sie etwas taten. Obwohl die Sowjets ab Ende Februar alle Bereiche abdeckten – das Militär, die Fabriken und die Dörfer –, dienten sie doch zunächst lediglich als ein offizielles

Forum, um die Initiativen der spontan zusammenkommenden, debattierenden, alte Regelungen abschaffenden und neue einführenden, also umtriebig arbeitenden Komitees, Gremien und Versammlungen zu bündeln.

Die große Schwäche der Sowjets lag in ihrer Unerfahrenheit. Monatelang versuchten sie nicht einmal, neben (oder anstelle) der Duma eigene politische Zuständigkeiten zu begründen, bis dann die Bolschewiken und deren Verbündete in ihnen die Mehrheit errungen hatten. In der bolschewistischen Partei sah man die Sowjets allerdings nicht als Selbstzweck, sondern nur als ein Mittel, um sich der Massen und der Macht zu bemächtigen – und anschließend ihre demokratische Funktion ganz aufzuheben. Ansonsten gründeten die Machthungrigen – allen voran die Bolschewiken –, einfach Parallelgremien, wenn sich die Sowjets ihnen nicht bereitwillig fügten. Angesichts seiner Unbestimmtheit und der weitverbreiteten Furcht vor den Tücken des traditionellen Parlamentarismus litt das Rätesystem bald immer mehr unter seinen inneren organisatorischen Widersprüchen.

Im Lauf der März-Revolution mußten sich neben den verschiedenen eher gemäßigten Gruppen auch Alexander Kerenskys Sozialisten auf die schnell um sich greifenden Sowjets einstellen. Einige Monate lang geschah das unter deren zum Teil heftigem Druck, sogar mit Gewaltandrohungen, aber auch in der Hoffnung, ihr Potential für die eigenen Zwecke nutzen zu können. Als dann am 1. März 1917 in Petrograd mit seiner großen Ansammlung von Soldaten eilfertig der »Erlaß Nummer Eins« über die Reorganisation der gesamten Armee erging, wurde deren bereits weit fortgeschrittener Verfall nicht nur anerkannt, sondern noch beschleunigt. Abgesehen davon, daß die verhaßten Überwachungsmaßnahmen seitens der Offiziere entfielen, sollte die Befehlsgewalt über die Waffen auf neu zu gründende örtliche Komitees übergehen. Zwar versuchte das kriegswillige Regime sofort, den Erlaß aufzuweichen, konnte den Schaden aber nicht mehr abwenden, womit es endgültig um die Disziplin der Truppe geschehen war.

Der Erlaß Nummer Eins wurde später gründlich revidiert, doch die Soldatenräte blieben unangetastet, weil die alte Armeeführung mit ihrer Hilfe die zunehmend aufmüpfigen Truppen zähmen wollte. Diese »Räteschicht« trug dann jedoch maßgeblich zur Förderung des Aufstandes in der Armee bei und spielte insofern eine gewichtige Rolle, als sie nur relativ wenige Bauern, dafür aber um so mehr eingezogene »Intelligenzler« umfaßte, also Angestellte, Akademiker, ehemalige Studenten und so fort, darunter auch viele Juden. Anfangs traten sie überwiegend für die revolutionären Sozialisten ein, auch wenn einige bereits Bolschewiken waren und die Armeeräte benutzten, um das Militär zu beaufsichtigen.[3]

Letzten Endes wirkten die Aktionen der Soldaten auf breiter Front mit denen der Arbeiter und Bauern zusammen, zumal alle drei Gruppen gemeinsame Grundprobleme und Interessen hatten. Die Masse der Soldaten entstammte der Bauernschaft, doch auch ein Großteil des Stadtproletariats, das sie überwachen sollten, war erst kurz zuvor vom Lande abgewandert. Diese jüngeren Arbeiter konnten sich oft kaum mit dem wachsenden Elend der Städte abfinden und neigten fast ausnahmslos zum Aktivismus – also auch zu anarchistischen und bolschewistischen Ideen. Bei den Ereignissen im März kam es jedoch entscheidend auf die Gemeinsamkeiten der Soldaten und Arbeiter an.

Die kriegsbedingten Härten – sinkende Reallöhne, katastrophale Versorgungslage und dergleichen – trieben die Radikalisierung der Arbeiter weiter voran, noch verschärft durch die Wirtschaftskrise ab März 1917. Am Vorabend der Revolution waren viele Arbeiter völlig verzweifelt und traten für drastische Maßnahmen ein – auch wenn sie diese noch nicht klar umreißen konnten. Die außerhalb lebenden, also relativ gut vor möglichen Repressalien geschützten Bauern neigten noch weitaus stärker zur Gewalt als die Arbeiter. Lange bevor sich die Bolschewiken der Gewerkschaften bemächtigten, gewannen sie mit ihrer Forderung nach uneingeschränkter Machtübernahme das Vertrauen der erbosten Aktivisten, so daß sie schon im Juni die Petrograder Werksräte dominierten.

Da die Wirtschaft fast gleichzeitig in den Städten und auf dem Lande zusammenbrach und die Lage in der Armee sich ebenso zuspitzte wie in der Unter- und Mittelschicht, mußten die Bolschewiken kaum mehr tun, als die Forderungen der extremsten Arbeiter, Soldaten und Bauern zu unterstützen, was für die Menschewiken grundsätzlich nicht in Betracht kam, zumal sie den Krieg fortführen wollten. Völlig unbelastet vom Druck der Verantwortung schnitten die Bolschewiken ihr Programm ganz auf den Machtkampf zu. So vertraten sie bei der Bodenreform eine einzigartig klare Position – nämlich freie Verteilung an die Bauern –, wohingegen Lenin später den Agrarsektor ebenso wie die Industrie der Partei unterstellen wollte. Die Bolschewiken profitierten also von einer Lage, die gar nicht auf ihre Inititativen zurückging: Weder hatten sie die zahllosen Räte der rebellischen Soldaten und der streikenden Arbeiter eingerichtet noch die Bauern zu Landbesetzungen aufgerufen – und dies waren die Hauptimpulse für die beiden folgenden Revolutionen –, sondern sie hatten allenfalls ihr Programm wiederholt in opportunistischer Absicht umgeschrieben, um die subversive Stimmung auszunutzen, die bereits vor Lenins Rückkehr am 3. April 1917 aufgekommen war.[4]

Letzten Endes trieb das zaristische Regime selbst, mit seinen labilen Institutionen, nebulösen Ideologien und korrupten, unfähigen Beamten, die Massen unter dem Druck des verheerenden Kriegs in Aktionen, die niemand – auch nicht die Bolschewiken – für möglich gehalten hätte.

Das Deutsche Reich am Abgrund

In Deutschland zeugte die Anfang 1918 einsetzende Entwicklung von einem krassen Gegensatz zwischen den immer aggressiver werdenden Protesten der Soldaten und Arbeiter gegen die verfallenden Lebensbedingungen und der tief verwurzelten Obrigkeitshörigkeit, nicht nur der alten SPD- und Gewerkschaftsführung, sondern auch der Massen selbst. Als der Autoritätsverlust des Wilhelminischen Regimes mit jeder Niederlage auf dem Schlachtfeld augenfälliger wurde, da bekam das Denken und Handeln sowohl der militanten Sozialisten als auch der konservativen SPD- und Gewerkschaftsspitze etwas nachgerade Tragikomisches.

Im Lauf des Jahres 1917 nahmen Streiks sogar gegenüber der Vorkriegszeit massiv zu. Waren sie zu Beginn noch überwiegend ökonomischer Natur, so schuf die Abspaltung der Unabhängigen Sozialdemokratischen Partei (USPD) von der SPD im Januar 1917 ein Sammelbecken für die verschiedensten, manchmal sogar untereinander zerstrittenen Kriegsgegner, was zunehmend politisch motivierte Streiks förderte und damit die staatliche Kriegspolitik störte. Die USPD war bald fast genauso stark wie die SPD, also eine ernstzunehmende neue Kraft – der Berliner Streik vom 28. Januar 1918, an dem annähernd 400 000 Menschen teilnahmen, ihre bis dahin erfolgreichste Initiative. Obwohl sie auch direkt auf die Versorgungslage bezogene Forderungen stellte, ging es dabei vor allem um politische Probleme: Sie hatte zum Generalstreik aufgerufen, um dadurch ein Friedensabkommen ohne Annexionen durchzusetzen. Außerdem sollten »alle Staatsorgane des Deutschen Reiches durchgreifend demokratisiert« werden.[5] Die SPD-Führung lehnte den Streik anfangs ab, besann sich dann aber eines Besseren in der Hoffnung, das Heft in die Hand nehmen und die Arbeiter gängeln zu können, besonders als die Proteste auf andere Städte übergriffen. Doch innerhalb weniger Tage schritt die Reichsarmee ein, nahm eine Handvoll Rädelsführer fest und verpflichtete zahlreiche Teilnehmer zum Wehrdienst.

Der Januar-Streik gab schon einen Vorgeschmack auf kommende Dinge, wobei die SPD-Führung wie immer vorsichtig blieb und zwischen den Arbeitern – die ihr, wenn auch zähneknirschend, noch mehrheitlich folgten – und dem Staat vermittelte. Das Militär demonstrierte Entschlossenheit. Solange es nicht zu noch radikaleren, spontanen Massenaktionen von Soldaten oder Zivilisten kam, aus denen ganz neue Organisationsformen erwuchsen, hing die Zukunft des Reiches in der Tat vor allem davon ab, inwieweit es den Unabhängigen gelang, die Hinhaltepolitik der SPD zu entlarven und die Massen auf wahrhaft sozialistische Ziele einzuschwören.

Allerdings war die Politik der SPD und des Militärs viel weniger ungereimt als die der Unabhängigen selbst oder ihrer Splittergruppen, etwa der von Karl Liebknecht, Rosa Luxemburg und Franz

Mehring geführten Spartakisten. Sobald es nicht lediglich darum ging, den Reformismus der SPD anzuprangern, sondern um praktische Aktionen, fanden weder die Unabhängigen noch die Spartakisten je zu einer klaren Linie. Wenn die linksstehenden Kritiker der SPD ab 1915 auch klar gegen den Krieg waren, so wollten sie sich doch nicht damit abfinden, daß es dabei Verlierer gäbe – ob nun Deutschland oder eine der anderen Parteien. Das war ein ebenso ehrenwerter wie praktisch irrelevanter Standpunkt, weil die dafür notwendige Weltrevolution nur ihren Wunschträumen entsprang. Statt eine klare Position einzunehmen und den – gewiß riskanten – Bruch mit der bestehenden politischen Ordnung zu fordern, konnten weder die USPD noch die Parteien links davon, wenn es darauf ankam, echte Alternativen zur Politik der SPD anbieten. Bei allen entscheidenden Problemen intern gespalten, näherten sie sich der Politik in erster Linie mit Grundsätzlichem.

Trotz ihres zunehmenden Erfolges bei den Soldaten und Arbeitern hielten die Unabhängigen noch Ende 1918 – als das ganze System im Übergang von der autoritären Monarchie zu einer neuen Ordnung begriffen und daher für alles mögliche offen war – streng an dem »verfassungsmäßig« vorgegebenen Ordnungsrahmen fest. Ja, als das Kriegsproblem entfiel, gingen viele Unabhängige praktisch auf SPD-Kurs. Im Unterschied zu Lenin, der seine politischen Strategien und Ansichten durchweg in den Dienst der Machtergreifung stellte, propagierten die meist nur kleinen Linksparteien – vielfach Gründungen von Intellektuellen, die mit den Sozialdemokraten unzufrieden waren – ihre dezentrale, kaum abgestimmte Organisation als eine antibürokratische Tugend, so daß sie gewöhnlich kaum etwas auf die Beine stellten. Das verschaffte der SPD und dem Militär Luft gegenüber jenen Millionen, die für Alternativen zur bankrotten traditionellen Politik offen gewesen waren.[6]

Soldatenproteste und Restauration

Nach der Kapitulation stellte sich den ehemaligen Kriegsherren die bedrohliche Frage, inwieweit sich die Soldaten tatsächlich offen zu jener Arbeiterschaft bekennen würden, der sie überwiegend entstammten. Von der Disziplin des Heeres hing der Bestand des ganzen Systems ab, zumal die Generalität sich nun nicht mehr auf zuverlässige Helfershelfer wie die SPD stützen konnte, um rebellische Gruppen in Schach zu halten.

Sowohl die SPD als auch die Unabhängigen machten bei den Soldaten immer mehr Boden gut und begannen im Herbst 1917, eine große Zahl von verwundeten Veteranen in Verbänden zu organisieren, die sich später vielfach als politisch militant erwiesen. Die Matrosen agitierten schon länger, und im März 1917 war bei ihnen sogar eine – brutal niedergeschlagene – Meuterei ausgebrochen. Noch wichtiger als jede radikale Propaganda war die tiefe Demoralisierung vieler junger Frontsoldaten: Sie verachteten jetzt das Bürgertum ebenso wie die Generäle, die sie in den Krieg geschickt und dessen Beendigung am runden Tisch sogar nach der fehlgeschlagenen deutschen Frühjahrsoffensive 1918 abgelehnt hatten. Ab August 1918 kapitulierten sie in Scharen, kehrten einfach in ihre Heimat zurück oder gründeten Räte, meist sogar viel größere als die Arbeiter. Die Oberste Heeresleitung befürchtete, daß es noch vor Weihnachten eine Lawine von Fahnenflüchtigen geben werde. Als im November 1918 Matrosen der Kieler Kriegsmarine den Gehorsam verweigerten, kam es zu Festnahmen, worauf rund 40 000 (teils bewaffnete) Soldaten, Matrosen und Arbeiter mit Gewaltausbrüchen reagierten und am 4. November ein Soldaten- und Matrosenrat die Stadtverwaltung Kiels übernahm. Nach der Kieler Erhebung entstanden überall in Deutschland Soldaten- und Arbeiterräte. In der Folge fanden auf den Straßen vieler Großstädte bis dahin ungekannte Versammlungen und Demonstrationen statt, bei denen augenscheinlich der Status quo auf dem Spiel stand – nicht zuletzt deshalb, weil die große Masse der Bevölkerung im Oktober 1918 nur noch Frieden wollte. Damit lag klar auf der Hand, daß Deutschland den Krieg nicht würde fortführen können.

War nun auch in Deutschland ein tiefgreifender Wandel oder gar eine Revolution wie in Rußland möglich? Äußerte sich in der Meuterei und in den Massenstreiks mehr als nur akute Kriegsmüdigkeit? Und würden die konservativen politischen Kräfte (inklusive der SPD), die nach wie vor genügend Einfluß und Macht besaßen, tatsächlich den Erhalt der traditionellen Ordnung, also in wesentlichen (wenn auch nicht in allen) Punkten des Vorkriegssystems, anstreben?[7]

Die dramatischen Ereignisse der folgenden Wochen zeigten, daß die SPD-Führung sich kaum bewegte. Sie trat nicht für den Umbau der Gesellschaft ein, sondern lediglich für die »wohlverstandenen« Interessen der Arbeiterschaft innerhalb des bestehenden Systems, wenn auch mit gewissen Reformen. Die Generalität meinte, sie habe viel mehr zu verlieren als die SPD-Spitze, und schob daher die traditionellen Sozialistenführer bewußt vor, um einen radikalen Umschwung zu verhindern.

Als der Kaiser am 9. November endlich notgedrungen abgedankt hatte, konnte der erzkonservative Sozialdemokrat Friedrich Ebert zum Kanzler der neuen Republik ernannt werden. Seine Amtsautorität resultierte jedoch allein daraus, daß der scheidende Regent sie ihm übertragen hatte – in der festen Überzeugung, Ebert könne die SPD gegen den Bolschewismus ins Feld führen. Diesem selbst wäre eine konstitutionelle Monarchie lieber gewesen als die Republik. Rein rechtlich gesehen blieben seine Befugnisse durchaus im Rahmen der bestehenden Ordnung. Noch am gleichen Abend rief General Wilhelm Groener, der neue Chef der Obersten Heeresleitung, bei Ebert an, und man einigte sich in groben Zügen: Ebert sagte zu, das Militär beim Kampf gegen Anarchisten und Bolschewiken nach Kräften zu unterstützen, doch mit den Räten solle man freundlich umgehen, solange sie sich an Gesetz und Recht hielten. Umgekehrt werde die neue Regierung das bestehende Offizierskorps respektieren und ihm helfen, sowohl in der Truppe selbst als auch draußen im Lande die Disziplin zu erhalten.

Die Absprache zwischen Ebert und Groener gilt gemeinhin als ein Wendepunkt im Verhältnis zwischen Zivilisten und Militärs, obwohl sie gar nicht so weltbewegend und binnen weniger Minuten erledigt war. Auch einige links von der SPD angesiedelte Sozialisten sahen darin nichts Außergewöhnliches und stimmten dem Ergebnis zu: Bis Ende Dezember amtierte nämlich eine allsozialistische Übergangsregierung, in der die Unabhängigen genauso viele Ministerien innehatten wie die SPD. Groener selbst hatte der SPD in Fragen der Rüstungsproduktion seit Jahren sehr nahe gestanden, und das Abkommen setzte lediglich eine schon seit langem herrschende Übereinkunft fort. Groener wußte, daß Ebert und sein Parteiflügel zutiefst konservativ waren, und die Generäle entschieden sich für eine Zusammenarbeit mit der SPD im Rahmen einer Republik, die sie (notgedrungen und vorläufig) hinnehmen mußten. Sobald die SPD fest im Sattel saß, nahm auch sie selbst keinerlei Rücksicht mehr auf Räte, die sie ohnehin nie sonderlich gefördert hatte. Statt dessen schloß sie bald ein Kooperationsabkommen mit wichtigen Großindustriellen.

Die Räte lenkten relativ schnell ein, zumal es gelungen war, viele der aktiven Arbeiter und Soldaten bei der Stange zu halten, die zwar grundlegende Reformen besonders in der Armee, aber keine Revolution wollten. Sogar im Kieler Rat konnte sich binnen weniger Tage der glühend militaristisch eingestellte Sozialdemokrat Gustav Noske durchsetzen, der später so entschlossen als »Bluthund« für die alte Hackordnung des Militärs eintrat. Die Soldatenräte wurden sofort als rein beratende Gremien definiert und auf strenge militärische Disziplin verpflichtet, was sogar die Regimekritiker unterstützten, weil sie darin den besten Weg sahen, alle Frontverbände so schnell wie möglich in die Heimat zurückzuführen. Der Truppenabzug und die überschäumenden Begrüßungsfeiern linderten die Verbitterung der Soldaten, ohne sie indes ganz ausräumen zu können. Zusammen mit dem Heer lösten sich auch die Soldatenräte auf, womit die größte, wenn nicht gar einzige Bedrohung für die Generalität und die traditionelle Oberschicht entfiel.[8]

Um die Ereignisse der folgenden beiden Monate richtig zu bewerten, muß man die ausufernde Rhetorik auf ihre Inhalte hin abklopfen. Das ist um so schwieriger, als seinerzeit zahllose vereinzelte Streiks und Kundgebungen – die je für sich genommen keine ernsthafte Bedrohung darstellten – allerorten ein Gefühl der Unordnung und des Verfalls aufkommen ließen und eine wahre Flut militanter Deklarationen nach sich zogen. Bis zu den Wahlen zur verfassunggebenden Versammlung im Januar 1919 befand sich der Staat rechtlich gesehen in einem Schwebezustand, und um die anstehenden politischen Probleme lösen zu können, kam es nun entscheidend darauf an, seine künftige Gestalt verbindlich festzulegen. Militante Berliner mochten zwar behaupten, es bestehe eine Deutsche Sozialistische Republik unter der Ägide von Arbeiter- und Soldatenräten, aber es gab nur ein buntes Sammelsurium spontan gebildeter Gremien, die einander mancherorts erbittert bekämpften und vielfach nur sich selbst vertraten. Faktisch rangen sämtliche Gruppierungen links von der SPD noch um politische Programme, und ihre Anführer wechselten häufig ihre Standpunkte, ja sogar die Parteien. Noch die radikalsten unter ihnen räumten ein, daß sie erst einmal mit sich selbst ins reine kommen mußten. Entscheidend war jedoch, daß die SPD damals sowohl den Staat als auch die Räte dominierte – also einfach abwarten und sie zu gegebener Zeit unauffällig abschaffen konnte.

Am 22. November verständigten sich die Berliner Räte darauf, den alten Kommunalbehörden, die ihre Macht grundsätzlich anerkannten, die Stadtverwaltung zu überlassen – allerdings unter einer nicht näher bestimmten Anleitung der Bezirksräte. Während sich die Räte das Recht vorbehielten, bei allgemeinen politischen Fragen einzugreifen, konnten die bewährten Gemeinde- und Kreisverwaltungen ihre tägliche Arbeit fortsetzen. Die Armee löste sich auf, doch das Staatsgefüge blieb weitgehend unangetastet. Beim nationalen Rätekongreß am 16. Dezember trat zutage, daß die Soldaten jetzt nur noch knapp ein Fünftel der Delegierten stellten. Drei Fünftel waren Sozialdemokraten, so daß die SPD selbstsicher alle Machtansprüche der Räte vom Tisch fegen und für den 19. Januar 1919 Reichstagswahlen fordern konnte. So setzte sich der bürgerliche Parlamentarismus gegen eine noch ziemlich vage und unausgereifte sozialistische Alternative durch.

Zwar einigte sich die SPD mit den Unabhängigen auf eine umfassende Reform des Offizierskorps, aber Ebert überging diese Forderung einfach, weil er das Militär als Stütze der Republik brauchte. Dessen Führung war über die geplante Reform entrüstet, und ranghohe Offiziere drohten mit Rücktritt – ja sogar mit dem Einsatz von Gewalt. Als am 23. Dezember 1918 eine Gruppe erboster Marinesoldaten, angestiftet von den Spartakisten, Eberts Amtsräume besetzte, rief dieser das Militär zu Hilfe. Doch die ersten eintreffenden Truppen schlugen sich auf die Seite der Aufrührer, anstatt diese festzunehmen – was die Generalität in eine etwas peinliche Lage brachte. In der Folge setzte Groener die Ernennung Gustav Noskes zum Verteidigungsminister durch. Noske, der die alten Haudegen mit seiner Entwaffnung des Kieler Rates tief beeindruckt hatte, erklärte alsbald, es sei nun an der Zeit, gewaltsam gegen die Spartakisten und ihre Helfershelfer vorzugehen.

Bis Dezember 1918 waren wohl die meisten der noch dienenden Soldaten von den sozialistischen Antikriegsparolen erfaßt worden, so daß die Offiziere nicht mehr für ihre Loyalität bürgen konnten. Schlimmer noch, die große Zahl aufmüpfiger bewaffneter Männer bedeutete eine akute Gefahr für die Republik und für den Bestand der Streitkräfte selbst. Da diese sich vielerorts ohnehin auflösten, beschloß die Oberste Heeresleitung grundlegende Umbaumaßnahmen. Sie bildete Freiwilligenverbände, bestehend aus fronterprobten Jungoffizieren und Elitesoldaten, die den Kampf liebten, sowie Kadetten und nationalistischen Studenten, die den Krieg vor allem als eine verpaßte Gelegenheit betrachteten, und dergleichen – absolut verläßliche, zähe und reaktionäre Burschen, die aus ganz anderem Holz geschnitzt waren als die irregeleiteten Veteranen. Die so eingerichteten Freikorps unterstanden direkt der OHL. Ebert hatte zugestimmt, Noske war hellauf begeistert. Zwar wurden die Korps im Mai 1920 offiziell wieder abgeschafft, aber Teile davon hielten sich noch jahrelang mit privaten Spenden am Leben. Schließlich dienten 200 000 bis 400 000 Mann in einer Truppe, die ideologisch und organisatorisch nicht weit von den Nazis entfernt war (und diese nahmen später tatsächlich viele ehemalige Angehörige der Freikorps unter ihre Fittiche). Im März 1919 wurden die Korps förmlich zur Basis der neugegründeten deutschen Reichswehr.

Mitte Januar 1919 feierten die Freikorps ihren ersten Einsatz und gingen mit Zustimmung Eberts und Noskes in Berlin gegen die von den Spartakisten besetzten Häuser vor. Zwar hatten sich die Spartakus-Führer Rosa Luxemburg und Karl Liebknecht strikt gegen die spartakistische Politik der Rebellion zum Zweck der Machtübernahme ausgesprochen, aber die Armeeführung hielt beide trotzdem für gefährlich, so daß Mitglieder der Freikorps sie kurzerhand ermordeten. Bei der Wahl zur Nationalversammlung am 19. Januar entfielen auf SPD und USPD zusammen 46 Prozent der Stimmen, gegenüber 35 im Jahr 1912 allein für die SPD. Von da an sah die Regierung einfach über die Räte hinweg – die vielerorts ohnehin rasch von der Bildfläche verschwanden. Doch in Bremen, Mühlheim, Halle und anderen Städten lösten die Freikorps noch bestehende Hochburgen blutig auf. Anfang März ermutigte die neugegründete Kommunistische Partei in Berlin Überreste radikaler Soldatengruppen zum Griff nach der Macht, worauf Noske die Freikorps gegen sie einsetzte, die gnadenlos zuschlugen. Insgesamt 1200 bis 1500 Menschen ließen dabei ihr Leben.[9]

In Bayern gelang es dem Unabhängigen Kurt Eisner, mehrere Monate lang eine Regierung zusammenzuhalten, die aus den beiden größten sozialistischen Parteien und einer Bauernpartei bestand. Nachdem er am 21. Februar 1919 umgebracht wurde, geriet das Bündnis ins Wanken. Am 7. April rief eine wilde Schar von Abenteurern und zügellosen Kommunisten in München eine »Sowjetrepublik« aus; Ende April entsandten die Berliner Regierung und Eisners Nachfolger die Freikorps, um die Stadt einzunehmen. Bei tagelangen Kämpfen wurden zehn Geiseln in den Händen der Rebellen erschossen, und 68 Freikorpsler fielen; als Vergeltung folgten mindestens tausend Morde an Linken.

Ende 1919 standen die Freikorps beim Kampf gegen die deutsche Linke an vorderster Front. Dies ermöglichte es der alten Armeeführung, die nationale Politik zu steuern, und zeigte zugleich, daß sich die Herrschenden, was den Schutz der bestehenden Wirtschafts- und Gesellschaftsordnung anging, nicht mehr auf die traditionellen Organe verlassen konnten. Man brauchte ganz neue Mechanismen, um das Volk im Zaum zu halten; die Nazis zogen daraus die logische Konsequenz und waren, überwiegend von jener Epoche geprägt, die rechtmäßigen Erben der kriegsbedingten Konterrevolution.[10]

Das Ende der deutschen Linken

In Deutschland scheiterte der Sozialismus am erbärmlichen Zustand der radikalen Linken ebenso wie an der Öffentlichkeit. Hätten beide vereint und schlagkräftig agiert, so hätten sich die alten Institutionen nicht behaupten können. Schon eine Sondertruppe wie die Freikorps bezeugt, daß die Heeresleitung ihren Soldaten nicht mehr trauen konnte, und ohne Armee war die alte Ordnung für eine zwar nur kurze, aber potentiell entscheidende Phase gefährdet.

Doch die Gruppen links von der SPD waren keine echte Bedrohung. Nach Kriegsende trauten viele Unabhängige ihrer Partei keine maßgebliche politische Rolle mehr zu, und nachdem die USPD 1919 ihren Höchststand von 750 000 Mitgliedern erreicht hatte, kehrten viele von ihnen reumütig zur SPD zurück. Unter den radikalen Sozialisten kam es ständig zu Rangeleien, was zwar gewiß nicht der einzige Grund für ihre Erfolglosigkeit war, aber erheblich mit dazu beitrug. Und die konservative SPD-Führung, deren Macht sich auf ihren Rückhalt besonders bei den Facharbeitern stützte, dachte Ende 1918 gar nicht daran, die bestehende Staatsbürokratie in Frage zu stellen. Faktisch blieb die Partei fest in den Händen von Aufsteigern, die das Erreichte nun nicht mehr aufs Spiel setzen wollten.

Diese Emporkömmlinge waren in erster Linie Opportunisten, denen der persönliche Erfolg über alles ging. Ihre hehren Prinzipien dienten meist nur dazu, eine Anhängerschar zu überzeugen, und lang ist die Reihe der Männer, die ihre früheren Ideale aufgaben, sobald sie an die Macht gelangt waren. Der Sozialismus bot sich vielen für eine politische Karriere an, um der mühsamen Plackerei des Fabrikalltags zu entkommen. In der kritischen Phase von Ende 1918, als vieles möglich war, entschieden sture, konservative SPD-Funktionäre über das Schicksal Deutschlands. Trotz der chaotischen Verhältnisse und einer beginnenden Spaltung ihrer Basis bestätigte allerdings auch die breite (wenn auch kaum mehrheitliche) Unterstützung der Arbeiterschaft, daß die Massen letzten Endes am bestehenden Regime festhalten wollten. Die Wortführer der SPD durften also mit gutem Grund annehmen, daß sogar der Krieg das Bekenntnis des Proletariats zu den traditionellen Werten kaum nachhaltig hatte erschüttern können. Eine Zeitlang schien es, als habe die zerrüttete Nation die schlimmsten von links drohenden Gefahren (oder Eskapaden) durch den Übergang von der preußischen Monarchie zur Republik abgewendet.

Zwar hinterließ der Krieg große Enttäuschung und Wut, aber dies wirkte sich bei den Arbeitern viel weniger aus als in der Mittelschicht. Gerade das Bürgertum konnte es der SPD und ihren Gewerkschaften oft kaum verzeihen, daß sie im Krieg und danach mit dem Militär und der Großindustrie kooperiert hatten. Obwohl das Reich, seine Generäle und die SPD eben jene Mittelschicht häufig geflissentlich übergangen hatten, blieb sie entscheidend für die politische Zukunft der Nation.

Um 1919 war noch kaum vorherzusehen, wie sich die Verärgerung des Bürgertums einmal auswirken würde, zumal die reaktionäre Deutschnationale Volkspartei bei den Wahlen im Januar nur zehn Prozent der Stimmen erhielt. Niemand konnte damit rechnen, daß schließlich weite Teile der unteren Mittelschicht die Nazis unterstützen und ihnen zu einer starken Machtbasis verhelfen würden.[11]

Der Aufstand in Ungarn

Die Sozialistische Republik Ungarn bestand genau vom 21. März bis zum 1. August 1919, und ihre Ausrufung erfolgte unter äußerst dramatischen Umständen, die vom Nationalismus geprägt waren und infolgedessen Frieden und Stabilität nicht nur in Ungarn, sondern in der ganzen Region gefährdeten.

Die ungarische Tragödie war insofern auch ziemlich bizarr, als das Land 1918 tatsächlich eine solide Basis für die Revolution besessen hatte. Im Krieg war das Realeinkommen besonders der Beamten und Angestellten ungewöhnlich tief abgestürzt, was den Rückhalt für die Monarchie entscheidend schwächte. 1918 trat eine radikale Gewerkschaftsbewegung auf den Plan, die nahezu siebenmal so stark war wie vor dem Krieg und bis Februar 1919 nochmals um das Fünffache wuchs. Rund 60 Prozent der Ungarn waren in der Landwirtschaft tätig, etwa zwei Drittel davon – das heißt mehr als ein Drittel der Gesamtbevölkerung – als arme Kleinbauern beziehungsweise bis aufs Blut ausgebeutete Landarbeiter oder Gutsgehilfen. In sozioökonomischer Hinsicht war Ungarn eines der rückständigsten Länder Europas.

Der politische Zusammenbruch im Oktober 1918 ging nur zum Teil auf wirtschaftliche Schwächen zurück, denn im Grunde war das ganze System krank. Die Sozialdemokraten waren zu diesem Zeitpunkt tief gespalten und konnten sich auf keine Marschroute einigen, obwohl das Militär schon in Auflösung begriffen war, Soldatenräte gebildet wurden und es zu Kundgebungen und Ausschreitungen kam; bei einem Polizeieinsatz am 18. Oktober in Budapest wurden drei Menschen getötet und 55 verletzt. Nach dem Zerfall der Armee unterstützten viele Soldaten die Demonstranten, womit das alte Regime auf tönernen Füßen stand. Auch die Polizeiführung sowie ein Großteil der Beamten, Kaufleute und Fabrikanten beschlossen in dieser Phase, ins vermeintlich siegreiche, von dem linksliberalen Grafen Mihály Károlyi geführte Lager des Nationalrates überzuwechseln; diesem trauten viele Konservative am ehesten zu, harte Strafen und Auflagen der Siegermächte abzuwenden. Als Károlyi gerade den Erzherzog Joseph davon überzeugen wollte, den Thron zu besteigen, zwangen nicht Angriffe der Opposition, sondern spontane Massenaktionen die Regierung am 31. Oktober, die Macht auf den Nationalrat zu übertragen. Überrascht, ja sogar bestürzt über den Lauf der Dinge, kam damit eine Koalition aus Sozialdemokraten und mehreren kleinen liberalen Parteien an die Macht, gerade als die Beteiligten am allerwenigsten damit hätten rechnen können.

Die Kommunisten hätten aus eigener Kraft gewiß keine Republik ins Leben rufen können, obwohl die Bolschewiken ab Oktober 1917 wegen der Friedensproblematik immer stärker wurden und der neuen Partei auch ehemalige Kriegsgefangene der Sowjetunion angehörten – neben Vertretern der städtischen Intelligenz (unter denen, in einem Land mit weitverbreitetem Antisemitismus, auch viele Juden waren). Doch die Regierung Károlyi war schwach und wurde mit den überall hervorsprießenden Arbeiter- und Soldatenräten nicht fertig; da sie auch keine Bodenreform durchführte, kam es mancherorts zu Besetzungen von Ländereien der Krone. Als die Arbeiter- und Soldatenräte an Macht gewannen und die Wirtschaft zunehmend verfiel, orientierten sich die Sozialdemokraten weiter nach links, und es sah so aus, als ob die Bastionen der Staatsmacht dieser Strömung folgen würden. Obwohl die Führungsriege der Kommunisten Ende Februar 1919 verhaftet und ihre Organe verboten worden waren, verlor das Regime immer mehr an Autorität.[12]

Nachdem die Polizeispitze zuvor den siegreichen Károlyi unterstützt hatte, setzte sie ab dem 13. März, als Streiks alle Städte lahmzulegen drohten, auf den Budapester Soldatenrat. Auch hohe Beamte, darunter die Staatsanwälte, rechneten nun damit, daß die Aufständischen siegen könnten; so machten die meisten von ihnen eine zweite Revolution und nach deren Niederschlagung auch noch die Konterrevolution mit. In ihrem blanken Opportunismus stützten diese Leute die Radikalen aber nur, solange sie Oberwasser hatten; als der Wind drehte, zeigten sie ihnen sofort die kalte Schulter. Doch letztlich ging es nicht nur ums Kalkül, denn im März 1919 waren die Radikalen zugleich auch die größten Nationalisten.

Neben den unruhigen inneren Verhältnissen ging die Revolution von 1919 nämlich auch darauf zurück, daß die Tschechoslowakei, Jugoslawien und besonders Rumänien, alle drei auf der Siegerseite stehend, erhebliche Gebietsansprüche gegen Ungarn anmeldeten und Ende 1918 begonnen hatten, Teile des Landes zu besetzen. Als sie Budapest am 20. März aufforderten, unverzüglich ein Gebiet an der Grenze zu Rumänien zu räumen, stürzte darüber zwei Tage später die Regierung Károlyi. Es folgte der Einmarsch von drei Seiten her, und fast unisono befanden die ungarischen Nationalisten nun, allein die sowjetische Rote Armee – die damals gerade die zusammengeführten Truppen der Alliierten und deren Anhänger im eigenen Land besiegte – könne solche

Annexionen stoppen. So kamen die Kommunisten schon am 21. März wieder auf freien Fuß und bildeten sofort eine Sozialistische Einheitspartei unter Beteiligung der Sozialdemokraten, die 17 Ministerien inklusive der wichtigsten erhielten, während sich die Kommunisten mit 14 begnügten. Béla Kun übernahm die, wie sich dann herausstellte, absolut aussichtslose Mission, die russischen Kommunisten um Beistand zu bitten. Kun war fraglos der damals bedeutendste und engagierteste Kommunist und konnte seine Macht auf eine viel breitere Basis stützen als auf seine gespaltene Partei, einen wirren Haufen von vielfach unfähigen, korrupten Schnellbekehrten. Ende März 1919 war man in Ungarn allgemein entschlossen, mobil zu machen und die Grenzen zu schützen. Die Kommunisten griffen nicht von sich aus nach der Macht; vielmehr wurden sie durch den Bankrott des Regimes in Verbindung mit dem Annexionsdruck praktisch ins Amt gedrängt, ohne daß sie indes besser darauf vorbereitet gewesen wären als ihre Vorgänger.

Die Macht der Kommunisten erwuchs im wesentlichen aus dem Anliegen, das Staatsgebiet zu verteidigen. Hätte Rumänien nicht große Teile besetzt gehalten, darunter Regionen, in denen viele der radikalsten Bauern lebten, so wäre die Räterepublik wenige Wochen später schlicht am Ende gewesen. Jetzt dominierten die Kommunisten und nahmen sofort umfangreiche Verstaatlichungen vor, die sie mit Zwangsmitteln bis hin zur Todesstrafe durchsetzten. Obwohl die neuen Machthaber am 3. April mittlere und große Güter enteigneten, wurden jene armen Bauern, sie sich vielerorts schon bedient hatten, bitter enttäuscht, weil das Land nicht unter ihnen aufgeteilt wurde. Statt dessen sollten – und dem stimmten auch die meisten ehemaligen Sozialdemokraten zu –, Staatsgüter und Kooperativen eingerichtet werden. Danach ging es mit der Wirtschaft rapide bergab, und die sich anschließende Inflation gehörte zu den schlimmsten des 20. Jahrhunderts. Die brutalen Terrormaßnahmen des Regimes verschreckten viele der Arbeiter und Bauern, die seit dem letzten Herbst für durchgreifende Reformen eingetreten waren. Auch wenn die Republik bei den Massen keinen Fuß fassen konnte, blieb sie bestehen, solange

»Bolschewismus« gleichbedeutend war mit »Verteidigung der Heimat«. Im Mai hielten große Erfolge der Roten Armee die unzufriedene Bevölkerung ruhig. Bis Juni kam es kaum zu konterrevolutionären Attacken, doch dann planten die Generäle der ungarischen Roten Armee (weitgehend Konservative der alten Garde, die allein aus nationalistischen Motiven dienten und im Zweiten Weltkrieg zum Teil gegen die UdSSR kämpften) den Sturz der Räterepublik. Dann kamen allerdings mehrere Niederlagen dazwischen, so daß alles beim alten blieb. Im Juli begann sich die Armee aufzulösen, und am 1. August floh Kun, worauf seine Regierung gestürzt wurde. Drei Tage später marschierten die Rumänen in Budapest ein und begannen, die Stadt zu plündern. Der von Admiral Miklós Horthy ausgelöste Weiße Terror (viel blutiger als der vorangegangene Rote) brachte die alten Eliten wieder fast vollzählig an die Macht; später führten sie das Land in ein Bündnis mit dem Dritten Reich. Mindestens 5000 Liberale und Linke wurden hingerichtet und 75 000 inhaftiert; mehr als 100 000 entkamen ins Exil.[13]

Das Beispiel Ungarns belegt, wie explosiv gerade in rückschrittlichen Staaten das brisante Gemisch aus Kriegshärten, nationalistischer Empörung und überkommenen Ungerechtigkeiten werden kann. Wie auch andernorts in Europa setzte die zusammenbrechende Kampfmoral und Disziplin der Armee (verbunden mit Invasionen und internen Unruhen) das Regime vorübergehend matt. Jeweils für sich hätte keiner dieser Faktoren so schweres Unheil angerichtet, wie es Ungarn widerfuhr. Das überaus bizarre Ergebnis kam vor allem deshalb zustande, weil die Antibolschewiken nicht in der Lage waren, den Opportunisten und Sektierern Paroli zu bieten, die als Bolschewisten firmierten und die ihnen den Schutz des Staatsgebietes versprachen. Zwar wäre die Revolution letztlich ohnehin gescheitert, aber das vollkommen verfehlte Experiment einer ungarischen Räterepublik endete sowohl grausam als auch nachgerade grotesk mit dem Wiederaufstieg einer schon restlos diskreditierten herrschenden Schicht.

Italien: Krise und Reaktion

Italien kämpfte am Ende des Ersten Weltkriegs mit außerordentlich schweren wirtschaftlichen Problemen und stürzte dann in eine tiefe Krise, ohne die der Faschismus dort niemals hätte triumphieren können. In den Nachkriegsjahren sank die Getreideproduktion weit unter den Stand von 1911 bis 1913 ab, und zwar nicht zuletzt deshalb, weil gut die Hälfte der insgesamt mehr als eine Million Gefallenen oder Invaliden aus ländlichen Gebieten stammten. Nachdem das Haushaltsdefizit 1918/19 hundertmal so hoch war wie vor dem Krieg, brachen die lebenswichtigen Nahrungs- und Kohleimporte weg. Zwischen 1918 und 1921 stiegen die Preise fast auf das Doppelte; die Lira verfiel zusehends. Während sich in den Großstädten des Nordens ungefähr 600 000 Flüchtlinge drängten, war die Massenemigration – seit jeher Italiens bewährtes Sicherheitsventil für innenpolitischen Überdruck – prinzipiell ausgeschlossen, da die Vereinigten Staaten und Argentinien Einwanderungssperren verhängt hatten.

Doch wie schwer Italiens Wirtschaftskrise auch auf dem Land lasten mochte, eine Statistik belegt, daß sich die Lage der Arbeiterschaft besserte, zumal sie entschlossen für ihre Rechte kämpfte. 1918 waren die Reallöhne der Industriearbeiter auf 65 Prozent des Vorkriegsniveaus gesunken, um sich dann bis 1921 gut zu verdoppeln, womit sie um 27 Prozent höher lagen als 1913. Dank ihrer militanten Streikbereitschaft und der Unterstützung seitens der Linken konnte sich die Arbeiterschaft wenigstens teilweise ökonomisch behaupten – und hatte daher allen Grund, an diesem Kurs festzuhalten. Im Frühjahr 1919 ordnete die konservativ-liberale Regierung für die Industrie den Achtstundentag an, und im Grunde wollte sie auch das extrem ungerechte Bodensystem reformieren. Damit gab sie den Rahmen für die weitere Entwicklung vor, aus der unweigerlich auch viele als Verlierer hervorgingen, und gerade diese Gruppen wandten sich später gegen die Institution der Demokratie als solche.

Erstarkende Gewerkschaften und wachsende Streikwellen zeugten von einem spürbaren Bewußtseinswandel. Hatten die Beschäftigten der Industrie- und Dienstleistungsbranchen schon immer oft gestreikt, so wurde der bisherige Rekord 1919 um das Dreifache überboten. Am heftigsten brodelte es jedoch in der Landwirtschaft – die ehemals doppelt so viele Menschen beschäftigt hatte wie die Industrie –, obwohl die große Masse der Landarbeiter lange Zeit als grundsätzlich konservativ und gefügig gegolten hatte. 1919 streikten doppelt so viele von ihnen wie im streikfreudigsten Vorkriegsjahr – sowohl wegen der zu unbestimmten Pläne für eine Bodenreform, als auch weil den Veteranen ihre Obrigkeisgläubigkeit im Krieg meist vergangen war – und 1920 noch einmal doppelt so viele wie 1919. Von den alles in allem rund 2,3 Millionen Arbeitern, die 1920 an Ausständen teilnahmen, waren fast die Hälfte im Agrarsektor tätig, ein beispielloser Trend, der das ganze ländliche Gefüge und besonders jene kleine Elite bedrohte, die es seit Generationen beherrschte. Neben den offiziellen Streiks gab es Unruhen sowie Protestaktionen gegen die hohen Nahrungspreise und das Hamstern, die im Sommer 1919 immer weiter um sich griffen. Einige der Landarbeiter versuchten, die Versprechungen der Regierung selbst einzulösen, indem sie große Ländereien besetzten und untereinander aufteilten. In ganz Italien kam es, besonders auf dem Lande, immer wieder zu meist spontanen Aktionen, bei denen auch viele radikalisierte Exsoldaten mitwirkten. Auch wenn Übergriffe gegen örtliche Eliten stark aufgebauscht wurden, stieg die Gewaltbereitschaft doch an. Als die Regierung im Oktober 1919 ihre Agrarreform in Angriff nahm und die Landbesetzungen zum Teil nachträglich legalisierte, fühlten sich dadurch viele arme Landarbeiter und Bauern ermutigt, noch radikaler als zuvor aufzutreten.

Der sozialistische Allgemeine Gewerkschaftsbund (CGL) wuchs allein im ersten Nachkriegsjahr um das Fünffache, 1920 dann um nochmals fast das Doppelte auf insgesamt gut zwei Millionen Mitglieder. Daneben entstand 1918, von der katholischen Kirche gefördert, der Italienische Gewerkschaftsbund (CIL), der 1920 bereits 1,16 Millionen Mitglieder hatte, vor allem Landarbeiter. Die Katholiken lieferten sich mit den Sozialisten einen erbitterten

Kampf um die Massen, waren vielfach sogar militanter als jene, und ihre Volkspartei (aus der nach 1944 die christdemokratische hervorging) warb eifrig um Stimmen, wobei Priester die einst so zurückhaltenden Bauern darin bestärkten, sich durch Streiks und Landbesetzungen ihr Recht zu verschaffen. Interne Spaltungen der Volkspartei und Bedenken der Kirche ließen deren Position jedoch oft im unklaren – allerdings nicht, wenn sie gegen die Sozialisten oder gegen das Bündnis der überwiegend säkularen Kräfte wetterte, die Italiens Monarchie seit langem im Dienste der Ober- und Mittelschicht verwalteten.[14]

Den Hintergrund der sozialen Konflikte in Stadt und Land bildete eine Verfassungskrise, die das Wachstum sowohl der Sozialistischen als auch der diffus gegen die Regierung eingestellten Volkspartei förderte. Erstere konnte ihren Mitgliederbestand zwar von 1913 bis 1919 auf gut 200 000 verdoppeln, hielt jedoch ihre wahren politischen Ziele und Strategien im dunkeln – teils um der inneren Einheit willen, teils aber auch, weil ihre Führung den wechselnden Initiativen und Stimmungen der Massen ziemlich ratlos gegenüberstand. Der unklare, scheinbar widersprüchliche Kurs der Sozialisten ging allerdings in hohem Maße auch darauf zurück, daß die Bevölkerung weder ihr launisches Wahlverhalten noch die außerparlamentarischen Aktionen aufzugeben gewillt war.

Während des von vielen Sozialisten verurteilten Kriegs hatten einige ihrer Vertreter die Soldaten unverblümt zum Ungehorsam ermutigt, die Partei als Ganzes begnügte sich indes damit, eine Aussöhnung zwischen den Lagern anzumahnen. Gefördert durch die militante Stimmung im Land setzte sich jedoch im September 1918 eine radikale Fraktion durch und legte die Partei darauf fest, die »Diktatur des Proletariats« zu errichten, notfalls mit Gewalt; außerdem strebte sie, allerdings erfolglos, deren baldige Aufnahme in die Kommunistische Internationale an. Eine Zusammenarbeit mit anderen Parteien lehnte sie ab. Ihre wirtschaftlichen Forderungen waren nicht minder überzogen. Doch schizophrenerweise setzte die Partei gleichzeitig weiter auf Wahlkämpfe, und 1919 prangerte ihr Zentralorgan Übergriffe auf Nahrungsbestände und das Ausufern anderer eigenmächtiger Aktionen an. Obwohl sie den Widerspruch zwischen Extremismus und Parlamentarismus niemals auflöste und auch nicht ernsthaft erwog, wie eine Diktatur durchzusetzen wäre, wußte die Sozialistische Partei zu verhindern, daß sich ihre Mitglieder scharenweise deutlich radikaleren Gruppierungen wie den moskauhörigen Kommunisten zuwandten. Außerdem jagte sie der feinen Gesellschaft Italiens einen mächtigen Schrecken ein.

Italien stand 1919 am Rande einer Revolution, teils wegen der Wirtschaftskrise, teils wegen des weitverbreiteten Hasses auf ein Regime, das für unklare Ziele maßlose Opfer gefordert hatte. Die Massen erwarteten sehnlich weitreichende Veränderungen, und ihre anhaltenden und heftigen Proteste fanden nirgends sonst in Europa ihresgleichen. Die Sozialisten wußten weder, wie sie den Aufruhr steuern konnten, noch wollten sie größere Risiken eingehen, deshalb nahmen sie einfach an, daß die Stimmung am Ende schon von selbst zu ihren Gunsten umschlagen werde. Damit begründeten sie auch ihre Hinhaltepolitik unter dem Motto »weder Reform noch Revolution«, und als dann die Revolution von rechts kam, standen sie ihr ratlos gegenüber. Im Grunde hatten sie ohnehin nie geführt, sondern sich stets nur der mächtigsten Strömung angeschlossen.

Als Italien 1919 das Verhältniswahlrecht einführte, war es um die einstige Beständigkeit geschehen, und binnen dreier Jahre sah das Land fünf verschiedene Regierungen. Bei der Wahl im November 1919 verdoppelten die Sozialisten (mit 1 835 000 Stimmen) ihr Ergebnis von 1913 und errangen damit sogar die dreifache Zahl der Mandate (156), so daß sie zur stärksten Fraktion wurden Die Volkspartei kam auf 100 Sitze, so daß beide zusammen die Mehrheit stellten. Da sie nicht miteinander koalierten, waren künftige Regierungen stets auf eine von beiden angewiesen, um handlungsfähig zu sein – und so verdammte das Wahlrecht Italien zu chronischer Instabilität. Bei den Kommunalwahlen von 1920 legten die Sozialisten noch zu und errangen in 2022 Gemeinden die Mehrheit, was einem Anteil von 24 Prozent entsprach, dicht gefolgt von der Volkspartei. Außerdem regierten sie in 26 der 69 Provinzen. Für eine Partei, die eigentlich den Parlamentarismus verabscheute, schnitt sie also nicht schlecht ab und konnte sogar hoffen, ihre Macht dauerhaft aus den Wahlurnen zu schöpfen.

Im ersten Halbjahr 1920 hielt der starke Auftrieb unvermindert an. Während Industrielle, Großgrundbesitzer und die tief verunsicherte Mittelschicht ihr Heil bei den Faschisten suchten, die Sozialisten dagegen einfach abwarteten, entlud sich die gereizte Stimmung auf dem Lande und in den Fabriken schließlich in den Septemberstreiks. Als Alfa Romeo in Mailand seine Arbeitnehmer am 30. August aussperrte, riefen die Gewerkschaften zum Generalstreik in der Metallindustrie auf, ließen Hunderte von Betrieben besetzen und führten die Produktion, solange es ging, selbst fort. Daran beteiligten sich besonders in Genua, Turin und Mailand mehr als 400 000 Arbeiter. Die Regierung in Rom fühlte sich zu schwach, um in der Sozialistenhochburg Mailand eine gewaltsame Räumungsaktion zu wagen. Außerdem bemühte sich die wacklige Regierung des Liberalen Giovanni Giolitti seinerzeit gerade darum, den akut drohenden Bürgerkrieg durch eine Aufnahme von Sozialisten ins Kabinett noch abzuwenden.

Als sich im Zuge der Fabrikbesetzungen viele der aufgeputschten Arbeiter schon mit Waffen für den revolutionären Kampf eindeckten, kamen Vertreter eben jener Sozialisten mit Gewerkschaftern der CGL darin überein, daß dies nicht der geeignete Moment für eine Revolution war. Nachdem Giolitti die meisten Industriellen am 25. September zu Lohnerhöhungen und einer Art Mitbestimmung gedrängt hatte, verließen die Streikenden etwas enttäuscht ihre Fabriken. Im Grunde hatten die Sozialisten lediglich beschlossen, die Alternative »Reform oder Revolution« einfach weiter offenzulassen. In der Folge droschen sie nur noch Phrasen, die zwar je nach Anlaß äußerst salbungsvoll klangen, aber nicht für die politische Praxis taugten.[15]

Nach den September-Streiks des Jahres 1920 ließ der Glaube der Arbeiterschaft an die Sozialisten merklich nach, so daß diese bei den Wahlen im Mai 1921 eine halbe Million Stimmen einbüßten. Ab Ende 1920 gingen die Arbeiter zunehmend eigene Wege, da nun auf der Hand lag, daß weder die Sozialisten noch der Gewerkschaftsbund genau wußten, was sie eigentlich wollten. Gleichwohl errangen Sozialisten und Kommunisten noch bei den Wahlen Ende 1924 zusammen mehr als eine Million Stimmen. Auch wenn die Ohnmacht der Politiker schon seit mindestens vier Jahren kaum noch zu übersehen war, hatten die Massen selbst erstaunlich radikale Initiativen gegen das Establishment ergriffen. Daher mußten Sozialisten und Volkspartei das ganze System umkrempeln, auf dem die Macht der Industriellen, der Grundbesitzer und des Bürgertums beruhte. Für die alten Eliten lag, unabhängig davon, ob sich die Sozialisten weiter hinter bloßen Ausflüchten verschanzen würden, klar auf der Hand, daß der Parlamentarismus ausgespielt hatte. Auch waren die Massenproteste nicht mehr hinnehmbar, denn sie hielten schon zu lange an und waren zu weit gegangen.

Die wichtigste Nachwirkung des Kriegs war in jedem Falle, daß er den Widerspruchsgeist der Bauern und Arbeiter gestärkt hatte. Die Verwandlung so vieler ehemaliger Soldaten in militante Agitatoren und Aktivisten schuf, solange der Staat sie gewähren ließ, ein auf Dauer unlösbares Problem. Auch ohne geschulte Anführer würden unzufriedene, übergangene Menschen immer daran denken, wie erfolgreich – und gut für die Selbstachtung – ihr Kampf in der Nachkriegszeit gewesen war, konnten also die Agitation jederzeit wieder aufnehmen.

Im November 1919 hatten Benito Mussolinis Faschisten nur in Mailand kandidiert und dort 4795 Stimmen errungen, bei rund 40 000 Mitgliedern in ganz Italien. Anfangs waren dies enttäuschte Syndikalisten, ehemalige Sozialisten wie Mussolini selbst, Literaten, Studenten, Bohemiens, die einem zeittypischen Gewalt-, Opfer- und Tatkult frönten. Viele hatten in Eliteeinheiten (sogenannten *arditi*) gekämpft und standen jetzt ohne Perspektive da. Alle waren sie süchtig nach Gewalt, die meisten waren blanke Opportunisten. Was die Basis der Faschisten 1921 am stärksten prägte, war die Tatsache, daß 57 Prozent von ihnen gedient hatten, fast ausnahmslos als Freiwillige, im Unterschied zu der viel größeren Zahl von, meist sozialistisch eingestellten, Wehrpflichtigen. Einige waren gewöhnliche Kriminelle und nach der Amnestie von 1915 in die Armee eingetreten, andere frühere Offiziere, die an den Faschisten vor allem das Paramilitärische reizte, oder durch die Inflation ruinierte Bürger.

Die Faschisten waren ideologisch schwer einzuordnen, zumal sie sich selbst oft mythologisierten und Mussolini ebenso zynisch wie wahllos ein Programm für die Macht um der Macht willen aufstellte. Sie hatten einen guten Riecher für gesellschaftliche Strömungen und Stimmungen und boten im September 1920 sogar den Streikenden ihre Hilfe an. Sie verabscheuten komplizierte Gedankengänge, palaverten aber oft über Syndikalismus und Ultranationalismus, weil Mussolini und einige seiner Hauptverbündeten einst auf beides geschworen hatten. In erster Linie pflegten sie einen Aktionskult zum Zwecke der Selbststilisierung, den sie jedoch in der ausschlaggebenden Entstehungsphase von anderen übernommen hatten. Bestimmte Industrielle förderten sie von Anfang an und berieten Mussolini während seiner ersten Jahre an der Macht in wirtschaftspolitischen Fragen. Nach der Machtergreifung bestand die Parteiführung überwiegend aus Angehörigen der Ober- und Mittelschicht – einigen Aristokraten, vielen Juristen, selbständigen Akademikern, Bankiers, Grundbesitzern, Industriellen, Professoren und dergleichen. 1919 waren sie eine versprengte, scheinbar gestrandete Truppe gewesen, und noch am 16. November 1922, als Mussolini mit großer Mehrheit vom Abgeordnetenhaus zum Regierungschef gewählt wurde, hatte seine Partei lediglich 35 der 535 Sitze inne. Erst Anfang 1925 warf sie die Maske des Parlamentarismus ab und errichtete ein totalitäres Regime.

Mussolinis kometenhafter Aufstieg wurde möglich, weil sich Industrielle, Grundbesitzer und Mittelständler in wachsendem Maße gegen das kriegsbedingte Durcheinander aufzulehnen begannen, also Landnahmen, Streiks, Wahlsiege von Kommunisten und ähnliches mehr nicht mehr hinnehmen wollten. In dieser Stimmung bildeten Männer, die früher Liberale und Republikaner gewesen waren, ab 1920 bei Kommunalwahlen zusammen mit den Faschisten antisozialistische Blöcke, wodurch diese – ähnlich wie die Nazis ein Jahrzehnt später – zur Speerspitze traditionell konservativer Gruppen gegen die vermeintliche Gefahr von links wurden. Zuerst boten die Faschisten zusammen mit ihnen nahestehenden Banden von Exsoldaten den Großgrundbesitzern ihre Dienste an, um jene Bauern einzuschüchtern, die sich auf das neue Agrarrecht beriefen oder einfach Land besetzten. Wenig später suchten auch Industrielle ihre Hilfe, um für Ordnung zu sorgen. Im Laufe des Jahres 1921, als Verwaltungsbehörden und Polizei immer weniger in Erscheinung traten, griffen die Faschisten auch Gewerkschaftseinrichtungen und Büros der Sozialisten an. Anfang 1922 begannen sie, Bastionen der Linken wie Mailand und Genua einzunehmen. Dabei wurden allein 1921 mindestens 700 Stadt- und Provinzbüros der Gewerkschaften und der Sozialisten verwüstet sowie 166 Personen getötet und etwa 500 verletzt.

Diese Terroraktionen brachten den Faschisten starken Zulauf, besonders von ehemaligen Mitgliedern der älteren Parteien, die an ihrem Erfolg teilhaben wollten. Hatte sich ihre Mitgliederzahl bis März 1921 schon auf 80 000 verdoppelt, so zählten sie im Mai 1922 bereits 332 000. Mussolini bot den Grundbesitzern und Industriellen, was der Staat nicht bieten konnte respektive – wo Sozialisten oder Volkspartei regierten – wollte: eine starke Hand, um die militante Linke zu zügeln. 1922 waren große Teile der Armeeführung profaschistisch (weil antisozialistisch) eingestellt und unterstützten Mussolini ebenso wie viele ranghohe Verwaltungs- und Polizeibeamte, die von Sozialisten abgelöst zu werden befürchteten. Die schwachen Widerstände seitens der Arbeiterschaft vermochten gegen das Bündnis der Faschisten mit den Mitte-Rechts-Parteien und der Staatsgewalt wenig auszurichten, zumal viele radikale Sozialisten auch noch forderten, erst einmal abzuwarten, bis die Faschisten wieder schwächer würden, und in dieser Umbruchphase erneut auf alle praktischen Maßnahmen, ob nun reformistischer oder revolutionärer Art, verzichteten.

Die große Koalition aus Politik und Wirtschaft war in erster Linie gegen den außer- wie innerparlamentarischen Erfolg der Linken gerichtet. Hätte diese ihre Kräfte gebündelt, anstatt zu zaudern oder zu taktieren, so wäre sie vielleicht weiter erstarkt. Denn für die alten Liberalen und Demokraten, für die Kapitalisten, Grundbesitzer und Mittelständler, stellten nicht nur die Streikenden und die militanten Landarbeiter eine Bedrohung dar, sondern auch das untaugliche Wahlrecht, und das war ihnen Grund genug, den Parlamentarismus als solchen in Bausch und Bogen zu verwerfen, ja eine faschistische Diktatur zu unterstützen.[16]

Lenins Aufstieg zur Macht

Jede Partei, die eine Revolution anstrebt, muß ihr Verhältnis zu den Massen klären, gegen die sich wirkliche politische Macht niemals begründen läßt. Da die meisten Menschen in »normalen« Zeiten stets eher gleichgültig oder teilnahmslos waren, setzten sozialistische Parteien prinzipiell voraus, im entscheidenden Moment selbst die Führung übernehmen zu müssen. Freilich hätten sie ansonsten ihre Existenzberechtigung in Frage gestellt, und deshalb sind revolutionäre Kader in diesem Sinne grundsätzlich elitär.

Wenn sich faktisch die Möglichkeit der Machtergreifung bietet, muß eine sozialistische Partei entscheiden, wieviel von ihren Idealen sie aufgeben soll, um den Ansprüchen der Massen zu genügen, so daß die »Vorhut« dem Proletariat unter dem Strich meist im gleichen Maße folgt, wie sie es führt. Das betrifft neben der revolutionären Theorie und Praxis auch die innerparteilichen Strukturen insofern, als sich die Elite nunmehr für eine Massenbewegung öffnen muß.

Selbst in Krisenzeiten sind Revolutionen selten präzise vorherzusehen, und gerade die März-Revolution in Rußland kam für jedermann völlig überraschend – für den Zar mitsamt seinen Verbündeten im In- und Ausland ebenso wie für das gesamte sozialistische Lager. Lenins oft zitierte orakelnde Prognose vom Januar 1917, »wir Älteren werden vermutlich die entscheidenden

Schlachten der bevorstehenden Revolution nicht mehr erleben«, drückte nur aus, was alle dachten.[17] Lenins Erfolg beruhte also gewiß nicht auf seiner Allwissenheit, sondern ihm unterliefen einfach nicht so viele schwere Fehler wie anderen, darunter auch Bolschewiken. Dabei verband sich die kategorische Ablehnung des Kriegs mit einer streng pragmatischen Nutzung der vorhandenen Organisationsstrukturen zu taktischen Kompromissen, die in der Tat das beste aus den gegebenen Möglichkeiten machten.

Die Handlungsbereitschaft der Russen wuchs erst, als der Krieg sie zunehmend unter Druck setzte und auch die Nachfolger des Zaren nicht für Frieden sorgten. Daß die Übergangsregierung anfangs nirgends in Rußland sonderlich viel Autorität besaß, nicht einmal in Petrograd selbst, daß Arbeiter und Soldaten für ihre Räte viel offener waren als für den neuen Staat, fiel weniger schwer ins Gewicht als die Ohnmacht der Menschewiken. Das neue Regime strebte politische Reformen an, wollte jedoch den Krieg fortführen, ohne das Wirtschaftssystem zu modernisieren. So blieb es dessen Eigendynamik hilflos ausgeliefert und wurde dafür mit weiteren Aufständen bestraft.

Als sich die Wirtschaftskrise im Frühjahr verschärfte, brach auch noch das Transportwesen zusammen, und im Juli bezeichnete die Regierung seinen Zustand als katastrophal. Darunter litt die (ohnehin schon schlechte) Versorgungslage, die Inflation zog an, und Streiks brachen aus, was die Wirtschaft zunehmend lahmlegte. Auf dem Lande mehrten sich Übergriffe ab Februar rapide, da es kaum noch eine funktionierende Exekutive gab und die Regierung außerstande war, die angekündigten Reformen durchzuführen. In Kleinstädten und Dörfern wählten die Einwohner kurzerhand autonome Räte, in denen Exsoldaten stark vertreten waren. Dadurch überwand die Landbevölkerung ihren tiefsitzenden Untertanengeist und ging zunehmend auf Kollisionskurs mit dem Staat. Im Juni wurden zehnmal soviel Boden, Heu, Holz und andere Vorräte geplündert wie im März. Im Lauf des Jahres 1917 radikalisierte sich die Bauernschaft erheblich stärker als das Stadtproletariat und war entsprechend gewaltbereit.

Ab Februar heizten Soldaten die zunehmend radikale Stimmung im Volk weiter an – wie erwähnt, desertierten sie in Massen –, während die verfallende Disziplin der übrigen das Militär für polizeiliche Aufgaben so gut wie unbrauchbar machte. Viele Soldaten hatten genug vom Krieg und wollten nur noch heim – als auch noch die Rationen sanken, wurde die schiere Existenz der Armee zur Gefahr für das Übergangsregime. Auch ohne straffe Organisation wuchs die Sympathie mit den Bolschewiken von Monat zu Monat, und schon im Juni lag auf der Hand, daß die Truppen nicht mehr kämpfen würden. Allein Lenin erkannte die ganze Tragweite des Verdrusses und griff sowohl das Regime Kerenskys als auch seine innerparteilichen Konkurrenten mit der Forderung nach dem sofortigen Kriegsaustritt an.

Als das Meinungsklima schließlich eindeutig zugunsten der Bolschewiken umschlug, bedeutete dies umgekehrt auch einen ernormen Schub für das Selbstvertrauen und die Zuversicht eines Großteils der Bevölkerung, ja es versetzte sie sogar in eine wahre Euphorie der Befreiung, die ihren Tatendrang nachhaltig beflügelte. »In den Straßen herrschte eine ausgelassene, rauschhaft optimistische Stimmung«, berichtete Bernard Pares, ein Korrespondent der Londoner *Times* und Regierungsberater. »Nun schien alles möglich, aber niemand wußte genau, wie weit man gehen konnte. Für jede noch so ausgefallene Idee oder Marotte wurde mit prunkvollen Plakaten geworben.«[18]

Die Entwicklung bewies, daß Lenin zwar die Kräfteverhältnisse viel richtiger eingeschätzt hatte als jedermann sonst, aber auch vor möglichen Schritten zurückschreckte, da er weder Anarchist noch Demokrat war und die Begeisterung der Massen vor allem nutzen wollte, um an die Macht zu kommen. Momentan ließen die Räte das zu, wobei er plante, das störrische Volk rücksichtslos zu unterdrücken, sobald erst die bolschewistische Partei unter seiner Führung alles fest im Griff hätte. Sein Hauptproblem 1917 lag darin, daß die Massen einerseits immer radikaler wurden, also seiner Partei zuneigten, andererseits aber leicht außer Kontrolle geraten, das heißt, die Machtübernahme ernsthaft bedrohen konnten. Die Massen zu führen und ihnen zu folgen: Nicht mehr und nicht weniger mußte er demnach vollbringen.

Lenin, der erst im April 1917 nach knapp zehnjährigem Exil in seine Heimat zurückgekehrt war, kannte diese Problematik seit langem. Vor Kriegsausbruch 1914 hatte es ihm Sorgen bereitet, daß jene jungen wilden Arbeiter, die seinerzeit die große Streikwelle trugen, zu überzogene Forderungen stellen und Vabanque spielen könnten. Kaum weniger beunruhigte ihn jedoch der Starrsinn seiner Genossen. Bis zur März-Revolution hatte die Partei stark abgebaut. Die alte Garde war behäbig und kaum in der Lage, die Folgen des Kriegs für Rußland abzusehen oder gar revolutionäre Konsequenzen daraus zu ziehen. Nicht nur in dieser kritischen Phase stand, so Trotzki, »die gesamte Parteiführung in allen Grundfragen rechts von Lenin«. Schlimmer noch, und das betraf auch Lenin selbst, »sie konnte mit der revolutionären Dynamik nicht Schritt halten... Die fortschrittlichste Partei aller Zeiten wurde von den Ereignissen überholt.«[19] Die Massen preschten unaufhaltsam voran.

Den praktischen und organisatorischen Schwächen entsprach eine völlig untaugliche Theorie. Lenins hohes Ansehen unter den Bolschewiken beruhte auf seinem Modell einer generalstabsmäßigen Parteiführung mit strenger Disziplin, wobei die Arbeiter selbst als Kader die große Masse der Bauern führen sollten. Diese Dreieckskonstellation trug ausgesprochen militärische Züge und machte die Bolschewiken zum Instrument der revolutionären Intellektuellen, die wiederum eine schulmäßige Diktatur des Proletariats aufzubauen gedachten.

Lenins frühe Theorien ließen wenig Raum für Spontaneität, und bei Kriegsausbruch konnte er nicht ahnen, daß sich seine Genossen bis zur März-Revolution in zahnlose, ja zahme Tiger verwandeln würden. Kaum einer der Älteren übernahm Lenins Thesen vom September 1914, in denen er den Sturz des chauvinistischen Zarismus gefordert hatte, was Rußlands Niederlage voraussetze: Die Sozialisten aller beteiligten Länder sollten auf den Zusammenbruch ihrer jeweiligen Regimes hinarbeiten, das heißt, den imperialistischen Weltkrieg in viele lokale Bürgerkriege umfunktionieren. Die Bolschewikenführung konnte sich allerdings nicht mit einer Niederlage Rußlands anfreunden, so daß sich der zurückgekehrte Lenin 1917 zunächst damit begnügte, den sofortigen Ausstieg aus dem Krieg zu fordern.

Anfang 1917 wollten die russischen Bolschewiken, wie Trotzki mokant feststellte, ungeachtet ihrer sonstigen Ziele »erst einmal auf unbestimmte Zeit eine loyale Opposition abgeben«.[20] Nicht nur forderten viele Bolschewiken, eigene Vertreter für die Übergangsregierung zu wählen, wiederholt drängten sie auch Soldaten und Arbeiter, ihre Pflicht zu tun und sogar die Ordnung wiederherzustellen. Unglaublicher noch, die tonangebenden Redakteure der *Prawda* riefen die Truppen auf, sich den deutschen Offensiven entgegenzustemmen. Sie strebten rasche Friedensverhandlungen zwischen allen Kriegsparteien an – wofür damals auch viele europäische Sozialdemokraten eintraten. Auch wenn dieser Standpunkt zum Teil daraus resultierte, daß die Bolschewiken sogar noch im Juni 1917 nur gut ein Achtel des Allrussischen Sowjetkongresses stellten, hatte die alte Parteiführung Lenins klares Nein zum Krieg ja ohnehin nie akzeptiert.

Daher blieb Lenin auch nach seiner Rückkehr weitgehend isoliert, und wären die Bolschewiken tatsächlich die von ihm gewünschte elitäre, disziplinierte Partei gewesen, so hätte er gewiß nichts ausrichten können. Statt dessen entwickelten sie sich damals gerade von einer Elite- zur Massenpartei, was für Lenin sowohl Vorteile als auch Gefahren barg. Ab Februar wuchs die Partei rapide und erhielt dadurch ein ganz neues Gesicht. In einer zwar nur kurzen, aber wegweisenden Phase gab sie sich relativ tolerant und offen, jedoch stets darauf bedacht, die revolutionäre Energie des Volkes zu steuern. Im Februar hatte Petrograd nur 2000 Bolschewiken gehabt, bis April waren es schon 16 000 und Ende Juni doppelt so viele, nicht gerechnet die etwa 6000 Soldaten in Ortsgruppen. Bis Oktober wuchs die Stärke der Bolschewiken auf insgesamt 260 000. Die meisten der neuen Mitglieder waren beileibe keine überspannten elitären Intelligenzler, sondern jüngere, lebhafte, klassenbewußte Arbeiter und Soldaten, die beitraten, weil die Partei in einer kritischen Phase die radikalsten Lösungen vorschlug. Ganz wenige von ihnen kannten die marxistischen Klassiker – Revolution bedeutete für sie in erster Linie

Straßen- oder Arbeitskampf. Indem er sich ihrer bediente, gelang es Lenin in der Regel, die noch amtierende vorsichtige Parteiführung zu überlisten, zumal die Neuen vor allem Militanz wünschten. Kurz, Lenin kam den Massen viel weiter entgegen als die anderen Funktionäre, wenn auch nur taktisch.

Die Partei hatte sich im übrigen kaum um die Ansichten ihrer neuen Mitglieder gekümmert. Meist brachten diese weder die Disziplin noch das geistige Rüstzeug mit, die Lenin einst als Grunderfordernisse für einen jeden echten Revolutionär ausgegeben hatte, und drohten ständig, eigene Wege zu gehen oder, schlimmer noch, die Bolschewikenorganisationen einfach zu verlassen, sobald ihnen deren Standpunkte oder Maßnahmen – beziehungsweise ihre Untätigkeit – nicht mehr paßten. Lenin wollte sich mit Hilfe der neuen Mitglieder gegen die älteren durchsetzen, allerdings ohne ernstlich auf ihre Forderungen einzugehen.[21]

Da Lenins elitäre Organisationstheorie jene historischen Phasen außer acht ließ, in denen große Volksmassen infolge tiefgreifender Umwälzungen ein eigenständiges politisches Bewußtsein ausprägen, konnte er nicht näher bezeichnen, was in solchen Situationen zu tun war, um die Führung zu übernehmen. 1917 erkannte Lenin dieses Defizit und beschloß in seinem Machtstreben, die Theorie und damit auch jene, die ihr seit langem anhingen, einfach fallenzulassen. Dennoch plante er niemals, relativ demokratische Gremien wie die Sowjets länger bestehen zu lassen als unbedingt nötig, um die Partei und ihre Führungskader fest in den Griff zu bekommen. Im übrigen waren die Bolschewiken völlig unvorbereitet sowohl auf den Massenandrang als auch auf den späteren Sieg. Lenin dachte nie genauer darüber nach, was sich da unter seiner Führung als gängige Praxis einbürgerte – und dann seine Nachfolger mehr als 60 Jahre lang begleitete, als ein Mann (oder später eine verschworene Clique) das Land ohne jede Rücksicht auf die Grundbedürfnisse der Bevölkerung führte. Das Ergebnis war eine brüchige, auf Angst gestützte, kaum legitimierte Herrschaft, die später ohne Zutun einer starken Opposition ganz von selbst in sich zusammenfiel.

Nach seiner Rückkehr aus dem Schweizer Exil konzentrierte sich Lenin besonders auf die neuen Parteimitglieder. In seinen berühmten »April-Thesen« machte er der alten Garde nur ein einziges Zugeständnis, nämlich daß die Partei zumindest vorerst keine gewaltsame Machtergreifung anstreben würde, was sein früheres Bekenntnis zum Bürgerkrieg wesentlich abschwächte. Im Juni lehnte er sogar einen Separatfrieden mit dem Deutschen Reich ab, hielt indes uneingeschränkt daran fest, daß seine Partei die Kriegsanstrengungen der Regierung in keiner Weise unterstützen dürfe. Diese Schaukeltaktik, die das Gros der Arbeiter schonen sollte, die sowohl den Krieg als auch eine Kapitulation ablehnten, brachte viele von Lenins alten Genossen zur Weißglut, denen die Landesverteidigung nach wie vor sehr am Herzen lag. Doch er setzte sich mit Hilfe seiner neuen Parteifreunde und der Drohung durch, zurückzutreten und sofort eine Gegenpartei zu gründen, falls seine Position abgelehnt würde.

Allerdings gelang es ihm nicht, die außer Rand und Band geratenen Arbeiter und Soldaten zu bändigen, und als er im Juli für gut drei Monate untertauchte, drohten sie, alle seine Pläne und Hoffnungen zu vereiteln. Da die Wirtschaft weiter verfiel und die Streiks zunahmen, hatten viele Petrograder Gruppen – darunter die Novizen – untereinander entschieden, die Übergangsregierung müsse alle Macht auf die Sowjets übertragen, auch wenn diese noch von den Menschewiken und den »Revolutionären Sozialisten« dominiert waren. Lenin hielt den Plan für abenteuerlich, aber Beschlüsse fielen jetzt zunehmend auf der Straße, sogar in immer militanterer Form, zumal die Regierung Kerenskys noch eine Offensive gegen die deutschen Linien starten wollte und damit die Soldaten erzürnte, die nun erstmals auf bolschewistische Appelle reagierten. Wiewohl die Bolschewiken im Lauf des Sommers noch schwere Rückschläge erlitten, spielte der Stimmungsumschwung bei den Soldaten die herausragende Rolle.

Im Juni drohte Lenin die Partei allein wegen ihrer gewaltigen Größe aus den Händen zu gleiten, und als die Petrograder Filialen am 22. eine Demonstration planten, um eine Alleinherrschaft der Sowjets zu fordern, konnte er sie kaum noch stoppen. Am 3. Juli, als Lenin im Urlaub war, feuerten Kerenskys Truppen in Petrograd auf Demonstranten und Kronstädter Matrosen; dann griffen auch meuternde Frontsoldaten in das Kampfgetümmel ein, und bei den anschließenden Krawallen und Plünderungen wurden etwa 400 Menschen getötet oder verwundet. Nach zwei Tagen traf Lenin ein, sorgte für Ruhe und beschwor die Demonstranten, sich zu zerstreuen. Obwohl das Geschehen eine tiefe Kluft zwischen der Partei und der breiten Masse offenbarte, warf das Regime den Bolschewiken vor, sie planten einen Aufstand, mit dem ihre Führungsspitze allerdings nicht das geringste zu tun hatte.

Zwar entmutigten die Ereignisse vom Juli einen Großteil der Basis, aber die Arbeitergruppen blieben stark, während den Bolschewiken in der Armee übel mitgespielt wurde. Das Regime nutzte den Moment, um brutal gegen alle Radikalen vorzugehen und zugleich das Kabinett umzubilden. Da viele Bolschewiken in den Untergrund gingen, war erst einmal fraglich, wer die Massen nun führen würde. Lenin hielt sich bis zum 24. Oktober versteckt und war in der Annahme, die Partei habe schweren Schaden genommen, derart entmutigt, daß er riet, sich auf »eine sehr lange Zeit im Untergrund einzurichten«.[22] Aus seiner Sicht schien das geboten, denn die Partei war aufgrund ihrer Größe nicht mehr »leninistisch«, und ohne seine strenge Führung konnte er sich eine Revolution nicht vorstellen. Doch sogar das alte Zentralkomitee tagte nun ohne ihn und ging auf Distanz zu seinen »April-Thesen«, mit unabsehbaren Weiterungen. Im Juli wußte Lenin jedenfalls nicht genauer als Kerenskys neue Riege, wie lange die Übergangsregierung sich noch würde halten können.

Die tief erschütterten und gespaltenen Bolschewiken erweckten jetzt auch nicht einmal mehr den Anschein zu führen, sondern folgten im wesentlichen Masseninitiativen, zumal die Nachwirkungen des Kriegs neue Protestwellen auslösten. Solange die Regierung Kerenskys ihre Truppen nicht zurückrief, blieb die Lage angespannt, und obwohl sie im Juli noch genügend loyale Soldaten hatte, um die Krise meistern zu können, arbeitete die Zeit unerbittlich gegen sie. Im September war die Armee durch die massenhafte Fahnenflucht vollkommen demoralisiert, und die meisten verbliebenen Soldaten traten nun stürmisch für die Bolschewiken ein. Diese Verschiebung allein hätte zwar gewiß nicht ausgereicht, doch bei der explosiven Lage in den Städten war das Regime ohne loyale Truppen zum Scheitern verurteilt.

Die Talfahrt der Bolschewiken hielt hauptsächlich deshalb nicht lange an, weil das bestehende System so brüchig war. Ihr Wiederaufstieg wurde nicht zuletzt durch die »Kornilow-Affäre« gefördert. Als Kornilow, der Oberbefehlshaber des Heeres, und sein Generalstab die Soldatenräte auflösen und wieder für Zucht und Ordnung sorgen wollten, war er dumm genug, seine Pläne, die faktisch auf die Absetzung Kerenskys und einen Staatsstreich hinausliefen, Ende August anzukündigen. Im übrigen schickte er unfähige Offiziere nach Petrograd, die samt und sonders versagten. Nach dem gescheiterten Putschversuch konnte sich Kerensky auf sein Offizierskorps überhaupt nicht mehr verlassen. Außerdem hatten die Bolschewiken unterdessen aus Arbeitern »Rote Garden« gebildet, die zum Teil bestehen blieben, nachdem die Krise längst beigelegt war. Lenin persönlich verfocht kurzfristig die gemäßigte Forderung, eine neue Regierung, gebildet aus Menschewiken und Revolutionären Sozialisten, solle alle Macht auf die Sowjets übertragen, in denen die Bolschewiken einträchtig mitarbeiten würden, und tatsächlich verbuchten sie damit bedeutende Wahlerfolge. Diese Phase dauerte aber nicht lange, weil das isolierte, kraftlose Kerensky-Regime immer schneller abbaute. Mitte September rief Lenin zum Widerstand auf, doch schon am 15. wies das Zentralkomitee der Partei seinen Appell fast einstimmig zurück, worauf Lenin seinen Rücktritt anbot.

Im Oktober umging Lenin das Zentralkomitee wieder einmal, indem er die Jungbolschewiken gegen die alte Garde aufhetzte, und am 10. Oktober mußte sich das Komitee dem Prinzip der gewaltsamen Machtergreifung beugen – allerdings streng im Rahmen des Machbaren. Faktisch befand sich Rußland schon seit März in einem revolutionären Erregungszustand, aber im Oktober galt dies stärker denn je zuvor. Trotzdem erklärten nur acht der insgesamt 19 Parteidistrikte, sofort kampfbereit zu sein, und an der Basis regten sich erhebliche Vorbehalte.

Kerensky wußte von diesen ergebnislosen Debatten und entschied zum Teil ihretwegen in der zweiten Oktoberwoche, den größeren Teil jener Petrograder Truppen, die ihm inzwischen nicht mehr bedingungslos ergeben waren, an die Front zu beordern, um sich einer Gefahrenquelle zu entledigen. Damit war sein Schicksal besiegelt, denn die meisten der Soldaten verweigerten den Befehl und bekannten sich zum Petrograder Sowjet oder erklärten für den bevorstehenden Kampf mit der Regierung ihre Neutralität. Bis zum Abend des 23./24. Oktober gelang es den Bolschewiken nicht, einen organisierten Aufstand in die Wege zu leiten, zumal sie es sich kaum zutrauten, die Macht aus eigener Kraft zu beanspruchen oder auszuüben. Erst Kerenskys Entschluß, loyale Truppen von außerhalb nach Petrograd zu rufen, zwang die Bolschewiken zum Handeln. Doch selbst jetzt bereitete das Zentralkomitee keinen Aufstand vor, sondern sammelte nur seine Kräfte, um die ab dem 25. Oktober geplante Tagung des Sowjetkongresses zu sichern. Wenn an dieser auch Nichtbolschewiken teilnehmen sollten, so hätte sie immerhin eine neue Regierung ausrufen und ihr mehr Legitimität verschaffen können als eine rein bolschewistische Revolution. Im Grunde wollte man jedoch lediglich einer Konterrevolution vorbeugen.

Unterdessen bat Kerensky sein Parlament um die Erlaubnis, den bevorstehenden Bolschewikenaufstand niederzuschlagen, der jedoch ausblieb. Lenin hielt sich bis zum 24. Oktober vor der Stadt auf, beobachtete die Finten beider Seiten und rief dann die unteren Parteiorgane auf, das Zentralkomitee einfach zu übergehen und noch vor dem Sowjetkongreß loszuschlagen. Als Kerensky hörte, daß sich die Petrograder Garnisonen zu den Bolschewiken bekannten, verließ er die Stadt am Morgen des 25. Oktober in der Hoffnung, an der Front noch loyale Truppen zu finden, um die Bolschewiken – die auf fast keinen Widerstand stießen – an der Machtergreifung zu hindern. Er sollte jedoch nie zurückkehren.[23]

Der Erste Weltkrieg stürzte große Teile Europas in eine tiefe, oftmals unwiderrufliche Krise und führte dadurch bei zahllosen Menschen einen Bewußtseinswandel und eine Politisierung herbei. Das kam vor allem in Deutschland, Rußland und Italien, drei vom Krieg überaus schwer betroffenen Ländern, zunächst besonders den Linksparteien zugute. Aber konnten sich diese streng organisierten Zellen und ihre meist dogmatischen Funktionäre für die Massen öffnen, ohne dadurch ihre ideologische Identität zu verlieren? Und hatten sie überhaupt Erfolgsaussichten, wenn sie das Risiko scheuten?

Solche Fragen stellten sich den Sozialisten und besonders den Kommunisten im Lauf des 20. Jahrhunderts immer wieder, während die Bolschewiken mit dem Grundproblem »führen oder folgen?« kämpften. Um dessen Tragweite zu verstehen, müssen wir genau untersuchen, in welche Sackgasse sie gerieten, sofern sie den Fehler machten, weder das eine noch das andere zu tun. In Rußland wollte das Volk grundlegende Reformen, und die Bolschewiken stellten sich zeitweise darauf ein, folgten der Bewegung oder schlossen sich ihr im Rahmen der Sowjets an, um sie später zu steuern. In Deutschland spürte die SPD-Führung den inneren Konflikt an der Basis und konnte sich – von den Arbeitern in mehreren Wahlen bestätigt – auf einem eher traditionellen Kurs halten, was ihren Untergang allerdings nur etwas aufschob. Die italienischen Sozialisten folgten der mächtigen Opposition weder, noch spielten sie eine führende Rolle, sondern warteten aus der Distanz ab, was sich ergeben würde, und wurden bald darauf weggefegt.

Daneben blühten auch nationalistische Kräfte mit scheinbar antielitären, populistischen Ideologien auf, und daraus ging eine Vielzahl faschistischer Organisationen hervor, die unversehens die einstige Dominanz der alten Eliten bedrohten.

Als die Hauptverlierer der kriegsbedingten Krise begannen, ganz auf Stabilität zu setzen und die Risiken einer offenen parlamentarischen Politik zu scheuen, wurden die oft noch jungen, zerbrechlichen Demokratien Europas auf eine schwere Probe gestellt. Überall außer in Rußland ging die Hauptgefahr dabei nicht von der Linken, sondern von der fanatischen Rechten aus, was die Entwicklung weit über die nächste Generation und den Zweiten Weltkrieg hinaus prägte.

9. DER ZWEITE WELTKRIEG

Das Ende des Ersten Weltkriegs bescherte dem erschütterten Europa keine echte Entspannung, sondern rief erzreaktionäre, bösartig antisemitische und nationalistische Unruhestifter auf den Plan. Die neuen faschistischen Parteien garnierten ideologische Motive der Vorkriegszeit mit wohlfeilen Patentrezepten, um die antikapitalistische Propaganda der Linken als längst überholt zu entkräften. Allerdings warnte die erstarkende Rechte ihrerseits in einer regelrechten Panikmache vor der Sowjetunion und überzeugte damit sogar viele derer, die zuvor an das parlamentarische System geglaubt hatten. Nachdem die Angst vor den Linken zur Mitte der zwanziger Jahre allmählich nachzulassen begann, gaben ihr bald nicht nur die Auswirkungen der Weltwirtschaftskrise, sondern später auch der Spanische Bürgerkrieg und die Bildung der Volksfront in Frankreich neue Nahrung.

Tücken der Kriegsplanung

Hitlers Kalkül

Kriegsplaner erleben immer wieder ihr blaues Wunder, weil sie angesichts verlockender Ziele die Hindernisse übersehen. Gerade Hitler hatte, um das mindeste zu sagen, hochtrabende Absichten, er wollte Europa, ja sogar die ganze Welt beherrschen und seinem Volk neuen »Lebensraum« erobern. Als Voraussetzung dafür mußte er sich zunächst die Agrarerträge Österreichs und der Tschechoslowakei aneignen, was bis 1939 geschehen war. Während Hitlers Fernziele feststanden, improvisierte er im übrigen fast unausgesetzt und verwarf, änderte oder verschob Pläne derart sprunghaft, daß seine Militärberater anfangs völlig irritiert waren und sogar die Kampfkraft der künftigen Gegner – besonders Frankreichs – überschätzten.

Zunächst wollte Hitler einen Viel- oder auch nur Zwei-Fronten-Krieg um jeden Preis vermeiden, um die innere Sicherheit und den sozialen Frieden nicht zu gefährden, aber auch die Rohstoffvorräte zu schonen, was sich in entsprechend unzureichenden Vorbereitungen niederschlug. Er bildete sich ein, nach eigenem Gutdünken und mit geringstmöglichem militärischem Aufwand ungestört eine Reihe von Blitzfeldzügen führen zu können. Das ließe die deutsche Wirtschaft relativ unbelastet, und gewiß würden seine Feinde so entzweit und zögerlich bleiben, wie er sie brauchte. Die Industriepotentiale der jeweils vereinnahmten Staaten sollten dann eine Fortführung der Siegesserie ermöglichen. Alles hätte also genau nach Hitlers Wünschen ablaufen müssen, und bis Frühjahr 1941 konnte er sich in seinen Allmachtsphantasien bestätigt fühlen.

Hitler hatte darauf spekuliert, daß der Überfall auf Polen im September 1939 weder Großbritannien noch Frankreich auf den Plan rufen würde, und nur die allernötigsten Vorkehrungen getroffen. Bei Kriegsbeginn reichten die deutschen Rohstoffreserven nur für knapp sechs Monate; außerdem war man sofort auf Fremdarbeiter angewiesen, um Deutsche für die Wehrmacht freizustellen und den wachsenden Bedarf zu decken. Zwar hatte Hitler einen Krieg mit Großbritannien und Frankreich schon vor dem Schlag gegen Polen für unausweichlich gehalten, jedoch vermutet, beide würden ihn bis 1945 hinauszögern wollen, um sich optimal vorzubereiten. Deshalb beschloß er im Oktober 1939, einen Westfeldzug zu wagen, bevor sie zu stark aufrüsten konnten. Rein logisch betrachtet war Hitlers Überlegung richtig. Insofern mußte er sich notgedrungen auf dieses gefährliche Abenteuer einlassen, das gewiß seinen Untergang bedeutet hätte, wären die Franzosen, Polen und Briten nicht noch erheblich gespaltener und schwächer gewesen, als er und viele seiner anfangs skeptischen Generäle ahnen konnten.

Kurz, Hitler baute keine regelrechte Kriegswirtschaft auf, und er kam damit zunächst auch durch, zumal seine Besatzungsstrategie (neben bürokratischen Erwägungen) stark auf rassistischem Kalkül beruhte. Entsprechend konnten die Kriegslasten weitgehend auf »Untermenschen« abgewälzt werden, um die »arische Herrenrasse«, nicht zuletzt in Erinnerung an das Elend von 1918, möglichst davon zu verschonen.[1]

Die frappierenden Siege über Polen und Frankreich bestärkten Hitler in seinem überheblichen Chauvinismus. Dieser und seine Neigung zum Wunschdenken veranlaßten ihn im August 1939 zu seinem Tauschhandel mit Stalin – kostbare Rüstungsgüter gegen wichtige Rohstoffe –, den er indes schon im Frühjahr 1940 bereute. Als Hitler seine Generäle im Juli ersuchte, das Unternehmen »Barbarossa« – die Invasion der UdSSR – zu prüfen, war er längst fest dazu entschlossen, und die Speichellecker der Wehrmacht pflichteten ihm diensteifrig bei.

Im Dezember 1940 lag zwar der endgültige Plan Barbarossa vor, aber die Territorialziele Deutschlands blieben vage. Hitler veranschlagte für den Krieg mit Rußland fünf Monate und nahm zuversichtlich an, daß die Rote Armee zerfallen werde und er Leningrad schon nach drei Wochen eingenommen haben würde. Alles weitere blieb offen. Seine hohen Offiziere spotteten über das sowjetische Militär und glaubten fest an einen schnellen Sieg. So wurde die deutsche Rüstungsproduktion nicht einmal nennenswert gesteigert, ja der Munitionsausstoß ging sogar gegenüber dem Höchststand von 1940 etwas zurück. Doch Ende 1941 fror die Wehrmacht in Rußland fest, der Nachschub brach zusammen, Panzer blieben zunehmend liegen, und man erlitt sehr hohe Verluste. Erst 1943 begann das Dritte Reich, sich der drohenden Niederlage ernsthaft entgegenzustemmen. Doch obwohl es seine Rüstungsproduktion gegenüber dem Vorjahr fast vervierfachte (und damit die britische um Längen übertraf), lag diese (auch mit den beträchtlichen Erträgen aus den besetzten Gebieten) weiter denn je hinter dem Gesamtaufkommen der Alliierten zurück.

Das Projekt Barbarossa beruhte auf völlig illusionären strategischen Annahmen, zumal Hitler von Anfang an wußte, daß er nach seinen Feldzügen auf dem Kontinent noch die Briten besiegen (oder wenigstens zu einem Frieden nach seinen Bedingungen zwingen) mußte. Außerdem durfte der Krieg nicht länger als bis 1942 dauern, denn nach dieser Frist würden die Vereinigten Staaten eingreifen. Den innenpolitischen Motiven der Blitzkriegstrategie zum Trotz kam es zu einem zähen Konflikt an zwei Fronten, auf den Deutschland kaum vorbereitet war.[2]

Die Kriegsplanung der Alliierten

Wenn Hitler selbst stets auf den »kalten Schlag« setzte, so wollten die Briten, Franzosen und Amerikaner den Konflikt mit ihm möglichst in die Länge ziehen, um ihre vereinten Wirtschafts- und Industriepotentiale ausspielen zu können.

Mit seinen hanebüchenen Fehlkalkulationen stand Deutschland allerdings keineswegs alleine da. Stalins skrupelloser Pakt mit Hitler wurde mit einem Überraschungsangriff »belohnt«, der ihn fast umgeworfen hätte. Die Briten hatten Deutschland ausbluten wollen, doch als sie schließlich im Herbst 1944 den endgültigen Sieg anstrebten, spielten die Amerikaner nicht mit, so daß Großbritannien später so gut wie bankrott und deutlich geschwächt aus dem Krieg hervorging. Im übrigen waren alle Verbündeten davon überzeugt, daß Deutschland eine enorme Kriegswirtschaft aufgebaut hatte, und erkannten nicht, daß die Blitzkriegstrategie ja in erster Linie drakonische Aufrüstungsmaßnahmen ersparen sollte. Infolgedessen bewaffnete sich Großbritannien bis an die Zähne. 1940 baute es wesentlich mehr Flugzeuge, Panzerfahrzeuge und Lastwagen als Deutschland, um 1941 den Vorsprung auch in anderen Bereichen zu vergrößern, und 1942 gaben die Briten, auf den Gesamtetat bezogen, doppelt soviel für Rüstungsgüter aus wie die Nazis.

Das Besondere an der britischen Aufrüstung war allerdings ihr technischer Schwerpunkt. Aufgrund ihrer illusorischen Pläne hatten die Nazis keinerlei aufwendige Waffen für einen Zermürbungskrieg entwickelt, und gerade auf diesem Gebiet strebten die Amerikaner und mehr noch die Briten den entscheidenden Vorsprung an. Noch im September 1939 hatte General Bernard Montgomery erklärt, das britische Heer sei »überhaupt nicht dafür gerüstet, auf dem Kontinent einen Landkrieg zu bestreiten ...«, eine Ansicht, die in der britischen Führung fast bis zum Kriegsende vorherrschte, denn unter keinen Umständen wollte man nochmals derart hohe Verluste hinnehmen wie im Ersten Weltkrieg.[3] Daher vertrauten die Briten auf strategische Luftangriffe, für die sie schwere Bomber mit einer den deutschen Maschinen haushoch überlegenen Traglast entwickelten. Auch glaubten sie hartnäckig, oft geradezu verbohrt, an die Wunderwirkung von Flächenbombardements und behaupteten, wie Churchill im August 1942 Stalin gegenüber betonte: »England trägt allein mit der Bombardierung Deutschlands seinen Teil bei.« Allerdings wußte man damals bereits, daß die »strategischen Bombardements« militärisch sehr viel weniger bewirkten, als man zunächst angenommen hatte, dafür aber den Krieg nur noch grausamer und noch brutaler machten.[4]

Auch die Amerikaner schworen auf strategische Bombardierungen und immer aufwendigere Waffensysteme, zumal unter dem regelrecht hypnotischen Einfluß dessen, was ein Analytiker im Pentagon die »größtmögliche Einsparung von Personal durch Technisierung« nannte.[5] Allerdings waren sie daneben genauso auf einen konventionellen Landkrieg eingestellt und zogen die Kämpfe mehr in die Länge, als den Briten lieb war, was zu heftigen Kontroversen führte. Grundsätzlich konnte nämlich die eher plumpe Methode der Flächenbombardements jedenfalls keine schnelle Entscheidung herbeiführen, sondern erhöhte vor allem den Druck auf Deutschland, das eroberte Europa noch stärker auszubeuten. Im übrigen war sie äußerst kostspielig und richtete ein verheerendes Blutbad unter der Zivilbevölkerung an. Spätestens Ende 1940 merkten die Briten, daß ihr ursprünglicher Plan, nur Raffinerien und Transportanlagen zu zerstören, nicht funktionierte, weil die Bomben zu wenig zerstörten oder ihre Ziele völlig verfehlten, zumal die Angriffe ab April 1940 überwiegend nachts geflogen wurden und die betreffenden Einrichtungen meist nicht beleuchtet waren. Ab Juli 1941 folgten Angriffe vor allem auf Wohngebiete, um die Moral der Bevölkerung zu zermürben. Am Ende ging das Gros der anglo-amerikanischen Bomben »blind« auf Städte nieder – militärische Ziele spielten dabei kaum noch eine Rolle –, töteten oder verwundeten Hunderttausende von Zivilisten und machten viele Millionen obdachlos.

Die USA übernahmen einfach das Konzept der Briten, sollte es doch für einen optimalen Einsatz von Geld und Personal bürgen, die Möglichkeiten der Luftwaffe vollends ausschöpfen und sogar aus sich heraus zu militärischen Erfolgen führen können. Vor der Invasion der Normandie im Juni 1944 versuchte die britische Führung, eine massive Bombardierung französischer Rangierbahnhöfe abzuwenden, da sie mehr Opfer fordern würde als die deutschen Luftangriffe auf England. Es könnten bis zu 160 000 Zivilisten getötet oder verwundet werden. Doch die amerikanischen Planer setzten sich über derlei Bedenken hinweg, und ungeachtet der Tatsache, daß französische Bahnarbeiter eine bedeutende Rolle in der *Résistance* spielten, wurden sie bald buchstäblich zu lebenden Zielen. Wenngleich letztlich »nur« 16 000 alliierte Zivilisten bedroht waren, protestierten die Briten scharf gegen das Vorhaben, aber die Amerikaner blieben stur. »Schreckliche Dinge werden geschehen«, schrieb Churchill Ende Mai an Anthony Eden. Es handelte sich allerdings genaugenommen um die unerbittlichen, nicht mehr steuerbaren Konsequenzen eines strategischen Exzesses, den die Briten selbst vorgeführt hatten.[6]

Besetzung und Ausplünderung Europas

Mit dem Scheitern des Unternehmens Barbarossa mußten Hitler und seine Berater völlig umdenken, zumal sich die Natur des Kriegs bis Ende 1941 grundlegend verändert hatte. Doch ungeachtet aller Bemühungen, die drängenden organisatorischen und materiellen Probleme zu lösen, legte der Verwaltungsapparat in der Folge stets eine sonderbare Mischung aus bürokratischer Trägheit, Kungelei und Verblendung an den Tag, so daß sich die weitere Entwicklung der Kriegsanstrengungen jeder rationalen Erklärung entzieht.

Da Hitler den Massen nicht traute und keine Neuauflage der Aufstände von 1918 riskieren wollte, lief die Zivilproduktion bis

1944 auf Hochtouren, und die alten Beschäftigungsprogramme blieben vielfach bestehen. »Die führende Schicht wollte weder selbst Opfer bringen noch dem Volk Opfer zumuten und war bemüht, es durch Zugeständnisse in möglichst guter Stimmung zu erhalten«, klagte Albert Speer später.[7] Zudem habe Hitler alles zugleich gewollt: Zivilprodukte, Rüstungsgüter, Prachtbauten und so fort, was einer vernünftigen Kriegsplanung – um die Speer sich bemühte – entgegengewirkt habe.

Spätestens im November 1941 fing Hitler an, die Arbeiterschaft der eroberten Länder mit in die Kriegsanstrengungen einzuspannen, und als er dann im Winter erkannte, daß sich der Konflikt in die Länge ziehen würde, ließ er alles in die Wege leiten, um Europa rücksichtslos zu schröpfen. Neben den verschwommenen Plänen, neuen »Lebensraum im Osten« zu schaffen (was jedenfalls darauf hinauslief, die Einheimischen zu vertreiben oder zu ermorden), kursierten nicht minder vage Ideen über eine gesamteuropäische Nachkriegswirtschaft. Die angestrebte »Neue Ordnung«, ein gemeinsamer Markt mit Zollunion, sollte auf umfassender Koordination und strikter Arbeitsteilung zur Vermeidung von Verschwendung beruhen. Da Hitler befürchtete, die Wehrmacht bekäme die eroberten Nationen nicht voll in den Griff, gab es neben den Militärbehörden noch Zivilverwaltungen, deren Leiter teils hohe Parteifunktionäre, teils einflußreiche Beamte waren. Außerdem bestanden voneinander unabhängige Polizeiapparate, und daneben trat meist die SS auf den Plan. Dadurch kam es zu kalkulierten Spannungen und offenen Rivalitäten zwischen den Zivil- und den Militärbehörden, wobei allerdings beide stets in allen Belangen auf örtliche Stellen angewiesen blieben, darunter die Polizei. Die Landesgesetze traten gewöhnlich nur dann außer Kraft, wenn sie dem deutschen Recht direkt widersprachen.

Während die Wehrmacht beim Aufbau zuverlässiger Verwaltungen in der Regel auf traditionelle Eliten zurückgriff, räumten die SS und das diplomatische Korps solche weitreichenden Kompetenzen aus ideologischen Gründen lieber einheimischen Kollaborateuren ein. Gerade die Zerrissenheit der deutschen Besatzungsregimes – also ihre inneren Spannungen, die Unerfahrenheit vieler Beamter und ihre Furcht, wegen Unfähigkeit an die Ostfront strafversetzt zu werden – gab Nutznießern vor Ort vielfältige Ansatzpunkte, ihre neuen Herren auszutricksen, ja sogar zu melken. Auf alle Fälle wollten die Nazis in Westeuropa nicht so hart durchgreifen wie im Osten, auch wenn es vage Pläne gab, schließlich große Teile Belgiens, Frankreichs und Hollands zu annektieren und völlig mit dem Reich zu verschmelzen.[8]

Abgesehen von Dänemark sollte das besetzte Europa bis aufs letzte ausgeplündert werden. Im Osten war aus rein rassistischen Motiven von Anfang an beabsichtigt, die bestehenden Sozialsysteme zu zerstören und einen Großteil der Einheimischen zu töten; im Westen ging es zwar hauptsächlich um das Wirtschaftspotential, doch auch dort sorgten kriegsbedingte Engpässe im Lauf der Zeit für eine immer grausamere Ausbeutung.

Der Sonderfall Dänemark zeigt, daß sich manche der hohen Beamten bemühten, die schlimmsten Auswüchse zu verhindern, oft gegen den Widerstand ihrer Kollegen. Im übrigen hatten die Militärbefehlshaber in Frankreich und Belgien sogar das Attentat auf Hitler im Juli 1944 aktiv unterstützt und wurden anschließend verhaftet.

Belgien kam fast genauso »glimpflich« davon wie Dänemark, teils weil die deutschen Beschaffungsämter dort oft gegensätzliche Ziele verfolgten, vor allem jedoch deshalb, weil der für das Land zuständige Befehlshaber General Alexander von Falkenhausen, ein konservativer Adliger, das Schlimmste zu verhindern wußte. Da ihm zu keiner Zeit mehr als 1000 deutsche Beamte zur Verfügung standen, mußte er zwangsläufig auf Belgier zurückgreifen – die folglich mitentscheiden konnten, wie (und zu wessen Gunsten) das Land verwaltet werden sollte. Falkenhausen, so ein verläßlicher Bericht über die Verhältnisse in Belgien, »gehörte zweifellos zu den menschlichsten und anständigsten der nationalsozialistischen Verwaltungsleiter«.[9] Doch auch er war an die Erlasse aus der Berliner Zentrale gebunden und mußte das Land in zunehmendem Maße ausplündern. Während wenigstens die belgischen Zeitungen und Hochschulen bis 1943 relativ unbehelligt arbeiten durften, gingen in jenem Jahr 29 Prozent der gesamten

Produktion nach Deutschland – bezogen auf den gesamten Krieg lag die Quote sogar noch höher.

Auch in Frankreich, dessen nördliche Industriegebiete von Brüssel aus verwaltet wurden, konnten findige Einheimische die Rivalitäten zwischen den deutschen Behörden und den Kompetenzwirrwarr ausnutzen, und das Vichy-Regime des Südens blieb bis Ende 1942 selbständig. Der deutsche Botschafter war mit einer Französin verheiratet und galt daher als frankophil, weshalb Berlin ihm mißtraute, obwohl er ein überzeugter Nationalsozialist war. Wenn er überhaupt manchen Franzosen das Leben etwas leichter machte, so jedenfalls nur einer ganz kleinen Minderheit.

Derartige Schattierungen spielten selbst in Polen eine gewisse Rolle, weil die Besatzungsbehörden hier mindestens ebenso stark in Rivalitäten verstrickt waren wie die im Westen Europas, was einigen wenigen Einheimischen half, dem Terror eine Zeitlang zu entgehen. Im übrigen gab es bei den Deutschen ein hohes Maß an Korruption, woraus sich ebenfalls gewisse Vorteile ziehen ließen. Ungeachtet dessen lief die Naziherrschaft in Polen insgesamt auf gezielten Völkermord hinaus.

Zwischen der Besatzungspolitik in Ost- und in Westeuropa herrschten also gleichzeitig bestimmte organisatorisch bedingte Ähnlichkeiten und eine alles entscheidende Differenz, die im Rassismus wurzelte. Wenn die Besatzung auch nirgends reibungslos funktionierte, so diente sie doch weitgehend dem gewünschten Zweck, große Mengen von Gütern und Arbeitskräften bereitzustellen – wobei der Krieg ohne diese gründliche Ausbeutung des Kontinents bereits viel früher beendet gewesen wäre: Entweder das Militär hätte einen totalen Einbruch erlebt, wie schon 1918, oder der verdeckte innere Widerstand gegen den Krieg wäre offen ausgebrochen.

Zwar hatten sich die Nazis von den eroberten Ländern noch mehr Nahrungslieferungen erwartet, als diese tatsächlich aufbieten konnten, aber sie holten auch so gewaltige Mengen heraus. Die Getreide-, Fleisch-, Fett- und Zuckerimporte aus Ost- und Südosteuropa stiegen zwischen 1937 und 1943 um das Drei- bis Fünffache, und allein 1943 machte das Fleisch aus diesem verwüsteten Gebiet ein Viertel des Eigenaufkommens aus. Auch Westeuropa trug stark zur Ernährung Deutschlands bei, das 1942/43 gut ein Viertel seines Bedarfs dort abzog – wohlgemerkt ohne den hohen Verbrauch der Besatzungstruppen, die ja obendrein noch ihre Angehörigen in der Heimat versorgten.

Im Lauf des Jahres 1943 wurde insbesondere Frankreich skrupellos ausgeblutet. Das Land besaß wertvolle Rohstoffvorkommen und Fabrikanlagen, und die Nazis erbeuteten vor allem Militär-, Transport- und Kommunikationsausrüstungen im Wert von mindestens 155 Milliarden (alten) Francs – ein regelrechter Aderlaß. Ähnlich wie Belgien und andere Staaten mußte Frankreich den Nazis auch noch die Besatzungskosten erstatten, ja sogar erheblich mehr. Allein die französischen Zahlungen machten ab 1941 zwei bis vier Prozent des deutschen Bruttosozialprodukts aus. Der von Deutschland abgezweigte Anteil an der Gesamtproduktion Frankreichs wuchs zwischen 1940 und 1943 um etwa das Siebenfache. Dennoch dürften 1943 die Handelsdefizite Belgiens, Hollands und der anderen besetzten Länder gegenüber Deutschland zusammengerechnet deutlich über dem Frankreichs gelegen haben. In Griechenland wurden pro Kopf fünfmal so hohe Besatzungssteuern erhoben wie in Frankreich. Alles in allem hatten die eroberten Nationen 1942/43 für ungefähr 40 Prozent der deutschen Kriegskosten einzustehen.

Der starke Einsatz von Fremdarbeitern und Kriegsgefangenen in Deutschland trug ohne Zweifel wesentlich nicht nur zu dessen Kriegsanstrengungen, sondern schließlich auch zu der Widerstandsbewegung unter den Häftlingen bei. 1939 hatten Fremdarbeiter in Deutschland einen Anteil von kaum einem Prozent der Beschäftigten gestellt; im September 1944 waren es rund 7,5 Millionen – oder 21 Prozent –, davon 1,8 Millionen Kriegsgefangene.

Allerdings waren Femdarbeiter wegen der miserablen Behandlung nicht so produktiv wie deutsche Kräfte. Deshalb beschloß die Bürokratie im Frühjahr 1943, weniger Leute, speziell Facharbeiter, nach Deutschland zu holen und statt dessen die Produktivität in Westeuropa vor Ort zu steigern. Zudem war das Schicksal der Zwangsarbeiter schon hinreichend bekannt, so daß sich viele der Deportation entzogen, indem sie untertauchten; ein Teil von ihnen ging später in den organisierten Widerstand.[10]

Die Lage der Bevölkerung

Deutschland

Der Krieg zeitigte für die Einwohner Europas höchst ungleiche Folgen; während die einen in zwar gestörten, aber noch erträglichen Verhältnissen lebten, standen zahllose andere am Rande des Abgrunds. Am schlimmsten war die Lage in den jüdischen Ghettos sowie in den Großstädten Griechenlands und, ab 1944, der Niederlande. Deutschland ging es in puncto Ernährung viel besser als den anderen Staaten des Kontinents, allerdings litt es später unter den massenhaften Vertreibungen und den Bombenangriffen. Insgesamt hatten vor allem die letzten Endes »siegreichen« Nationen Europas, aber auch die Verbündeten der Nazis, den weitaus größten Teil der Kriegslasten zu tragen.

Hitler und sein engster Kreis lehnten eine drastische Senkung des zivilen Verbrauchs fast bis zum bitteren Ende kategorisch ab und machten auch zuletzt noch große Ausnahmen. Als Albert Speer 1942 die Kriegswirtschaft übernahm, stellte er fest, daß lediglich 37,5 Prozent des Rohstahlaufkommens in die Rüstungsproduktion flossen, das heißt, volle neun Prozent weniger als im Ersten Weltkrieg. Sein Wunsch, mehr Frauen zu beschäftigen, stieß bei der Führung auf unbeugsamen Widerstand, und im übrigen erhielten Soldatenfrauen so hohe Beihilfen, daß es für sie kaum Anreiz zum Arbeiten gab. Im Jahr 1942 erreichte die Zivilproduktion 95 Prozent des Niveaus von 1938 (gegenüber 79 Prozent in Großbritannien), zwei Jahre später noch 93 Prozent, wobei der leichte Rückgang durch Einfuhren fast wettgemacht wurde. Wenn das deutsche Minus bei Konsumgütern und Dienstleistungen zwischen 1938 und 1944 pro Kopf etwas höher ausfiel als das britische in Höhe von 16 Prozent, so ging dies hauptsächlich auf den schweren Einbruch der letzten beiden Kriegsjahre zurück.

Hitler ließ sogar die Kosmetikbranche ungeschoren. Als er jedoch im Februar 1943 einsah, daß der zivile Luxus schlecht zu den immensen Opfern paßte, die er seinen Soldaten abverlangte, warb die Parteispitze öffentlich für den »totalen Krieg«, sogar mit Einschränkungen für Bessergestellte, richtete dann aber jede Menge Schlupflöcher ein, so daß Nazibonzen und Kriegsprofiteure keinerlei Grund zum Klagen hatten.

Die üblichen Statistiken erfassen weder das volle Ausmaß des Schwarzhandels noch die aus besetzten Ländern mitgebrachten Lebensmittel oder die feinen Unterschiede zwischen den Verbrauchern. Überall in ganz Europa belieferten Bauern den Schwarzmarkt, der immer mehr zum zentralen Versorgungsfaktor wurde. Dennoch steht fest, daß die Sozialpolitik der Nazis ihre Ziele weitgehend erreichte. 1942 lagen die Reallöhne in der Industrie um 24 Prozent über dem Niveau des Jahres 1932, und noch 1944 lagen sie um 19 Prozent darüber. Auf längere Sicht, von 1930 bis 1945, kamen europaweit allein die deutschen Arbeiter in den Genuß stetiger Zuwächse und eines gewissen Wohlstandes. Außerdem gelang es den Nazis, die Preise ziemlich stabil zu halten.

Hitlers »volksfreundliche« Beschäftigungspolitik kam allerdings besonders der Mittel- und Oberschicht zugute. Aus ideologischen Gründen, aber auch um der Geburtenrate willen, wurden gebärfähige deutsche Frauen ab 1933 vom Arbeitsmarkt weggelockt, und selbst als sich die männliche Gesamtbelegschaft nach 1939 um fast elf Millionen dezimierte, blieb die Zahl der erwerbstätigen Frauen fast konstant. Viele Männer wurden vom Wehrdienst befreit – Anfang 1942 waren gut fünf Millionen »uk gestellt« –, um die Wirtschaft in Gang zu halten. Polizei- und Terrortruppen griffen auch deshalb auf nazifreundliche Ausländer zurück: Von den 830 000 Mann der Waffen-SS waren im März 1945 nur 40 Prozent Deutsche. Erst im Januar 1943 traten gesetzliche Regelungen über die Einziehung zum Arbeitsdienst in Kraft, die jedoch, zumal bei Frauen, nie strikt angewandt wurden.

Bei äußerst unterschiedlichen Arbeitszeiten – und naturgemäß besonders hohen für die Fachkräfte der Rüstungsindustrie – kamen männliche Beschäftigte aller Industrien im Durchschnitt

1929 auf 46,8, 1939 auf 49,6 und 1941 auf 51,6, 1944 jedoch nur noch auf 51,2 Wochenstunden, weil Fabriken zerstört waren oder Rohstoffe fehlten. In Großbritannien wurde drei Stunden mehr gearbeitet. Viel schlechter sah es bei den Fremdarbeitern aus, vom Wohlbefinden ganz zu schweigen, denn die Sterberate war erschreckend hoch. Ungeachtet ihrer Fischzüge im Ausland wandten die Nazis in den letzten Kriegsjahren auch intern verschärfte Zwangsmaßnahmen an, um das Produktivitätsniveau wenigstens zu halten. Von 1941 bis Anfang 1944 stieg die Zahl der Verhaftungen wegen Drückebergerei um mehr als die Hälfte, und im Juli 1944 saßen etwa 87 000 Arbeiter wegen Regelverstößen in Gefängnissen oder Straflagern. Auch defätistische Äußerungen konnten als »Wehrkraftzersetzung« sogar mit dem Tod bestraft werden, was ab 1943 immer häufiger geschah.

Die deutsche Nahrungsproduktion der Kriegszeit, immerhin ein grober Index für den zivilen Verbrauch, brach anders als zwischen 1914 und 1918 nicht völlig zusammen, zumal ja gewaltige Mengen aus den eroberten Ländern einströmten. 1943 erreichte die Getreideernte immerhin noch 88 Prozent des Resultats von 1939; die Kartoffelmenge sackte erst 1943/44 ab, allerdings ebenfalls nicht so tief wie im Ersten Weltkrieg. Schätzungen über den Verbrauch müssen hier auf die Rationen und nicht auf den tatsächlichen Verzehr bezogen werden, denn dieser schloß private Quellen und Käufe auf dem Schwarzmarkt ein, die beide nicht zuverlässig zu erfassen sind. Obwohl die Fleisch- und Fettrationen zwischen 1938 und 1942 stark zurückgingen, blieb die Kalorienaufnahme viel höher als während des Ersten Weltkriegs. Noch 1944, als die Versorgungslage am schlechtesten war, kamen erwachsene Männer auf 83 Prozent des Normalniveaus, und die meisten anderen Personengruppen schnitten eher noch besser ab. Der Völkerbund schätzte, daß deutsche Arbeiter 1944 sogar mehr zu sich nahmen als vor dem Krieg. Demgegenüber mußten sich erwachsene Männer in Frankreich mit 47 Prozent begnügen. Abgesehen von Polen und der Sowjetunion betrugen die Rationen in den besetzten Teilen Europas (bezogen auf den Kalorienwert der Standardmenge, private Quellen nicht eingerechnet) 1941 und

1944 ungefähr 66 beziehungsweise 75 Prozent der deutschen. (In Polen waren sie sehr viel niedriger.) »Das deutsche Volk darf sich gar nicht beklagen«, schrieb Goebbels Anfang Februar 1942. »Es lebt heute noch in einem Standard, der in keinem anderen Lande Europas, ob kriegführend oder nichtkriegführend, möglich wäre. Die Heimat hat bisher so wenig vom Kriege zu verspüren bekommen, daß man keine Tränen zu vergießen braucht, wenn die Lasten des Kriegs nun etwas stärker auf den Schultern unseres Volkes fühlbar werden.«[11]

Belgien

Auch wenn Belgien augenscheinlich weniger unter dem Krieg litt als die meisten anderen Länder Europas und gewiß weitaus besser davonkam als die Nachbarn Frankreich und Holland, war ein Großteil seiner Bevölkerung gleichwohl einer furchtbaren Zerreißprobe ausgesetzt.

Im Jahr 1944 waren die offizellen Rationen, wiewohl geringer als in Holland, zwar viel höher als in Frankreich, reichten aber keinesfalls aus, um gesund zu bleiben, zumal sie oft überhaupt nicht ankamen. Die Getreideernten hielten sich einigermaßen, aber Kartoffeln gingen sofort um ein Drittel zurück, Fleisch 1944 sogar um zwei Drittel. Die Lage wäre von Anfang an bedrückend gewesen, hätte Deutschland nicht von Brüssel aus die sehr ertragreichen französischen *Départements* Nord und Pas-de-Calais verwaltet. Beide dienten als Quelle sowohl für massive Getreideimporte nach Belgien als auch für dessen findige Schleichhändler.

Der Schwarzmarkt spielte in Belgien vermutlich eine wichtigere Rolle als in jedem anderen Land Europas, entstand jedoch in erster Linie als ein Mittel der Deutschen, die Wirtschaft für ihre Zwecke zu nutzen und Konsumgüter ins Reich zu schicken. Doch gleichzeitig verhinderte er, daß Belgiens Beitrag zur Rüstungsproduktion massiv gesteigert werden konnte, und war daher widersinnig. In jedem Fall gab es in Belgien weniger Warteschlangen als in Frankreich. Während Schwarzhändler und Spekulanten ihre dunklen Geschäfte machten (und später ganze Ländereien zu Schleuderpreisen aufkauften), lieferte die Bauernschaft ihnen nach Kräften zu und profitierte mehr als jede andere Schicht vom Krieg. Da fast alle auf den Schwarzmarkt zurückgriffen, kam es zwar nicht zu einer Hungersnot, aber viele hatten trotzdem kaum etwas zu beißen.

Unterdessen erfüllten die Deutschen sich mittels der enormen Besatzungsabgabe alle ihre Wünsche, institutionalisierten so faktisch den Schwarzmarkt und lösten dadurch eine galoppierende Inflation aus. Zugleich gingen Konsum- und Luxusgüter massenhaft nach Deutschland, und da die verschiedenen Besatzungsbehörden um die begrenzten Vorräte wetteiferten, stellten die Belgier in zunehmendem Maße Konsum- und nicht Rüstungsgüter her. Das konnte nicht lange gutgehen, und als die Industrie auf Talfahrt geriet, brachte das eine unaufhaltsame Verarmung der Arbeiterschaft mit sich. Eine besonders große Rolle für die Kriegsanstrengungen der Nazis spielte die Kohleförderung, doch ab 1942 nahmen die Erträge drastisch ab, weil die Bergleute anfingen, zeitweise oder ganz in der lukrativeren Landwirtschaft zu arbeiten. Der Verlust schlug auf die Stahl- und andere Schwerindustrien durch. Im Lauf des Jahres 1944, als ihre Kalorienaufnahme mindestens 20 bis 30 Prozent unter dem Vorkriegsniveau lag, mußten viele Arbeiter aus Entkräftung die Segel streichen. Als die Unterernährung später krisenhafte Züge annahm, sank der belgische Industrieausstoß um gut ein Drittel.[12]

Frankreich

Ab Mai 1940 errichteten die Nazis in Frankreich einen üppigen Verwaltungsapparat mit vielen konkurrierenden Zuständigkeiten, um das Land nachhaltig auszubeuten, und verwehrten diesem zugleich den Zugriff auf die beiden Départements an der belgischen Grenze. In der von Anfang an besetzten Zone (der restliche Teil kam erst im November 1942 hinzu) hatten vor dem Krieg sowohl die meisten Bauern – mit einer entsprechend starken Agrarproduktion – als auch 64 Prozent der Gesamtbevölkerung gelebt. Die Bombenangriffe der Alliierten im Zuge der Invasion im Juni 1944, unterbrachen zahlreiche Verkehrswege und richteten in dem Gebiet fast doppelt so schwere Schäden an, wie 1914 bis 1918 entstanden waren.

Den französischen Bauern fehlten vor allem Düngemittel und Maschinen. Wenn wir den Gesamtertrag von 1938 als Richtwert nehmen, so sank die Agrarproduktion 1941 auf 76, 1944 auf 71 und 1945 auf 64 Prozent. Beim Fleisch fielen die Einbußen erheblich höher aus als bei den Feldfrüchten, die 1944 immerhin noch bei einem Niveau von 80 Prozent lagen – wovon sich allerdings noch die Deutschen bedienten. Die Industrieproduktion ging 1941 auf 65 Prozent zurück, 1944 rutschte sie bis auf 41 Prozent ab. Die Rationen für Erwachsene erreichten 1944 nur 47 Prozent des deutschen Durchschnitts, wobei die tatsächliche Nahrungsaufnahme insgesamt um mindestens ein Drittel geschrumpft sein dürfte.

Wenn sinkende Erträge und die deutschen Forderungen zur Unterernährung führten, so entschieden die Unterbrechungen der Verkehrswege darüber, welche Städte oder Regionen am meisten darunter zu leiden hatten. Am besten sah es in ländlichen Gegenden mit Überschüssen aus, die nun nicht mehr zu den einstigen Märkten gelangen konnten. Schließlich schlug die Entfernung von den Produktionszentren sogar auf die Sterberate durch, die in Départements mit Nahrungsüberschüssen konstant blieb oder sank, in Industriestädten dagegen drastisch anstieg.

Trotz äußerst spärlicher Daten über Preise und Reallöhne liegen gewisse Haupttrends offen zutage. Im Lauf des Jahres 1941 waren die Lebensmittelpreise um rund 50, 1944 um volle 300 Prozent emporgeschnellt. Fachkräfte in den für Nazi-Deutschland produzierenden Rüstungsindustrien verdienten besser als alle anderen. Ein immer größerer Teil des Lohns mußte für Lebensmittel aufgewandt werden. In Paris lag das Durchschnittseinkommen einer vierköpfigen Arbeiterfamilie 1941 bis 1943 real um gut ein Drittel unter dem von 1938.

Die schweren Engpässe gebaren Verlierer und Gewinner, ja sie polarisierten die Gesellschaft, mit weitreichenden Folgen für das kollektive und individuelle Verhalten. Die Bauernschaft spielte ökonomisch sofort eine entscheidende Rolle, und anfangs drängten verschiedene Résistance-Organisationen sie, weder die Deutschen noch die Vichy-Behörden zu beliefern. Zweifellos versorgten viele Bauern ihre in Städten lebenden Angehörigen und Freunde, worauf 10 bis 15 Prozent der Gesamterträge entfallen sein mögen, und wesentlich mehr noch dürften sie selbst verzehrt haben. Die Schätzungen über ihre Lieferungen an das offizielle Vertriebswesen schwanken. An Fleisch gaben sie nur geringe Anteile ab, an Butter und Hülsenfrüchten einiges mehr, doch vermutlich gelangten 60 bis 90 Prozent der Lebensmittel nicht in den Rationierungsfonds, darunter das, was die Deutschen für sich beanspruchten, und die Schwarzmarktware in Höhe von etwa einem Fünftel. 1943/44 landete gut ein Drittel der französischen Fleischerträge in Deutschland, was etwa doppelt so viel war wie noch 1941/42. Die Bauern standen, gerade wenn sie bevorzugten Marktzugang hatten, bei Kriegsende viel besser da als vorher; sie konnten gleichzeitig Wohltäter und Halsabschneider sein, manche jedoch waren in erster Linie das eine oder das andere.[13]

Das Besatzungssystem rief sofort einen Schlag von Unternehmern auf den Plan, die vor dem Krieg meist Lebensmittelgroßhändler gewesen waren und daher gute Kontakte sowohl zu Erzeugern als auch zu Spediteuren hatten. Sie witterten nun satte Gewinne, und die Nazis arbeiteten bevorzugt mit ihnen zusammen. Die Deutschen steuerten insgesamt 95 Milliarden Francs zum Schwarzmarkt bei; der Betrag kam je zur Hälfte von Soldaten und von den Beschaffungsstellen. Doch als im Juli 1943 fast ganz Paris unter Hunger litt, mußten mehr als zwei Drittel der Städter notgedrungen auf dem Schwarzmarkt kaufen, um ihre Rationen aufzubessern, während einige wenige auch regelrechte Luxusgüter erwerben konnten. Bei einem so umfangreichen Schwarzmarkt hatten Diebe unweigerlich Konjunktur. Zwischen 1938 und 1942 nahmen die Verurteilungen wegen Diebstahls um mehr als das Dreifache zu.[14]

Die Niederlande

Trotz der drückenden deutschen Steuern war Hollands Wirtschaft bis 1944 erheblich weniger beeinträchtigt als die Frankreichs, und die Rationen deckten den Bedarf sogar besser als im Fall Belgiens. Noch 1944 lag die Versorgung der Arbeiter nur geringfügig unter dem Vorkriegsniveau. Die Kartoffelproduktion konnte deutlich gesteigert werden, um den starken Rückgang der Fleischerträge aufzufangen. Der industrielle Ausstoß dagegen sank 1943 auf 63 und 1944 sogar auf nur noch 41 Prozent des Spitzenwertes von 1940.

Ende 1944, als sich die Wehrmacht zunächst darauf eingestellt hatte, das Land zu verteidigen, es dann jedoch verließ, öffnete sie Deiche, um ganze Landstriche zu überfluten, und beschlagnahmte einen Großteil der Transportmittel, woraufhin die holländische Wirtschaft total zusammenbrach. Erst jetzt entstand ein regelrechter Schwarzmarkt. Das Regime richtete im November 1944 drei Rationierungszonen ein, unter denen der Nordosten noch am besten dastand. Im Westen gab es 1120 Kalorien täglich, ab Februar 1945 sogar nur noch die Hälfte. Der Süden, wo es von Anfang an magere 690 Kalorien gab, wurde als erstes Gebiet befreit. Unterdessen herrschte im Stadtgürtel, von Amsterdam bis Rotterdam, eine schwere Hungersnot, die allein in Amsterdam mindestens 25 000 Opfer gefordert haben dürfte.[15]

Die Nazis, die in Süd- oder Osteuropa keinerlei Hemmungen kannten, traten zwar auch im Westen sehr raubgierig auf, waren aber ziemlich schlecht organisiert. Der gewaltige dort angerichtete Schaden resultierte direkt aus ihrer menschenverachtenden Arroganz, die sich im Fall Hollands am Ende wegen der militärisch verzweifelten Lage zu krimineller Rücksichtslosigkeit verschärfte.

Italien

Italien besetzten die Nazis erst nach dem Sturz Mussolinis am 25. Juli 1943. Von da an verfiel die Wirtschaft, und sie geriet völlig aus den Fugen, als sich die Kämpfe zwischen Verbänden der Achsenmächte und der Alliierten immer mehr auf die Landesmitte zubewegten, zumal der ertragreiche Norden bis kurz vor Kriegsende von den Faschisten und den Nazis besetzt blieb. Bis zur Invasion der Alliierten im August 1943 war der Durchschnittsverbrauch nur um sechs Prozent gesunken. Im Grunde erwuchsen Italiens Probleme hauptsächlich aus Rissen im Vertriebssystem infolge der Gefechte, mit den entsprechenden Flüchtlingswellen, und nicht aus direkten Produktionseinbußen.

Insofern lief der Vertrieb kriegsbedingt in zunehmendem Maße über persönliche Beziehungen und über den Schwarzmarkt. Anfang 1944 war der Norden viel besser versorgt als der Süden, wo es im Frühjahr 1944 allein in der amerikanischen Zone rund 200 000 Flüchtlinge gab. Gleichwohl hatte die überwiegend im Norden angesiedelte Industrieproduktion so stark gelitten, daß sie 1944 nur noch ein gutes Drittel des Ausstoßes von 1940 erzielte und 1945 auf ein knappes Viertel abrutschte. Dabei hatten die amerikanischen Planer massiv unterschätzt, in welchem Umfang ihre Invasion das Transportwesen lahmlegen würde, was auf der einen Seite zu erheblichen Engpässen, auf der anderen zu regelrechten Schwemmen führte. In Neapel zum Beispiel »waren die Unter- und Mittelschicht ... schon fast am Verhungern«, und die Soldaten der Alliierten entwickelten Mangelsymptome.[16] Ähnlich wie in Frankreich und Belgien ging es der Landbevölkerung jedoch kaum schlechter als vor dem Krieg, und Ende 1943 gelangten fast zwei Fünftel der verfügbaren Lebensmittel gar nicht erst ins offizielle Vertriebssystem. Den Löwenanteil bekamen Angehörige und Freunde in Großstädten, aber rund 15 Prozent landeten über diese oder jene Kanäle auf dem Schwarzmarkt.

1944 lagen die Reallöhne in der Industrie bei einem Viertel des Niveaus von 1941, im Jahr darauf sogar noch niedriger. Unterernährung war im erster Linie ein Problem der Großstädte, deren Versorgung zu einem Drittel über den Schwarzmarkt lief. Vier Fünftel der in den befreiten Zonen lebenden Städter erhielten ihre Rationen im Winter und Frühjahr 1944 aus Beständen der Alliierten. Zwar half die Frühjahrsernte 1944 über das Gröbste hinweg, aber in den Metropolen blieb der Schwarzmarkt tonangebend. Als die Versorgung infolge der Kämpfe völlig zusammenbrach, führte das zu einer galoppierenden Inflation. Nachdem die Preise zwischen 1941 und 1944 fast auf das Neunfache gestiegen waren, verdoppelten sie sich 1945 noch einmal.[17]

Griechenland

Weiter ostwärts wirkte sich der Krieg immer furchtbarer und quälender aus. Gegenüber Frankreich und Holland, die ebenfalls Unglaubliches durchmachten, nahm die Katastrophe in Griechenland noch viel schlimmere Ausmaße an; Polen erlebte die reinste Hölle.

Griechenland hatte nicht nur unter den aufeinanderfolgenden Invasionen der Italiener, der Deutschen und dann der Bulgaren zu leiden, sondern obendrein schröpften die Schwarzhändler ihre Landsleute dort wahrhaft erbarmungslos. Vor dem Krieg hatte Griechenland etwa zwei Fünftel seines Weizenbedarfs importiert, die nun weitgehend wegbrachen. Zudem fiel die Getreideernte von 1941 um mehr als ein Viertel, die von 1943 sogar um die Hälfte schlechter aus als in den Jahren 1934 bis 1938. Trotz der Abgaben an die Deutschen standen jedoch vielfach genügend Obst und Gemüse zur Verfügung, um den Mangel an Grundnahrungsmitteln auszugleichen.

Die Nazis verhängten sofort eine extrem hohe Besatzungssteuer, woraufhin die griechischen Behörden Drachmen druckten. Im November 1941 erreichte die Geldmenge das 4,6fache des Standes vom Dezember 1939, im September 1942 das 21fache und im Juni 1944 das 6500- bis 50 000fache. Diese Hyperinflation fraß die Reallöhne genauso auf wie sämtliche Ersparnisse – von der hohen Erwerbslosigkeit einmal zu schweigen.

Es folgte eine schwere Hungersnot, besonders im Großraum Athen und in der Ägäis. Im Lauf des Kriegs verhungerten fast 360 000 der 7,2 Millionen Einwohner – das waren mehr als die Hälfte aller Kriegstoten –, die meisten davon im Winter 1941/42. Die hohe Sterberate trieb nicht nur viele Städter aufs Land und in den Widerstand, sondern veranlaßte 1942 auch die Nazis, wieder größere Importe, darunter sogar Getreide aus Deutschland, zu ermöglichen, um die Not etwas zu lindern. Neben Griechenland blieb von den besetzten Ländern nur Belgien gegenüber Deutschland (in geringem Umfang) Nettoimporteur von Getreide, Fett und Fleisch. Die Nazis erklärten sich sogar bereit, ihren Truppenproviant in Form anderer Kalorienträger zurückzuerstatten, am Ende in doppelter Menge. Dabei war der Schwarzmarkt ungewöhnlich stark ausgeprägt und hielt sich extrem lange am Leben. Gewissenlose Spekulanten verschärften die Krise erheblich, indem sie Vorräte, meist in Erwartung steigender Preise, vom Markt fernhielten. Die Angehörigen der traditionellen Eliten konnten wenigstens Wertsachen veräußern, um sich auf dem Schwarzmarkt mit dem Nötigsten zu versorgen. Alle anderen (ver-)hungerten. Allein den Bauern ging es besser, einige von ihnen prosperierten sogar.[18]

Polen

Aus Polen wollten die Nazis, ohne jede Rücksicht auf die Folgen, soviel wie möglich herausquetschen. Das Land auszubluten war sogar ein Mittel, um ihr Endziel zu erreichen: die Vernichtung der Elite und der Intelligenz, besonders in den Großstädten. Doch die Landwirtschaft blieb weitgehend intakt. Zwischen 1940 und 1944 produzierte Polen ungefähr genausoviel Roggen wie Mitte der dreißiger Jahre, an Kartoffeln und Zukkerrüben sogar mehr. Da im Reich selbst kein Mangel herrschte, sehen dessen Beschaffungsstellen im ersten Jahr großzügig über die Quoten hinweg und lieferten 1939/40 sogar insgesamt mehr Getreide nach Polen, als sie von dort abzogen. Danach wurden 90 Prozent der Quoten eingetrieben, und obwohl 1942/43 noch rund die Hälfte davon ins Reich ging, dürften große Teile des im Krieg beschafften Getreides und Fleischs von Soldaten an der Ostfront verzehrt worden sein. Einiges gelangte auf den Schwarzmarkt. In den vier Jahren ab 1940 verlor Polen insgesamt nur etwa zwölf Prozent seines Roggens und Weizens, bei Hafer und Gerste noch weniger. Die Deutschen waren in erster Linie auf Fleisch und Fett aus, weshalb sie das viel kleinere Holland erheblich stärker bedrückten und Frankreich mehr als das Siebenfache abnahmen. Wenn sie nicht bis fast zum Kriegsende reiche andere Quellen gehabt hätten, denn wäre die Katastrophe in Polen gewiß noch schlimmer ausgefallen.

Ein Problem Polens bestand darin, daß es vor dem Krieg einen sehr hohen Getreide- und Kartoffelverbrauch gehabt hatte, so daß die Rationen nun vergleichsweise gering ausfielen. Bis Anfang

1941 erhielten Juden und Nichtjuden die gleichen Rationskarten, danach bekamen erstere kein Fleisch mehr, und die Mengen sanken bis Anfang 1943 (als alle, die nicht für die Nazis arbeiteten, völlig leer ausgingen) auf etwa die Hälfte der Zuteilungen an Nichtjuden. Schlimmer noch war, daß Juden ab 1941 so gut wie keine Nahrung mehr auf dem Schwarzmarkt kaufen konnten.

Die jeweiligen Rationen richteten sich nach Alter, Geschlecht und anderen Merkmalen; schon 1943/44 viel zu niedrig, lagen sie immer noch über denen Frankreichs und Italiens. Viele Städter waren ganz überwiegend auf den Schwarzmarkt angewiesen. Polens unfaßbare Sterberate, die höchste in ganz Europa, ergab sich jedoch im wesentlichen aus dem Entschluß der Nazis, Polen und Juden nicht lediglich auszuhungern – was sie niemals in solchen Massen dahingerafft hätte –, sondern direkt zu vernichten.

Was Polen im Zweiten Weltkrieg durchmachte, wirkte sich dennoch nicht für alle gleich aus. Noch 1943 sollen, den Nazistatistiken zufolge, ähnlich wie 1930 ungefähr 66 Prozent der Erwerbstätigen in der Landwirtschaft beschäftigt gewesen sein. Zweifellos kam die Politik der Deutschen den meisten Bauern sehr zugute, besonders in den Ballungsräumen: Die Preise ihrer Produkte zogen atemberaubend schnell an, sämtliche Schulden bei Juden wurden storniert, während die übrigen meist der Inflation anheimfielen, und Zwangsabgaben überwiegend ausgesetzt. Auf dem Lande begann man, mehr zu essen und verstärkt dem selbstgebrannten Weizen- oder Kartoffelschnaps zuzusprechen. Viele Städter mußten ihre ganze Habe – Schmuck, Mobiliar und so fort – gegen Lebensmittel eintauschen. So wuchsen die Spannungen zwischen Stadt- und Landbevölkerung, wobei die Bauern am längeren Hebel saßen und das oft gnadenlos ausnutzten.

Fast alle waren irgendwie am Schwarzmarkt beteiligt, zumal es sonst kaum ein Überleben gab, und auch die Nazis nutzten ihn (wie in Frankreich und Belgien) für alle möglichen Zwecke. Rivalisierende Behörden und die Wehrmacht versuchten, ihren Grundbedarf zu decken – wenn nicht gar verbotenerweise ihre Budgets aufzubessern oder, im Fall von korrupten Beamten, sich persönlich zu bereichern. Die Korruption durchzog alle Bereiche. Einige

Polen machten Vermögen, und nicht wenige Bauern standen nach dem Krieg deutlich besser da als vorher.[19]

Mit ihrer Versorgungspolitik strebten die Nazis vor allem an, den Lebensstandard in Deutschland möglichst lange auf einem hohen Niveau zu halten, was ihnen auch gelang. Trotz unterschiedlicher Strategien in den einzelnen Ländern gab es viele Gemeinsamkeiten, und diese bestimmten in der Praxis, wer etwas zu essen hatte und wer hungern mußte. Vielfach handelten die Beschaffungsstellen aus eher pragmatischen denn ideologisch gefärbten Motiven, ob es nun um Nahrung, Rohstoffe, Industrieerträge oder Steuern ging. Als ab 1941 massenhaft Menschen aus rassischen Gründen umgebracht wurden, diente die Verknappung der Lebensmittel zweifellos indirekt auch dem Völkermord, allerdings bei weitem nicht in dem Ausmaß wie gezielte Vernichtungsaktionen oder die Zwangsarbeit.

Die Überlebenden hatten unter den knappen Rationen zu leiden, während die Bauernschaft ihre Stellung nicht minder skrupellos ausnutzte als die Schwarzhändler. Im übrigen bestimmten die gegebenen Klassenverhältnisse mit ihren neuartigen Formen der Ausbeutung darüber, wer wieviel und wie gut essen konnte. Überall beeinflußten Unterbrechungen von Transportwegen und Frontverläufe nachhaltig, wie alle diese Faktoren zusammenwirkten.

Die Bauern zeigten zwar große Solidarität mit Angehörigen und Freunden, aber eine ebenso große Schwäche für den Schwarzmarkt. Im privaten Alltag traf der Krieg die Landbevölkerung weitaus weniger als vor allem das Stadtproletariat. Zwar machten die Städter zu Recht letztlich die Nazis für ihr Elend verantwortlich, aber sie wußten aus leidvoller Erfahrung, daß auch einige ihrer Landsleute mitschuldig waren – und das Erlebte hing ihnen noch lange nach.

Eine Bilanz der Kriegsfolgen

Menschenströme

Das Kriegselend beschränkte sich selbstverständlich nicht auf Defizite bei der Ernährung. Im Zusammenhang mit der »Endlösung«, der massenhaften Zwangsarbeit, der schweren Kämpfe, aber auch der anschließenden Friedensregelung, wurden zahllose derer, die mit heiler Haut davonkamen, entwurzelt und vertrieben, und mit dieser kriegsbedingten Völkerwanderung gingen Hunger, Krankheit, Leid und Not in einem beispiellosen Ausmaß einher.

Zwischen September 1939 und Anfang 1943 wurden mindestens 30 Millionen Europäer deportiert oder zur Flucht gezwungen, darunter 110 000 bis Ende 1941 aus Bulgarien vertriebene Rumänen, 1,5 Millionen jüdische Emigranten und zehn bis zwölf Millionen Sowjetbürger, die ihre Heimat beim Einmarsch der Wehrmacht Hals über Kopf verließen. Darüber hinaus lebten 28 Millionen Menschen in offiziell abgetretenen Gebieten, gerieten also später unter Vertreibungsdruck.

Zwei Beispiele mögen veranschaulichen, was diese Umwälzungen bedeuteten. Als die Nazis 1939 in Polen einfielen, annektierten sie ein etwa 103 000 Quadratkilometer großes Gebiet, das vor 1919 überwiegend zum Deutschen Reich gehört hatte. In der Folge wurden ungefähr 1,65 Millionen Polen vertrieben und durch eine erheblich kleinere Anzahl von Volksdeutschen ersetzt, die bereits seit mehreren Generationen in Südosteuropa lebten und nun »heim ins Reich« umgesiedelt wurden. In Frankreich setzte im Mai und Juni 1940 eine Massenpanik ein, nachdem zwei Millionen Belgier vor der Wehrmacht über die Grenze geflohen waren, von denen viele mit Schrecken an die Zerstörung Warschaus dachten. Entlang der belgischen Grenze gab es jetzt fast nur noch Geisterstädte, und ein gewaltiger Menschenstrom wälzte sich auf Paris zu. Die meisten hatten ihre Habe auf Karren oder Fahrräder gepackt, einige in Autos, doch nicht wenige waren einfach mit dem Nötigsten zu Fuß aufgebrochen. Die Verwaltung hatte weder zur Flucht aufgerufen noch später eingegriffen, um jenes Chaos zu verhindern, das dann die Straßen blockierte und große Teile der Armee lahmlegte. Millionen von Parisern ließen sich anstecken und zogen mit. In ihrer Not begannen die Flüchtlinge, zu stehlen und leerstehende Häuser zu plündern. Als sich die Menschenmassen schließlich mit den Truppen vermischten, verbreiteten Angriffe der deutschen Luftwaffe Angst und Schrecken.

Allein im Mai und Juni 1940 dürften sich etwa sechs Millionen Franzosen auf der Flucht befunden haben, nicht eingerechnet jene, die innnerhalb ihrer Départements flohen oder bei Angehörigen unterkamen. Mehr als die Hälfte von ihnen kehrten bis Oktober zurück, und mit der Zeit konnte wieder der normale (Besatzungs-)Alltag Einzug halten.

Noch viel verheerender wirkten sich die Notmaßnahmen der Nazis aus, als sie zunehmend unter Druck gerieten und massenhaft Zwangsarbeiter nach Deutschland verschleppten, anfangs nur Kriegsgefangene, bald aber auch Zivilisten – zunächst überwiegend polnischer Herkunft. Bei den sowjetischen Kriegsgefangenen betrug die Sterberate 58 Prozent, und alles in allem kamen weitaus mehr Zwangsarbeiter nach Deutschland als jene 7,5 Millionen, die sich im September 1944 dort befanden, da zuvor schon viele umgekommen waren. 1943 arbeiteten zudem noch etwa zwei Millionen ausländische Zivilisten und Soldaten außerhalb Deutschlands für die Nazis, und zwar ebenfalls meist zwangsweise. Eine Fülle weiterer Daten für Holland, Frankreich und andere Staaten beweist, daß ganz Europa von einer tiefgreifenden Entwurzelung heimgesucht wurde.

Nach Kriegsende bekamen viele Deutsche das Flüchtlingselend am eigenen Leibe zu spüren, wobei sich die Menschenströme zum Teil vermischten. Millionen flohen, nur mit dem Nötigsten ausgestattet, vor der Roten Armee, und zwischen 1944 und 1947 mußten sechs Millionen Deutsche die an Polen abgetretenen Provinzen verlassen. Etwa 2,7 Millionen Volksdeutsche zogen 1945/46 aus der Tschechoslowakei in Richtung Deutschland oder Österreich ab. Vier Millionen wechselten aus der »Sowjetisch Besetzten Zone« nach Westdeutschland über, das 1950 rund ein Drittel andernorts geborene Einwohner aufwies. Somit hatten Sieger und Besiegte mehr oder weniger stark unter der Vertreibung und der Zerrüttung sämtlicher Lebensverhältnisse zu leiden.[20]

Der materielle Schaden

Die materiellen Kriegsschäden sind statistisch kaum genau zu erfassen, da es keine zuverlässigen Wert- oder Kostenmaßstäbe gibt, so daß die Berechnungen erheblich schwanken. Wenn die besiegten Achsenmächte in den vier Jahrzehnten nach 1945 wirtschaftlich gegenüber dem Stand von 1938 enorm erstarken konnten, so müssen maßgebliche Wachstumsfaktoren intakt geblieben sein. Da Hitler das deutsche Volk schonen wollte, hatte er die Kriegslasten nach Möglichkeit auf eroberte Länder abgewälzt. Demgegenüber mußten die Alliierten ihren Sieg teuer bezahlen und standen deshalb am Ende, sieht man einmal von den Vereinigten Staaten ab, sogar schlechter da als die vernichtend geschlagenen Aggressoren.

Großbritannien und die USA setzten weitgehend auf strategische Bombardements, schafften es allerdings nicht, die deutsche Wirtschaftskraft nachhaltig zu schwächen. Während Deutschland die Produktivität der eroberten Staaten nutzte, erreichte auch seine eigene Rüstungsproduktion im Sommer 1944 einen Höhepunkt, und das Eisenbahnnetz war 1943 sogar deutlich besser als 1938. Schließlich besaß das Land 1945 erheblich mehr Werkzeugmaschinen als 1938, führte auf diesem Gebiet europaweit und mußte sogar einen Vergleich mit den USA nicht scheuen.

Bei den strategischen Bombenangriffen der Amerikaner kamen 40 000 Besatzungsmitglieder ums Leben, 6 000 Flugzeuge gingen verloren, und das ganze Projekt verschlang 43 Milliarden Dollar. Die Briten verloren sogar noch mehr Flugzeuge und Besatzungen. 1944 fiel etwa die Hälfte ihrer Bomben auf reine Wohngebiete ohne jede militärische Bedeutung. Im August 1944 traf die britische Luftwaffe Vorkehrungen, um durch die Zerstörung größerer Städte die Moral der Deutschen zu brechen, und von den 1400 Einsätzen des Feuersturmes vom 13. bis zum 15. Februar 1945, der Dresden in Schutt und Asche legte, flog sie allein 800. Damals kamen mindestens 35 000 Menschen ums Leben, und ähnliche Infernos folgten andernorts. Die Nazis, und dann auch die Anglo-Amerikaner, achteten darauf, der feindlichen Zivilbevölkerung möglichst großen Schaden zuzufügen. Bis Mai 1945 hatten die letzteren bei Luftangriffen etwa 300 000 deutsche Zivilisten getötet; eigentlich waren die britischen Pläne auf das Dreifache ausgewesen.

Was den Vermögensschaden angeht, so floß aus den besetzten Staaten ein stetiger Güterstrom nach Deutschland. Außerdem fraß der Krieg bei den Alliierten einen Großteil des Sozialprodukts auf, der für sinnvolle Aufgaben verlorenging, und was noch erschreckender war: Nach Kriegsende verschlang das unglaublich kostspielige Wettrüsten wiederum ein Vielfaches dieser Summen. Großbritannien büßte fast alle seine Pfründe für den einst so umfangreichen Außenhandel ein, mußte Devisen im Wert von gut 1,1 Milliarden Pfund verkaufen, machte mehr als 2,8 Milliarden Pfund neue Auslandsschulden und versuchte schon vor 1945, diese wieder abzutragen, um seine erschöpfte Kapitalausstattung aufzustocken. 1943 lieferte Belgien, das als relativ wenig geschädigt galt, 29 Prozent seiner laufenden Industrieerträge direkt, auf indirekten Wegen noch viel mehr, an Deutschland aus – weitgehend zu Beschlagnahmepreisen. Hinzu kamen die drastischen wirtschaftlichen Einbußen infolge der anhaltenden Besatzung.

Frankreich erlitt sehr hohe Verluste durch Zwangssteuern und Nahrungsabgaben, die Ausbeutung von Arbeitern, den Abtransport von Beute und dergleichen; zudem fiel die Industrieproduktion bis 1943/44 um mehr als die Hälfte. Zwischen 1941 und 1944 gingen mindestens 20 Prozent des Sozialprodukts als konfisziert nach Deutschland. Amtlichen französischen Schätzungen zufolge beliefen sich die Kriegsschäden auf 1,6 Billionen (alte) Francs, wovon ein Viertel auf direkte Kampffolgen entfiel.[21]

Opferzahlen

Auch was die Opfer angeht, besitzen wir nur ungefähre Zahlen, die überdies noch erheblich schwanken, zumal Stalin 1946 lediglich sieben Millionen sowjetische Kriegstote einräumte, wohingegen nach neueren Erhebungen zwar in der Tat sieben Millionen Zivilisten umkamen, daneben aber 13 Millionen Soldaten fielen. Insgesamt dürften es auf jeden Fall nicht weniger als 17 Millionen unmittelbare Kriegstote gewesen sein, und bezieht man die kriegsbedingt erhöhte Sterblichkeit mit ein, so sind 20 Millionen eine eher noch zu niedrig angesetzte Zahl.

Die Zahl der getöteten jüdischen Zivilisten wurde zunächst auf 4,5 Millionen geschätzt, doch später behauptete Adolf Eichmann, es seien sechs Millionen gewesen. In der Tat lag den Nazis das Töten noch mehr am Herzen als das Zählen. Die Größenordnung dürfte allerdings zutreffen. Die Hauptlast trug Polen, auf das insgesamt 5,7 Millionen Opfer entfielen – etwa die Hälfte davon Juden. An der Vorkriegsbevölkerung gemessen, verlor Polen mehr Menschen – ungefähr 16 Prozent – als jede andere Nation Europas. An zweiter Stelle folgte nach diesem Kriterium Jugoslawien, das mit 1,7 Millionen Zivilisten und Soldaten elf Prozent seiner Staatsbürger einbüßte.

Im Fall Deutschlands reichen die Verlustangaben von knapp vier bis 6,8 Millionen, davon 700 000 Zivilisten; die meisten Forscher neigen zu dem niedrigeren Wert, der sechs bis acht Prozent der Gesamtbevölkerung entsprach. Daneben hatte Deutschland etwa 2,7 Millionen Invaliden. Die nicht militärisch beeinflußte Sterberate stieg kaum, Säuglinge inklusive, was eindeutig für das hohe Niveau der Ernährung und medizinischen Versorgung spricht.

Frankreich hatte, bei mindestens 600 000 direkten Kriegsopfern, 1945 gut eine Million Einwohner weniger als 1938, wobei Faktoren wie Grenzverschiebung oder Emigration rechnerisch berücksichtigt sind. Tod durch Unterernährung oder Verhungern ließ die Sterberate – Säuglinge inklusive – noch stärker hochschnellen als in Italien. Insgesamt dürften etwa 635 000 Franzosen dem Krieg zum Opfer gefallen sein, darunter 100 000 Juden, 585 000 wurden Invaliden.

Europaweit lag die Zahl der direkten Kriegsopfer irgendwo zwischen 30 und 40 Millionen, war also gut dreimal so hoch wie im Ersten Weltkrieg, wobei die mittelbaren Auswirkungen wie verminderte Geburtenraten und dergleichen nicht berücksichtigt sind.[22]

Die neue Rolle des Militärs

Im Ersten Weltkrieg war das Soldatenelend zur Hauptursache für die Krise in Europa und für den Ausbruch der Bolschewistischen Revolution geworden. Wenn sich die Herrschenden nicht mehr auf ihre Armeen verlassen können, sind sie schwer gefährdet oder gar dem Untergang geweiht, und diese Lektion hatte sich den meisten Angehörigen der konservativen Machteliten tief eingeprägt. Ein bedeutender Unterschied zwischen den beiden Weltkriegen besteht darin, daß die Soldaten 1939–1945 stets unter strenger Aufsicht standen und daher den Kriegsausgang kaum durch Disziplinlosigkeit beeinflussen konnten. Dafür bildeten sich jedoch paramilitärische Widerstands- und Partisanengruppen.

In gewissem Sinne kamen die Soldaten gar nicht zum Rebellieren, da die französische Armee fast sofort Schiffbruch erlitt, während die Briten und Amerikaner mehr auf technische Hilfsmittel als auf eine kämpfende Infanterie setzten, die fast nur in der ziemlich kurzen Endphase des Konflikts eingreifen mußte. Wenn aber die Soldaten auch nicht mehr genau die gleiche Rolle spielten wie 1914 bis 1918, so wurden sie doch nach wie vor in unerträgliche Verhältnisse getrieben, besonders an der Ostfront, wo die Wehrmacht ein ähnliches Inferno erlebte wie das deutsche Heer mehr als zwei Jahrzehnte zuvor in Nordfrankreich.

Die Lage bei den Alliierten

Die französische Armee war schon vor dem deutschen Angriff 1940 völlig demotiviert, was sich, während sie in festen Stellungen auf eine Invasion der Nazis wartete, vor allem in Alkoholismus und Übergriffen auf die Zivilbevölkerung äußerte. Die Drückebergerei nahm unglaubliche Ausmaße an, und nach der Kapitulation meldete sich nur ein Bruchteil der außer Landes dienenden Soldaten freiwillig zum Freien Frankreich. Die britische und die amerikanische Armee hingegen unternahmen eine gemeinsame Anstrengung, um möglichst alle »psychiatrisch«

oder sonstwie Gestörten auszuschließen, und bildeten Sondereinheiten für gerade noch diensttauglich geschriebene Grenzfälle.

Wenn die britischen, französischen und amerikanischen Truppen auch als politisch zuverlässig galten, waren sie doch wenig kampferprobt, was die sehr kostspieligen technischen Eliteeinheiten in den Vordergrund rückte. Zwar waren auf diesem Gebiet sogar die Franzosen besser ausgerüstet als die Deutschen, aber sie waren derart demoralisiert und defätistisch, daß nichts sie vor der schweren Niederlage hatte bewahren können. Während bei dem knapp sechswöchigen Feldzug der Wehrmacht 100 000 französische Soldaten fielen, ließ die schwerste militärische Schlappe der europäischen Neuzeit 1,9 Millionen Mann in Kriegsgefangenschaft geraten.

Die amerikanische Militärführung wollte den Krieg in erster Linie mit Luftwaffen-, Marine- und Panzerverbänden gewinnen. Ihr mächtiges Heer war auf eine geradezu entwürdigende Weise organisiert, was sich in seinen negativen Auswirkungen erst nach Kriegsende im vollen Umfang zeigte. Nur knapp ein Fünftel der Männer gehörten Kampfdivisionen an, nicht einmal die Hälfte davon der Infanterie. Männer ganz unterschiedlicher Herkunft kamen aus rein technischen Gründen, wenn nicht gänzlich planlos, in die gleichen Einheiten, und ihre Offiziere lebten oft in einer völlig anderen Welt. Auch die Ersatztruppen verband meist nicht die geringste Spur von Kameradschaft. Wenn bei den Fronteinheiten so etwas wie Gemeinsinn aufkam, dann gewöhnlich aus schierer Notwendigkeit, weil man im Überlebenskampf aufeinander angewiesen war, und aus Groll oder gar verächtlichem Haß auf jene, die nicht ständig ihr Leben aufs Spiel setzen mußten.

Allerdings war ein Großteil der amerikanischen Kampfsoldaten sehr furchtsam, und ihre vielfältigen Angstsymptome, von Herzrasen bis Einnässen und Einkoten, nahmen mit den Einsätzen unaufhörlich zu. Neben dem kräftigen Alkoholkonsum sorgten auch diese Phänomene für die schwachen militärischen Leistungen der Alliierten. Bei den Kämpfen setzten höchstens 20 bis 25 Prozent der amerikanischen Infanteristen ihre Waffen gezielt gegen feindliche Stellungen ein, wenn sich die Gelegenheit dazu bot, oft sogar noch viel weniger. Zwar machten die meisten Männer irgendwann einmal ernsthaften Gebrauch von ihren Waffen, aber anscheinend niemals jene vollen 80 Prozent, bei denen das Feuerpotential lag, zur gleichen Zeit. Die Alliierten siegten in erster Linie deshalb, weil der Krieg zur Fortsetzung der Industrieproduktion mit anderen Mitteln geworden war und nur sie die nötige Wirtschaftskraft besaßen, um ihn lange genug durchhalten zu können.

Wenn es auch nicht zu ähnlichen Krisen wie im Ersten Weltkrieg kam und die Männer selten unter anhaltenden Entbehrungen litten, blieben sie politisch doch erstaunlich gleichgültig. Heute weiß man, daß die Soldaten hauptsächlich überleben wollten und sich so gut es ging zurückhielten, zumal sie kaum ideologisch gefärbte Ansichten vom Feind oder von Krieg und Frieden hatten.[23] Nach dem Mai 1945 wollten die meisten nur noch raus aus der Armee.

Die Wehrmacht

Die Deutschen indes kämpften unter ganz anderen historischen Vorgaben, hatte doch die Radikalisierung der Soldaten 1918 immerhin den Sturz des Kaiserreiches nach sich gezogen und die ganze Nation erschüttert. Überdies setzte Hitler erheblich weniger als seine Feinde auf massive Luft- und Panzerverbände, und die Debakel an der Ostfront ließen massenhaft Soldaten auf Schlachtfeldern zurück, die auf fatale Weise an jene von 1914 bis 1918 erinnerten. Mit fast einmütiger Zustimmung seiner Generalität hatte Hitler im Juni 1941 ein Drei-Millionen-Heer nach Rußland geschickt, das nur für eine Blitzoffensive ausgestattet war, da der Feldzug höchstens bis zum Herbst dauern und die eigenen Verluste äußerstenfalls bei 275 000 Mann liegen sollten. Die Wehrmacht war völlig unvorbereitet auf die Zerstörung wichtiger Straßen und Bahnlinien durch die Rote Armee, so daß es schnell zu einer »Verkehrs-« beziehungsweise »Nachschubkatastrophe« kam.[24] Man mußte auf Pferdefuhrwerke zurückgreifen, die meist bei polnischen Bauern gestohlen wurden, und lediglich ein Fünftel der Einheiten konnte darauf verzichten. Doch die Pferde reichten nicht aus, und es fehlte an Futter. Offiziell nahm man an, daß nur ein Fünftel der Männer den Winter in Rußland verbringen würde und dafür auszustatten war. »Vor allem spielt das Problem der Erfrierungen eine große Rolle«, vertraute Goebbels im Januar 1942 seinem Tagebuch an. »Die enorme Anzahl von Erfrierungen, die schon durch die Transporte von der Ostfront in die Heimat bekannt wurden, hat hier und da starken Unwillen ausgelöst.« Angesichts dieser verheerenden Lage mußten sich deutsche Soldaten massenhaft warme Sachen stehlen, was nahtlos zur offiziell genehmigten Strategie der rücksichtslosen Unterdrückung und Ausplünderung paßte, die schließlich im gezielten Völkermord gipfelte.[25] Ende 1941 hatte man auf deutscher Seite schon dreimal so hohe Verluste hinnehmen müssen wie vorgesehen.

Insgesamt kämpften mindestens drei Viertel der deutschen Soldaten unter Extrembedingungen an der Ostfront, wobei die enormen Opferzahlen von vergleichsweise rückständigen Militärtechniken und einem entsprechend hohen Personalaufwand zeugten. Bis September 1944 waren insgesamt 13 Millionen Mann mobilisiert, wovon ein Drittel getötet oder verwundet wurde, und bis zum Kriegsende kamen noch einmal knapp fünf Millionen hinzu, während weitere 3,5 Millionen fielen.

Doch eine politische Radikalisierung wie ein Vierteljahrhundert zuvor im deutschen Heer fand bei der Wehrmacht nicht statt. Im Verlauf des Kriegs wurde ihre Schlagkraft um knapp ein Drittel höher eingeschätzt als die der britischen oder amerikanischen Truppen, und im Osten dürfte sie noch größer gewesen sein. Die deutschen Offiziere kümmerten sich viel mehr um die Wehrpflichtigen als die der Alliierten; sie führten sie in Gefechten tatsächlich und hatten selbst eine höhere Verlustquote als ihre alliierten Widerparts. Doch das alles erklärt noch nicht, warum dieses gewaltige Heer den Krieg mit seinen schrecklichen Härten so gefügig ertrug.

Der deutsche Soldat wurde, besonders nach 1943, ideologisch stark bearbeitet, wie er zuvor bereits einem Schulsystem ausgesetzt gewesen war, das ihm nationalsozialistische Werte einzuimpfen versuchte. Doch die Qualen der Ostfront werden wohl kaum den Boden für die rassistische NS-Propaganda geebnet haben, während ähnliche Verhältnisse 1914 bis 1918 zur Disziplinlosigkeit und Radikalisierung beitrugen. Wir wissen, daß verbitterte Soldaten allerorten zunehmend zynisch reagieren, sobald die ihnen abverlangten Opfer in irgendeiner Form gerechtfertigt werden sollen. In der Tat haben politische Indoktrinationsversuche in keiner Armee je wirklich angeschlagen. Wie sich die braune Erziehung auch auswirkte, viele Männer entstammten nun einmal der Arbeiter- und Bauernschaft, in der Sozialismus oder Christentum nach wie vor hoch im Kurs standen; und das Regime duldete, trotz seiner kulturpolitischen Dogmen im Alltagsleben, oft stillschweigend gewisse Abweichungen, um bei Grundsatzfragen mit äußerster Härte durchgreifen zu können. Zweifellos hätten die Nazis gerne eine völlig linientreue und hoch motivierte Wehrmacht aufgebaut. Selbst wenn es überzeugende Belege dafür gäbe, daß ein Großteil der Soldaten (wenigstens bis zu den ersten Rückschlägen) fest an den Nationalsozialismus glaubte, bliebe dennoch unerklärt, warum es überhaupt keinen Widerstand gab. Schließlich bekamen die Truppen im Osten Tag für Tag zu spüren, wohin der braune Wahnsinn führte, und da deutsche Soldaten nicht dümmer waren als andere, hätten sie sich einen Reim darauf machen müssen.

Wie das Reichsheer, so war auch die Wehrmacht anfangs weitgehend unter regionalen Aspekten aufgebaut, was für einen starken Zusammenhalt bürgte, der gewöhnlich auch die Jungoffiziere einschloß. Zunächst brauchte sie daher keine eigene ideologische Motivation, doch als die Kämpfe so viele Männer dahinrafften und die Primärgruppen zersetzten, veränderte sich das Bild tiefgreifend.

Ab Winter 1941 bereitete die Kampfmoral in der Truppe den führenden Nazis erhebliche Sorgen. »Was unsere Soldaten von der Front in die Heimat schreiben, ist überhaupt nicht mehr zu beschreiben«, notierte Goebbels im Januar 1942. »Das ist zum Teil auch darauf zurückzuführen, daß jeder einzelne sich wichtig machen will.«[26] Wenn die Wehrmacht in den grausigen Verhältnissen schlagkräftig blieb, so zeugt das eher von strenger Disziplin als von eisernem Willen oder Linientreue. In Wahrheit bestand die Wehrmacht in der Hauptsache weder aus glühenden Nazis noch aus echten Antifaschisten, sondern aus einem bunten Gemisch von Männern, die überleben wollten, auch wenn erdrückende militärische Zwänge dem entgegenstanden. Wie alle anderen, so sind Soldaten teils gut, teils schlecht, meistens aber irgend etwas dazwischen. Einige hielt nur die Furcht vor Strafe bei der Stange, und viele haßten den Dienst, taten ihn aber trotzdem. Die Führung hatte ein feines Gespür für bedrohliche Stimmungen in der Truppe und entschied daher, daß es auf keinen Fall zu einem neuen Herbst 1918 kommen dürfe. »Die ewigen Meckereien haben auch stark abgenommen«, stellte Goebbels befriedigt fest. Wenn es also faktisch gelang, die Lage zu beruhigen, so folgerte er: »Das ist auf unsere gute Propaganda, zum Teil aber auch auf die scharfen Maßnahmen zurückzuführen, die wir gegen Defätisten treffen.«[27]

Allerdings kam man der Wehrmacht nicht mit Zuckerbrot und Peitsche bei, weil es für Frontsoldaten kaum verlockende Anreize gab, außer daß sie in Osteuropa alle Freiheit hatten, die Zivilbevölkerung zu drangsalieren und zu mißbrauchen, was überall sonst streng verboten war. Doch jedenfalls wurden die Soldaten mit äußerster Härte auf Zack gehalten, und Querköpfe wußten, daß nicht der leiseste Anflug von Ungehorsam geduldet würde.

Im Ersten Weltkrieg waren 48 deutsche Soldaten hingerichtet worden – bei den Alliierten ein Vielfaches davon. Die Nazis dagegen hatten schon 1939/40, noch bevor es in der Wehrmacht Probleme gab, 519 eigene Soldaten exekutiert, überwiegend aus politischen Gründen; 1943/44 gab es 4118 Todesurteile, bis Kriegsende insgesamt 13 000 bis 15 000, und hinzu kam die unbekannte Zahl der standrechtlich Erschossenen. Daneben wurden jedoch auch leichtere Disziplinarstrafen verhängt. Bis Mitte 1944 mußten 320 000 Soldaten bis zu einem Jahr Haft verbüßen, 84 346 sogar mehr (und gut ein Viertel von diesen viel mehr).

Die allgegenwärtigen Sanktionen bewirkten, daß Soldaten nicht einmal ihrer Wut über die Kalamitäten des Kriegs Luft machen konnten. Am Ende war die Wehrmacht, außer einigen von der Waffen-SS geführten Formationen glühender Nazis, völlig demoralisiert und setzte sich zunehmend über Hitlers Befehle hinweg, so daß es in der amtlichen US-Geschichtsschreibung heißt: »Hitlers Armee legte bereitwillig die Waffen nieder.«[28] Nach der Kapitulation zeugte nichts am Verhalten der Veteranen davon, daß sie in einem nennenswerten Umfang überzeugte Nazis gewesen wären.

Der Krieg und die Sozialsysteme Europas

Weitaus stärker als der Erste zerrüttete der Zweite Weltkrieg die Gesellschaftsstrukturen Europas in allen entscheidenden Belangen. Arbeiter wurden in Massen eingezogen oder verschleppt, und daneben verschob sich die gesamte Ausrichtung der Industrie grundlegend – von eher »leichten« Konsumgütern zu »schweren« automatisierten Waffen. Zugleich erschütterte der Krieg, verstärkt durch die Inflation und den Schwarzmarkt, auch die Steuer- und Fiskalsysteme. Wie tief und wie weit gingen diese Veränderungen? Trotz der spärlichen Daten lassen sich gewisse Verallgemeinerungen vornehmen, die allerdings für die einzelnen Nationen oft sehr unterschiedlich ausfallen.

Auf lange Sicht unverändert blieb die Stellung der erwerbsfähigen Frauen. So zahlten die Nazis deutschen Soldatenfrauen beträchtliche Familienzuschüsse und hielten sie dadurch vom Arbeitsmarkt fern. Die Briten hingegen drängten Frauen erst ins Erwerbsleben und führten dann stufenweise den Arbeitsdienst ein, in dem man sie viel schlechter bezahlte als ihre männlichen Kollegen und nur auf Zeit einstellte; da viele der Frauen mit Wehrpflichtigen verheiratet waren, änderte das die Lage auf dem Arbeitsmarkt nicht bleibend, sondern lediglich für die Dauer des Kriegs.

In allen beteiligten Industrienationen, von Deutschland und Japan hüben bis zu Frankreich und Großbritannien drüben, kam es zu einer nachhaltigen Gewichtsverlagerung auf Schwerindustrien sowie auf Fertigung, Bau, Bergbau, Transportwesen und Fernmeldetechnik. Doch vielerorts ließ die massive Einziehung von Fachkräften (Mitte 1944 dienten rund 40 Prozent der deutschen

Industriearbeiter beim Militär) bloß angelernte Kräfte in Schlüsselstellungen der Fertigung aufrücken, mit überraschenden Folgen.

Als in Deutschland Fremdarbeiter gut ein Drittel der männlichen Belegschaften ausmachten, stiegen Einheimische verstärkt an die Spitzen der Betriebshierarchien auf und wurden entsprechend hoch bezahlt, erwarben also momentan Privilegien. In Großbritannien dagegen gab es neben den häufig nur angelernten Männern sehr viele ungelernte Frauen, was die meist geschlechtsabhängigen Lohnunterschiede noch ausprägte und männliche Arbeiter aufsteigen ließ. Doch als die Kriegsproduktion dann endete, traf die Erwerbslosigkeit jene am härtesten, deren Löhne am stärksten gestiegen waren, und es setzten sich wieder die alten Vorkriegsmuster durch.[29]

Kurz, der Krieg verursachte zwar vorübergehende Schwankungen, aber (wenn überhaupt) kaum dauerhafte Veränderungen, geschweige denn eine Verbesserung der Erwerbsstrukturen.

Wenn der Krieg das europäische Proletariat im Grunde genau da beließ, wo es schon vor 1939 gestanden hatte, so gilt für die höheren Ebenen ein etwas nuancierteres Fazit. Da neue Gruppen aufstiegen, kamen für die jeweiligen Klassenstukturen drei Alternativen in Betracht: geringe bzw. keine, vorübergehende oder tiefgreifende und nachhaltige Veränderungen.

Griechenland und Polen stehen für das eine Extrem, den endgültigen Untergang der alten Eliten. Die Nazis hatten bis zum Einmarsch der Roten Armee die herrschende Schicht Polens fast völlig zerschlagen, allen voran die Gebildeten und die Juden; außerdem unterwarfen sie dann die Wirtschaft einem jahrelangen Alptraum, vom dem nur skrupellose Geschäftemacher, vielfach sogar Kriminelle, mit Frechheit und Brutalität profitieren konnten, um nach Kriegsende spurlos von der Bildfläche zu verschwinden. Insofern ließ der Krieg dort keinen Stein auf dem anderen.

In Griechenland gingen Gläubiger und Anleger an der beispiellosen Inflation zugrunde und mußten ihre gesamte Habe verkaufen, um wenigstens überleben zu können. Faktisch wurden sie dadurch enteignet. Jene, die als Spekulanten oder Schwarzhändler zu Reichtum gelangten, wobei sie ebenso gerissen wie unmoralisch vorgingen, bildeten nach dem Krieg die neue Elite und konnten somit die Schlüsselrolle des Staates beim Wiederaufbau zu ihrem Vorteil ausnutzen.

In Frankreich hinterließen die Nazis keine sehr tiefen Spuren, und die Veränderungen des Wohlstandsgefüges blieben geringfügig, also auch befristet, wenn man von den wenigen prominenten Industriellen und Bankiers absieht, die schließlich wegen ihres forschen Eintretens für Vichy zur Verantwortung gezogen wurden. Im übrigen hatten die Nazis, ähnlich wie in Belgien, den Schwarzmarkt grundsätzlich für Beschaffungszwecke benutzt und sich dabei auf zentrale Großhändler gestützt. Einige davon waren schon vor 1940 ziemlich wohlhabend gewesen und griffen später auf ihre alten Vertriebswege zurück. Diverse maßgebliche Schwarzmarktlieferanten waren clever genug, Immobilien oder – bei den fast während des gesamten Kriegs blühenden Pariser Auktionen – Kunstwerke oder Antiquitäten zu erwerben. Auf diese Weise retteten sie ihr Vermögen unauffällig in die Nachkriegsepoche hinüber. Doch wie erfolgreich sie in Frankreich oder Belgien auch sein mochten: An die Neureichen Griechenlands kamen sie nicht einmal annähernd heran. Wie dem auch sei, in Frankreich dominierte ein Viertel der Einwohner den Schwarzmarkt und kam gut über die Runden; einige lebten sogar üppig. In Belgien dürften anteilsmäßig mehr Menschen am Schwarzmarkt verdient haben, darunter viele Bauern, aber trotz all dieser neuen Kleinunternehmer änderte sich weder in Frankreich noch in Belgien nach Kriegsende etwas Entscheidendes an den wirtschaftlichen Machtverhältnissen.

Auch in Deutschland blieb das wirtschaftliche Machtgefüge im Grunde erhalten, zumal die siegreichen Alliierten nach dem Krieg nur eine kleine Minderheit von NSDAP-Mitgliedern zur Rechenschaft zogen und alle außer den Bonzen ungeschoren blieben. Allerdings hatte ein befremdeter konservativer Adliger im Oktober 1940 von einem »frivolen Vabanque der Generalstäbler und der industriellen Spekulanten« gesprochen und scharfsichtig diagnostiziert: »Die großen Drahtzieher, Industrie und der seit Ludendorff ihr verhaftete Generalstab, halten das Instrument des Terrors fest in der Hand, sie besitzen das Monopol auf die öffentliche Meinung und haben damit die große unproduktive Masse ... verdummt bis zur Idiotie.« Wenn die Nazis ihre Produktionsziele im Krieg weitgehend durchdrücken konnten, so zog die alte Industriellenclique danach wieder allein die Drähte.[30] Zwar hatten viele der Parteifunktionäre nicht schlecht gelebt, aber die raffgierigsten unter ihnen kamen um oder tauchten unter; im übrigen waren am Handel mit Beutegut aus den besetzten Gebieten zu viele beteiligt, als daß er größere Vermögen auch in den Händen von Nichtnazis hätte begründen können. Die Parteielite bestand vor allem aus Kleinbürgern und mittelmäßigen, verbitterten Beamten, die den alten Wirtschaftskapitänen devot Platz gemacht hatten, als diese sich zunehmend um die Kriegsanstrengungen zu kümmern begannen. Insofern blieb die Gesellschaftsstruktur in den wesentlichen Grundzügen erhalten.

10. DAS BESETZTE EUROPA

Kriege haben das 20. Jahrhundert stärker geprägt als irgend etwas anderes, waren buchstäblich die »Väter« umwälzender Entwicklungen, zu denen es ansonsten schwerlich hätte kommen können. Doch ihr unglaublicher Blutzoll kam den Europäern erst nach und nach voll zu Bewußtsein, und dann blickten sie weniger zurück im Zorn als voraus, um derartige Ausbrüche kollektiven Wahnsinns in Zukunft zu verhindern.

Bereits auf dem Höhepunkt des Schreckens brachte das kollektive Denken und Tun indes nicht nur unmittelbar drängende existentielle Probleme zum Ausdruck, sondern auch Urteile über das Kräfteverhältnis zwischen Deutschland und seinen Feinden sowie den wahrscheinlichen Kriegsausgang und dessen Relevanz für ihre künftige Lebensführung. Als die Nazis wiederholt Niederlagen einstecken mußten und in ihrer Ratlosigkeit den Terror immer weiter eskalieren ließen, wagten viele Menschen den riskanten Schritt zu politischen Aktionen.

Anfangs waren nur die wenigsten Zeitgenossen bereit gewesen, irgendwelche Risiken auf sich zu nehmen, da die Nazis offenkundig alles fest im Griff hatten. Jemand mochte insgeheim gegen das Regime sein, es sogar bekämpfen, im Fabrikalltag aber gleichzeitig Rüstungsgüter für die Wehrmacht herstellen. Widersprüche dieser Art zwangen viele Betroffene, sehr gründlich über ihre persönliche Einstellung nachzudenken, doch nur ganz selten kamen dabei klare oder kategorische Entschlüsse heraus, so daß es meist keine eindeutige Grenze zwischen Kollaboration und Widerstand gab, sondern vor allem eine große Grauzone.

Die Besatzungspolitik

Trotz ihrer unmißverständlichen Endziele war die deutsche Besatzungsstrategie für Westeuropa organisatorisch keineswegs streng festgelegt, sondern ließ den Einheimischen gewisse Spielräume für ein eigenständiges Verhalten, das von einer abwartenden Skepsis bis zur offenen Kollaboration reichen konnte. In Osteuropa war allerdings von Anfang an geplant, die bestehenden Strukturen zu zerschlagen und die traditionellen Eliten restlos auszulöschen.

Aufgrund ihrer Erfahrungen in Böhmen, Mähren und Polen stützten sich die Nazis bei möglichst vielen Verwaltungsaufgaben ganz pragmatisch auf die lokalen Behörden und das geltende Inlandsrecht. Hitler wollte nicht zulassen, daß die Wehrmacht in Zivilangelegenheiten ertrank, und erst recht wollte er einen übergroßen Personalaufwand vermeiden. Zunächst hatte er in Westeuropa das internationale Besatzungsrecht anwenden wollen, vor allem, um sich nicht zu sehr den vielfach zerstrittenen lokalen Beamtenfraktionen auszuliefern. Dennoch prägten diese in gewissem Maße die jeweilige Ausformung der deutschen Besatzungsregime, die letzten Endes zwar alle einer schonungslosen Ausbeutung dienten, dabei aber prinzipiell auf die jeweiligen Inlandsbehörden angewiesen blieben.[1]

Besatzung und Kollaboration

Zu Beginn der Besatzung versuchte die große Masse gewöhnlich nur, irgendwie durchzukommen. Jede Form von Widerstand war nicht zuletzt auf den bestehenden Staats- und Wirtschaftsapparat angewiesen, um überhaupt etwas ausrichten zu können; wer aber die vom Feind übernommenen Institutionen für Widerstandsaktionen nutzte, beschwor nicht nur Vergeltungsmaßnahmen herauf, sondern riskierte zugleich, den Zugriff auf nützliche, ja lebenswichtige Schaltstellen zu verlieren. Gleichwohl gab es den »administrativen Widerstand« von Behörden, die ansonsten brav das Ihre zu den Kriegsanstrengungen beitrugen. Was manchen als Kollaboration erschien, mochte der Intention nach das glatte Gegenteil sein und nutzte das »offizielle« System lediglich für subversive Zwecke aus.[2]

Woran erkennt man den »administrativen Widerstand«? Von außen sind die Motive der Beteiligten nicht auszumachen, doch im Grunde entschied sich die Frage Kollaboration oder Widerstand mehr an der Absicht als am Verhalten selbst (und vielfach handelte es sich um keines von beidem). Noch heute lassen sich die wahren Motive für enge Kontakte mit den Deutschen nur in den wenigsten Fällen zuverlässig beurteilen.

Belgische und holländische Beamte versicherten später, sie hätten lediglich versucht, das Beste aus der Lage zu machen und den Nazis womöglich Zugeständnisse abzuringen. Sie setzten voraus, daß die Wahrung nationaler Wirtschaftsinteressen zugleich auch dem Gemeinwohl diene. Beschränkt man sich auf die Fakten und sieht von den Motiven ab, so kollaborierte auf der materiellen Ebene ganz Westeuropa in vollem Umfang mit dem Naziregime. Die Menschen in den eroberten Ländern fügten sich in das scheinbar Unvermeidliche und taten genau das, was die Nazis wünschten, nämlich mehr oder weniger weiter so zu arbeiten und zu leben wie zuvor. Wer indes ernsthaft an Verweigerung oder Amtsniederlegung dachte, der hatte mit fatalen Konsequenzen zu rechnen.

Da in den meisten Fällen nicht klar zwischen Kollaboration und Widerstand abzugrenzen war, konnten nach dem Krieg viele die ehrbarsten Motive für sich in Anspruch nehmen. Zudem vollzog sich die Besatzung ja nirgends auf übersichtlichem Terrain. Alle betroffenen Staaten hatten ihre politischen Traditionen, wirtschaftlichen Interessen und etablierten Parteien, deren Wechselwirkungen mit den Invasoren die Kollaboration im nachhinein als unvermeidlich erscheinen lassen konnten: Die Besatzung barg neben Unbilden für manchen auch neue Möglichkeiten.

Das Vichy-Regime

Der französische Konservatismus war zwar sehr viel älter, aber kaum weniger irrational als der deutsche Nationalsozialismus. So verachtete die Bourgeoisie säkulare republikanische Ideen und erst recht den *Front Populaire* des Juden Leon Blum, und sie blickte scheel auf den Parlamentarismus, der in einem häufig bestreikten Land nur für Unordnung sorge. Die tiefe Sehnsucht nach dem Mythos einer harmonischen mittelständischen Gesellschaft, nach einer katholischen Moralordnung auf den ehernen Säulen der Enthaltsamkeit und der Familie oder nach einer ländlichen Idylle im Kontrast zu den Industriezentren mit ihren Radikalen, Juden, Freimaurern und Einwanderern hatte das geistige Inventar vieler wohlhabender Bürger schon geprägt, bevor die Deutschen anrückten. Eng damit verbunden waren anheimelnde Ideen, die Wirtschaft weniger wettbewerbsorientiert und damit vermeintlich menschlicher zu gestalten. Solche Wunschträume verschmolzen, besonders unter den Veteranen des Ersten Weltkriegs, mit einer kultischen Anbetung des Marschalls Philippe Pétain, der dazu auserkoren schien, Frankreich von der Schmach des säkularen Republikanismus zu befreien.

Seine autoritäre, antisemitische Ideologie hatte Vichy aus freien Stücken angenommen; mit den Nazis arbeitetete man gerne zusammen – in der offenkundigen Erwartung, sie würden den Krieg gewinnen und dann Europa auf Dauer neu ordnen, aber auch wegen der vielen grundsätzlichen Übereinstimmungen. Doch die Nazis strebten in Frankreich eigentlich genau das gleiche an wie in Belgien und Holland, nämlich die totale Ausbeutung des Landes mit einem möglichst geringen eigenen Personalaufwand.[3]

Fast der gesamte ehemalige Verwaltungsapparat unterstützte das Vichy-Regime, und von den 569 Abgeordneten der Nationalversammlung stimmten am 10. Juli 1940 alle bis auf 80 – drei Viertel der Sozialisten inklusive – für die Übereinkunft mit Deutschland. Der höhere Dienst, fast alle Diplomaten und die Kommunen konnten also ohne weiteres loyal bleiben. Da die Deutschen nur ungefähr 10 000 eigene Polizisten hatten, waren sie weitgehend auf die mindestens 100 000 französischen Gendarmen angewiesen, um ihre Opfer – meist Kommunisten und Juden – zusammenzutreiben. Bis die Vichy-Behörden im Herbst 1942 nicht mehr bereit waren, eigene Landsleute für die Zwangsarbeit in Deutschland auszuheben, hatte die Gendarmerie als vorbildlich gegolten; und zu Beginn des neuen Jahres wies Pierre Laval seine Polizei ausdrücklich an, erneut uneingeschränkt mit dem Reich zu kooperieren. Vichy und seine Konsorten in der Wirtschaft ölten die Kriegsmaschinerie der Nazis, wo es nur ging. Auf einer allgemeineren Ebene traten viele Großindustrielle außerdem dafür ein, die einstigen Bemühungen der Kartellisten aufzugreifen, eine durchorganisierte paneuropäische Wirtschaft mit einem vollständig deregulierten gemeinsamen Markt und jenen Grundelementen aufzubauen, die viele einflußreiche Deutsche in Gestalt der nationalsozialistischen »Neuen Ordnung« für Europa forderten. Stramme Verfechter einer europäischen Gesamtwirtschaft gab es auch in der belgischen und holländischen Geschäftswelt. In gewissem Sinne bestärkten liberale Ideologien diesen neuen Konsens (der später mit zum Aufbau der Europäischen Wirtschaftsgemeinschaft beitrug), ausschlaggebend war jedoch die weitverbreitete Annahme, weniger Konkurrenz sei gleichbedeutend mit mehr Gewinn. Allerdings zweifelte vorerst niemand daran, daß die Nazis das verfügbare Industriepotential Westeuropas voll ausschöpfen würden, notfalls sogar durch Beschlagnahme und Verfrachtung nach Deutschland. In scharfen Verhandlungen stellten die Deutschen oft unbarmherzige Bedingungen, und solange sie alle Trümpfe in der Hand hielten, mußten die Kapitalisten im besetzten Europa ihnen in der Regel nachgeben.

Frankreichs hochentwickelte Industriebranchen kollaborierten nach Kräften mit den Nazis. Bauxit und Eisen sollten möglichst teuer verkauft werden, und einen Monat nach Unterzeichnung des Waffenstillstandsabkommens ergriff Renault gemeinsam mit anderen Industrie- und Finanzgruppen die Initiative, sich an allen Aufgabenbereichen des deutschen Flugzeugbaus zu beteiligen. Zwischen 1941 und 1944 stellten sie 5622 Maschinen für Deutschland her und reparierten oder motorisierten außerdem noch dreimal so viele. Auch andere Branchen kamen den deutschen Wünschen gerne nach. Im Frühjahr 1942 waren 845 000 Franzosen in Frankreich selbst damit beschäftigt, für die Nazis Munition herzustellen oder Flugplätze und Befestigungsanlagen zu bauen. Das bewahrte sie von der Deportation nach Deutschland. Alles in allem wählten im Lauf des Kriegs viel mehr Männer diese Lösung, als in den bewaffneten Widerstand, den Maquis, gingen, und unter dem Strich ließen sich acht bis neun Millionen Franzosen mit in die Kriegsanstrengungen der Nazis einbeziehen.[4]

Selbstverständlich gab es auch viele reine Opportunisten, wobei besonders jene ehemals meist unbekannten Kleingeister ins Auge sprangen, die unter der deutschen Ägide zu neuen Helden der Pariser Literatur- und Filmszene wurden. Doch die eingefleischten Pariser wollten in erster Linie den Zauber ihrer Stadt wiederherstellen, was ihnen die Nazis bewußt leichtmachten. Mehrere Monate lang hatte das schlimme Schicksal Frankreichs viele dort völlig zu Boden gedrückt, doch schon im Herbst 1940 war Paris wieder obenauf: Theater, Museen, Restaurants und Schulen, sie alle öffneten ihre Tore, man konnte wie gewohnt in seinem Lieblingscafé die Tageszeitungen durchblättern – 1942 immerhin neun an der Zahl –, und im übrigen blieben die Straßennamen unverändert. Gewiß, alle außer den Eliten litten Hunger, auch verschwanden immer mehr Juden und Kommunisten, aber Paris wollte und konnte nicht von seinem geliebten Lebensstil ablassen. Im November 1940 fand eine Protestkundgebung von Studenten statt, und mehr als 100 von ihnen wurden abgeführt, worauf es bis Sommer 1944 keine Demonstration mehr gab. 1942 hatten die Pariser Theater und Kinos mehr Zulauf als vor dem Krieg, und es kamen 600 Zeitschriften aller Art heraus. Während der Besatzung entstanden 220 Kinofilme.[5]

Vichy-Frankreich kollaborierte umfassender mit den Nazis als jedes andere Regime, und das aus ideologischen Erwägungen ebenso wie aus purer Notwendigkeit oder blanker Gier. Ironischerweise verwandelten sich seine Verfechter, die konservativen Nationalisten, dadurch in eine regelrecht antinationale Kraft, polarisierte sich die Politik derart, daß nur die Nazigegner das Attribut des Nationalismus oder Patriotismus für sich in Anspruch nehmen konnten. Die Kommunisten gingen mit einer einzigartigen Mixtur aus Klassen- und Nationalbewußtsein aus dem Krieg hervor, die vielen Franzosen als durchaus plausibel erschien. In diesem Zusammenhang sollte die Frage, wer eigentlich warum und wie kollaboriert hatte, bald zum alles beherrschenden Grundproblem der französischen Politik werden.

Belgien

In Belgien stellte sich die Kollaboration viel komplizierter dar, und seine führenden Politiker hatten ganz andere Motive als die abgebrühte reaktionäre Clique von Vichy. Da der relativ gewaltlose Einmarsch der Wehrmacht dennoch eine Panik ausgelöst hatte, bei der bis zu vier Millionen Menschen Hals über Kopf ihre Wohnung verließen, war anschließend der Wunsch um so stärker ausgeprägt, wieder ein möglichst normales Leben zu führen. Im gleichen Zuge war auch die gesamte Regierung nach London geflohen und hatte die Staatssekretäre (als höchste Staatsbeamte) zurückgelassen, die womöglich die Verwaltungsgeschäfte weiterführen sollten. Die Oberschicht wollte ebenso wie die Mehrheit der Bevölkerung weder kollaborieren noch aufbegehren (was mehr oder weniger gut gelang), aber auch die Kriegshärten fast um jeden Preis umgehen (was sie besser schafften als alle anderen). Von einigen bemerkenswerten Ausnahmen abgesehen, verfochten sie keine hehren Ideologien, sondern entschieden sich ganz pragmatisch für das jeweils kleinere Übel. Sie taten zwar, was die Nazis verlangten – zumal wenn es ihnen persönlich nützte –, waren aber auch auf der Hut. Der Pragmatismus wurde zum offiziellen Programm, nach dem Krieg sogar zur beliebtesten Ausrede der Machthaber; doch letzten Endes lief er darauf hinaus, etwas im Grunde Unmoralisches als interessengemäß umzudeuten.

Die Deutschen bedienten sich der Staatssekretäre, der Polizei und der Wirtschaftsbosse, schon weil ihnen gar nichts anderes übrigblieb. Wenn die Sekretäre mit Rücktritt drohten, lenkten die Nazis stets ein, weil sie wußten, daß sie ganz auf diese Fachleute angewiesen waren. Obgleich die belgische Polizei weitaus weniger entgegenkommend war als die französische, erfüllte sie doch ganz im Sinne der Besatzer ihre Pflicht.

Obwohl die Belgier später gerne ihren sozialen Zusammenhalt beschworen, gab es doch massenhaft Schmuggler, Betrüger und Schleichhändler, für die ihr Land regelrecht berüchtigt wurde. Die meisten dieser Leute wollten nicht mehr, als den Krieg so unbeschadet wie möglich zu überstehen, einigen wenigen ging es um persönliche Bereicherung. Nur 1514 der rund 52400 Personen, die nach Kriegsende wegen wirtschaftlicher Kollaboration angeklagt wurden, fielen unter die Rubrik »besonders schamlos«, während sich 53000 (das waren 170mal so viele wie im Ersten Weltkrieg) wegen sonstiger Vergehen zu verantworten hatten, mehr als die Hälfte davon, weil sie als Söldner auf seiten der Deutschen mitgekämpft hatten – überwiegend an der Ostfront. Dies nicht nur, weil die Wehrmacht gut zahlte, sondern auch, weil viele flämische Nationalisten echte Nazis waren.

Ähnlich wie sich die große Masse mit Hilfe des Schwarzmarktes ernährte und bereicherte (oder beides), machten die führenden Industriellen und Bankiers Abstriche von ihrem ursprünglichen Programm, das nach Juli 1940 vom sogenannten Galopin-Komitee aufgestellt worden war: weder Kollaboration noch Widerstand, sondern etwas dazwischen, um den Schaden für Staat und Nation möglichst gering zu halten. Prinzipiell ließ sich eine wirtschaftliche Zusammenarbeit kaum ohne Kollaboration bewerkstelligen. Obwohl auch die belgischen Großindustriellen verkaufen und Gewinne machen wollten, legten sie dabei doch nie den unverfrorenen Eifer ihrer französischen Konkurrenten an den Tag. Bis Anfang 1944 übernahmen die Deutschen zwei Drittel bis drei Viertel der belgischen Industrieerträge, und bestimmt hätte man ihnen noch mehr geliefert, wäre die Produktivität nicht ab 1942 infolge des organisatorischen Chaos rapide verfallen.

Belgiens Wirtschafts- und Finanzmagnaten folgten sicherlich keinen ideologisch gefärbten Motiven, sondern wollten lediglich Gewinne machen und ihre Marktstellung ausbauen. Insofern handelten sie in erster Linie eigennützig oder opportunistisch, was jedoch im Endeffekt auf funktionelle Kollaboration hinauslief.[6]

Die Niederlande

Die holländische Regierung hatte schon 1937 eingesehen, daß gegen eine deutsche Invasion jeder militärische Widerstand zwecklos wäre. Während sie selbst plante, zusammen mit dem Hof ins Exil zu gehen, blieben die Staatssekretäre und ihre Beamten auf dem Posten, denn sie sollten den Staatsapparat nach internationalem Besatzungsrecht weiterführen. Dabei waren sie jedoch ausdrücklich angewiesen, auf gar keinen Fall zuzulassen, daß einheimische Nazis ein neues Regime bildeten. Unter dieser festen Bedingung boten sie dem Reichskommissar Arthur Seyß-Inquart ihre Zusammenarbeit an, und einige bekundeten in Wort und Tat die Bereitschaft, ihren ursprünglichen Auftrag zum Vorteil Deutschlands auszulegen. Im Unterschied zu einigen seiner Kollegen in Belgien war Seyß-Inquart ein waschechter Nazi, einer von nur 24 Männern, die später als Kriegsverbrecher hingerichtet wurden. Dennoch nahm er den Vorschlag der Staatssekretäre an.

Im Prinzip waren beide Seiten aus praktischen Gründen schlicht aufeinander angewiesen. Die Nazis hatten nicht den Überblick und das Personal, um Holland zu verwalten, und die diversen Besatzungsinstanzen waren einander wie fast überall nicht grün. Auch wenn sie den einheimischen Nazis in der NSB (*Nationaal-Socialistische Beweging*) mit Wohlwollen begegneten, trauten sie ihnen anfangs wenig zu. Allerdings nahmen die Stützen des holländischen Establishments zunächst an, Deutschland werde den Krieg gewinnen und sie müßten sich wohl oder übel darauf einstellen. Im übrigen galten Holländer bei den Nazis als Arier, weshalb das Land irgendwann ohnehin endgültig annektiert werden sollte. Die Deutschen wurden fast während des gesamten Kriegs unterstützt, obwohl die Bevölkerung dem Nationalsozialismus in der Regel gleichgültig bis ablehnend gegenüberstand. 51 000 Männer (weit mehr als in Belgien) schlossen sich deutschen Kampfverbänden an, ein Drittel davon der SS, und nach dem Krieg wurden mindestens 120 000 Holländer wegen Kollaboration angeklagt. Während die Nazis dem relativ liberalen Regime im Frühjahr 1941 ein Ende machten und von da an rücksichtslos gegen die Bevölkerung vorgingen, ersetzten sie die meisten Bürgermeister der Großstädte erst im Herbst 1943 durch NSB-Leute – Monate nachdem sie überall noch schärfer durchzugreifen begonnen hatten –, konnten jedoch auf die niederen Beamten nach wie vor nicht verzichten.

Von diesem beiderseitigen Opportunismus zeugt die wahrhaft bemerkenswerte Laufbahn des wichtigsten Staatssekretärs, Hans Max Hirschfeld, der für Handel, Industrie, Landwirtschaft und Wasserwege zuständig war. Obwohl Jude, behielt er seinen Posten bis zum Kriegsende und wurde dann »in Ehren« aus dem Dienst entlassen, um bald hochkarätige Regierungsaufträge zu übernehmen. Sein Gehorsam gegenüber der Besatzungsmacht zeigte sich 1943, als er eine Verordnung unterschrieb (was der eigentlich zuständige Beamte verweigert hatte), derzufolge Zwangsarbeiter zusammengetrieben werden konnten. Antisemitischen Erlassen widersetzte er sich hingegen mit Nachdruck. Er wollte um jeden Preis ein wirtschaftliches Chaos verhindern, damit nicht die ganze Gesellschaft zusammenbrach, und ging deshalb viel härter gegen den Schwarzmarkt vor als irgendwer sonst, so daß Holland bis Ende 1944 kaum Versorgungsprobleme kannte.

Wenn die Nazis und ihre holländischen Mandarine auch gleichermaßen zynisch ihre jeweiligen eigennützigen Ziele verfolgten, so profitierten die Nazis doch erheblich mehr davon. Von 1938 bis 1943 verdreifachten sich die Exporte nach Deutschland, obwohl der holländische Industrieausstoß sogar um gut ein Drittel sank und die Importe zurückgingen. 1941/42 landete ein gutes Viertel, 1944 mehr als die Hälfte der Industrieproduktion in Deutschland, überwiegend auf der Basis von Rüstungsaufträgen – die holländische Lieferanten scheinbar viel besser ausführten als ihre französischen und belgischen Kollegen, was ihnen sehr hohe Gewinne eintrug. Bis zum Frühjahr 1943 tat die holländische Polizei (insbesondere auch in Amsterdam) alles, was die Nazis verlangten, um Kommunisten und Juden zusammenzutreiben, oft sogar in eigener Regie. Bei Befehlsverweigerung drohte ein Verfahren vor dem SS-Gericht. Angesichts dieses Erfolgs konnten deutsche Beamte kleinere Verfehlungen übersehen, mit denen die holländische Bürokratie ihrer eigenen Klientel half – darunter, als die Niederlage der Nazis nur noch eine Frage der Zeit war, auch Angehörige des Widerstandes.[7]

Die Leiden Polens

In Westeuropa riskierte ein Funktionär, der Zivilcourage bewies, zwar seine Stellung, aber gewöhnlich nicht Kopf und Kragen. Die Institutionen selbst fielen ohnehin den Nazis in die Hände, und ihre Leiter waren austauschbar. Was die weniger exponierten Bereiche anging, so konnten bis 1943 auch antinazistisch eingestellte Arbeiter und Landwirte, die meist anonym blieben und von den Nazis als bloße Rädchen im Getriebe einfach übersehen wurden, gewöhnlich durch unauffälliges Verhalten größeren Unbilden entgehen.

Während es in Westeuropa also noch um Werte wie Anständigkeit, Rückgrat und Selbstachtung ging, herrschte in Polen nur noch das Grauen: Knapp sechs Millionen Menschen kamen dort um – man war also buchstäblich mitten im Leben vom Massentod umgeben. Selbst heute, am Ende eines Jahrhunderts entsetzlicher Kriege, ist das, was dort geschah, schier unfaßbar.

Wenn im Westen wenigstens äußerlich die Haager Konventionen eingehalten wurden, so scherten sich die Nazis hier einen Dreck darum. Kollaborateure und Angehörige der Heimatarmee bemühten sich folglich, für das Regime zu arbeiten, denn das erhöhte ihre Überlebensaussichten erheblich oder ermöglichte in vielen Fällen sogar Einsätze für den Widerstand. Im Sommer 1944 gab es Nazischätzungen zufolge gut eine Million echter Kollaborateure.

Polen im Krieg war der reinste Alptraum. Im Untergrund lebende Juden oder Widerstandskämpfer wurden häufig erpreßt, und das Banditentum, vom allgegenwärtigen Diebstahl ganz zu schweigen, beschränkte sich keineswegs auf Belieferung des Schwarzmarkts oder die endemische Korruption, sondern durchdrang alle Lebensbereiche. Tatsächlich konnte es sogar regelrecht patriotische Züge annehmen, obwohl dieser feine Unterschied kaum noch ins Gewicht fiel, und jedenfalls schleppte es eine typische Seuche der Städte in die deutlich wohlhabenderen ländlichen

Gegenden ein. Konflikte, auch zwischen Untergrundorganisationen, Vermögensfragen oder gar private und Familienstreitigkeiten wurden in Hunderten von Fällen durch anonyme Anzeigen und Verleumdungen bei der Gestapo gelöst.

Faktisch zerfiel die polnische Gesellschaft mit ihren persönlichen Bindungen und Verpflichtungen so gründlich, daß die Kollaboration zur Normalität wurde. Jeder versuchte nur noch, auf eigene Faust oder mit Hilfe der Familie zu überleben, in aller Regel auch durch Bestechung. Dieser extreme Eigennutz ging mit einer völlig gleichgültigen, anfangs sogar hämischen Einstellung zur Judenverfolgung einher. Auch wenn die Polen gar nichts dagegen hätten ausrichten können: Die jüdischen Vermögenswerte, die ihnen in die Hände fielen, wollten sie nicht wieder hergeben.

In jenen großen Teilen des Landes, wo ethnische Ukrainer und Weißrussen den Ton angaben, erlitten Juden und Polen jedoch das gleiche Schicksal. Ihre Peiniger, überwiegend Landarbeiter, waren ursprünglich selbst als Opfer in den Kriegsstrudel geraten. Jene, die nicht kurzerhand als Verdächtige umgebracht wurden, hatten sich teils der Roten Armee oder den Partisanen angeschlossen, teils freiwillig als Hilfskräfte bei der anfangs siegreichen Wehrmacht gemeldet, um wenigstens ihre Haut zu retten. Politische Überzeugungen spielten dabei kaum eine Rolle, doch oft hegten sie einen tiefen Haß auf die Polen, die Minderheiten seit Jahrzehnten verfolgt hatten. Entsprechend benutzten zahlreiche von ihnen die Waffen der Nazis, um mehr als 60 000 ihrer polnischen Nachbarn zu töten oder sich an jenen Partisanen zu rächen, die ganze ukrainische Dörfer niedergemacht hatten. Als die Nazis begannen, einige auch als Wächter oder Aufseher in Konzentrationslager zu schicken, reagierten die Freiwilligen dort alles ab, was die Polen ihnen angetan hatten. Bis Sommer 1942 stellten die Nazis fast eine halbe Million dieser Hilfskräfte ein und verloren anschließend den Überblick. Im Jahr darauf dürften es aber schon 1,2 Millionen gewesen sein.[8]

Die Allgegenwart des Todes zersetzte auch die jüdischen Gemeinden, zumal die Nazis sie durch die Gründung von »Judenräten« sogar direkt mit in ihre Planung für den Holocaust einspannten. Diese gingen aus Einrichtungen hervor, die die Gemeinden von alters her nach außen hin, auch gegenüber Behörden, vertreten hatten. 43 Prozent ihrer Mitglieder waren schon seit langem politisch aktiv gewesen, meist als Zionisten. Die Judenräte erhielten den Auftrag, Deportationslisten aufzustellen und die Betreffenden auszuliefern. Zahlreiche führende Juden lehnten eine Mitarbeit in solchen Gremien rundweg ab und bezahlten mit dem Leben dafür, aber Tausende fügten sich, und es gab sogar Freiwillige. Viele hofften, dadurch ihre Familie und sich selbst retten zu können, vier Fünftel davon jedoch vergeblich. Manche wollten sich über den Judenrat lediglich bereichern; andere waren völlig korrupt. Anfangs nahmen viele Räte ausschließlich Greise und Kranke in die Listen auf, doch während der Großrazzien des Jahres 1942 in Lodz und Warschau wurde die Selektion »demokratischer«. Dann arbeiteten die Räte den Nazis zu langsam, so daß sie ihnen eigene Leute zur Seite stellten. Trotzdem sperrten sich die meisten Judenräte gegen jeden Widerstand, ja sie versuchten sogar, ihn zu unterdrücken.

Zweifellos wären die Juden auch ohne die Beihilfe der Judenräte vernichtet worden, nur vielleicht nicht so gründlich. Im übrigen litt das Gros ihrer Mitglieder unsagbar unter dem Dilemma, in das sie damit geraten waren. Doch allein der Warschauer Judenrat beschäftigte etwa 6000 eigene Männer, gut ein Drittel als Polizisten, die bis auf 100 im wesentlichen unbezahlte Freiwillige waren. Die jüdischen Ordner waren zuvor überwiegend Kaufleute oder Handwerker gewesen, und die Nazis stellten bevorzugt Flüchtlinge ohne Familienbindung ein. Ein kleinerer Teil davon gehörte dem Widerstand an und wollte die Polizeitruppe für die subversive Arbeit nutzen, und einige Ordner versuchten, enge Kontakte zum Untergrund zu halten, um für diesen jederzeit Aufträge ausführen zu können. Zwei Fünftel der Ordner waren Zionisten und davon fast die Hälfte Revisionisten, die ihrerseits eine quasi faschistische Ideologie propagierten und sogar Braunhemden trugen. In der Regel nutzte diese freiwillige Polizei ihre Machtstellung voll aus und war äußerst korrupt; viele der Ordner spielten eine Schlüsselrolle im Schmuggel und trugen das Ihre zur Endlösung bei.[9]

Die Formierung des Widerstands

Das Vorgehen der Nazis machte die Zivilbevölkerung zur Geisel und damit zu einem maßgeblichen Faktor für den Kriegsausgang, denn ab 1944 waren mehr Menschen als jemals zuvor willens und bereit, dem Widerstand beizutreten. Selbst da, wo ihm nur relativ wenige Menschen direkt angehörten, wog er schwer und war vielleicht sogar entscheidend. Wichtiger noch, er prägte das Denken und Planen breiter Kreise, auch wenn sie ihn nur passiv unterstützten.

Die vielfältigen Formen des Widerstandes in den einzelnen Ländern wirkten durchschlagend und für jedermann erkennbar auf die Innen- und Außenpolitik ein. Wenngleich sich die französische Résistance ideologisch von ihrem polnischen Pendant unterschied, stellte ihre Existenz die eindringenden alliierten Truppen in beiden Fällen vor die grundsätzlich gleichen politischen Probleme.

Auch wenn die führenden Widerstandskämpfer oft ungewöhnlich starke und selbstlose Charaktere waren – heroische, charismatische Persönlichkeiten, wie sie zu allen Zeiten dünn gesät sind –, sollte man keinen »Personenkult« treiben.[10] Vielmehr ist zu fragen, warum sich sowohl dem Widerstand als auch der Besatzungsmacht bestimmte Schichten in einem weitaus höheren Maße anschlossen als andere. Widerstandsbewegungen erstarkten, weil die Nazis einen unerträglichen Druck ausübten und weil sich die Einschätzung der Risiken im Lauf der Zeit änderte – besonders als die Aussichten auf einen Sieg der Alliierten immer besser wurden.

Im übrigen erschütterte der totale Krieg den sozialen Zusammenhalt der betroffenen Nationen bis in die Grundfesten, so daß neben dem Gespenst des Widerstands auch das der Revolution umging: Ab Ende 1943 war es angesichts der vielen bewaffneten Gruppen eine offene Frage, ob künftig erneut eine Welle gewaltsamer Umwälzungen über Europa hinwegrollen würde.

Italien

Der italienische Widerstand ist ein überaus schwieriger Fall, weil Italien bis September 1943 mit den Nazis verbündet war und ab Oktober auf der Gegenseite stand. Bereits im Juli war die Wehrmacht von Norden her einmarschiert, und der Süden blieb bis zur Befreiung Roms im Juni 1944 umkämpft. Auch danach rückten die Alliierten nur bis auf die Höhe von Florenz und Pisa vor. Unterdessen errichtete Mussolini im besetzten Norden mit Hilfe der restlichen Faschisten und der Nazis ein neues Regime. In diesem Rahmen entstanden vielerorts ganz unterschiedlich orientierte und zusammengesetzte Widerstandsgruppen.

1942 hatte es in Italien noch keinen ernsthaften Widerstand gegeben, und als die Kommunisten Anfang 1943 beschlossen, eigene Partisanenverbände zu bilden, zählte die Partei höchstens 5000 Mitglieder. Erst im Spätherbst 1943, als die Invasion der Alliierten auf Sizilien eine völlig neue Lage herbeiführte, konnte ihre Strategie Früchte tragen. Äußere Anstöße, also nicht antifaschistische Initiativen, bildeten ab 1941 überall in Europa die Hauptursache für das Aufkeimen des Widerstands. Damit sollen jedoch die kommunistischen Partisaneneinheiten genausowenig abgewertet werden wie die spontan gebildeten eigenständigen Ortsgruppen. Wie dem auch sei, letzten Endes erwuchs daraus eine schwer, oft sogar überhaupt nicht kontrollierbare Massenbewegung.

Die »attentistische« Grundeinstellung der Antifaschisten hatte das Wachstum des Widerstands bis Mitte 1943 gehemmt, und dann ließ die Invasion der Alliierten viele Italiener zu der Ansicht gelangen, die Befreiung stehe auch ohne ihr Zutun kurz bevor. Noch Mitte 1942 gehörten weniger als ein Fünftel sämtlicher von der faschistischen Polizei festgenommenen Personen einer Partisanentruppe an. Im Sommer 1943 legten italienische Soldaten angesichts der politischen Konflikte zwischen Mussolini, von ihm abgefallenen Faschisten und den Alliierten scharenweise die Waffen nieder. Im großen und ganzen waren, um eine offizielle kommunistische Darstellung zu zitieren, »die ersten Ansätze des Widerstandes fast völlig spontan entstanden«.[11]

Solange der Krieg andauerte, gab es also zwei Italien, und im Herbst 1943 begann Mussolini, junge Männer für eine neu aufzubauende Armee oder für die Zwangsarbeit (auch in Deutschland, wohin etwa 40 000 von ihnen deportiert wurden) einzuziehen. Männer konnten also dem Krieg kaum noch ausweichen, so daß sie Nichtstun genauso teuer zu stehen kam wie Gegenwehr. Das hatten fast alle Partisanen begriffen, von denen es Ende 1943 höchstens 10 000 gab – einige tausend geflüchtete oder entlassene Kriegsgefangene der Alliierten nicht eingerechnet. Sie waren miserabel ausgerüstet, gingen Kämpfen gerne aus dem Weg und agierten meist in der unmittelbaren Umgebung ihrer Heimatorte.

Gewöhnlich bestanden Partisanengruppen vor allem aus Arbeitern und ärmeren Bauern, die sich beim Eintritt mehr von räumlicher als von politischer Nähe leiten ließen. Die Führungskader kamen, zumal dort, wo die Bauern überwogen, vielfach aus der Mittelschicht, ansonsten waren sie Arbeiter. Partisanen gab es überall hinter den deutschen Linien, die meisten allerdings in den Industriegebieten der Landesmitte und des Nordens. Die von den Faschisten seit 1921 am schlimmsten geknebelten Schichten stellten den Löwenanteil der bewaffneten Kämpfer, so daß die alten gesellschaftlichen Spannungen aus der Zeit vor Mussolini bald wieder aufbrechen mußten.

Die kommunistisch orientierten Garibaldini dürften im Sommer 1944 nicht weniger als die Hälfte und danach zwei Fünftel der Partisanen gestellt haben. Im übrigen führte die Aktionspartei, ein fragiles Bündnis aus Intellektuellen, die etwas radikaler waren als die Kommunisten, fast ein Fünftel der Gruppen an, und außerdem gab es noch diverse kleinere Fraktionen, darunter ehemalige Offiziere, die sich indes 1943, wie auch die übrigen Antifaschisten in den Großstädten, fast nur in der Defensive befanden.

Die Zahl der Partisanen und antifaschistischen Stadtguerilla sowie ihrer Sympathisanten schwankte je nach dem politischen Klima, dem Erfolg militärischer Feldzüge, dem Ausmaß der Unterdrückung und den verfügbaren Waffen. Daß es im Sommer 1944 etwa 82 000 Partisanen gab, bedeutete eine Verzehnfachung binnen sieben Monaten. Die Nazis kümmerten sich bis April

1944 nicht sonderlich um deren Verbände, gingen aber ab Herbst 1944 wutentbrannt gegen sie vor, weil Partisanen im Lauf von drei Monaten 7000 bis 8000 ihrer Männer getötet oder verschleppt hatten. Mindestens sechs Divisionen machten sich daran, sie zu vernichten, und behandelten sie als Vogelfreie ohne jeden völkerrechtlichen Schutz. Da die Partisanen mittlerweile auch schon einige größere Gebiete übernommen und für befreit erklärt hatten, in denen sie ab Juni 1944 wie regelrechte Armeen und nicht wie Guerillaeinheiten auftraten, boten sie den Nazis breite Angriffsflächen.

Die Folgen waren verheerend, zumal die Partisanen viele ihrer besten Leute verloren. Insgesamt sollen 45 000 bis 72 500 gefallen sein – viele davon genau in jener Phase –, die überwiegend dem harten Kern der Kommunisten angehört hatten. Doch bis Februar 1945 waren die Partisanengruppen wieder auf rund 100 000 Kämpfer angewachsen, und in den letzten beiden Kriegsmonaten kamen weitere 50 000 dazu. Seinerzeit hatten sie außerdem eine halbe Million Förderer. Später schätzte die italienische Regierung großzügig, daß insgesamt rund 300 000 Personen als Partisanen gekämpft hatten, von denen 66 000 fielen oder verwundet wurden; etwa 125 000 »patriotische« Soldaten seien rechtzeitig ins Lager der Alliierten übergewechselt.[12]

Dies entspräche nicht einmal zwei Prozent der Gesamtbevölkerung. Allerdings würdigt das weder das Engagement der Arbeiterschaft – hauptsächlich in den Städten des Nordens –, noch bietet es einen zuverlässigen Index der öffentlichen Meinung. Die Kommunisten (KPI) versuchten, in den nördlichen Städten Streiks auszurufen, die schon Anfang 1943, als die Partei noch ziemlich klein war, drastisch zunahmen. (Als allerdings im März 1943 in Turin 21 000 Beschäftigte in den Ausstand traten, ging das gewiß nicht nur auf die Agitation von kaum 100 PCI-Mitgliedern in den betroffenen Fabriken zurück.) Die angestaute Wut war immens, teils noch von vergangenen Zeiten her, teils wegen der aktuellen Kriegshärten. Deshalb konnte die PCI Ende 1943, als in Turin, Genua und andernorts Streiks ausbrachen, eine entscheidende Rolle spielen, mußte dabei jedoch mit anderen antifaschistischen

Parteien kooperieren. Im März 1944 organisierten sie in den nördlichen Großstädten, direkt unter den Augen der Faschisten und Nazis, gemeinsame Streiks, an denen sich etwa eine halbe Million Menschen beteiligten und die bis zu einer Woche dauerten. In gewisser Hinsicht waren solche Aktionen viel augenfälliger und politisch wirkungsvoller als die Einsätze der Partisanen.[13]

Massenkundgebungen dieses Umfangs hatte Italien seit dem Auftakt zu Mussolinis Siegeszug nicht mehr gesehen. Doch inzwischen waren die Mittelschichten in Verruf geraten und machtlos, im Umfeld der nördlichen Großstädte warteten Partisaneneinheiten auf das Signal zum Eindringen, und die anglo-amerikanischen Armeen saßen südlich von Florenz fest. Was würde aus dieser Konstellation werden?

Polen

Der hemmungslose Terror der Nazis in Polen machte den Widerstand dort in allererster Linie zu einer Überlebensstrategie. Sich dem Widerstand anzuschließen war nicht viel gefährlicher, als gar nichts zu tun. Der Untergrund bot Gemeinschaft und Solidarität, um sich der schrecklichen Realität zu stellen – Hilfe bei schwierigen Entscheidungen sowie materiellen und moralischen Beistand. Für die meisten Städter war er die einzige Zuflucht.

Der Umfang des organisierten Widerstandes läßt sich kaum abschätzen. Zwar will die Heimatarmee, als größter unter den Kampfverbänden und militärischer Zweig der Exilregierung, 1943 rund 350 000 Mitglieder gehabt haben, aber zum Warschauer Aufstand im August 1944, dem 170 000 Polen zum Opfer fielen, entsandte sie nur 44 000 meist unbewaffnete Männer. Einige Einheiten bekam sie nie in den Griff, und oft schlugen sich ihre Kämpfer mittels Raub und Banditentum durch. Die Jugendgruppen des Untergrundes zählten nur etwa 25 000 Mitglieder.

Der Widerstand hatte allerdings einen klar strukturierten harten Kern, eine Untergrundregierung mit eigener Polizei, einer zweiwöchentlich erscheinenden Zeitschrift, Schulen für rund 25 000 Kinder (Stand 1943/44) und dergleichen. Doch ungeachtet dessen war er tief gespalten, und zwar nicht allein aus politischen Gründen, sondern auch deshalb, weil viele der ehemaligen Armeeoffiziere und Funktionäre es sich nicht nehmen ließen, je eigene Verbände zu bilden, also die Kräfte zerstreuten, anstatt sie zu bündeln. So hatte Polen mindestens 1400 illegale Druckschriften, obwohl mit jeder einzelnen schon große Gefahren einhergingen. Alles uferte aus, sogar die Parteien (im März 1944 gab es allein 25 der Linken!), und angesichts der Sinnlosigkeit jeder Opposition wurde der Leerlauf zu einer Art Ersatzhandlung.

Man versuchte auch, die mit polnischem Personal besetzte Verwaltung des Generalgouvernements zu infiltrieren. Doch in der heillosen Anarchie waren viele Maßnahmen des Widerstandes diffus, ja sogar fragwürdig, und zwar nicht nur im Hinblick auf die Juden, die man im wesentlichen sich selbst überließ. So bleibt die tatsächliche Bedeutung des Widerstandes so fraglich wie in keinem anderen Land Europas.[14]

Frankreich

Im ersten Jahr nach dem deutschen Einmarsch lastete auf Frankreich eine so schwere Depression, daß nur wenige irgendeinen Antrieb verspürten, sich gegen Vichy oder die Nazis aufzulehnen. Einige Offiziere flohen mit ihrem Anführer de Gaulle nach Übersee; im Lande selbst hielt nur eine kleine Schar Kontakt zum »Freien Frankreich« und stand auf Abruf für Aktionen bereit. Im Mai 1941 wurden mehr als 30000 Mitglieder der in beiden Zonen verbotenen Kommunistische Partei festgenommen, und der daraufhin entstehende Untergrund kümmerte sich anfangs ausschließlich um sein eigenes Fortbestehen. Nach dem Hitler-Stalin-Pakt lehnte die Partei alle militärischen Schritte ab und erklärte, ihre Hauptsorge seien ihre innenpolitischen Gegner. Gewiß war sie gegen Hitler, aber das genügte nicht, so daß eine ganze Reihe ihrer besten Leute austraten. Zum Teil bildeten sie dann kleine Widerstandszellen, meist gegen den ausdrücklichen Willen der Partei, und viele andere zogen sich einfach enttäuscht zurück.

Nach dem Beginn des Rußlandfeldzugs im Juni 1941 begannen die Kommunisten mit allem Eifer, den Widerstand zu organisieren, und gründeten die *Francs-Tireurs et Partisans* (FTP) als Hauptalternative zu den Gaullisten, die sie rasch überflügelten. Die Gruppe verwarf den gaullistischen Ansatz, auf Waffenlieferungen oder eine Invasion der Alliierten zu warten, und gewann durch ihr militantes Auftreten manche Anhänger, besonders unter jüngeren, ungeduldigen Arbeitern, die zumindest am Anfang überwiegend Nichtkommunisten waren. Doch auch ihr Plan, bei passender Gelegenheit eine nationale Erhebung anzuzetteln, war im Grunde eine Verzögerungstaktik, und im übrigen versprachen sie weitaus mehr, als sie am Ende wirklich taten.

Bis zum Frühjahr 1943 blieben die FTP relativ klein, auch wenn sie der größte unter den »Kampfverbänden« waren – die allerdings bis Mitte 1944 kaum kämpften. Auch die Gaullisten wurden ab 1943 immer stärker, woraufhin eine beträchtliche Zahl von Vichy-Kollaborateuren heimlich Kontakt mit ihnen aufzunehmen begann. Der intellektuelle Widerstand machte ebenfalls Fortschritte, zumindest nach der Vielzahl seiner Druckschriften zu urteilen, und daneben gab es ja noch den Maquis (s. u.). Die Kommunisten lebten vor allem von der Arbeiterschaft, die ihren großen Nöten wiederholt in spontanen oder geplanten Kundgebungen Ausdruck verlieh. Nach dem völligen Einbruch der Sozialisten, die vielfach kollaborierten, standen die nun konkurrenzlosen Kommunisten als die einzige ernsthafte Alternative zu den Gaullisten da, die bis Juni 1944 größtenteils aus der Ferne agierten.

Ab 1943 wuchs Frankreichs Widerstand schnell – nicht nur wegen der alliierten Siege, sondern besonders deshalb, weil die Nazis nun in erhöhtem Maße Zwangsarbeiter aushoben. Diese wurden bevorzugt nach Deutschland geschickt und ab 1940 in einer Größenordnung von mehr als 1,5 Millionen Mann angefordert, wovon etwa die Hälfte eintraf. Anfangs erhielt Vichy den Auftrag, die Arbeitskräfte selbst zusammenzutreiben, aber das erwies sich als unzureichend, so daß strenge Vorgaben folgten, aus denen im Februar 1943 der Zwangsarbeitsdienst (STO) resultierte.

Bestimmte Bauern, Eisenbahner, Bergleute, Polizisten (darunter Freiwillige der Vichy-Miliz) und Bauarbeiter, die im Lande selbst für die Nazis Befestigungsanlagen errichteten, waren vom Dienst befreit. Man konnte auch abtauchen oder unter falschem Namen umziehen. Dennoch entschieden sich deutlich mehr Männer für die zwangsweise Kollaboration als für den Maquis. Große unwegsame Waldgebiete, in denen man sich verstecken konnte, gab es besonders im Zentrum und im Süden; im Oktober 1943 lebten dort nur 15 000 Mann als *maquisards*, aber ihre Zahl hatte sich binnen fünf Monaten immerhin mehr als verdoppelt.

Die ersten *maquisards* übten bloß zivilen Ungehorsam, indem sie sich der Zwangsarbeit entzogen, denn die wenigsten hatten echtes Interesse am Widerstand. Ihre Gruppen bildeten sich in der Regel spontan und aufs Geratewohl oder waren einfach Banden ohne einen anderen Zweck als den, im inneren Exil zu überleben. Gewöhnlich wählten sie Anführer aus ihrer Mitte, die wenig von militärischen Zusammenhängen verstanden, besaßen kaum Waffen und hofften anfangs meist, das Ende des Kriegs in Ruhe abwarten zu können, was nicht wenigen sogar gelang. Einige waren richtige Abenteurer, andere kehrten bald lieber heim, als sich dem Winter im Freien oder gar bewaffneten Kämpfen auszusetzen. Für gewöhnlich zwangen die *maquisards* Bauern, sie mit dem Nötigsten zu versorgen, oder beraubten sie einfach.

Sich des Maquis zu bemächtigen, war ein großes Anliegen sowohl für den im Lande agierenden Widerstand (der ihm zunächst mißtraute) als auch für de Gaulle und die Alliierten, und das Werben begann im April 1943. In militärischer Hinsicht war der Maquis weitgehend unbrauchbar, und er blieb trotz diverser Hilfsprogramme der Alliierten notorisch unterbewaffnet, schlecht ausgebildet und undiszipliniert. Im übrigen war er leicht zu unterwandern und zu beeinflussen. Die *maquisards* siegten selten im Gefecht und wurden, wenn deutsche Truppen sie aufspürten, meist schnell aufgerieben. Zwar bestanden für die Alliierten kaum strategische Anreize, sie alle zu bewaffnen und auszubilden, damit sie in ihren Randzonen kämpfen konnten, aber einige von ihnen kamen für Sabotageakte oder subversive Sondermissionen in Betracht. Als dann jedoch die bloßen Überlebenskünstler zunehmend echten Kämpfern wichen, verwandelte sich der Maquis weitgehend in einen Zweig der Résistance. Außerdem konnte ein bewaffneter, politisch motivierter Maquis nach dem Ende des Vichy-Regimes und des Dritten Reiches große Gebiete verwalten, und auch das war für die Alliierten ein wichtiger Aspekt. Im Südwesten zum Beispiel schlossen sich bald viele Männer, die eigentlich bloß vor dem STO hatten fliehen wollen, den Kommunisten an.[15]

Das Problem mit dem Maquis hatte auch de Gaulle, als er versuchte, alle Widerstandsorganisationen unter einen Hut zu bringen. Für eine solche Koordination gab es triftige militärische Gründe: Nicht nur schwollen die Widerstandsgruppen zu regelrechten Armeen an, in einigen Fällen gerieten sie zudem außer Rand und Band. Die Gaullisten befürchteten für die Zeit nach Kriegsende in gewissen Bereichen Disziplinlosigkeit, wenn nicht gar Anarchie. So nutzte de Gaulle seinen Einfluß auf die Waffenabwürfe der Alliierten aus, um den FTP und anderen Gruppen Zugeständnisse abzutrotzen. Die Kommunisten bekam er allerdings erst in den Griff, als er Ende August 1944 bis nach Paris vordrang. Zuvor hatte er klugerweise dafür gesorgt, daß eine völlig kompromittierte Polizei, die zahllose Juden und Kommunisten an die Nazis ausgeliefert hatte und sich um jeden Preis anbiedern wollte, als seine Schutztruppe agierte und ihm half, sowohl die Amerikaner als auch die FTP auszutricksen.

Bis August 1944 blieb die Résistance heillos zersplittert und agierte prinzipiell nur auf lokaler Ebene, zumal ihre Leute nicht für disziplinierte konspirative Aktionen taugten. Ihre Angriffe waren oft übereilt, schlecht vorbereitet und daher unnötig verlustreich, was zuweilen auch Repressalien gegen umliegende Dörfer nach sich ziehen konnte. Im übrigen wurden viele Widerstandsgruppen von Agenten der Gestapo infiltriert und im Lauf der Zeit zersetzt, woran mehrfach Großaktionen scheiterten. Ihre größten Erfolge feierten die FTP bei Sabotageakten und Bummelstreiks, besonders unter Eisenbahnarbeitern. Gesandte de Gaulles und die Briten versprachen den FTP stets Waffen, lieferten ihnen aber gewöhnlich keine. Als Mitte August 1944 der Pariser Aufstand begann, verfügte der dortige Widerstand nur über lumpige 1800 Gewehre – gegen zwei deutsche Divisionen.[16]

Immerhin spielte der Widerstand Mitte 1944 eine wichtige Rolle, die niemand in Frankreich unterschätzte. Doch wie groß war die Résistance, und wie setzte sie sich zusammen? Daß es hierauf keine verbindlichen Antworten gibt, bezeugt bereits, ein wie ominöses Phänomen der Widerstand war. In Wirklichkeit (und das gilt auch für die *milice* des Vichy-Regimes) standen viele Franzosen in einem nur nominellen oder äußerlichen Kontakt zum Widerstand – oft nur, um den Vorwurf der Kollaboration in Zukunft gar nicht erst aufkommen zu lassen.

Einer Erhebung zufolge kamen im Cantal auf jeden Widerstandskämpfer zehn Sympathisanten. Der Pariser Widerstand soll bis Juli 1944 alles in allem nur 35 523 Mitglieder gehabt haben, auch wenn am 14. Juli mehr als 100 000 direkt unter den Augen deutscher Soldaten demonstrierten. Im Londoner Büro der Alliierten schätzte man, daß es Ende Mai 1944 landesweit, der Maquis inklusive, nur rund 10 000 bewaffnete Männer und Frauen gab, die über einen längeren Zeitraum hinweg hätten kämpfen können, wobei jedoch insgesamt etwa 40 000 Personen irgendwelche Waffen besaßen. Weitere 60 000 gehörten Gruppen mit Kontakten nach London an, 350 000 Unbewaffnete anderen Formationen (vor allem der Kommunisten), und noch einmal so viele standen als Helfer zur Verfügung. Die rund 800 000 Mitglieder von überwiegend kommunistischen Gewerkschaften waren jederzeit in der Lage, strategisch wichtige Punkte zu blockieren. Insgesamt nahmen die Alliierten an, daß rund drei Millionen Menschen, also beinahe ein Zehntel aller erwachsenen Franzosen, sie in irgendeiner Weise unterstützten. Das reichte zwar bei weitem nicht aus, um die Nazis zu schlagen, bei guter Organisation aber durchaus, um weite Teile Frankreichs politisch zu dominieren. Später bekamen rund 170 000 Personen für ihre Arbeit im Widerstand den Veteranenstatus zuerkannt, doch einen spektakulären Zulauf hatte die Résistance erst nach der Befreiung von Paris im August 1944 gehabt.[17]

Frankreich brachte nicht mehr Helden hervor als andere besetzte Staaten, und es waren sicher viel weniger, als sich später großer Taten rühmten. Die große Mehrzahl der Europäer war überwiegend damit beschäftigt, in den gesetzten Grenzen zu überleben. Doch letzten Endes ist die Quantifizierung des Widerstandes völlig irrelevant für das Wiederaufkommen einer sozialistischen Tradition, die schon vor dem Krieg ziemlich stark gewesen war, und erst recht für die Politisierung von Menschen, die sich nie zuvor als Regimegegner begriffen hatten. Wofür traten sie jetzt ein? Was für eine Gesellschaft wünschten sie sich? Auch wenn mutige Männer oder Frauen immer und überall dünn gesät sind, kommt es an entscheidenden Knotenpunkten manchmal auch ohne jeden Helden zu durchgreifenden Veränderungen, die der Geschichte neue Konturen geben.

Quo vadis Europa?

Die politischen Folgen des Zweiten Weltkriegs entsprachen seiner maßlosen, über den Ersten noch weit hinausgehenden militärischen Gewalt. Zusammen mit dem Machtvakuum, das aus dem endgültigen Versagen der traditionellen Ordnungen resultierte, erklärt sie das Aufkommen von Widerstand in ganz Europa. Zusätzlich profitierten die Kommunisten davon, daß viele potentielle Konkurrenten um die Führungsrolle mit dem Makel der Kollaboration behaftet waren. Sie aber verbanden, ähnlich wie die von ihnen dominierten Widerstandsgruppen, eine radikale Ideologie mit dem legitimen Nationalismus oder Patriotismus der Nazigegner.

Wenn der Widerstand auch, gemessen an der Bevölkerungszahl, verhalten blieb, beeinflußte er doch die politischen Einstellungen vieler Menschen und bewirkte eine Öffnung nach links – was letzten Endes für die bestehenden Ordnungen viel gefährlicher war als sämtliche Waffen, die sich 1944 im Besitz des Widerstandes befanden. Dennoch konnte 1945 angesichts der neuen Lage niemand dessen strategisches Potential von der Hand weisen. Ließen sich die Entwicklungen jetzt überhaupt noch eindämmen und steuern, um ein Chaos wie das nach 1917 zu verhindern? Die Folgen des Zweiten Weltkriegs für Europa hingen 1944 entscheidend davon ab, wie die Kommunisten auf die Krisen der traditionellen Systeme reagieren würden.

11. KOMMUNISMUS UND NACHKRIEGSPOLITIK

Nach Kriegsende mußten die Amerikaner und die Briten vor allem darauf bedacht sein, daß die in weiten Teilen Europas herrschende soziale und ökonomische Katastrophe sie nicht um die Früchte ihres Sieges brachte. Das bedeutete auch zu entscheiden, in welchem Umfang sie eigenständige politische Entwicklungen dulden würden, die ihren Interessen und Absichten zuwiderliefen. Immerhin sah es in jener Übergangsphase kurzfristig so aus, als stünden die Aussichten für einen revolutionären sozialen Umbau, für wirkliche Reformen, besser denn je zuvor seit mindestens 1917.

Schon seit 1944 stellte sich für die breite Allianz gegen die Nazis die Frage, ob ihr aus der Not geborenes Zufallsbündnis die Nachkriegszeit ohne Zerwürfnisse überstehen würde. Das hing in erster Linie von den Kommunisten ab, allerdings auch von den Widerstandsgruppen: ihren Zielen, ihrem Fanatismus und ihrer Disziplin. Da die traditionellen Eliten, von den Royalisten bis zu den Sozialdemokraten, schon vor dem Krieg oft genug versagt hatten und nun zusätzlich geschwächt waren, erschienen ihre Aussichten keineswegs günstig. Vielmehr trübte ihre Verfassung das Großklima zwischen den Alliierten und beschwor später den »Kalten Krieg« in Europa herauf – übrigens der einzigen Region, auf die sich die Einschränkung »kalt« mit Recht anwenden läßt.

Das Bürgertum Frankreichs und Italiens hatte sich durch Kollaboration bloßgestellt, während die griechische Regierung es den Briten überließ, das Land vor den Deutschen und den Radikalen zu retten. Wo die Truppen der Anglo-Amerikaner auch hinkamen: Die traditionellen Schichten, mit denen ihre Stäbe am liebsten zusammengearbeitet hätten, waren ein für allemal diskreditiert und kompromittiert, und überall rückten ihnen die schnell erstarkenden Widerstandskräfte im Namen eines neu legitimierten Nationalismus oder Patriotismus zuleibe. Offenbar verdammte die schwere Last der Vergangenheit die Eliten an einem entscheidenden Wendepunkt der europäischen Geschichte zur Ohnmacht.

Griechenlands Kehrtwende

Griechenland bietet ein Schulbeispiel dafür, was aus großen Teilen Europas hätte werden können, wenn die Briten und Amerikaner nicht so rigoros und entschlossen zugunsten der alten Eliten eingeschritten wären. Auch bezeugt es augenfällig die Strategie Stalins, radikale Kräfte vor Ort für nationale Interessen der Sowjetunion zu opfern, anstatt wenigstens den Anschein von Internationalismus zu wahren.

In Griechenland war die politische Konstellation höchst verwickelt, obwohl die Linke sich im September 1941 zu einer zwischen den Kommunisten (der KKE) und fünf weiteren Parteien ausgehandelten Nationalen Befreiungsfront (EAM) zusammengeschlossen hatte. Die EAM war eindeutig der stärkste Faktor im Widerstand gegen die italienische und deutsche Besatzungsmacht, zumal sie im April 1942 eine eigene Volksbefreiungsarmee (ELAS) ins Leben rief. In den abgelegenen ländlichen Gebieten des Landes operierend, wo alles auf Eigeninitiative und Improvisation ankam, trotzte diese Truppe den unablässigen Versuchen der Kommunisten, sie vollständig unter ihre Kontrolle zu bringen.

Die kommunistischen Führungskader waren fast durch die Bank echte Stalinisten, die im vorauseilenden Gehorsam stets alles taten, um auf Moskauer Kurs zu segeln. Ab 1940 wuchs die Partei rapide. Von nur 17 500 Mitgliedern im Jahr 1935 schwoll sie bis 1945 um das Vierfache an und wurde damit zur größten Partei Griechenlands, war also beileibe keine wohldisziplinierte, handverlesene Elite von Berufsrevolutionären im Sinne Lenins mehr. Obwohl sie sich auf die Städte konzentrierte, wo Disziplin eine viel größere Rolle spielte als in den Bergen, war die KKE zerstritten, und oft verweigerte die Basis der stalinistischen Führungsriege ihre Gefolgschaft. Insofern dürfte die Partei ihrer Programmatik nach klarer prosowjetisch gewesen sein als in ihrer alltäglichen Praxis, und in Moskau wußte man darüber Bescheid. Genau wie es ständig zu Spannungen kam zwischen den Stadtkadern und den ELAS-Offizieren im Gebirge (zumal die Parteiführung 1942 eine weit über die EAM hinausgehende Einheitsfront anstrebte), so brodelte es auch zwischen dem Parteivolk und dem Kreml, und zwar besonders häufig in den Jahren 1944 bis 1949.

Unter ihrem mächtigen Anführer Aris Velouchiotis versuchte die ELAS, sich derartige Einheiten entweder einzuverleiben oder sie zu zerschlagen. Allerdings ging er oft auf eigene Faust vor, und bisweilen segnete die Kommunistische Partei seine Militäraktionen nur widerwillig ab. So blieb die ELAS stets in Revierkämpfe verstrickt und lieferte sich Gefechte nicht nur mit sehr viel kleineren Partisanentruppen, die ebenfalls ihre Reviere abstecken wollten, sondern auch mit den kommunistischen Sezessionisten Mazedoniens, die ursprünglich der ELAS beigetreten, dann immer stärker geworden waren und schließlich die KKE verlassen hatten. Auch wenn der Begriff des Warlord-Unwesens nicht alle Umtriebe dieser Freischärler abdeckt, kennzeichnet er einen wichtigen Aspekt ihrer Beziehungen zu den potentiellen Rivalen, zu den Achsenmächten und in gewissem Sinne sogar zu den Stadtkadern der Kommunistischen Partei.[1]

Ebenso wie im jugoslawischen entstanden auch im griechischen Bergland bewaffnete Rotten, die oft nichts anderes zusammenhielt als der Zorn auf die Besatzungsmächte Italien und Deutschland. Zudem fühlten sie sich in der Regel einem der lokalen, oft miteinander verfeindeten Clans verpflichtet, was später fatale Folgen zeitigen sollte. Einige Verbände bestanden auch aus Männern, die vor den Truppen der Achsenmächte geflohen, andere aus Banditen, die ursprünglich nur über Bauern hergefallen waren. Die meisten bildeten sich aufs Geratewohl und blieben in der näheren Umgebung ihrer Heimat. Oft neigten sie zu einem häßlichen Chauvinismus, der eine politische Einheit nicht zuließ, sondern Griechen, Albaner und Mazedonier aufgrund heftiger Stammes- und Clanrivalitäten gegeneinanderhetzte. Am stärksten blieben solche Banden stets in Gebieten mit ethnischen Minderheiten und außerdem dort, wo die Bauern reich genug waren, um sie durchfüttern zu können.

Die Aufgabe, zusammen mit diesen Verbänden, die zwischen Sommer 1943 und Ende 1944 von knapp 12 500 Aktiven und Reservisten auf mehr als 50 000 anwuchsen, ähnlich wie in Jugoslawien eine schlagkräftige, überparteiliche, aber kommunistisch gesteuerte Widerstandstruppe aufzubauen, erwies sich für die Kommunisten und die ELAS als schwierig. Ein Großteil der Männer war nach dem Februar 1943 in die »wilden Banden« eingetreten, als die Nazis alle 16- bis 45jährigen zum Zwangsarbeitsdienst heranzuziehen begannen, und etwa die Hälfte von ihnen nahm überhaupt nicht aktiv am bewaffneten Kampf teil. Im übrigen setzten ihre oft charismatischen Anführer, genannt *capetans*, gewöhnlich stärker auf persönliche und lokale Bindungen als auf politische Programme, um für Geschlossenheit zu sorgen, was auch viele ELAS-Mitglieder ansprach. Die *capetans* waren das Herz der Gebirgsverbände und oft völlig unpolitisch, weshalb die Partei ihre Schlüsselrolle in der ziemlich undisziplinierten, eher demokratisch eingestellten Guerillatruppe nur aus Not duldete, bis die ELAS schließlich aufgelöst wurde. Die Kader wollten Gewaltanwendung aus Furcht vor den gräßlichen Vergeltungsmaßnahmen der Nazis tunlichst vermeiden und betonten die politische Organisation, wobei ihnen jedoch die *capetans* einen Strich durch die Rechnung machten. Da die regionalen Volksfrontgruppen vor allen Dingen nicht als marxistische Sektierer dastehen wollten, die Griechisch Orthodoxe Kirche genauso respektierten wie das Privateigentum und sich auch kommunaler Probleme annahmen, wurden sie gar nicht erst auf ideologische Linientreue eingeschworen, waren also ähnlich wie die ELAS-Leute kaum vom sonstigen Widerstand zu unterscheiden.

Die Altkommunisten blieben überwiegend in den Großstädten, wo sie am leichtesten neue Mitglieder werben konnten, während die Kommissare im Bergland an den ihnen gestellten Anforderungen und an der lokalen Macht der *capetans* verzweifelten. Die Kluft zwischen der Partei und der ELAS – die praktisch einem Stadt-Land-Konflikt entsprach – blieb als Grundwiderspruch bis zum Ende des Jahrzehnts bestehen. Die Altkommunisten, besonders die tonangebende Gruppe um den Generalsekretär George Siantos, erkannten bald, daß ihnen eine Koalition mit autonomen Gruppen aus den Händen gleiten, also die stramme Parteilinie durchkreuzen könnte.[2] Die Kommunisten behielten anfangs zwar trotz der Tatsache, daß sie nur etwa 20 Prozent der Mitglieder stellten, eine gewisse Vormachtstellung innerhalb der Volksfront, aber deren Programm wurde bald derart pauschal und schwammig, daß es regelrecht zur Entstehung einer diffusen Massenbewegung einlud. Ihre Ziele beschränkten sich darauf, die Monarchie abzuschaffen und für Demokratie und sozialen Fortschritt einzutreten. Ende 1944 rühmte sie sich, drei Viertel des Landes zu beherrschen (allerdings mit nur 10 bis 20 Prozent der Bevölkerung) und insgesamt rund 1,5 Millionen Mitglieder zu haben. So zersplittert und unüberschaubar, wie sie war, konnten die Kommunisten vom alten Schlag darin keine Hegemonie begründen, teils weil die meisten Mitglieder quirlige, noch nicht indoktrinierte Idealisten waren und meist relativ unabhängig dachten, teils aber auch, weil fehlende Kommunikationsmittel und das unwegsame Gelände straffe Kommandostrukturen im Leninschen Sinne ausschlossen.

Das Regionalprogramm der Volksfront schuf eine heute noch modern anmutende politische Kultur der demokratischen Reformen, die vor allem auch Frauen und Jugendliche anzog. Allerdings verärgerten die ebenso bescheidenen wie längst überfälligen Neuerungen jene traditionell reaktionären Eliten, die in der Regel für die Monarchie – ab 1936 die Metaxas-Diktatur – und für die Briten, wenn nicht gar für die Faschisten eintraten und jedenfalls strikt gegen Veränderungen aller Art waren. Dabei war es weniger das Wesen der Reformen als ihre demokratisch-populistische Form, die vielen Stützen des alten Systems mißfiel.[3]

Die Großmächte und der Kommunismus

Seit seinem Sieg über Trotzki und der anschließenden Säuberung räumte Stalin den nationalen Interessen der Sowjetunion stets die oberste Priorität ein. Zugleich hatte er die europäischen Parteiführer fast ausnahmslos unter strenger Kontrolle. Ab Juli 1941 sollten sämtliche Kader ihre traditionellen Klassenkampfziele aufgeben und eine Einheitsfront gegen die Achsenmächte bilden, und Ende 1942 begann der Kreml, den eigenmächtigen (»sektiererischen«) Kurs der jugoslawischen Partei zu bekämpfen, allerdings erfolglos, was später den Bruch zwischen Stalin und Tito herbeiführte.

Da Stalin in bezug auf die Kriegsallianz ebenso zum Wunschdenken neigte wie bei seinem Pakt mit Hitler, löste er im Mai 1943 kurzerhand die Komintern auf, um alle etwaigen angloamerikanischen Sorgen im Hinblick auf einen aggressiven Nachkriegskommunismus zu zerstreuen. Allerdings lockerte sich sein eiserner Griff um die auch jetzt keineswegs eigenständigen europäischen Parteien mitnichten, und er gebot allen revolutionären Impulsen stets rigoros Einhalt, was die spätere Kampfbereitschaft in den kurzen Monaten, als es darauf angekommen wäre, nachhaltig schwächte. So bescherte Stalin den Regierenden Europas 1944/45 die entscheidende Atempause angesichts einer revolutionären Stimmung ihrer Bevölkerungen. Wie es ein damaliger Komintern-Funktionär später formulierte, war Stalin »gewiß bereit, einen Preis für ein Fortbestehen der Anti-Hitler-Koalition nach dem Ende des Kriegs zu bezahlen«, was erforderte, den revolutionären Eifer der einzelnen KPs zu dämpfen – und zwar nicht nur für die Dauer des Kriegs, sondern auch danach.[4]

In dieser Situation wiesen die Vereinigten Staaten und Großbritannien ab August 1943 mehrere Offerten Moskaus zurück, die italienischen Kapitulationsgespräche – die ersten mit einem (Noch-)Verbündeten Hitlers – zur Gründung einer übergreifenden Kommission zu nutzen, die anschließend auch mit Rumänien, Ungarn und Bulgarien verhandeln sollte. Das hätte den Russen ein echtes Mitspracherecht in Sachen Italien, umgekehrt jedoch den Anglo-Amerikanern ein solches über die östlichen Achsenmächte eröffnet. Washington war indes strikt dagegen, und so wurden statt dessen lediglich beratende Gremien ohne handfeste Befugnisse gebildet. Dadurch behielten die Westalliierten in Italien freie Hand und hatte außerdem klargestellt, daß der Krieg nicht diplomatisch, sondern militärisch entschieden werden sollte.

Der »Präzedenzfall Italien« prägte die gesamte spätere Entwicklung nicht nur in Europa, sondern – wichtiger noch – auch in Japan, wo die Vereinigten Staaten alle, einschließlich der Briten und der Chinesen, von einer politischen Mitwirkung ausschlossen. Der von den Amerikanern und Briten vorgegebene Rahmen, der auf eine Teilung Europas hinauslief, entschied letzten Endes über die Konsequenzen des Kriegs für die Achsenstaaten: Wer sie militärisch beherrschte, bestimmte auch die politische Struktur. Insofern waren die Weichenstellungen des Sommers 1943 wesentlich folgenreicher als die legendäre Verständigung zwischen Stalin und Churchill vom Oktober 1944 in Moskau, in der lediglich die weltpolitischen Absprachen der letzten 15 Monate förmlich bestätigt und auf weitere Länder ausgedehnt wurden. So wurde die politische Selbstbestimmung in weiten Teilen Europas den sowjetischen und anglo-amerikanischen Interessen geopfert.

Stalin wollte den Briten schon vor seinem Treffen mit Churchill deutlich entgegenkommen, was sich nach dem Mai 1944 in seiner Bereitschaft zeigte, den britischen Plänen für Griechenland zuzustimmen, falls London seine Rumänienpolitik guthieß. Im Grunde waren die beiden Länder ja nicht miteinander vergleichbar: Griechenland hatte die Achsenmächte bekämpft, Rumänien dagegen Hitler unterstützt. Doch Churchill war im Juni 1944 so sehr von der Idee eines drohenden »Linksrutsches« besessen, daß er meinte, eine besonders auf dem Balkan unmittelbar bevorstehende Bolschewisierung Europas verhindern zu müssen.[5]

Im Juni tauschte Churchill mit den Sowjets Gedanken über eine, wie er zunächst listig erklärte, »auf drei Monate begrenzte Probephase« mit militärischen Machtsphären aus, die sich dann indes bald verfestigten. Ab Sommer 1944 setzten sich die Russen in Griechenland konsequenterweise aktiv für die britischen Interessen ein.

Als der gewiefte Tory-Chef und der grausame Diktator Mitte Oktober 1944 bei ihrem Moskauer Gipfeltreffen miteinander feilschten, hatte Stalin das künftige Verhältnis der Sowjetunion zu ihren Kriegsverbündeten sowie zur Linken Europas und Asiens längst in allen wesentlichen Grundzügen festgelegt. Man schacherte noch ein wenig um die berühmten prozentualen Machtanteile und kam dann zu einer vorläufigen Regelung für die einzelnen Länder (von der ohnehin klar war, daß die USA sie später kippen würden). Der Gipfel vom Oktober hatte also kaum Einfluß auf das Verhalten der Briten und der Sowjets. Obwohl er sehr dramatisiert wurde und Historiker wie Politiker faszinierte, war er für die seinerzeit insgeheim angestellten innen- und außenpolitischen Kalkulationen kaum von Bedeutung.[6]

Die sowjetischen und die griechischen Kommunisten

Schon im September 1943 hatten sich die Briten darauf vorbereitet, im Fall eines plötzlichen Rückzugs der Deutschen sofort in Athen einzumarschieren. Ein Triumph der Volksfront kam für sie nicht in Frage, ob auf militärischem oder parlamentarischem Wege, denn er hätte fast sicher den Untergang jener Schichten bedeutet, mit denen die britische Hegemonie stand und fiel. Churchill ließ sich die geplante Gewaltanwendung von Stalin absegnen, war aber eigentlich nicht zwingend auf dessen Plazet angewiesen.

Die Briten waren als einzige bereit, den früheren Status quo durch Zwangsmaßnahmen wiederherzustellen, besaßen allerdings letzten Endes nicht die nötigen Mittel, um eine korrupte, zynische Elite auf ein stabiles und tragfähiges politisches Regime einzuschwören, und dieses Manko sollte den anglo-amerikanischen Block nach einigen Jahren vor das erste große Nachkriegsproblem in Europa stellen. Unterdessen hatte die Sowjetunion den Briten massiv geholfen, die Befreiungsarmee und die radikalen Kommunisten vorläufig im Zaum zu halten.

Ab Januar 1944 erbat die ELAS sowjetische Militärhilfe, weil jetzt aus Großbritannien so gut wie nichts mehr kam, erhielt jedoch keine. Im ersten Halbjahr 1944 unterstützte der Kreml die

Aufrufe der von den Briten abhängigen griechischen Exilregierung mit Sitz in Kairo, eine Einigung nach ihren Bedingungen herbeizuführen. Als sich die Volksfront nicht ohne weiteres an einer Exilregierung beteiligen wollte, wie London sie ab Ende Mai zu bilden versuchte, hielten russische Beamte in Kairo ihre Vertreter ab Ende Juni ausdrücklich dazu an. Da sich jedoch die radikalen Kommunisten und die ELAS-Spitze weigerten, einer konservativen Monarchie unter britischer Vorherrschaft wirkliche Macht zu übertragen, entsandten die Russen Ende Juli eine Abordnung zum Hauptquartier der Befreiungsarmee in den Bergen.

Ihre Mitglieder hatten für die buntscheckige Guerillatruppe nur Verachtung übrig oder waren gar von ihr entsetzt, und ein Russe sagte zu einem britischen Offizier, man habe zwar kein Interesse an Griechenland, ihn erstaune es aber sehr, daß sich die Briten so lange mit diesem Gesindel abgäben.[7] Die Gesandten stellten unmißverständlich klar, daß die ELAS keinerlei sowjetische Hilfe zu erwarten habe – also die von London geförderte Koalition wohl oder übel hinnehmen müsse. Am 15. August trat die Volksfront der Exilregierung vorbehaltlos (und ohne Rückgrat) bei. Einen Monat später stimmte sie zu, die ELAS so bald wie möglich der neuen Regierung und alle Streitkräfte (ähnlich wie in Italien) dem Kommando der Alliierten – in diesem Fall der Briten – zu unterstellen. (Später sollte der Kreml gerne auf die Entwicklungen in Griechenland und Italien hinweisen, wenn seine Gegner die Sowjetunion wegen der Unterdrückung anderer Länder kritisierten.)

Nachdem die Spannungen zwischen London und der Befreiungsarmee zum blutigen Dezember 1944 – mit schweren Kämpfen vor allem in Athen – geführt hatten, hüllte sich Moskau nicht nur in ein taktvolles, ja beredtes Schweigen, sondern ernannte auch einen Botschafter für das von den Briten unterstützte Rumpfregime. »Mich beeindruckt immer mehr«, vermerkte Churchill am 11. Dezember, »mit welcher Loyalität sich Stalin, gegen große Versuchungen und sehr wahrscheinlich hohen Druck, in Griechenland herausgehalten hat.«[8] Am 13. Januar 1945 teilten die Sowjets den griechischen Kommunisten mit, daß sie deren Politik

»grundsätzlich« ablehnten. In Jalta stellte Stalin gegenüber Churchill klar, »daß er nicht beabsichtige, die britischen Maßnahmen in Griechenland zu kritisieren«.[9]

Stalins Verhalten läßt sich nicht einfach als zynische Realpolitik im Sinne der sowjetischen Kriegsziele verstehen, sondern spiegelte auch sein tiefes Mißtrauen gegen die griechische Linke wider – ihre Begeisterungsfähigkeit und Kreativität, ihre breite Basis, die örtlichen Initiativen sowie jene Unabhängigkeit und Lockerheit, die er den Kommunisten aller Länder austreiben wollte. Noch Anfang 1946, als die Anti-Hitler-Koalition zu Bruch gegangen war und der kalte Krieg an ihre Stelle trat, drängten die russischen Berater die griechische KP, sich an manipulierten Wahlen zu beteiligen – wodurch sie dem Marionettenregime auch noch zu der Legitimation verhalfen, auf die es so dringend angewiesen war.[10]

Die Kommunisten in der Krise

Die blutigen Kämpfe ab Dezember 1944 in Athen kosteten etwa 5000 Kombattanten das Leben; hinzu kam die weitaus größere Zahl an Opfern in der Zivilbevölkerung sowie derer, die beide Parteien bei Racheakten töteten. Derart schwere Gefechte zwischen Widerstandstruppen und einer alliierten Armee gab es im Zweiten Weltkrieg nirgends sonst in Europa. Der Kontext ist eindeutig. Die Kommunisten waren seit jeher zerstritten und bekamen weder die Volksfront noch die ELAS in den Griff. Gleichzeitig feindeten die Briten sie an, was die internen Spannungen noch verschärfte und die von Siantos und den führenden Kommunisten, dem Moskauer Kurs entsprechend, wiederholt erklärten Friedensabsichten zunichte machte. Die meist konservativen – und stark diskreditierten – griechischen Nichtkommunisten gingen zwar deutlich geschwächt aus dem Krieg hervor, traten aber dennoch für entschlossene Maßnahmen der Briten ein, um die Linke endgültig zu zerschlagen, die Churchill nur zu gerne ergriff. Bei den oft völlig chaotischen Verhältnissen, die Ende 1944 herrschten, kann es nicht überraschen, daß danach heftige Gefechte ausbrachen; denn zum einen hatte keines der Lager genügend Macht, um diese zu unterbinden, zum anderen wollten faktisch nur die Siantos-Fraktion der Kommunisten und Moskau einen Waffengang um jeden Preis verhindern.

Siantos hatte, streng auf sowjetischem Kurs, immer die Absicht der Briten respektiert, Griechenland in ihrem Einflußbereich zu halten und über seine weltpolitische Funktion zu entscheiden, dabei jedoch erwartet, daß die Kommunistische Partei offiziell anerkannt würde. Sorgen bereitete ihm in erster Linie die ELAS – besonders Aris und die vielen Gefolgsleute seiner *capetans* –, in geringerem Maße aber auch die revolutionäre städtische Fraktion mit Schwerpunkt Athen. Obwohl die Befreiungsarmee Ende September 1944 eingewilligt hatte, ihre Truppen dem britischen Kommando zu unterstellen, geschah dies nie im vollen Umfang, zumal viele der Offiziere und Soldaten gar nicht dazu bereit waren. Das Hauptziel Londons war es, die ELAS-Truppen für den Fall eines Abzugs der Wehrmacht von Athen fernzuhalten, um die Stadt selbst besetzen zu können, und in der Tat blieben die Verbände nach dem fluchtartigen Abzug der Deutschen Anfang Oktober in den Bergen. Während die ELAS-Führung gerne eingerückt wäre, riefen die Kommunisten das Volk auf, Ruhe und Ordnung zu bewahren, obwohl dies ein guter, wenn nicht der beste Moment gewesen wäre, die Macht zu ergreifen. Doch so ließen sie am 14. Oktober die Briten nach Athen eindringen, und nur wenige Tage später folgte ihnen die Exilregierung.

Einige der ELAS-Kämpfer weigerten sich wegen ihrer abgelegenen Standorte und der häufigen Fehden zwischen ländlichen Clans und Sippen, ihre Waffen auszuhändigen – und viele, die sie abgaben, bereuten diesen Leichtsinn bald. Im Lauf des Novembers verschärften sich die Spannungen zwischen den Briten und der ELAS, und obwohl die Siantos-Fraktion dazu aufrief, zwar am Regime der Einheitsfront festzuhalten, aber die Befreiungsarmee aufzulösen, kam es rasch anders. London hatte sich ohnehin nie auf die ELAS verlassen, sondern gegebenenfalls eigene Verbände nach Griechenland schicken wollen, und Churchill neigte – sogar schon Wochen bevor die ELAS ihm Gründe dafür bot – zu einem harten Vorgehen, um die Linke ein für allemal auszuschalten. »Da wir den Spielraum in Griechenland nun einmal von den Sowjets erkauft haben«, so äußerte Churchill am 7. November zu Eden, »sollten wir nicht zögern, britische Truppen einzusetzen ... Ich hoffe, die aufgestellte Brigade wird bald im Lande eintreffen und notfalls Gewalt anwenden ... Wir dürfen vor Zusammenstößen mit der E. A. M nicht zurückschrecken ...«[11] Churchills Zuversicht, daß die ELAS-Spitze einen größeren Konflikt scheuen würde, hing eng mit Stalins Zusagen zusammen, und wäre die Befreiungsarmee ins Bergland ausgeschwärmt, so hätte sie viel mehr britische Soldaten beschäftigt, als es Churchill lieb sein konnte.

Doch im Herbst 1944 ging den Briten auf, daß sie die alten Eliten retten mußten, um eine Machtergreifung der Volksfront – sogar auf parlamentarischem Wege – zu verhindern. Dabei erschien es äußerst unsicher, ob die geplante Koalition unter George Papandreou ohne eine starke britische Militärpräsenz würde überleben können. Große Probleme schuf auch die Bereitschaft gewisser Kräfte sowohl bei den Kommunisten als auch in der Befreiungsarmee, den Diktaten aus Moskau zu folgen. Daher wünschte Churchill eine massive britische Machtdemonstration, um die ELAS einzuschüchtern, auch nachdem die Volksfront alle Auflagen der Exilregierung längst akzeptiert hatte.

Am 16. November drohte der britische Kommandeur den ELAS-Verbänden schwere Konsequenzen an für den Fall, daß sie gewaltsam nach Athen eindringen oder sich seinen Truppen widersetzen würden. Ungeachtet der versöhnlichen Haltung Papandreous nahmen die Briten weiterhin an, daß bewaffnete Konflikte möglich, nur eben nicht wahrscheinlich waren. Im November standen etwa 23 000 britische Soldaten im Lande, Mitte Dezember schon gut doppelt so viele. Nun erörterte die Partei- mit der Armeespitze, was im Fall einer britischen Attacke zu tun sei; man konnte sich jedoch nicht einigen. Die Kommunisten übten heftige Kritik an Aris' Absprachen mit anderen ELAS-Kommandeuren, doch der erfreute sich im Großraum Athen eines rasch wachsenden Einflusses. Siantos mahnte zwar weiterhin zur Eintracht und Ruhe, aber in Athen selbst wollten die im Untergrund lebenden militanten Anhänger von Ioannidis offenbar Gegenwehr leisten.

Die Lage eskalierte, als die Briten und ihre Marionette Papandreou eine Vielzahl rechtsextremer Soldaten in die Stadt holten und die Streitkräfte direkt der Krone unterstellten. Am 1. Dezember forderten beide die sofortige Entwaffnung der ELAS-Truppen und die Einberufung eines kleinen Teils davon in ein Staatsmilitär unter Führung der Rechten, worauf die Volksfront die Regierung erzürnt verließ. Tags darauf kündigte sie für den 3. Dezember, 11 Uhr, eine Protestkundgebung an, die zunächst genehmigt, am späten Abend jedoch verboten wurde, aber gleichwohl stattfand. Daraufhin feuerten griechische Polizisten in die Menge, töteten 22 Demonstranten und verwundeten viele weitere, womit die Schlacht von Athen eröffnet war. Churchill wünschte sich ja nichts anderes, und während die ELAS bis zum 12. Dezember keine Offensive gegen die britischen Truppen startete, war seine direkte Anweisung ausschlaggebend: »... lassen Sie auf jeden Bewaffneten in Athen schießen, der die britische oder die griechische Staatsmacht bedroht, mit der wir zusammenarbeiten. Am besten wäre es, wenn die griechischen Behörden Ihre Befehle absegnen würden, was Leeper bei Papandreou durchsetzen sollte. Handeln Sie jedoch notfalls so, als befänden Sie sich in einer eroberten Stadt, in der eine Rebellion ausgebrochen ist.«[12]

Die Schlacht von Athen war gewiß das Bitterste, was dem nationalen Widerstand widerfahren konnte, und ihre politische Bedeutung stand jedermann in Europa klar vor Augen. Militärisch war das Eingreifen der Briten entscheidend, denn ohne sie wäre die griechische Rechte schnell überwältigt worden. Washington unterstützte den bedrängten Churchill im Stillen vorbehaltlos, sogar als er in England selbst heftig unter Beschuß geriet. Ab dem 8. Dezember machten die Kommunisten, obwohl sie durchaus in der Lage waren, die Briten und ihre Verbündeten zu schlagen, mehrere Friedensangebote. Am 22. Dezember, als die ELAS etwa drei Viertel Griechenlands kontrollierte und der britische Befehlshaber Churchill darauf hinwies, daß seine Kräfte lediglich ausreichten, um den Großraum Athen einzunehmen, boten gerade die dortigen Verbände an, ihre Waffen niederzulegen, und ließen sich unter der Obhut Siantos' auf offizielle Verhandlungen ein.

Am 11. Januar 1945 wurde ein Waffenstillstand vereinbart, und die Volksfront EAM unterzeichnete einen Monat später das Varkiza-Abkommen, obwohl kurz zuvor einige ihrer Leute verhaftet und eine Nationalgarde mit vielen Kollaborateuren in ihren Reihen gebildet worden war. Anschließend wurde die ELAS entwaffnet und aufgelöst und der größere Teil Griechenlands dem Athener Regime unterstellt. Sowohl die Befreiungsfront als auch die Kommunisten durften als Parteien antreten, binnen eines Jahres sollten Wahlen sowie ein Plebiszit über die Monarchie stattfinden, den meisten Mitgliedern der Front und ihrer Armee wurde Straffreiheit zugesichert, und die Behörden sollten von Kollaborateuren gesäubert werden. Die Kommunisten beschlossen, dem Kurs ihrer Genossen in Frankreich und Italien zu folgen.

Jetzt begann das Briten-Regime, mit eisernem Besen zu kehren. Man stellte alte Monarchisten an die Armeespitze und nahm zudem viele ehemalige Kollaborateure auf, um das Militär fest in den Griff zu bekommen. Im Unterschied zur ELAS ließen sich Churchill und seine griechischen Handlanger nicht von den Kommunisten stoppen, so daß sie jetzt freie Hand hatten, ihre Macht zu festigen und sich damit fette Pfründe zu sichern.

Die Unterdrückung nahm ständig zu: Es wurde gemordet, verschleppt, eingeschüchtert, und außerhalb Athens galt bis August das Kriegsrecht. Rechtsextremisten konnten vielerorts ungehindert wüten, und gegen Ende des Jahres räumte ein britischer Parlamentsausschuß ein, daß ab Dezember 1944 mindestens 50 000 Bürger aus politischen Gründen verhaftet worden waren, der größte Teil nach dem Varkiza-Abkommen; Ende 1945 saßen noch immer rund 17 000 von ihnen in verkommenen, überfüllten Gefängnissen. Ungefähr 25 000 Radikale und ebenso viele Angehörige ethnischer Minderheiten flohen nach Jugoslawien und Bulgarien, um der Verfolgung zu entgehen.

Ende Mai 1945 war Nikos Zachariadis nach Griechenland heimgekehrt, um Siantos als Parteichef abzulösen. Dieser in Moskau ausgebildete Betonkopf wollte seine Leute wieder auf Kurs bringen und schloß Freundschaft mit den Briten, was dann zum Grundpfeiler seiner Politik wurde. Er forderte von London nur, sich nicht in die inneren Angelegenheiten seines Landes einzumischen und jetzt die Wähler über dessen künftigen Weg entscheiden zu lassen. Um seine Verläßlichkeit unter Beweis zu stellen, schloß er im Juni Aris Velouchiotis aus der Partei aus. Dieser war gegen das Varkiza-Abkommen gewesen und ins Gebirge geflüchtet, wo Soldaten des Athener Regimes ihn jedoch rasch aufspürten. Damit war das größte Hindernis für einen stramm stalinistischen Kurs der Partei (die ihn wahrscheinlich verraten hatte) aus dem Weg geräumt.[13]

Trotz ihrer stalinistischen Führung und sowjetischen Berater wurde die KKE zur einzigen Kaderpartei in Westeuropa, die eine Bedrohung für den Staat darstellte – und sich anglo-amerikanischer Förderung erfreute. Diese kuriose Konstellation ging auch darauf zurück, daß die Stadtfraktion kaum Kontakt zu den ländlichen Gruppen hatte und Volksfront wie Befreiungsarmee sich ihrer Kontrolle sehr weitgehend entziehen konnten. Doch letzten Endes resultierte die Besonderheit der griechischen Linken aus dem immensen Druck, den die Briten und ihre Helfershelfer ausübten: Falls sie nachgegeben hätte, wozu die Parteiführung stets drängte, wäre sie als politische Gruppierung von der Bildfläche verschwunden und viele ihrer Aktivisten schlicht hinter Gittern gelandet. Indem sie allerdings auf alle britischen Bedingungen einging, war die Linke politisch gesehen noch stärker in ihrer Existenz bedroht, als wenn sie weitergekämpft und verloren hätte.

Da ein Bürgerkrieg zwischen zwei sehr ungleichen Seiten, den diskreditierten Vertretern der alten Ordnung und der Linken, doch noch vermieden wurde, war abzusehen, daß die einstigen ELAS-Mitglieder unter Druck geraten würden und sich wehren mußten. Dabei erschien es als gewiß, daß die Briten eingreifen würden, um einen Sieg der Linken zu verhindern, also der alten Garde internationales Gewicht zu verleihen, obwohl ihre Protegés durch Korruptheit, eine galoppierende Inflation und das wirtschaftliche Chaos bewiesen hatten, daß sie kaum imstande waren, für Stabilität zu sorgen. So plante man, zwei Divisionen vor Ort zu lassen, bis die Wahlen und das Plebiszit abgehalten waren, aber daraus wurde schließlich eine viel tiefere Verstrickung (vgl. Kapitel 14).[14]

Frankreich: Kommunismus und Ordnung

Wachstum und Erfolg der Kommunistischen Partei Frankreichs (KPF) in den vierziger Jahren hingen direkt mit ihrer Schlüsselrolle in der Résistance zusammen, und ein großer Teil der neuen Mitglieder waren Aktivisten, die eine weitgehende Erneuerung der Gesellschaft wünschten und erwarteten. Sie standen für einen – gewiß etwas nebulösen – Radikalismus, der zum Kriegsende hin mächtig um sich griff und den Stalinisten einige Sorgen bereitete. Antikommunisten wie die Engländer und Amerikaner sowie die Gaullisten erschreckte vor allem die Aufbruchstimmung und die sehnsüchtige Hoffnung, die Befreiung möge nur der Auftakt zur revolutionären Überwindung der verbrauchten alten Ordnung sein.

Kommunisten spielten in den Befreiungsausschüssen der Départements eine entscheidende Rolle und füllten oft wochen-, ja sogar monatelang das von den Nazis oder vom Vichy-Regime hinterlassene Machtvakuum. Am stärksten waren sie im Süden, in der Vichy-Zone, wo es kaum anglo-amerikanische Soldaten oder Verbände des Freien Frankreich gab und sie 35 Prozent der Ausschußmitglieder stellten. Damit beherrschten die Kommunisten oft auch die »Patriotischen Milizen« (wie sich die FTP ab Oktober 1944 nannten), die vielerorts fast ein Monopol über die Waffenbestände hatten und hohes Ansehen genossen. Die größten Sorgen für die Antikommunisten in der Phase nach der alliierten Landung, als die alten Machthaber diskreditiert oder geflohen waren, erwuchsen aus der lokalen Verankerung der Kommunisten – und paradoxerweise aus dem Versuch der Parteiführung, die Energien ihrer romantischen und energiegeladenen, loyalen jungen Kader in Bahnen zu lenken, die den Gaullisten und den Alliierten keinen Vorwand zum Losschlagen lieferten.

Sobald die dezentral organisierten Widerstandsgruppen die Kontrolle über ein Gebiet übernahmen, drohte diesem eine *épuration* (»Säuberung«), eine Art blutiger Abrechnung mit den Kollaborateuren sowie zwischen den politischen Gruppierungen dieser

Region. An deren Ende wimmelte es meist überall von neuen bewaffneten »Widerstandskämpfern«, darunter auch Halbwüchsige und Leute, die sich eigenmächtig eine Armbinde überstreiften. Zum Teil waren sie schlicht Opportunisten oder frühere Vichyaner, die sich den neuen Umständen anzupassen versuchten, aber viele andere hatten klare politische Vorstellungen. Im großen und ganzen waren die von der Parteiführung zum Stillhalten verdonnerten kommunistischen Kader (sogar auf dem Lande) unverhältnismäßig viel stärker als andere Gruppen, was die Aktionen der Résistance erheblich beeinträchtigte.

Allerdings stiegen zum Kämpfen entschlossene Kommunisten manchmal in die Führungsriege der FTP auf. Deren Chef, Charles Tillon, widersetzte sich aus dieser Position beharrlich dem Parteikurs und wurde später kurzerhand ausgeschlossen. Georges Guingouin befehligte die ungewöhnlich erfolgreichen FTP im Limousin (das drei *départements* des mittleren Westens umfaßte), die mit mindestens 20 000 Kämpfern landesweit an der Spitze standen. Er hatte sich der Partei während der Geltung des Hitler-Stalin-Paktes nicht untergeordnet, was diese dem »französischen Tito« niemals verzieh. Obwohl es gerade die »Disziplinsünder« waren, die im Anti-Hitler-Widerstand eine herausragende Rolle spielten, sorgte die Partei dafür, daß diese als »Verräter« bestraft wurden.

Das Ausmaß standrechtlicher Exekutionen im Zuge der *épurations* ist nach wie vor unklar. Zwar wurden fast 7000 Personen offiziell zum Tode verurteilt, davon aber nur 770 hingerichtet, und gut 38 000 der ungefähr viermal so vielen abgeurteilten Kollaborateure kamen eine Zeitlang in Haft oder zur Zwangsarbeit. Die Schätzungen über standrechtliche Erschießungen reichen von 4500 bis 68 000, doch die tatsächliche Größenordnung dürfte bei 10 000 liegen.[15] Auch wenn die Behauptung, daß Frankreich im Sommer 1944 einen Bürgerkrieg erlebte, die Dinge stark überspitzt, waren illegale Tötungen so zahlreich, daß viele dieses Gespenst umgehen sahen. In manchen Gebieten eskalierte die *épuration* derart, daß sich Widerstandsgruppen danach gegen die Anweisungen der Pariser Parteizentrale auflehnten. Die Hauptfrage war also, wie man sie noch unter Kontrolle bekommen konnte.

Am schlimmsten wüteten die *épurations* in all jenen Gegenden, die der organisierte Widerstand aus eigener Kraft befreit hatte. Beim Vormarsch der Alliierten gegen die deutsche Grenze konnten Teile der Wehrmacht diverse Gebiete im mittleren Westen bis April 1945 halten, weshalb die Résistancegruppen südlich davon (die zu etwa zwei Dritteln den FTP angehörten) viel häufiger kämpfen mußten als andernorts. Genau dort kam es auch zu den meisten *épurations*; ein besonders heißes Pflaster für Kollaborateure waren der Limousin und die Dordogne. Auch als die verschiedenen Milizen ab September 1944 nominell eingegliedert waren, konnten sie in den Gebieten ohne ausreichende Polizei- oder Streitkräfte, beziehungsweise solchen mit Überresten der Wehrmacht, vorerst gar nicht aufgelöst werden. Hinzu kamen die Befreiungsausschüsse, die – ohne sich dem gaullistischen Regime zu widersetzen – einen eigenständigen Rechtsstatus forderten, was praktisch auf eine Machtteilung hinausgelaufen wäre. Ende August 1944 trat sogar KP-Chef Jacques Duclos, der einflußreichste Parteichef im Frankreich dieser Monate, dafür ein, neben den FTP auch die Befreiungsausschüsse beizubehalten.[16]

Bis November standen die Briten, die Amerikaner und de Gaulle vor dem Problem, die drohende Gefahr von dem noch zerbrechlichen Staatsgefüge abzuwenden und tunlichst zu verhindern, daß die Lynchjustiz gegen Vichy-Kollaborateure vom Süden auf andere Gebiete übergriff, also bürgerkriegsähnliche Verhältnisse einreißen ließ.

Stalin und der französische Kommunismus

Die Politik der französischen Kommunisten beruhte im wesentlichen darauf, daß ihre Führung der Moskauer Linie folgte. Das bedeutete ab Juni 1941 vor allem eine Einheitsfront gegen Hitler, wobei alle sozialen Motive als zweitrangig gegenüber den Kriegsanstrengungen zu gelten hatten.

Anfang 1942 nahmen die Sowjets förmliche Gespräche mit Vertretern de Gaulles auf und pflegten danach herzliche Beziehungen mit ihm, obgleich die französische KP dem Gaullismus mehr als kritisch gegenüberstand und fünf Monate lang zutiefst entsetzt darüber war, daß Moskau ihn anerkannte. Stalin versicherte de Gaulle im Februar 1942, daß er kein kommunistisches Regime für Frankreich anstrebe – eine Nichteinmischungsgarantie, die Molotow im Mai ausdrücklich bekräftigte –, wobei ihm besonders am Herzen lag, die Briten und Amerikaner zur baldigen Eröffnung einer zweiten Front zu bewegen. Fraglos begrüßte es Stalin auch, daß Frankreich – selbst unter Führung eines erzreaktionären Nationalisten – nach dem Krieg ein starkes Gegengewicht zu Deutschland bilden würde. Der General seinerseits sah die Freundschaft mit der Sowjetunion auch als eine Waffe gegen die USA, die Vichy ja nach wie vor anerkannten. Er führte den Amerikanern vor Augen, daß die UdSSR, falls sie nicht in Frankreich einmarschierten, den gesamten Kontinent beherrschen würde, und warnte sie davor, die Kommunisten zu stärken, indem sie Vichy gegen ihn unterstützten.

Nachdem Moskau de Gaulles Komitee als das Sprachrohr der Résistance anerkannt hatte, ließ auch die Partei ihre schweren Bedenken gegen ihn fallen und folgte der sowjetischen Linie, auch wenn sie dabei um ihre innere Einheit rang. Mitte 1942 leitete de Gaulle jene zähen Verhandlungen ein, die im Mai 1943 mit der vorläufigen Eingliederung der FTP in sein Nationales Befreiungskomitee (CNL) endeten. Wegen des erbitterten anglo-amerikanischen Streits über seine Person, der die USA lange an Vichy band, zögerte die UdSSR bis August 1943, als sie die volle Zustimmung der Briten hatte, das CNL förmlich anzuerkennen. Doch da stand schon außer Zweifel, daß de Gaulle bei Kriegsschluß der mächtigste Mann Frankreichs sein würde. Er wollte die KP, die er ebenso verachtete wie fürchtete, vor seinen Karren spannen und sah ab 1942 vollends ein, daß dies am besten über eine Kooperation mit Moskau gelingen würde. Deshalb erkannte er die Partei öffentlich als einen stabilisierenden Faktor in der französischen Politik an und räumte ihr in seinen Schattenkabinetten kleinere Posten ein.

De Gaulle wartete nur darauf, seine Macht festigen zu können, was ihm die Amerikaner viel mehr erschwerten als die Kommunisten. Denn schließlich unterstützte Stalin den General mit Hilfe von Maurice Thorez, der seit Kriegsbeginn in Moskau war und, als er Ende November 1944 nach seiner Zusicherung an de Gaulle, die Koalition mitzutragen, eine Art Parteidiktator wurde. Seine Anwesenheit, so erklärte de Gaulle, habe »derzeit mehr Vor- als Nachteile«. Er sei sogar der Wunschkandidat, denn »wo die Kommunisten keine Revolution mehr anstreben, sondern sich im parlamentarischen System durchsetzen wollen, da ist der Staat viel weniger bedroht«.[17] Doch im Grunde verließ sich de Gaulle mehr auf die Strategie Moskaus als auf Thorez selbst.

Vor dessen Abreise hatte Stalin ihm nochmals eingebleut, daß jetzt erst einmal nicht Klassenkampf angesagt sei, sondern die Einheitsfront gegen Hitler. Der stets gehorsame Thorez gab das direkt weiter, und die Mehrheit der Führungskader befolgte seine Anweisungen weitestgehend. Ihr wirkliches Problem – abgesehen vom Fehlen konkreter Vorgaben – lag darin, daß die Basis nicht nur für die Einheitsfront, sondern auch dafür war, die Milizen und die Befreiungsausschüsse zu legitimieren.

Stalins Engagement ging allerdings weit darüber hinaus, zwischen de Gaulle und der KPF zu vermitteln. Es ging auch um Frankreichs Nachkriegsverhältnis zu Großbritannien und zu den USA – die gründlich zerstritten waren über der Frage, auf welche französische Widerstandsgruppe man setzen solle – und letzlich um die Frage der »Einflußsphären«, die durch die militärisch geschaffenen Fakten entstanden. Diesbezüglich hatte die Invasion in Italien den ersten Präzedenzfall geschaffen, und Frankreich gehörte zudem, trotz der umfassenden Kollaboration des Vichy-Regimes mit dem Feind, jetzt offiziell zu den Alliierten. Angesichts eines solchen Wirrwarrs mußte Stalin mit großer Raffinesse vorgehen, und schon ab Mitte 1943 lag sein Hauptaugenmerk im Umgang mit Frankreich fraglos auf den späteren Machtverhältnissen in Europa, was auch die KPF nicht unberührt ließ.

Nach der alliierten Invasion in Frankreich testete Moskau, inwieweit der Präzedenzfall Italien zur Geltung kam, wo die Besatzungstruppen immerhin aus scheinbar rein militärischen Kompetenzen zugleich politische abgeleitet hatten. Das Problem blieb heikel, zumal sich London und Washington nicht einigen konnten, welche Gruppierung zu unterstützen war: de Gaulles CNL oder eine andere. Unterdessen teilte man den Sowjets mit, sie würden bis zu einer Einigung nicht zu Rate gezogen und dann vom Ergebnis unterrichtet. Nach dem 6. Juni 1944, dem D-Day, bemühte sich das CNL, in dem es einige Kommunisten gab, als vorläufige Regierung anerkannt zu werden, und zwar auch in Moskau, wo man der französischen Abordnung erklärte (so der US-Botschafter W. Averell Harriman), »die Sowjetunion werde gegenüber den Franzosen keine der anglo-amerikanischen widersprechende Position einnehmen« – was noch näher zu erläutern war. »Molotow hat mir mehrfach bestätigt«, hob Harriman am 9. Juli 1944 hervor, »... daß Moskau die Initiative in Frankreich den Briten und uns überlassen wolle.«[18] Sicherlich bedeutete diese Blankovollmacht keine Wende, sondern entsprach durchaus Stalins Überzeugung, daß die militärischen Fakten den politischen Ausgang des Kriegs bestimmten und daß weder London noch Washington daran rütteln würden, auch wenn sie verbal dagegen aufbegehrten, daß die Sowjets mit den von ihnen eroberten Gebieten ebenso verfuhren.

Insofern bestand Moskau darauf, daß die französischen Kommunisten ihr Bündnis mit den konservativen Nationalisten einhielten. Nach der Befreiung von Paris, so berichtete Tillon, erinnerten sowjetische Diplomaten die Parteiführung daran, daß sie sich weder de Gaulles Anweisungen noch denen der Alliierten widersetzen durften. Dies beruhigte die US-Administration und insbesondere General Eisenhower, der Washington dafür getadelt hatte, daß es de Gaulles Regierung nicht de jure anerkennen wollte, obwohl dieser die Kommunisten beschwor, »Parteigezänk im Dienste des Wiederaufbaus zu unterlassen«, und als einziger imstande war, ein starkes, einiges Frankreich zu schaffen – das als ein Bollwerk gegen die unerwünschte sowjetische Vorherrschaft in Europa dienen sollte.[19]

Der Kampf gegen Abweichler

Wie triftig auch die Gründe der französischen Kommunisten für ihre Unterstützung de Gaulles gewesen sein mögen, sie folgten damit im wesentlichen den Anweisungen Moskaus.

Gewiß trug letzten Endes Thorez die Verantwortung dafür, aber in der Parteispitze herrschten erhebliche Spannungen, und diverse faktisch eigenständige Ortsgruppen setzten sie zusätzlich unter Druck. Am störrischsten war die Riege in Algier unter André Marty, doch auch im Lande selbst weigerten sich einige Kader, die Kommandogewalt und ihre Waffenbestände auf die gaullistischen Zivilschutztruppen (FFI) der Regierung zu übertragen. Während die Partei ihren Forderungen bis zu Thorez' Rückkehr nachgab, wurden diese Quertreiber, die sein Bestreben, den Kurs Moskaus sklavisch durchzusetzen, besonders störten, später fast alle geschaßt, sofern sie nicht von selbst gingen.

Die Beziehung Moskaus zu de Gaulle war für viele Parteimitglieder kaum hinnehmbar, doch sie mußten sich fügen. Unter der Besatzung war die Eingliederung der FTP in die Schutztruppe (FFI) anfangs ein Hirngespinst geblieben. Die verschiedenen Widerstandsfraktionen trauten einander weder ganz über den Weg, noch kooperierten sie eng miteinander, was sich schon vor dem August 1944 zeigte, als die kommunistisch orientierte Pariser FFI den Organisationskonzepten der Gaullisten nach erbittertem Streit zwar formal zustimmte, sich dann aber in der Praxis weitgehend darüber hinwegsetzte – um schließlich während und nach der Befreiung von Paris arglistig übergangen zu werden. Auch wenn später viele Kommunisten über die rüde Auflösung der FTP schimpften, fanden sie sich letztlich damit ab.[20]

Thorez selbst trat kurz nach seiner Ankunft dafür ein, die Patriotischen Milizen und die Befreiungsausschüsse noch bis zu den geplanten Neuwahlen neben den regulären Regierungstruppen respektive den Staatsorganen bestehen zu lassen, was die militanteren Parteikader etwas beruhigte. Unter den Kommunisten war indes auch die Rede davon, zusammen mit den Sozialisten eine Einheitspartei zu bilden oder bei den Wahlen mit einer gemeinsamen Widerstandsliste anzutreten. Sie bemühten sich also um ein ansprechendes, gemäßigtes Image. Thorez ließ auch schnell die alte Forderung der Partei nach einem Nebeneinander von politischer und militärischer Macht fallen. Im Januar 1945 griff er die an der *épuration* beteiligten örtlichen Milizen und Übergangsbehörden scharf an. Thorez zufolge war die nationale Einheit geboten, um den Krieg möglichst schnell zu gewinnen, und deshalb durfte es nur *einen* Staat, *eine* Polizei und *eine* Armee geben. Anschließend verlangte das Zentralkomitee der Partei, alle noch bestehenden Patriotischen Milizen und Befreiungsausschüsse abzuschaffen, und letztere verschwanden bei den Kommunalwahlen im folgenden April endgültig von der Bildfläche.

Im August 1944 plädierten einige Kader dafür, die Kooperation mit de Gaulle »nüchtern und ohne Illusionen« fortzusetzen. In der Praxis hieß das, die gesamte Partei, inklusive der Dissidenten, in den wiederhergestellten kapitalistischen Staatsapparat einzugliedern.[21] Letztlich stimmten dem auch jene zu, die eine Alternative zum moskauhörigen Thorez-Kurs anstrebten, allerdings nur bis Mai 1947, als man sie auf Betreiben der Vereinigten Staaten aus der Koalitionsregierung hinauswarf. Im Grunde waren sie nur harmlose Reformer, die gelegentlich radikal daherkommen mußten, um nicht schon damals als jene Sozialdemokraten zu gelten, die sie ab 1945 zunehmend wurden. Entsprechend verstanden sie de Gaulle bis zu seinem Rückzug im Januar 1946 keineswegs nur als den Retter der patriotischen Bourgeoisie, sondern geradezu als einen Nationalhelden, lehnten also Streiks rundweg ab, zunächst um der Rüstungsproduktion und später dann um des wirtschaftlichen Wiederaufbaus willen.

Um den schreienden Widerspruch zwischen der loyalen Unterstützung einer bürgerlichen Regierung und leninistischer Ideologie zu begründen, erklärte die Parteiführung später, zum einen habe sie 1944 keine Waffen gehabt, zum anderen habe de Gaulle versucht, sie völlig zu isolieren. In Wirklichkeit beruhte de Gaulles Strategie (abgesehen davon, daß die Kommunisten in manchen Zonen sowohl Waffen besaßen als faktisch auch die Kommunalverwaltungen beherrschten) auf einer richtigen Einschätzung der Absichten Moskaus, die es ihm erlaubte, sich den ganzen KP-Vorstand mit zwei Pöstchen zu kaufen. Dieser betonte später, die nahezu zwei Millionen vor Ort stehenden britischen und amerikanischen Soldaten hätten eine Machtübernahme mit Sicherheit vereitelt, was zutreffen mag oder auch nicht. Jedenfalls wäre es den Alliierten dann schwerer gefallen, die Nazis zu besiegen und große Teile Deutschlands einzunehmen. Die spätere Angabe der Partei, Revolutionen würden nicht von organisierten Minderheiten gemacht, ist völlig abwegig. Zum einen widerspricht sie der leninistischen Theorie, zum anderen jedoch dürfte es Ende 1944 in Frankreich verhältnismäßig mehr Kommunisten gegeben haben als 1917 in Rußland.

Die Passivität der Partei läßt sich nicht auf die Lethargie der Basis zurückführen. Revolutionäre müssen an entscheidenden Punkten bereit sein, Risiken einzugehen, und niemals sonst in der neueren Geschichte Frankreichs waren die Linke so stark und die herrschende Schicht so tief kompromittiert wie damals. Doch solche Spekulationen sind völlig irrelevant, weil die Partei – auch wenn es eine revolutionäre Mehrheit gegeben hätte – zu einer Machtergreifung gegen den Willen Stalins gar nicht bereit und fähig war. Schließlich begriff de Gaulle ebenso wie die Amerikaner und die Briten, daß sie sich überhaupt keine Sorgen machen mußten, da Moskau den französischen Kommunismus fest im Griff hatte.[22]

Italiens Dilemma

Nach der anglo-amerikanischen Invasion vom September 1943 war das Bild der italienischen Linken im Widerstand durch spontane, dezentrale Ortsgruppen geprägt. Insbesondere blieb das unter dem Joch der Nazis stehende Norditalien bis kurz vor Kriegsende stark isoliert, und weder die Alliierten noch die Faschisten, noch die Kommunisten (KPI) oder andere Linksparteien bekamen das Gebiet endgültig unter Kontrolle. Norditalien schien am Abgrund weitreichender Umwälzungen zu stehen.

Ab 1944 beurteilten anglo-amerikanische Behörden und italienische Konservative die Lage im Norden äußerst pessimistisch. Neben den eskalierenden Streiks, bewaffneten Banden und ähnlichem bereiteten ihnen Gruppen von Aufständischen erhebliche Sorgen, die sich nicht einmal den Kommunisten beugten. Auch als die KPI verkündete, nunmehr eine moderne und zuverlässige Partei zu sein, wirkte das nicht unbedingt beruhigend. Schließlich standen die Streitkräfte der Alliierten weit entfernt, und die Truppen der Faschisten und Nazis lösten sich zunehmend auf und überließen den Norden unterschiedlichen bewaffneten Einheiten. Doch sogar wenn die Linke der Gewalt völlig abgeschworen hätte – was im Fall der Sozialisten noch keineswegs feststand –, blieb die Gefahr, daß sie auf parlamentarischem Wege an die Macht gelangte, und genau das hatte ja schon Anfang der zwanziger Jahre große Teile der Oberschicht in die Arme der Faschisten getrieben. Bei den Wahlen des Jahres 1946 erreichten Sozialisten und Kommunisten zusammen lediglich 40 Prozent der Stimmen – allerdings nach 29 Prozent im Jahr 1921 –, aber nördlich von Rom waren und blieben sie die stärkste politische Kraft.[23]

Die kommunistische Gefahr

Der Widerstand, zumal der kommunistische, war bis 1943 sehr schwach gewesen, dann jedoch stark aufgeblüht. Dabei schien das Programm des Nationalen Befreiungsausschusses (CLN) allerdings zu abstrakt, um als Richtlinie für die Praxis taugen zu können. Das einzige handgreifliche Ziel bestand darin, den Faschismus zu zerschlagen, wobei völlig offen blieb, wie das geschehen sollte. Wer sich dem Widerstand in den besonders gefährlichen Frühphasen angeschlossen hatte, war jedoch in der Regel nicht nur bereit, für seine Ideale Opfer zu bringen, sondern auch aufgeschlossen und kreativ, und Menschen dieses Schlages gaben offenbar bis zum April 1945 in Norditalien den Ton an.

Italiens Kommunisten hatten mit Pietro Nennis Sozialisten (PSIUP) eine ungewöhnlich starke Konkurrenz zu gewärtigen. Sie hatten sich im Krieg als integer erwiesen und forderten nunmehr kompromißlos, die Monarchie abzuschaffen, den Staat gründlich von sämtlichen faschistischen Elementen zu säubern und eine Arbeiterrepublik auszurufen. Ende 1945 hatte die PSIUP gut 700 000 Mitglieder, und bei der Wahl im Juni 1946 schnitt sie sogar etwas besser ab als die Kommunisten. Diese setzten sich auf der lokalen Ebene äußerst militant mit ihren Nebenbuhlern auseinander. Ab Juni 1943 wuchs die KPI in kaum zwei Jahren von

5000 auf 1,7 Millionen Mitglieder an, weil sich ihre Führung, oft lediglich ad hoc, auf wechselnde Stimmungen einstellte. So wurde binnen weniger Monate aus einer zwar disziplinierten, dabei aber inkonsequenten leninistischen Sekte eine Massenpartei.

Diese beachtliche Metamorphose beruhte ebenso auf schierem Opportunismus wie auf einer Abkehr vom Sektierertum, was in der Praxis bedeutete, daß sämtliche Aufnahmekriterien entfielen. So legte das Parteiprogramm vom Dezember 1945 ein klares Bekenntnis nicht nur zur Religionsfreiheit und zur Familie, sondern auch zum Privateigentum ab, und sogar ehemaligen Faschisten standen alle Türen offen.[24] Man strebte an, eine echte Volkspartei zu werden, und gewann damals bereits viele gläubige Katholiken hinzu; allerdings kam die Klientel der KPI nach wie vor überwiegend aus dem Stadtproletariat und der ärmeren Landbevölkerung.

Entsprechend waren die Kommunisten in der Regel keine geschulten Berufsrevolutionäre, sondern entstammten meist lokalen politischen Netzwerken, die alle möglichen Widrigkeiten überstanden hatten. Die engen Bindungen nährten eine sentimentale Einstellung zu gewissen Parteiikonen, darunter besonders der fast wie ein Halbgott verehrte Stalin, aber die KPI verlangte nie absolute Linientreue.

Bis sich Italien vom Faschismus und von den Kriegsfolgen erholt haben würde, um ein solides politisches System aufzubauen, blieb sein Schicksal in der Schwebe. Obwohl wir heute wissen, daß während der heiklen, schwierigen Zeit ab September 1943 zum einen Moskau und zum anderen die führenden Kommunisten für Halt sorgten, konnte niemand für die Zukunft bürgen: Zu viele dürsteten nach Rache und Genugtuung, es fehlte eine ordnende Hand, und außerdem überboten die verschiedenen Parteien einander im Wettkampf um Anhänger und Sympathisanten mit radikalen Parolen.[25]

Moskau und das anglo-amerikanische Lager

Ab Herbst 1943 wurde die Lage in Italien noch verzwickter, weil die großen Spannungen zwischen den Briten und den Amerikanern auf die Alliierte Militärverwaltung der Besetzten Gebiete (AMGOT) übergriffen. Zwar wollten beide den Einfluß der Sowjets möglichst eindämmen und eine Machtübernahme der Kommunisten verhindern, doch über das Wie und vieles andere herrschte Uneinigkeit.

Die anglo-amerikanischen Differenzen lösten, so bezeichnete es die offizielle US-Geschichtsschreibung später, eine »große Kontroverse« aus, als die Briten darauf bestanden, die Grundlinien der Besatzungspolitik für ihr Einzugsgebiet selbst festzulegen.[26] Allerdings hielten die USA an ihren Zielen fest; oft aber hinderten lediglich simple Formalien und Zuständigkeitsfragen die beiden Partner daran, sich in der Sache zu einigen, sogar wenn sie dasselbe anstrebten. Die politischen Fraktionen Italiens lernten schnell, diese Differenzen für ihre Zwecke zu nutzen.

Übereinstimmend indes wollten London und Washington nicht zulassen, daß der Zusammenbruch des Faschismus ein Machtvakuum schuf, in das die Linke eindringen konnte. Damit verquickten sich die Säuberung des Staatsapparats von Faschisten und die Kontrolle der Linken untrennbar miteinander. Beide Partner versprachen zwar öffentlich eine »Entfaschisierung«, fanden es dann jedoch viel bequemer, die alten Beamten auf ihren Posten zu belassen, so daß diese meist schnell zu weiterhin tragbaren, weil harmlosen, unpolitischen Mitläufern oder bloßen Opportunisten erklärt wurden. Insgeheim hintertrieben die Briten sogar eine gründliche Säuberung (von einigen großen Fischen abgesehen) und wollten den bestehenden Verwaltungsapparat (einschließlich der Polizei) weiternutzen, was dann auch geschah. Nicht nur schlossen die amerikanischen Behörden sich dem an, sogar die Kommunisten und die meisten Parteien des Befreiungsausschusses blieben nachlässig. Allein die Sozialisten traten für eine strenge Säuberung ein. Die von der AMGOT und von der italienischen Regierung erlassenen Sondergesetze wiesen große Schlupflöcher auf, so daß nur eine Handvoll bekannter Faschisten, die sich nicht rechtzeitig abgesetzt hatten, angeklagt und verurteilt wurden. Was die große Masse angeht, so wurden zwar viele überprüft, aber kaum ein Prozent ihrer Ämter enthoben.

Die Alliierte Militärregierung in den befreiten Gebieten nahm zwar die alleinige Zuständigkeit für sich in Anspruch, litt aber von Anfang an unter akutem Personalmangel, weshalb die Exfaschisten und ihre Kollaborateure vielfach auf ihren Posten bleiben konnten. Das wiederum gab Anlaß zu zahlreichen Protesten und Krawallen, obwohl später einige Behörden von Gewährsleuten des Befreiungsausschusses geleitet wurden. Jedenfalls hielt sich das Thema in verschiedenen Variationen bis zum Kriegsende. Bald nutzten ehemalige Faschisten ihre Ämter, um Hilfsgüter auf dem Schwarzmarkt zu verkaufen und sich durch andere Formen der Korruption persönlich zu bereichern. Im Prinzip prägten sie die Zivil-, Militär- und Polizeiverwaltung auch nach Mussolinis Abgang weitgehend. Angesichts der Tatsache, daß die AMGOT alle Publikationen, Versammlungen und politischen Initiativen überwachte, neigten die linken Widerstandsgruppen dazu, ihre Waffen zu behalten, was ein großes Problem darstellte.[27]

Am stärksten entzweite die Briten und Amerikaner, daß Churchill in Marschall Pietro Badoglio und König Viktor Emanuel III. – der auf Betreiben des Faschistischen Großrates (den einstigen Mitstreitern des Duce) am 25. Juli 1943 Mussolini abgesetzt hatte – ein notwendiges Bollwerk gegen den »zügellosen Bolschewismus« sah.[28] Zwar meinten auch viele ranghohe US-Beamte, daß die Selbstbestimmung große Gefahren berge, aber Washington war Anfang 1944 zu der Auffassung gelangt, daß eine tüchtige Regierung, die vor allem der Gefahr von links begegnen müsse, nicht an der Monarchie festhalten solle.

Ungeachtet dieses Disputs verfolgten Briten und Amerikaner im befreiten Teil Italiens einen gemeinsamen politischen Kurs. In den von ihr verwalteten Gebieten ließ die AMGOT zahlreiche Partisanen entwaffnen und festnehmen, die dann in Sonderlager kamen, und bot ab Anfang 1944 gut 180 000 ehemalige Soldaten und *carabinieri* für den Schutz der inneren Sicherheit auf. Im noch besetzten Norden stellten sich weitaus schwierigere Probleme, denn dieser war eine traditionelle Hochburg der Linken und für die Alliierten bis fast zum Kriegende so gut wie unzugänglich. Anfangs war der Nationale Befreiungsausschuß für Norditalien (CLNAI) trotz der beide Gremien überlappenden Parteien von

seinem römischen Pendant unabhängig, und während die Zivilbehörden vor allem die vom CLNAI ausgehenden Gefahren eindämmen wollten, forderten die Generäle der Alliierten bis Ende 1944, aus seinen anschwellenden Partisaneneinheiten militärisch soviel wie möglich herauszuholen.[29]
Inmitten der römischen Intrigen und Machtkämpfe trat plötzlich die Sowjetunion auf den Plan, um die Lage etwas zu entschärfen. Selbstverständlich lag dem Badoglio-Regime sehr viel daran, die lästigen Auflagen der Briten und Amerikaner abzuschütteln, und dazu benötigte es ein Anerkennungssignal aus Moskau. Dieses hätte zugleich auch den britischen Widerstand gegen den wachsenden Druck der Amerikaner verstärkt, das Regime abzulösen. Außerdem konnten allein die Sowjets eine Kommunistische Partei maßregeln, die von Anfang an entschieden gegen Badoglio war und nicht zuließ, daß sich der Nationale Befreiungsausschuß an der Regierung beteiligte. Stalin stürzte sich hauptsächlich deshalb in das Getümmel, weil er Italien stärker in den Krieg gegen die Nazis einbinden wollte, ihn störte jedoch auch, daß die UdSSR dort nicht das geringste Mitspracherecht hatte. Insofern dürfte das russische Mitglied des (machtlosen) Italienrates mit Sitz in Algier, Andrej Vischinsky, dem Regime Badoglio Ende 1943 angedeutet haben, daß direkte diplomatische Kontakte mit Moskau möglich seien, was den einstigen Weggefährten Mussolinis die Möglichkeit bot, gleich mehrere heikle Probleme auf einmal zu lösen.

Anfang Januar 1944 nahmen Badoglios Diplomaten Geheimverhandlungen mit den Russen auf, bei denen es vor allem um die künftige Rolle der Kommunisten in der italienischen Politik ging. In Moskau erwog man die Konsequenzen der Pläne, denen zufolge die KPI sich kooperativ verhalten sollte, und bot Badoglio am 4. März offizielle diplomatische Beziehungen an. Dessen Vertreter setzten die amerikanischen Behörden erst mehrere Tage später von den neuen Fakten in Kenntnis, verschwiegen dabei allerdings, daß dies auf ihre eigene Initiative zurückging, was die USA sofort eine unbefugte Einmischung Moskaus unterstellen ließ. Außerdem versuchte das Badoglio-Regime mit allen Finessen, aber ohne großen Erfolg, Briten und Amerikaner gegeneinander auszuspielen und dabei deren Sorgen über einen wachsenden Moskauer Einfluß auszunutzen, um die eigene Rechtsposition noch während des Kriegs zu verbessern.[30]

Am 13. März 1944 – Roosevelt hatte Churchill gerade dargelegt, daß man Badoglio und den König ablösen müsse, weil sie im Lande selbst keinerlei Unterstützung fänden – gab Moskau dem einstigen Eroberer Abessiniens verstärkte Rückendeckung und dadurch den Neofaschisten noch eine gewisse Frist. Washington war darüber anfangs sehr erzürnt, weil man nicht wollte, daß Moskau in dem früheren Achsenstaat überhaupt mitmischte, zumal es damit auch den britischen Interessen diente. Doch bald vernahmen die Amerikaner und Briten zu ihrer Freude, daß die KPI »auf Anweisung Moskaus« der Regierung Badoglio bedingungslos beitreten werde.[31] Die Sowjets erklärten dazu, daß Washington keinen Grund zur Klage habe, da Italien bald geeinigt sein werde und eine gewichtige Rolle in den Kriegsanstrengungen übernehmen könne. Dazu hieß es in der offiziellen britischen Kriegsbilanz drei Jahrzehnte später, damit habe »der sowjetische Vertreter im Italienrat recht gehabt ... und plötzlich ließ die Kommunistische Partei Italiens – offenbar auf Anweisung Moskaus – davon ab, die Krone und Marschall Badoglio anzugreifen, und trat statt dessen für ein Bündnis mit den Katholiken ein«.[32] Die Einmischung der Sowjets dürfte, wie unangebracht sie auch gewesen sein mag, in London insgeheim begrüßt worden sein. Für Italien hatte sie weitreichende Folgen.

Um die KPI auf Trab zu bringen, kehrte Palmiro Togliatti, der den Sowjets damals unter allen Ausländern der liebste gewesen sein soll, am 28. März nach Italien zurück. Die Parteiführung bekannte sich in dieser kritischen Phase ausdrücklich zu ihrer Moskauhörigkeit. Da Stalin den Krieg so schnell wie möglich gewinnen wollte, war eine starke Einheitsfront geboten und jegliches Sektierertum verpönt: »Derzeit sind uns Revolutionen im Westen unerwünscht ...«, beruhigte der damalige sowjetische Außenminister Maxim Litwinow im September 1944 den amerikanischen Abgesandten im Italienrat.[33]

Togliattis Loyalität zu Moskau und seine Rückendeckung von dort bildeten die Grundlage dafür, daß er die KPI immer fester in den Griff bekam. Die einen konnte er davon überzeugen, daß ein radikaler oder militanter Kurs ein Irrweg sei; bei den anderen berief er sich stur auf Moskau. Im Unterschied zu anderen Stalinisten warf er Widersacher jedoch selten hinaus, so daß in der immer schon bunt gemischten KPI-Führung eine zusehends rege Debattenkultur entstand. Viel später trugen ihre starken pluralistischen Neigungen zur Geburt des »Eurokommunismus« bei, durch den Moskau seinen Einfluß auf die KPI verlor.

Am 1. April 1944 gab Togliatti in einer Pressekonferenz in Salerno bekannt, daß seine Partei die Frage der Monarchie bis zum Ende des Kriegs zurückstellen, der Regierung Badoglios beitreten, mit allen Antifaschisten kooperieren und für die parlamentarische Demokratie eintreten werde. Außerdem rief er die Kommunisten auf, eine im Prinzip offene Massenpartei anzustreben, womit er Lenins Organisationstheorie weitgehend ad acta legte. Sein Programm einer Einheitsfront prägte die Parteilinie noch fast drei Jahre lang, zumal die Partner rasch erkannten, daß die Kommunisten zuverlässig und vertrauenswürdig waren.[34]

Aus Togliattis Sicht gab es – über das darin zum Ausdruck kommende Einverständnis Moskaus mit einer Zugehörigkeit Italiens zur englisch-amerikanischen Einflußsphäre hinaus – weitere schlagende Gründe für diese Marschroute. Erstens paßte er gewiß gut zu einer Massenpartei, die Wahlerfolge anstrebte. Gegen einen extremen, radikalen Kurs würden sich, so meinte Togliatti, zudem alle Antisozialisten zusammentun, um die Partei wie nach 1922 erneut mit Stumpf und Stiel auszurotten. Und wenn auch die Kommunisten aufträten wie Nennis Sozialisten – die genauso überzogene marxistische Reden schwangen wie ihre Vorgänger ab 1918 –, dann käme weder eine demokratische noch eine sozialistische Republik zustande. So wie die Rechte eine militante Linke fürchte, müsse diese ihrerseits vor wiederbelebten autoritär-faschistischen Strömungen auf der Hut sein, zumal sowohl die Briten als auch die Amerikaner diese unterstützen würden. Ob derlei Gefahren wirklich drohten oder nicht, das spielt hier keine

Rolle, denn angesichts der Vorgeschichte Italiens bestanden diese Ängste jedenfalls zu Recht.[35]

Der Norden

Für die Briten und Amerikaner ging es nicht nur darum, ob sie sich langfristig auf Togliattis Partei verlassen konnten, sondern diese mußte insbesondere auch dazu beitragen, die Autorität der AMGOT im Norden durchzusetzen, wo die KPI noch wenig diszipliniert und geeint war, also höchstens die Hälfte der bewaffneten Kämpfer oder der Radikalen vertrat, mit denen es die Alliierten zu tun hatten.

Die CLNAI-Führung war zerrissen, so daß wichtige Entscheidungen endlos erörtert wurden, wobei sich im Norden alle Gruppen militant geben mußten, um nicht Anhänger an die Konkurrenz zu verlieren. Im übrigen haperte es bei der Disziplin, denn die Novizen ließen sich oft von ihrer Empörung hinreißen und brannten darauf, sofort etwas gegen die Unterdrückung zu tun. Ende 1943 hatte ihre Wut die Streikwelle in den nördlichen Industriestädten getragen, und neben den Zehntausenden, die damals in Partisaneneinheiten standen, nahmen viele weitere an den Unruhen vom April 1945 vor allem in Genua, Mailand und Bologna teil. Allerdings konnte die AMGOT keineswegs sicher sein, ob diese Melange aus schnell bekehrten, aufgebrachten und orientierungslosen Menschen überhaupt für behördliche Maßnahmen zugänglich war.

Im Sommer 1944 gelang es den Partisanen im besetzten Norden, nicht weniger als 14 Divisionen der Achsenmächte gleichzeitig zu fesseln, und insofern bildeten sie einen starken militärischen Rückhalt. Deshalb konnten die Alliierten sie kaum entbehren, und als Gegenleistung verlangte die CLNAI zum einen Hilfsgüter, zum anderen ihre politische Anerkennung, womit beide Seiten fest aufeinander angewiesen blieben. Die Militärs und Politiker mißtrauten den Partisanen gründlich, und ihr schlimmster Alptraum war, daß sich die Deutschen plötzlich zurückziehen und die CLNAI-Verbände nachrücken würden, bevor alliierte Truppen einträfen. Für diesen Fall rechneten die Amerikaner mit »einer ähnlichen Situation wie in Griechenland«.[36] Im Dezember 1944 war es dann auch ein schlagendes Argument Churchills für den britischen Einmarsch in Athen gewesen, daß man jetzt ein Exempel statuieren müsse, um das »Übergreifen gewaltsamer Unruhen auf Italien« und weitere Gebiete zu verhindern.[37] Wenn es schon schwierig genug – und Ende 1944 noch gar nicht ganz gelungen – war, die Partisanen des befreiten Südens zu entwaffnen und zu bezähmen, so spitzte sich das Problem im Norden zu, weil sich der dortige CLNAI trotz zäher Verhandlungen nicht bereitfand die Oberhoheit Roms anzuerkennen. Als Druckmittel der Regierung kamen allein die Hilfslieferungen in Betracht, so daß sich General Sir Harold Alexander, als Oberbefehlshaber der Alliierten in Italien, am 13. November über Rundfunk an die Verbände des Nordens wandte und sie – ohne den CLNAI ausdrücklich zu erwähnen – aufforderte, ihre Aktivitäten einzustellen und Vorräte zu sparen, da ihnen die Alliierten im Winter nicht mehr würden helfen können. Der schlaue Fuchs wußte genau, daß die Nazis und Faschisten seinen Aufruf als Einladung zur Offensive verstehen würden, zu der es dann auch kam. Die schlecht ausgerüsteten Partisanen waren hoffnungslos unterlegen, was viele demoralisierte und zum Aussteigen bewegte, und das wiederum ebnete den Weg für die Kapitulation des CLNAI gegenüber Rom.

Während die KPI-Führung versuchte, gute Miene zum bösen Spiel der Alliierten zu machen, schlugen Sozialisten und Aktionisten extrem radikale Töne an und liebäugelten sogar mit einer Teilung der Nation: Im Norden sollte nach dem Abzug der Deutschen eine sozialistische Republik entstehen – nicht umsonst erhielten die Sozialisten dort später auch die meisten Wählerstimmen. Die KPI-Führung des Nordens bestand, ebenso wie Togliatti, auf der nationalen Einheit als Grundziel der Partei, und ohne sie konnte sich die Linke nicht durchsetzen. Den Beamten der AMGOT lag vor allem daran, ein neuerliches Blutbad wie das in Athen zu verhindern, weshalb sie die Schwäche der Partisanen voll ausnutzten. Am 7. Dezember stimmte der CLNAI zu, sich als Gegenleistung für Gelder und Sachleistungen dem Oberbefehlshaber der Alliierten unterzuordnen und einen diesem genehmen

Kommandeur zu ernennen. Doch bis die Briten mit dem endgültigen Bruch drohten, weigerte sich der Befreiungsausschuß, die Vorherrschaft Roms anzuerkennen. Erst am 26. Dezember bekamen die Alliierten schriftlich, daß man sie nicht mit einer eigenständigen Revolutionsregierung im reicheren Norden Italiens konfrontieren würde.

Dennoch blieben die Anglo-Amerikaner mißtrauisch und hielten es für wesentlich, sich »schnell festzusetzen, da ansonsten ernsthaft die Gefahr drohte, daß kommunistische Extremisten das Heft in die Hand nehmen ...«[38] Fest davon überzeugt, daß die Linke nur noch auf den Abmarsch der Deutschen wartete, um die Macht ergreifen zu können, schränkten sie die versprochenen Hilfslieferungen ein und hemmten so das Wachstum ihrer Verbände. Aus der Befürchtung heraus, »daß eine sofortige Besetzung des Nordens durch kommunistische Truppen die Einflußsphären der Nachkriegszeit festlegen könnte«, so Allen Dulles später über seine Maßnahmen als Leiter des U. S. Office of Strategic Services in Bern, habe er Geheimverhandlungen mit dem Befehlshaber der Wehrmacht für Norditalien aufgenommen.[39] Die Deutschen sollten ihre Stellungen halten und Waffen nur Vertretern der Anglo-Amerikaner aushändigen, sich also nicht dem CLNAI ergeben, sowie bis zum Eintreffen der Alliierten »alle öffentlichen Einrichtungen und wesentlichen Zivilbehörden in Gang halten« und, mit Hilfe des CLNAI, »generell für Recht und Ordnung sorgen«.[40] Man schob also direkt die Nazis vor, um eine Machtergreifung des Widerstandes zu verhindern.

Aber weder die Deutschen noch der CLNAI taten, was die Amerikaner sich erhofften. Die Wehrmachtssoldaten dachten gar nicht daran, ihr Leben aufs Spiel zu setzten, um Partisanen zu bekämpfen, und ihre Einheiten zerfielen rasch. Im April übernahmen bewaffnete Arbeitergruppen die Kontrolle über die nördlichen Großstädte und zahllose Fabriken. In ganz Norditalien jagten zahlreiche Ortsgruppen des CLNAI die Faschisten und ihre Helfershelfer davon und stellten damit die Alliierten vor vollendete Tatsachen. Nach 20 Jahren faschistischer Diktatur dürsteten die Massen nach Vergeltung, und dagegen war der CLNAI ebenso machtlos wie die Alliierten. Oft gingen Banden auf eigene Faust vor, und allein im Frühjahr 1945 dürften im Norden Tausende von Menschen kurzerhand umgebracht worden sein. Zehntausende kamen zumindest vorübergehend in Haft.

Während sämtliche Erlasse und Verordnungen des CLNAI Ende Mai außer Kraft traten, erkannte die Militärregierung schnell, daß deren Leute und auch Maßnahmen »bestens geeignet waren«, um die herrschende Ordnung zu sichern, hielt also aus pragmatischen Gründen (nicht anders als im Fall der Exfaschisten) an ihnen fest.[41] Anstatt dem zu widersprechen, befanden die US-Behörden am 1. Juni, daß »der CLNAI alles in allem die getroffenen Vereinbarungen erfüllt und sich, so weit das unter dem Druck der im Ausschuß vertretenen Parteien möglich war, kooperativ verhalten hat«.[42] Obwohl die Bourgeoisie in dieser entscheidenden Phase wirklich verwundbar gewesen wäre, reichten die Kommunisten ihr die Hand zur Einheitsfront.

Anschließend gaben die Alliierten im CLNAI den Ton an, und die Zukunft des Landes hing sowohl vom weiteren Verhalten der Kommunisten als auch von den schwierigen anglo-amerikanischen Beziehungen ab. Allerdings waren sich beide Seiten darin einig, daß die Truppen bis mindestens Ende 1945 im Norden stationiert bleiben müßten und daß die innere Sicherheit mit ausreichenden Polizei- und Streitkräften zu schützen sei.

Bei der Entscheidung für eine anhaltende Militärpräsenz rechneten die US-Beamten zwar mit »Gewaltausbrüchen«, wußten aber auch, daß es ihren »langfristigen Interessen« entsprach, nicht den Anschein zu erwecken, sie wollten »die italienische Halbinsel gänzlich den Briten ausliefern«, wogegen sie ja gut zwei Jahre lang angekämpft hatten.[43] Schlußendlich zwang die wirtschaftliche Schwäche Italiens sie zu einem viel stärkeren Engagement, als es irgend jemand anfangs für möglich gehalten hätte.

Europäische Irrtümer und Illusionen

Als große Teile der Mittel- und Oberschichten Europas Kompromisse mit den Nazis eingingen oder diese sogar tatkräftig unterstützten, wie im Fall Italiens und Frankreichs, schwächten sie dadurch die Abwehrkräfte ihrer Systeme gegen das Neue. Eine Mehrheit der Bürger glaubte nun, daß allein die patriotische Linke moralisch und politisch legitimiert sei, die Nachfolge der durch Kollaboration diskreditierten Eliten anzutreten, und davon profitierten hauptsächlich die Kommunisten.

Im Ersten Weltkrieg waren die schwersten Krisen deshalb aufgetreten, weil radikalisierte und demoralisierte Soldaten zunehmend aufbegehrt oder Fahnenflucht begangen hatten. Nach 1943 indes waren die Schutzmächte der alten Ordnung, wenn nicht aufgelöst, so doch weitgehend diskreditiert und geschwächt. Über eine kritische Zeitspanne von mehreren Wochen oder gar Monaten hinweg gab es in weiten Teilen des Kontinents keine glaubwürdige Staatsgewalt mehr, die den organisierten und oft bewaffneten Widerstand, den überwiegend Arbeiter und ärmere Bauern trugen, an der Machtübernahme hätte hindern können. In mindestes drei Ländern schienen damit die Erniedrigten und Beleidigten triumphieren zu können. Doch im Unterschied zu den Verhältnissen von 1918/19 bürgte nun die Internationalisierung der sozialen Konflikte dafür, daß diese potentielle Machtverschiebung in Europa keinen faktischen Erdrutsch nach sich ziehen konnte.

In der Dynamik ihrer sozialen Folgen unterschieden sich die beiden Weltkriege erheblich voneinander. Nach 1918 waren die Massen nur für einen relativ kurzen Zeitraum und vor allem in den Großstädten aktiviert worden, wohingegen das Erdbeben von 1943 bis Mitte 1945 viel weitere Kreise zog, die entsprechend schwerer einzudämmen waren. Ob die Linke den Status quo nun hätte kippen können oder nicht: Entscheidend ist, in welchem Maße allein die bloße Möglichkeit das Verhalten der Alliierten beeinflußte – und dadurch auch den kalten Krieg vorbereitete.

Der Westen nahm die Linke sehr ernst – selbst als längst auf der Hand lag, daß Stalin alles tat, um sie zu zügeln; man wußte ja nicht, ob ihm das gelingen würde.

Die wirkliche Stärke der europäischen Linken nach 1943 läßt sich schwer beurteilen. Ungeachtet aller psychologischen Spekulationen ist es historisch erwiesen, daß entschlossene Massen Entscheidendes bewirken können und insofern ein gewaltiges Neuerungspotential bergen, und das gilt in einem besonderen Maße für die labilen Verhältnisse in Kriegszeiten. Doch letzten Endes kann man niemals präzise voraussagen, ob und wann die Radikalisierung gleichsam eine »kritische Masse« erzeugt, also eine explosive Kettenreaktion in Gang setzt.

Angesichts der herrschenden Kräfteverhältnisse war nach 1943 ein Sieg der Linken in Griechenland, Frankreich und Italien zum Greifen nahe. Die zahllosen neuen Mitglieder der Linksparteien oder des Widerstandes waren zwar weder geschult noch diszipliniert, sondern hatten sich erst zu ihrem Schritt entschlossen, als der Sieg schon so gut wie feststand. Doch im Grunde lag das Problem der Linken gar nicht darin, daß dieses späte Massenengagement weitgehend an der Oberfläche geblieben wäre, denn in Frankreich und Italien etwa hielten viele der Neubekehrten ihrer Partei die Treue und wählten sie noch Jahrzehnte später.[44] Das Hauptproblem bestand vielmehr darin, daß die Neuen oft dazu neigten, von der Parteilinie abzuweichen, wie in Griechenland, wo ihnen die Repressalien allerdings kaum eine andere Wahl ließen. In Frankreich betrachtete Thorez jede Form von Eigeninitiative als einen Anschlag auf den Parteiapparat, weshalb er im Lauf der Jahre zahllose Querdenker gezielt ausschaltete. In Griechenland und Italien ging die größte Gefahr von der mangelnden Ausbildung und Disziplin aus, und in beiden Fällen ließen die dezentralen, wenig autoritären Strukturen die künftige Entwicklung weitgehend offen.

Nach 1943 waren die kommunistischen Novizen offenbar meist radikaler oder weniger zynisch als ihre Kader, die im politischen Alltag genau wie Sozialdemokraten handelten und nur insofern Bolschewiken blieben, als sie ihre Parteiapparate streng autoritär führten. Dagegen hatte es nach 1918 keine solche Parteihegemonie mehr gegeben, und die nach wie vor starken herrschenden Schichten konnten schließlich in weiten Teilen Europas konterrevolutionäre Schritte in die Wege leiten. Wenn die Kommunistischen Parteien nach 1943 zum maßgeblichen Sammelbecken der linken Opposition wurden und die alte Ordnung weithin verfiel, so mußten Konservative ernsthaft annehmen, daß allein ausländische Truppen sie noch retten konnten. Und gewiß ist: Hätten die Kommunisten nicht vielfach nur abwiegelnd und beschwichtigend gewirkt, es wäre zu erheblich mehr Unruhen und Streiks mit unabsehbaren Folgen gekommen.

Kommunistische Autoren haben wiederholt argumentiert, daß angesichts der massiven anglo-amerikanischen Militärpräsenz eine Machtübernahme durch revolutionäre Gruppen nicht möglich war. Sogar Nenni äußerte sich im April 1946 dahingehend.[45] Allerdings bleibt bei derlei skeptischen Urteilen völlig unberücksichtigt, daß die politischen und militärischen Probleme des Kriegs mit Deutschland ein starkes Hemmnis für durchgreifende konterrevolutionäre Maßnahmen bedeutet hätten.

Die Anglo-Amerikaner bekamen es in Europa nicht nur mit einem Problem zu tun, sondern mit dreien, allerdings nacheinander – denn sonst wären sie kaum lösbar gewesen. Hätten die FTP im Sommer 1944 den festen Willen gehabt, den mittleren Westen Frankreichs unter ihr Regiment zu stellen, so wäre ihnen das wahrscheinlich mühelos gelungen, da es die anglo-amerikanischen Truppen mit der Wehrmacht zu tun hatten, die im Dezember 1944 immerhin noch stark genug war, um US-Einheiten in die Ardennen zurückzutreiben. Umfangreiche konterrevolutionäre Kämpfe hätten bei den Militärs der westlichen Alliierten kaum Gegenliebe gefunden, zumal im Osten die Rote Armee drohte, sich ein immer größeres Stück des Kuchens abzuschneiden.

Im Dezember 1944 beschlossen die Briten in Athen, gegen nicht nur zahlenmäßig unterlegene Partisanen zu kämpfen, die dann unbesiegt ihre Waffen niederlegten. Hätten die ELAS-Truppen ihr Territorium (den größeren Teil des Landes) verteidigt, so wäre London nicht umhin gekommen, nochmals gut 50 000 Soldaten zu entsenden, mit spürbaren Folgen für den Kampf gegen die Nazis. Ähnliches gilt für den Fall, daß der CLNAI Norditaliens eine sozialistische Republik ausgerufen hätte. Zwei oder gar drei Krisengebiete wären für die Anglo-Amerikaner militärisch schlicht und einfach zu viel gewesen. Es sprach also alles dafür, daß die Linke in diesen drei Ländern die Macht hätte übernehmen können, sogar mit mindestens genausoguten Erfolgsaussichten wie 1917 in Rußland. Insofern lenkt der spätere Hinweis auf die anglo-amerikanischen Truppen bloß vom Versagen der Kommunisten ab.

Läßt man das Militärische einmal ganz außer acht, so fragt sich, was ohne Josef Stalin oder ein kommunistisches Rußland nach der Niederlage der Achsenmächte aus Europa geworden wäre. Es springt ins Auge, welche immense Bedeutung die Kommunistische Internationale ab 1944 für das Überleben des europäischen Kapitalismus und Konservatismus hatte. Sogar in Osteuropa selbst wurde ein unabhängiger radikaler Kurs unterbunden – erst recht aber in Deutschland, wo statt dessen die bleierne Schwere des Kalten Kriegs Einzug hielt.

Kluge französische und italienische Konservative durchschauten die Tragweite des Moskauer Einflusses auf die Kommunistischen Parteien ihrer Länder und schlugen in direkten Verhandlungen Kapital daraus. Hier liegt der Hauptakzent des Zusammenhanges zwischen Stalin, der Konterrevolution und der sich anschließenden Stabilisierung zweier westeuropäischer Großmächte. Moskau versicherte seinen Verbündeten wiederholt, daß es Revolutionen in ihrer Einflußsphäre unterbinden werde. Auch Churchills Absprache mit Stalin über Griechenland 1944 bestätigte, daß der sowjetische Diktator bereit war, alles zu tun, um Süd- und Westeuropa weiter seinen traditionellen herrschenden Schichten auszuliefern.

So blieben die Kriegsfolgen in West- und Südeuropa weit hinter dem zurück, was möglich gewesen wäre. Es gehört zu den größten Ironien dieses Jahrhunderts, daß die Sowjetunion, als das politische Hauptresultat des Ersten Weltkriegs, die möglichen Konsequenzen des Zweiten weitgehend vereitelte. So blieb Westeuropa dem Kapitalismus erhalten, und anderswo konnten fortan keine eigenständigen sozialistischen Staaten mit einer Vorreiterfunktion mehr entstehen. Vielmehr geriet der europäische Sozialismus nach 1945 vollends in eine Sackgasse.

Nach einem kurzen Liebäugeln mit extremeren Varianten kehrten die Sozialdemokraten sowohl Deutschlands als auch Italiens, verschreckt durch den Kalten Krieg, instinktiv zu ihrem eher vorsichtigen, bürokratischen Kurs zurück und reihten sich fest in die Phalanx des westlichen Antikommunismus ein. Die Kommunisten wollten nun nichts mehr von den dynamischen Verheißungen ihrer frühen Wachstumsjahre wissen, bauten gewaltige Apparate auf und konzentrierten sich mit unterschiedlichem Erfolg auf die Wahlkämpfe. So verkümmerte der europäische Sozialismus, anstatt eine tragfähige Alternative nicht nur zur Sozialdemokratie und zum Kommunismus, sondern auch zur wirtschaftlichen Anarchie und zur sozialen Ungerechtigkeit auszubauen. Zusammen mit dem Programm eines Internationalismus der Linken erstarben alle Träume und Hoffnungen, die sich einmal daran geknüpft hatten. Was einst als Kraftquelle diente, verkam zu einer blassen Utopie, und im übrigen hatte der blutige Konflikt mit seinen Schrecken nicht einmal bewirkt, daß Kriege ein für allemal geächtet wurden.

12. DIE CHINESISCHE REVOLUTION

Der Zweite Weltkrieg zerstörte, hauptsächlich infolge der brutalen, raubgierigen Besatzungspolitik Japans, das gesamte Wirtschafts- und Sozialgefüge Asiens und seiner Kolonialsysteme. Wie alle Staaten verfolgte auch Japan nationale Ziele, aber es machte sich zugleich zum Vorreiter einer darüber hinausgehenden antikolonialistischen, den Haß auf alle Weißen schürenden Asien-Doktrin. Die japanischen Eliten waren demnach strikt antiwestlich eingestellt; allerdings verachteten sie ihre asiatischen Nachbarn nicht minder.

Um den Krieg nicht zu verlieren, mußte Japan die ganze Region gründlich und schonungslos ausplündern, wobei es sich jedoch zugleich als Befreier jenes Asien aufspielte, das es zwischen 1937 und 1945 zur Ader ließ. Schon im Anschluß an die Blitzannexion der Mandschurei 1931 hatten die dortigen Siedler sowie Jungoffiziere und Ultranationalisten zunehmend Druck auf Tokio ausgeübt, die Expansion fortzusetzen und auch noch Nordchina einzunehmen. Dabei förderte der allgegenwärtige Militarismus einen Grundkonsens über die imperialistischen Staatsziele. Nur die Marineführung warnte ab 1936 fast bis Ende November 1941 wiederholt davor, sich auf einen Krieg mit den Amerikanern, den Briten und den Russen gleichzeitig einzulassen.

Vor Japans Angriff auf China im Juli 1937 hatte das Militär mit einem höchstens einmonatigen Feldzug gerechnet. Trotz gewisser Verzögerungen erweiterte es dann seine Ziele und strebte in der Tat an, der nationalistischen Kuomintang-Regierung ganz Nordchina zu entreißen, um so einen starken Wirtschaftsblock zu schaffen. Aber dabei hatte man die Rechnung ohne Tschiang Kaischek gemacht: Der Diktator gab sich keineswegs geschlagen, sondern zog sich lediglich ins Hinterland zurück. Um die unerwarteten Schwierigkeiten wenigstens zu begrenzen, hielt Japan bis 1944 mit einem Aufwand von einer Million Soldaten die Küstenregionen und die Hauptverkehrsachsen besetzt, was eine nahezu 200 Kilometer lange Frontlinie quer durch die Reisanbaugebiete Mittelchinas ergab, die wiederholt ausgeplündert wurden.

Während die Japaner im Falle Chinas mit Todesverachtung agierten, entblößte der Krieg in Europa ab 1940 sämtliche Kolonien Asiens und lud die Japaner regelrecht zu Raubzügen ein, um seinen chronischen Rohstoffmangel zu beheben. Die unablässigen Hinweise führender Politiker auf den hohen Bedarf an Erdöl, Bauxit, Nickel, Zinn und Rohgummi zeugten in erster Linie von imperialistischen Absichten und wurden später zum Hauptimpuls dafür, die nun wehrlosen europäischen Kolonien, allen voran Niederländisch-Ostindien, zu überfallen.[1]

Japans Regierung plante eigentlich keinen Sieg über die Vereinigten Staaten, sondern wollte nur Ostasien so schnell wie möglich autark machen, um dem Koloß – dessen Übermacht im Fall anhaltender Kämpfe völlig außer Frage stand – wenigstens Paroli bieten zu können. Am stärksten trat die Marine dafür ein, die Kolonien ohne Rücksicht auf die Einheimischen zu schröpfen. Japans Hauptanliegen war, Washington zur Anerkennung seiner neuen Machtsphäre in Ostasien zu zwingen. Das schlug fehl, und ab 1943 stürzten wiederholte Niederlagen mit schweren Bombardements das Land in eine tiefe Krise, worauf es die eroberten Gebiete noch mehr unter Druck setzte und insofern erheblich dazu beitrug, daß später in weiten Teilen Asiens Revolutionen ausbrachen.

Japans Grundproblem nach dem China-Debakel lag darin, daß ihm die Ausbeutung Ostasiens bei den betroffenen Völkern gewiß kaum Freunde machte. Dennoch entschied man sich für Marionettenregimes, in der ganz pragmatischen Absicht, eigenes Besatzungspersonal einzusparen. Tokio gab voller Zynismus panasiatische, gegen die weißen Kolonialherren gerichtete Parolen aus, ließ jedoch die eroberten Länder von Opportunisten verwalten, die als »Patrioten« um einer fiktiven Unabhängigkeit willen bereit waren, den Japanern zu helfen. In Indochina, wohin nur ganz wenige Truppen entsandt wurden, blieb eine französische Verwaltung mit penibel festgelegten Befugnissen bis kurz vor Kriegsende im Amt, was Japans antikoloniale Rhetorik eindeutig Lügen strafte. Auf den Philippinen bediente es sich einfach jener *ilustrados*, die schon jahrzehntelang den Amerikanern zugearbeitet hatten. Diese inneren Widersprüche ergaben sich daraus, daß Japan ausschließlich auf Expansion erpicht war und außer einem tumben Fremdenhaß keine nennenswerte Ideologie besaß. Im übrigen sorgten die Japaner dafür, daß viele einheimische Eliten wegen Kollaboration gründlich diskreditiert wurden, was nach dem Krieg ein Machtvakuum hinterließ und der neuen Linken vielfältige Möglichkeiten eröffnete. Schon vor Kriegsbeginn hatte Japans Regierung bekundet, sie müsse »alles tun, um im eigenen Lande selbst die Ruhe und Ordnung zu erhalten ... [und] einen Zerfall der Gesellschaft zu verhindern ...«[2] Ab 1944 fürchteten schließlich viele Politiker eine Niederlage weniger als die Fortdauer des Kriegs, weil dabei eine Revolution, also ihr sozialer Abstieg drohte. Die katastrophalen Versorgungsmängel bei Nahrung, Brennstoff und Kleidung radikalisierten ihrer Ansicht nach die Massen und drohten, wie Außenminister Togo Shigenori später sagte, »eine nicht nur politische, sondern auch soziale Umwälzung auszulösen«, die sogar das Kaiserhaus gefährden konnte.[3] »Was wir verhindern müssen«, so der ehemalige Premier Prinz Konoye im Februar 1945 zu seinem Kaiser, »ist weniger die Niederlage als eine Revolution von links«, und je länger sich der Krieg hinzog, desto brenzliger wurde die Lage.[4]

Die Kriegsfolgen in China

In einem so unermeßlich großen Land wie China hatten die politischen Regimes den Umtrieben der Warlords jahrhundertelang machtlos zusehen müssen. Bis 1937 blieb die Macht zersplittert zwischen verschiedenen Fürstentümern und der nationalistischen Kuomintang, die als Erbin der Revolution Sun Yatsens (von 1911) Zentralismus mit Fremdenhaß verband. Japans

Invasion brachte das ohnehin fragile System ins Wanken. Wie würden die Bauern reagieren, wenn es zum Einsturz kam? Wären sie notfalls zu aktivieren oder gar zu radikalisieren? Würde eine politische Krise auch soziale Unruhen nach sich ziehen?

Und wie wollten Parteizentralen die endlosen Räume überbrücken, um das schwierige Kommunikationsproblem zu lösen und Entwicklungen zu steuern? Konnten sie selbst führen oder lediglich reagieren? Würde die ab 1935 unter Moskaus Diktat aus der antifaschistischen Einheitsfront bestehende Kommunistische Internationale in China genauso strikten Gehorsam fordern wie in Europa?

Die Krise der Städte

Als die Japaner 1937 in China einmarschierten, gaben sie damit den letzten Anstoß zur weltweit größten Umwälzung nach 1917. Der Krieg kostete allein 15 bis, so die offizielle Angabe, »ungefähr 20 Millionen« Zivilisten das Leben.[5] Außerdem sollen rund 3,2 Millionen Soldaten gefallen sein, während bis zu 8,4 Millionen als vermißt gelten. Wir müssen somit von insgesamt 25 bis 30 Millionen Toten ausgehen.

Was seine Infrastruktur angeht, so wurde im Krieg weder die Industrie noch die Landwirtschaft Chinas zerstört, wobei erstere ohnehin zu zwei Dritteln handwerklich ausgerichtet, also dezentral und beweglich war. Obwohl die meisten großen Fabriken seit langem in japanischer Hand lagen, ging der Handel zwischen der besetzten und der »freien« Zone (wenn auch in etwas begrenztem Umfang) weiter, und Chinas Industrieproduktion nahm ab 1933 ständig zu. 1942 lag der Reinertrag deutlich über den Werten in den Jahren vor der Invasion, ließ dann etwas nach, erreichte 1945 eine Talsohle und stieg anschließend steil an.

Sogar die Agrarleistung ließ sich sehen, zumal die Kuomintang zwar sieben der insgesamt 22 Provinzen Chinas, aber nicht die besten Anbaugebiete aufgegeben hatte. Schon zwischen 1931 und 1937 hatten im später freien Teil des Landes 54 Prozent der Gesamtbevölkerung stattliche 77 Prozent der Reismengen erzeugt. Zwar ging die Nahrungsproduktion insgesamt zurück, aber nicht sonderlich stark. Tschiang scheiterte vor allem auf dem Gebiet der Wirtschaftsorganisation, was sich in einer für das 20. Jahrhundert weltweit einzigartigen Inflation äußerte.

Wenn diese Inflation auch nicht so kraß ausfiel wie etwa die deutsche von 1923 oder die ungarische von 1945/46, so hielt sie dafür mit zwölf Jahren erheblich länger an als jede andere. Von Juli 1937 bis Ende 1939 verdreifachten sich die Preise im freien Teil Chinas lediglich, um bis Ende 1941 auf das 20-, bis Ende 1943 das 228-, bis Mitte 1945, als Japan kapitulierte, das 2200- und bis Mitte 1947 sogar das 36 872fache zu steigen.[6]

Obwohl die Kuomintang-Regierung schon in der Zeit vor 1937 beträchtliche Haushaltsdefizite verzeichnet hatte, war die Wirtschaft doch ziemlich stabil gewesen. Doch nach der Invasion blieben die Staatseinnahmen weit hinter den Ausgaben zurück und deckten diese 1941 nur noch zu einem Zehntel. Angesichts einer ebenso nachlässigen wie korrupten Eintreibungspraxis ließ Tschiang die Bodensteuer ab Juli 1941 (auf Empfehlung seiner amerikanischen Berater) in Form von Getreide erheben, und ein Jahr später führte er Zwangsverkäufe zu Festpreisen ein, die wegen der Inflation auf eine Beschlagnahme hinausliefen. Diese Maßnahmen sollten sich als Tschiangs schwerster Fehler überhaupt erweisen, denn damit wälzte er einen Großteil der Kriegskosten auf die ärmeren Bauern ab, die auch noch mit ansehen mußten, wie die Dorfältesten als Eintreiber in die eigene Tasche wirtschafteten. Was diese sich nicht selbst unter den Nagel rissen, wurde von anderen veruntreut. Das gewaltige Haushaltsdefizit blieb bestehen, so daß die Regierung Kredite aufnehmen mußte und die Banken einfach Geld druckten. Die daraus erwachsende Inflation ließ eine typische Tauschwirtschaft entstehen.

Chinas stark im Traditionalismus verhaftete Städter, besonders die Vorkriegseliten, konnten unter diesen Verhältnissen kaum überleben. Viele der ehemals wohlhabenden Familien gehörten dem Adel an, der seit Urzeiten die Beamten, Professoren und Lehrer stellte, und gerade diese Schicht verlor bis 1943 gegenüber 1937 80 oder 90 Prozent ihres Realeinkommens, war also dem Verhungern nahe. Vor dem Krieg hatte sie auch die größten Spareinlagen besessen, und nun waren ihre Guthaben wertlos. Die Hyperinflationen unseres Jahrhunderts bewirken in Europa stets einen Rechtsruck. In China war die Rechte so offensichtlich selbst für die Währungskrise verantwortlich, daß viele Gebildete und Angehörige der einstigen Oberschicht in die Neutralität oder in die Arme der Kommunisten getrieben wurden.

In dem ökonomischen Chaos konnten unter den Städtern nur die kleine Gruppe wohlsituierter Unternehmer und die Neureichen – Spekulanten, Wucherer und korrupte Beamte – gedeihen. Doch von deren Geld floß fast nichts in produktive Investitionen. Einzelhändler, die schnell genug mit ihren Preisen nachkamen, konnten sich wohl ein wenig gegenüber ihrem Vorkriegsniveau verbessern, ohne jedoch reich zu werden. Das Industrie- und Stadtproletariat hatte 1943 gegenüber 1937 zunächst einmal ein Viertel bis ein Drittel seines Realeinkommens verloren, ein Jahr später folgte dann ein dramatischer Absturz.[7]

Die Traumatisierung der strategisch wichtigen Städter sollte sich bald politisch auswirken. Im großen und ganzen erging es ihnen – die wohlgemerkt ab 1911 die Hauptstütze der Nationalisten gewesen waren – viel schlechter als der Landbevölkerung. Der Verlust dieses Rückhalts wog noch schwerer als alle Maßnahmen der Japaner und veränderte ab 1939 die gesamte innenpolitische Lage grundlegend. Allerdings spielte in einer Agrarnation wie China selbstverständlich die Landbevölkerung die entscheidende Rolle. Die tiefgreifende soziale und ökonomische Umgestaltung des Agrarsektors, die schon weit vor Kriegsbeginn eingesetzt hatte, beschleunigte die Erfolge der Kommunisten bei den Bauern maßgeblich.

Die Kriegsfolgen auf dem Lande

In China hatten Sippen und Dorfgemeinschaften die schlimmsten Auswüchse eines, wie überall in Asien, höchst ungerechten Bodensystems von alters her durch die Bildung von Kooperativen etwas abgemildert. Seit der Jahrhundertwende lösten diese sich jedoch zunehmend auf, weil die Großgrundbesitzer mit ihren Kontakten zu Händlern und Wucherern nach kapitalistischen Prinzipien verfuhren und vielfach Land nur aus Spekulationsgründen aufkauften. Im Nordwesten mußten ihre Pächter sich obendrein noch vom Getreideanbau auf das sehr viel einträglichere Opium umstellen, und das in einem Gebiet, das oft am Rande der Hungersnot stand.

Meist beherrschten die reichen Familien und Clans, ungeachtet ihrer sozialen Herkunft, auch das politische System, konnten also mühelos alle an Kriegsherren, Armeen oder Behörden zu zahlenden Abgaben und Tribute auf die Kleinbauern abwälzen. Ebenso bedrückend war, daß diesen immer weniger eigenes Land verblieb, was ihre Verhandlungsposition enorm schwächte. In den zwanziger Jahren waren die Lebensbedingungen der Landwirte in weiten Teilen Chinas so sehr verfallen, daß die immer kleineren Güter nicht mehr genug für alle abwarfen. Deshalb mußten die Nahrungsimporte drastisch ansteigen, besonders zur Zeit der Hungersnöte von 1921/22 – der wahrscheinlich schlimmsten dieses Jahrhunderts – und dann ab 1928 im nordwestlichen Shensi. Beide Traumata hinterließen tiefe Spuren, weil die Zahl der nicht landständigen Gutsherren auf Kosten der wohlhabenden mittleren Hofbesitzer anstieg und die Armut überhandnahm.

Ungeachtet aller regionalen Abweichungen und Ausnahmen besaß insgesamt etwa ein Zehntel der Grundbesitzer gut die Hälfte der Anbauflächen und den entsprechenden Marktanteil. In den dreißiger Jahren standen den mehr als 50 Prozent Kleinbauern oder Pächtern nur 30 Prozent der Flächen zur Verfügung. Insgesamt waren mindestens 43 Prozent ihrer Erträge an die Gutsherren gegangen. Doch im Durchschnitt war das Realeinkommen der Landwirte erheblich beständiger als das der Städter, besonders wenn diese in Ballungsräumen lebten. Angeblich lag es 1941 sogar um 15 Prozent über dem von 1937 und noch 1944–46 nur um ein Achtel bis ein Sechstel darunter. Gleichzeitig war allerdings die Grundsteuer 1942 im Durchschnitt fast fünfmal so hoch wie vor dem Krieg. Zwar machte sie damit zum Beispiel 1943/44 nicht mehr als acht Prozent der Reis- und Weizenerträge aus, aber daneben gab es noch Kommunalabgaben, die gerade bei den Kleinbauern alle Überschüsse aufzehrten.[8]

Das Trauma der Kuomintang

Das Volk und die Armee

Die nationalistische Kuomintang-Regierung machte den armen Bauern nicht nur durch ihre Steuerpolitik das Leben schwer, sondern zog auch deren Söhne ein und bezahlte ihre Soldaten so schlecht, daß sie ihren Familien weiterhin auf der Tasche lagen. Obendrein beschlagnahmte sie noch zahllose Karren, das heißt, für die Landwirtschaft wesentliche, wenn nicht gar unverzichtbare Transportmittel. Insgesamt hatten die Kleinbauern mehr als jede andere Schicht unter dem Krieg zu leiden, was später erheblich mit zur Machtübernahme der Kommunisten beitrug.

Die Kuomintang gaben ihren Provinzgouverneuren während des gesamten Kriegs feste Rekrutierungsquoten vor, und am Ende mußten etwa 14 Millionen Mann auf unbefristete Zeit dienen. Wo die Armee selbst nicht nachkam, da schaltete sie Drückerbanden ein, die Kopfgelder kassierten und fast nur wehrlose ärmere Bauern aufgriffen und entführten. Die besser Betuchten kauften Ersatzleute für ihre Söhne oder erwirkten Freistellungen. Mehr als zwei Drittel der Ausgehobenen waren praktisch dienstuntauglich.

Gewöhnlich mußten Rekruten bis zu den Standorten ihrer Einheiten größere Strecken zu Fuß zurücklegen, immer bewacht und häufig sogar aneinander gefesselt; manchmal nahmen ihnen die Häuscher nachts ihre Kleidung weg, damit sie nicht flohen. Da Sold und Rationen pauschal nach Truppenstärke zugeteilt wurden, meldeten die Kommandeure keine Sterbefälle; diese waren infolge miserabler Behandlung und Brutalität sehr häufig. Schließlich bedeutete jeder Mann unter Sollstärke baren Profit. Etwa ein Zehntel der Rekruten, das heißt 1,4 Millionen Mann, sollen gestorben sein, bevor sie überhaupt die ihnen zugewiesene Kampfdivision erreichten. Tschiang Kai-scheks Armee war vor allem ein sehr einträgliches Geschäft für die höheren Offiziere, was sie an sein Regime band oder zumindest bei der Stange hielt.

»Die Aushebung trifft den chinesischen Bauern wie eine Hungersnot oder Überschwemmung, nur planmäßiger«, schrieb der amerikanische Befehlshaber in China voller Abscheu, »und sie fordert mehr Opfer.« Alle Augenzeugenberichte betonen den »entsetzlichen körperlichen Zustand der Soldaten, die sich auf den Straßen dahinschleppen. Sie tragen altes geflicktes und zerlumptes Zeug, aber das Schlimmste ist ihre Allgemeinverfassung. Sie leiden offenbar unter allen möglichen Krankheiten und können sich nur mit Mühe auf den Beinen halten.«[9] Eine derart entkräftete Truppe hatte den Japanern natürlich nichts entgegenzusetzen; und wenn sie doch einmal kämpfte, konnte kein verwundeter Soldat mit medizinischer Versorgung rechnen.

Da die Offiziere ihre Zuteilungen so oder so erhielten, blieb das Schicksal von mindestens neun Millionen Männern ungeklärt, seien sie nun desertiert oder – was für einen großen Teil gelten dürfte – im Dienst gestorben. Ihre Vorgesetzten senkten routinemäßig die Rationen und den Sold, der 1942 zudem inflationsbedingt auf knapp ein Zehntel des Wertes von 1937 fiel. Obwohl sich die Soldaten bei den Bauern bedienten, stellten amerikanische Ärzte 1945 bei mindestens 57 Prozent von ihnen ernährungsbedingte Mangelkrankheiten fest.[10] Dieser elende, ausgehungerte Haufen ging im Nationalisten-Gebiet, das kein Kommunist je betreten hatte, wie eine Seuche um, fiel oft hemmungslos über die Bauern her und verbreitete auf Schritt und Tritt Infektionen.

In der Provinz Honan führte die Maßnahme der Kuomintang, sämtliche Steuern in Form von Getreide zu erheben, ab 1941 zu einer schweren Hungersnot. Seinerzeit hatten japanische Truppen das Gebiet, in dem bis zu eine Million Kuomintang-Soldaten stationiert waren, von drei Seiten her eingeschlossen. Entscheidend war jedoch, daß viele Zivilisten ausgehoben worden waren, um Befestigungsanlagen zu bauen, was sofort auf die Nahrungsproduktion durchschlug, und nun konnten die Bauern von Honan ihre Getreidesteuern nicht mehr aufbringen. Viele verkauften ihre Güter zu Schleuderpreisen an Großgrundbesitzer oder Beamte; und als sie schon Laub, Rinde und manchmal sogar Menschenfleisch aßen, boten ganz Verzweifelte ihre Kinder zum Kauf an. Die Hungersnot traf bis zu 30 Millionen Menschen – zwei bis drei

Millionen wanderten ab, und genauso viele kamen um. In der Provinz Kwangtung verhungerten 1943/44 mindestens 1,5 Millionen Einwohner.

Schließlich entwurzelte der Krieg massenhaft Chinesen, die nun vom Status quo nichts mehr zu erwarten hatten. Bereits 1937 hatte eine Völkerwanderung eingesetzt, als 15 bis 25 Millionen vor den mit Recht als grausam verschrieenen Japanern geflohen waren, und hinzu kamen noch unzählige Wirtschaftsflüchtlinge. Die Landbevölkerung wurde also regelrecht aufgerieben, was ein Massenpotential für den Kommunismus und seine letztlich siegreichen Armeen ergab.[11]

Die höheren Offiziere der nationalistischen Armeen waren ebenso ehrgeizig wie korrupt und befaßten sich überwiegend »mit Spielen, Huren und Schmuggeln«.[12] In der Regel stammten sie nicht, wie sonst üblich, aus der Oberschicht, denn diese kaufte sich in der Regel ja vom Militärdienst frei. Viele holten ihre Familien zu den Einheiten und stellten ihnen bei Rückzügen sogar die kostbaren Transportmittel zur Verfügung. Doch meist mieden sie alle Gefechte mit den Japanern (und später mit den Kommunisten) und trafen, unter der Hand oder gar offiziell, Abkommen mit den Invasoren, auf Offensiven zu verzichten. Darauf bedacht, möglichst wenige ihrer Truppen zu binden, arbeiteten die Japaner gewöhnlich mit den einheimischen Warlords zusammen, speziell um ländliche Gebiete zu verwalten, und einige davon boten ihre Dienste nach allen Seiten an, wenn dies nur ihre Taschen füllte. Übereinkünfte waren die Regel, zumal die Kuomintang den ausgedehnten Handel zwischen dem japanisch besetzten Teil Chinas und ihrem Gebiet (von bestimmten Produkten abgesehen) zuließen, so daß neben wichtigen Rohstoffen und amerikanischen Medikamenten vieles andere in die japanischen Zonen gelangte. Ranghohe nationalistische Offiziere wickelten diesen Handel mit erklecklichem Gewinn ab.[13]

Tschiang Kai-scheks Regime

Das politische System der Nationalisten stützte sich auf eine Art Koalition mit den noch verbliebenen Warlords, die Tschiang Kai-schek bei der Stange halten mußte.[14] Die über rund vier Fünftel der Kuomintang-Armee und gewaltige Provinzen gebietenden Generäle waren unabhängige und oft zynische Opportunisten, deren Loyalität zu Tschiang auch vom militärischen Erfolg der Japaner abhing, denn die Hälfte der Frontkommandeure hatte bereits gegen die Kuomintang gekämpft oder dies zumindest angeboten. Viele der Warlords, die sich oft mit Händlern, Bankiers und Gutsbesitzern verbündeten, waren völlig amoralisch und ausschließlich an Macht interessiert, insofern also schon vor 1941 notfalls auch für die Kommunisten zu gewinnen. Von den Japanern ließen sie sich, genau wie von Tschiang, zum eigenen Vorteil als Vasallen benutzen. Letzterer wollte die Staatsbürokratie möglichst nur mit Leuten aus seiner Heimatprovinz und einer benachbarten Hochburg besetzen, doch unter den höheren Beamten stammte nur die Hälfte von dort, und die wenigen von den Amerikanern für fähig und zuverlässig befundenen Generäle lehnte er ab, weil sie ihm nicht bedingungslos ergeben waren.

Im Grunde war Tschiang nichts anderes als eine Art oberster Warlord, der eine gefährliche Mischung aus (wie US-Beobachter später schrieben) »halbwegs eigenständigen Provinzgouverneuren« beaufsichtigte; nie konnte er sich auch nur einbilden, eine geeinte Nation oder Armee zu führen, und der Krieg wuchs ihm einfach über den Kopf.[15]

Ein Bewußtseinswandel

Der Krieg machte der Provinzialität, in der die meisten Bauern seit Urzeiten gelebt hatten, ein Ende und drängte ihnen eine Identifikation mit ganz China auf. Die Einsicht, daß sie sich den weitreichenden Veränderungen nicht entziehen konnten, bildete eine Grundbedingung für ihren Bruch mit dem Althergebrachten, der sie schließlich sogar zum Handeln zwang.

In den beiden Jahrzehnten vor der japanischen Invasion hatten sich viele Bauern spontan gegen die zunehmenden gesellschaftlichen Neuerungen und Probleme aufgelehnt. Zwar gab es keine Revolten, aber Hunderte von Kundgebungen, meist gegen Steuern und Abgaben, sowie einige Krawalle und Aufstände zur Verteidigung alter Gewohnheitsrechte. Die Kommunisten hatten sich bis 1928 auf die Großstädte beschränkt und waren mit ihren seltenen Versuchen, Bauernarmeen aufzustellen, restlos gescheitert. Erst nach der schweren Hungersnot von Shensi gelang es den auf eigene Faust handelnden Ortsgruppen dieser Provinz, eine breitere Basis zu schaffen, indem sie ganz pragmatisch (und gegen alle Organisationsregeln der Partei) radikalisierte Bauern mit ehemaligen Banditen und Söldnern zusammenführten.

In einem riesigen, dezentral organisierten Land wie China konnten sich indes vielfältige Veränderungen gleichzeitig abspielen. Während die Warlords nach wie vor dominierten, entstanden daneben auch gut verankerte kommunistische Gruppen, doch ohne die verheerenden Kriegsfolgen hätten beide das Regime sicherlich nicht stürzen können.

Erst die drastischen Auswirkungen der nationalistischen Aushebungs- und Ausplünderungspolitik sorgten dafür, daß viele der Bauern als Alternative sogar das Risiko einer japanischen Herrschaft eingehen wollten, falls die Unterdrückung seitens ihrer Landsleute unerträglich wurde. So lösten die hohen Getreidesteuern, verbunden mit Zwangsarbeit und Zwangsaushebung, Anfang 1942 in der Provinz Kansu eine Rebellion aus, in deren Verlauf sich 50 000 bis 200 000 Menschen gegen alle Fremden erhoben, einschließlich der Kuomintang. Mitte 1943 beorderte Tschiang zwei Elite-Divisionen nach Kansu, die mehr als 14 000 Aufständische töteten. 1944 überfielen und entwaffneten Bauern in der Provinz Honan bis zu 50 000 Soldaten, die gerade vor einer japanischen Offensive zurückwichen. Wie andernorts bildeten Deserteure und Verweigerer auch in Honan zunehmend Banden von etwa 200 bis 4000 Mann, die überall Angst und Schrecken verbreiteten. Unter den vielen Rebellen und Aufständischen, die es ab 1942 landesweit gab, sah man allerdings nur wenige Kommunisten; diese agierten überwiegend im Rahmen örtlicher Bauerngruppen.[16]

Auch wenn die Kommunisten im Lauf der Zeit immer mehr dafür taten, den Widerstand der Bauern zu organisieren, war letztlich entscheidend, daß die bestehende Ordnung rapide verfiel und viele Menschen sich mehr um die eigenen Belange als um den Staat kümmerten, was sie am Ende zunehmend in die Opposition trieb. Das galt auf dem Lande genauso wie in den Städten, die für den Sturz des Systems eine wichtige Rolle als Brutstätten kommunistischer Führungskader spielten. Tschiangs Beispiel bewies, daß ein abhängiges Regime, das korrupt, käuflich und allein am Machterhalt orientiert ist, im Kriegsfall einer Revolution wenig entgegenzusetzen hat. Den Kommunisten blieb also kaum mehr zu tun, als den Sieg wie ein reife Frucht zu pflücken.

Die Machtübernahme der Kommunisten

In den ländlichen Gebieten half den Kommunisten sowohl, daß die Bauern vor den örtlichen Warlords und den brutalen Japanern geschützt werden wollten, als auch, daß sie des ungerechten Bodensystems und anderer Übelstände seit langem überdrüssig waren. Zudem blieb der Partei nach 1935 aufgrund ihrer militärischen Debakel, gipfelnd im »Langen Marsch«, den etwa zwei Drittel der Teilnehmer nicht überlebten, nur noch ein pragmatisch-opportunistischer Kurs. Ende 1935 traf Mao Tsetung mit den Überresten seines Marschvolkes in der Provinz Shensi ein (einem Bollwerk des Kommunismus, der dort allerdings nur deshalb erfolgreich war, weil die Kader auf Maos Militärdoktrin pfiffen), um eine neue Basis zu errichten. Ungeachtet der Tatsache, daß ein heftiger parteiinterner Streit die schon geplante Bodenreform für Shensi vereitelte, ergaben sich doch grobe Umrisse einer Praxis, die später zum Sieg führen sollte. Man entschied sich nämlich weder eindeutig für einen radikalen »Basiskurs« noch für eine Einheitsfront unter Beteiligung reicherer Bauern und ländlicher Eliten, noch auch für Appelle an den

Patriotismus. Die Partei setzte in den meisten Regionen auf alle drei Strategien gleichzeitig und verschob nur den Akzent je nachdem, ob die Bedrohung von den Japanern oder von den Kuomintang ausging. Obgleich die Kommunisten parallel zum revolutionären Kampf auch ihr Land verteidigen wollten, waren sie bis 1945 in erster Linie darum bemüht, ihre Macht zu festigen. So war und blieb die Macht als Selbstzweck ihr Hauptbestreben.

Mao trimmte die Partei deshalb auf die Einheitsfront, weil er als überzeugter Leninist die Spontaneität und Dynamik jener Massen fürchtete, die er für seine Gesamtstrategie einspannen wollte. Das Programm der Einheitsfront beruhte auf dem »Drei-Drittel-System«: Ein Drittel der kommunalen Verwaltungsstellen entfiel auf die Partei, der Rest auf gewählte Vertreter der Bauern, der Grundbesitzer, der Großbürger und anderer Gruppen. Mao nahm seit Ende der zwanziger Jahre an, daß nur eine kleine Minderheit der Bevölkerung die Kommunisten ablehnte: zwar die gesamte Oberschicht, aber kaum mehr als Bruchteile der Mittelschicht. Alle übrigen galt es zu aktivieren oder wenigstens einzubinden, und das hieß, parteischädigende soziale Konflikte zu entschärfen. Nach dem japanischen Einmarsch fand die angestrebte Einheitsfront immerhin so viel Anerkennung, daß die nationalistische Allianz nicht mehr ohne weiteres gegen die noch verwundbaren verstreuten kommunistischen Einheiten losschlagen konnte.[17]

Nicht ausschlaggebend für Maos Entscheidungen war, daß Stalin 1935 überall eine Einheitsfront gegen Deutschland und Japan ausgerufen hatte, zumal dieser zugleich Tschiang Kai-schek und Maos Hauptgegner in der Parteispitze unterstützte. Im übrigen faßte Mao den Begriff »Einheitsfront« ganz anders als Stalin und war jedenfalls nicht bereit, an die Eigenständigkeit der Partei rühren zu lassen. Maos Differenzen mit Stalin erwuchsen im übrigen nicht zuletzt daraus, daß sie einander in ihrem Hang zum Personenkult gegenseitig überboten.

Hauptziel der ab 1938 patriotisch orientierten Einheitsfront war das Einbinden oder Ausschalten jeglicher Opposition. Allerdings konnte die Einheitsfront alleine doch keine Massenbasis schaffen. Mao, der ab 1937 praktisch allein das Sagen hatte, setzte anstelle einer weitgehenden Bodenreform lediglich eine ziemlich bescheidene Senkung der Grundrenten durch. Damit war bei den Bauern kaum Unterstützung zu gewinnen, und diese erkühnten sich in zahlreichen Ortschaften sogar, eine echte Umverteilung des Bodens nicht nur zu fordern, sondern auch durchzusetzen. Die höheren Kader versuchten zwar, solche »linken Exzesse« zu unterbinden, doch auf Druck der Basis gab die Partei nach, und strenge Disziplin konnte sie ohnehin niemals herstellen. Vor allem zog der Krieg vielerorts ein administratives Machtvakuum nach sich, das die Bauern unbedingt ausnutzen wollten, und ohne oder gar gegen sie hätte die Partei militärisch wenig erreichen können, denn sie stellten die Soldaten und Partisanen.

Ein Dauerproblem der Kommunisten im Kampf um die Macht lag in der Spannung zwischen ihrer demokratisch ausgerichteten Basis und der Einheitsfront, die hierarchisch autoritäre Strukturen verlangte. Im Mai 1946, als die Partei, unmittelbar nach einer erfolgreichen Offensive Tschiangs, Rekruten für ihre dezimierte Armee benötigte, trieb sie die Bodenreform voran (die dann jedoch bald jüngere arme Bauern selbst in die Hand nahmen); 1948 bekam sie solche immer wieder angeprangerten Trends zum Linksabweichlertum endlich in den Griff – wofür sie neben der inneren Einheit besonders die Aufrechterhaltung der Lebensmittelproduktion beschwor.[18]

Die Inflation eröffnete ungeahnte Perspektiven, und Maos Analysen ergaben, daß die große Mehrheit der Städter ihn unterstützen oder allenfalls neutral bleiben würde. Zudem erwiesen sich die nationalistisch gefärbten Argumente für eine Einheitsfront ab 1937 gerade in den Metropolen als sehr zugkräftig und trugen mit dazu bei, nicht nur die Machtbasis der Kuomintang auszuhöhlen, sondern auch die eigene Parteiführung zu straffen. Ebenso bedeutsam war, daß die elitäre kommunistische Organisationstheorie, ungeachtet ihrer Entstehung auf dem Lande, für eine im wesentlichen urbane Orientierung sorgte.

Die Partei hatte schließlich als eine ziemlich kopflastige Studentenbewegung begonnen, und ihre rund 58000 Mitglieder, die während des Massakers der Kuomintang von 1927 größtenteils verschwanden, waren überwiegend Städter gewesen. Ihr schnelles Wachstum Ende der dreißiger Jahre und die veränderte soziale Zusammensetzung hatten nicht nur Probleme gelöst, sondern auch neue geschaffen. Es kamen allzu viele Bauern hinzu, die zwar hervorragend organisieren konnten, jedoch ideologisch schwach, undiszipliniert und in ihrer Radikalität kaum zu zügeln waren. Nach der japanischen Invasion traten zahlreiche begabte, willfährige Studenten ein, die sich gut als Kader der unteren Ebenen eigneten. Ab 1940 war die Partei, mit 800 000 Mitgliedern gegenüber 40 000 drei Jahre zuvor, nur noch in ihrer Führungsspitze elitär. Anfang der vierziger Jahre stammte rund ein Viertel der Mitglieder aus Großstädten oder war dort ausgebildet worden; sie beherrschten ab Ende der vierziger Jahre das Zentralkomitee völlig und stellten daneben 99 beziehungsweise 75 Prozent der höheren und mittleren Kader.[19]

Die Parteilinie war ganz auf Maos Person zugeschnitten. Der von ihm bestimmte Kurs galt unverrückbar, und sein tyrannischer Führungsstil hätte sich nicht einmal mit Lenins Organisationstheorie rechtfertigen lassen. Doch trotz aller Bemühungen konnte er bis 1949 nicht die stark dezentralen Tendenzen überwinden, die zwangsläufig aus den Kommunikationsproblemen in einem so großen Land folgten. Demnach wies nicht nur das Kuomintang-Regime, sondern auch die Kommunistische Partei Risse und Widersprüche auf, wenn auch nicht so tiefe. Doch ähnlich wie Tschiang Kai-schek bekam auch Mao Probleme mit den schieren Größenordnungen. Zwar bemängelte er den »Lokalpatriotismus«, aber die gewaltigen Entfernungen zwangen zur Bildung von Regionalbüros, die oft über lange Zeiträume hinweg keinen Kontakt mit der Zentrale hatten, so daß es Mao einige Mühe bereitete, sie auf Kurs zu halten. Oft mißlang das sogar. Viele dieser Probleme wirken heute, nachdem die bolschewistische Welt weitgehend zerfallen ist, zwar fast banal, aber gerade der Kriegsalltag verschaffte ihnen eine außerordentliche Bedeutung.

Das Grundproblem – führen oder folgen? – hatte die Partei weitgehend dadurch gelöst, daß sie ihre oberen Ränge mit gebildeten Städtern besetzte. Trotz einiger Fehlschläge und Einbrüche schaffte es Mao auch, die Spannungen zwischen der Einheitsfront und den radikalen Kräften abzubauen und mit der ihm zur Verfügung stehenden minderwertigen Armee die Japaner und die Kuomintang im Schach zu halten. Als ein flexibler, taktisch versierter, pragmatisch denkender Machtmensch war Mao eine Ausnahmeerscheinung des 20. Jahrhunderts, wobei sich sein tiefer Egoismus, der China zwei Jahrzehnte später zerriß, im besonderen Kontext der vierziger Jahre bestens bewährte. Gleichwohl waren seine analytischen und theoretischen Vorstellungen krude, oft aus zweiter Hand kommend und unausgegoren.

Auch nach dem Krieg gegen Japan standen die Kommunisten vor enormen Problemen. Im Sommer 1941 hatten sie in einem Gebiet von ungefähr 30 000 Quadratkilometern noch weitgehend autonom über acht bis zehn Millionen Menschen geherrscht. Mitte 1945 waren es schon mehr als 300 000 Quadratkilometer mit 95 Millionen Einwohnern und einer Armee von rund 910 000 Mann. Allerdings handelte es sich um die ärmsten Gebiete des Nordens, fast ohne Städte. Damals lagen gut vier Fünftel Chinas, und die reichsten Teile dazu, in den Händen der Nationalisten. Des weiteren gebot Tschiang über eine reguläre Truppe, die dreimal so stark war wie die Maos, zwölfmal so viele Gewehre sowie ein Monopol bei der Artillerie und bei der Luftwaffe hatte. Im übrigen erhielt Tschiang nach Kriegsende von den USA Militär- und Wirtschaftsbeihilfen in Höhe von gut 2,8 Milliarden Dollar. Gleichzeitig fielen ihm 1945 japanische Anlagen im Gesamtwert von mindestens 3,6 Milliarden Dollar in die Hände, und in den von ihm gehaltenen Gebieten stieg die Industrie- und Agrarproduktion über zwei Jahre hinweg erheblich an. »Gewiß wird niemand behaupten wollen«, schrieb das von Taiwan aus operierende Kuomintang-Verteidigungsministerium 1950 in einem Geheimbericht, »daß unsere militärische Niederlage eigentlich aus Munitions- oder Versorgungsmängeln resultierte.«[20]

Als der Zweite Weltkrieg endete, waren Maos Kommunisten noch weit vom Sieg entfernt und in den Kerngebieten sehr zersplittert. Tschiang hätte eigentlich nur noch seine erdrückende materielle Überlegenheit ausspielen müssen. Daß ihm dies mißlang, lag nicht so sehr am klugen Vorgehen der Kommunisten wie an seiner eigenen Inkompetenz und an der Korruptheit des gesamten Regimes.

Die Kommunisten waren nach wie vor stark auf die Unterstützung durch die Bauern angewiesen und köderten diese geschickt mit kleineren Reformen. Zudem mußten sie, um ihren Erfolg zu verwalten, neue Mitglieder aufnehmen, ohne dabei die apolitischen Opportunisten auszusieben: Ab 1942 wuchs die Partei von 736 000 bis April 1945 auf 1,2 Millionen, bis Januar 1947 auf 2,2 und bis Ende 1949, also kurz vor dem Machtantritt, auf 4,5 Millionen Mitglieder. Am Ende wurde sie selbst zu einem Instrument der Massenmobilisierung, und wenn die Basis jetzt auch kein Mitspracherecht mehr hatte, so bot dafür das Parteibuch schnelle Aufstiegschancen. Den Ton gab eine Handvoll Männer an, die schon seit den zwanziger Jahren einen festen Klüngel bildeten.

Doch ab August 1945 gewann die Wirtschaftskrise eine solche Dynamik, daß keine Schicht oder bedeutende Lobby mehr für das Kuomintang-Regime eintrat, und damit spielte auch die nach wie vor bestehende starke zahlenmäßige militärische Unterlegenheit der Kommunisten keine Rolle mehr. Noch Anfang 1947, als Kuomintang-Truppen die Kommunistenmetropole Yenan einnahmen, war ihre Ausrüstung genauso überlegen wie in der Schlußphase des Kriegs mit Japan, und Ende des Jahres, mit einer nun völlig demoralisierten Armee, immer noch nahezu doppelt so stark wie die der Roten Armee. Mao jedoch nahm bis zum 10. Oktober 1948 an, daß die endgültige Schlacht nicht vor Mitte 1951 geschlagen werde. Doch kaum drei Monate später trat Tschiang zurück und schaffte die noch vorhandenen Gold- und Währungsreserven Chinas nach Formosa.[21]

Zwar gingen viele der Grundprobleme Chinas auf eine Zeit lange vor Japans Aggression zurück, aber der Krieg beschleunigte den Zerfall des Landes und verursachte so eine schwere Krise, die sich sonst viel länger hingezogen hätte. Tschiangs Verhalten und seine heikle Koalition mit den Warlords bürgten zudem dafür, daß die Lage rasch explosiv wurde. Die Kommunisten bewiesen insofern

Bravour, als Mao ab 1935 auf dem Weg zur Macht keine schwerwiegenden Fehler mehr machte. Er war nicht dogmatisch auf eine bestimmte Gesellschaftsform festgelegt, und Ideologien oder Theorien waren für ihn kaum mehr als Anhaltspunkte, um zu allgemeinen Grundsätzen und Schlußfolgerungen zu gelangen, denen gewöhnlich Machtkalkül zugrunde lag. In dieser Hinsicht machte ihn seine immense Flexibilität zu einem würdigen Nachfolger Lenins – dessen Machtinstinkt indes nicht seinesgleichen hatte –, und beide faßten den Sozialismus als eine persönliche Herrschaftsform auf, was seinen späteren Niedergang in beiden Ländern vorbereitete.

13. REVOLUTION UND REAKTION IN SÜDOSTASIEN

Da die kulturellen und politischen Strukturen Chinas bis zur japanischen Invasion fast keinen externen Einflüssen ausgesetzt waren, mußten sie sehr empfindlich auf diese massive Störung reagieren. In anderen Teilen Asiens dagegen hatte der Imperialismus bereits tiefe Spuren hinterlassen, und gerade im Südosten entwickelte sich der Widerstand gegen die japanischen Eindringlinge in einem klar vorgezeichneten antikolonialistischen Rahmen. Über diese Region fielen die Japaner zudem schnell und mit geballten Kräften her, während sich in China drei große Armeen jahrelang bekriegten. Auch ging es den Besatzern in Südostasien ausschließlich darum, mit geringstmöglichem Aufwand in kürzester Zeit ein Maximum an Rohstoffen herauszuholen.

Daß Japan die Kolonialherrschaft der Europäer und Amerikaner vorübergehend außer Kraft setzte, ihre Bürokratien aber erfolgreich weiter nutzte, um anschließend seinerseits zu unterliegen, diskreditierte jegliche Fremdherrschaft und förderte jenes Unabhängigkeitsstreben, das in den Parteiprogrammen der Kommunisten von zentraler Bedeutung war. Und da der Krieg das ohnehin fragile, weil ungerechte Agrar- und Wirtschaftssystem Asiens noch zusätzlich belastete, löste er in Vietnam und auf den Philippinen sofort schwere Krisen aus, die sich mit der Forderung nach nationaler Unabhängigkeit schließlich gegen Japan selbst richteten. Aufgrund der Tatsache, daß die Streitkräfte der Kolonialmächte nach dem Krieg massiv verstärkt und erneuert wurden, zogen sich die Befreiungskriege am Ende viel länger hin als der Bürgerkrieg in China und hielten die Region damit noch jahrzehntelang in Atem.

In Vietnam ging die Krise viel tiefer als auf den Philippinen und gab der radikalen Opposition den letzten Anstoß, einen Sieg wirklich für möglich zu halten. Auch war die Bevölkerung der Philippinen durch sprachliche und geographische Schranken in mehrere Teile untergliedert und fand daher nie zu jener kulturellen Einheit, die Vietnams zwar langgestreckte, aber zusammenhängende Landmasse, vor allem aber sein Sprachverbund ermöglichten. Außerdem erwiesen sich die Besonderheiten der beiden Kommunistischen Parteien als entscheidend, denn Erfolg und Mißerfolg hingen schließlich nicht nur von den kriegsbedingten Erschütterungen, sondern auch von den mehr oder weniger klugen Reaktionen darauf ab.

Das revolutionäre Vietnam

Als die Japaner im Juli 1941 Französisch-Indochina annektierten, war Frankreich selbst größtenteils von den Nazis besetzt, so daß Tokio in allen drei Staaten der »Union« – Vietnam, Laos und Kambodscha – völlig freie Hand hatte. Dabei ergänzten die Absichten der französischen Verwaltung und der Japaner einander im wesentlichen: Die Franzosen wollten in erster Linie die rechtliche Zuständigkeit und Souveränität behalten, während Japan lediglich funktionale Interessen verfolgte. So verwaltete die Vichy unterstellte Bürokratie das Land praktisch im Auftrag der Japaner.

Die französische Administration blieb bis zum 9. März 1945 im Amt, viele der mittleren Beamten sogar darüber hinaus. Eine Truppe von 12 000 bis 20 000 älteren französischen Söldnern und zwischen 38 000 und 79 000 Einheimischen von zweifelhafter Qualifikation beaufsichtigte Indochina fast über den gesamten Krieg hinweg. Die Japaner selbst entsandten bis zum Frühjahr 1945 nur eine viel kleinere Truppe, stockten dann aber ihr Personal in Vietnam auf, um mit gut 62 000 Mann die Franzosen abzulösen und für eine mögliche Invasion der Alliierten gewappnet zu sein.

Aufgrund der französisch-japanischen Einigung konnte sich in den drei Regionen des späteren Vietnam – Tonkin, Annam und Cochin – ab 1941 kurioserweise eine Art militärischen Freiraums entwickeln. Die notorisch unzuverlässigen französischen Streitkräfte mußten sich über ein enormes Gebiet verteilen, ohne auf Verstärkung hoffen zu können, und den Japanern gelang es nie auch nur annähernd, die Lücken zu füllen. Daher blieben Vietnam ähnliche Verwüstungen erspart, wie sie China und die Philippinen heimsuchten, und seine Kommunisten konnten die Macht ergreifen, fast ohne auf bewaffneten Widerstand zu stoßen. Die dennoch erschreckend hohen Opferzahlen beruhten nicht auf Gewaltanwendung, sondern auf der völlig chaotischen Wirtschaftspolitik der Japaner und ihrer französischen Handlanger.[1]

Das wirtschaftliche Desaster

Die Vichy-Administration versuchte, möglichst großen Einfluß auf die Wirtschaft zu behalten, um von einem ganz auf die Bedürfnisse Japans zugeschnittenen Außenhandel ebenfalls profitieren zu können. Japan bezahlte seine ständig steigenden Importe aus Indochina in Piastern, die es gegen einen Sonder-Yen, den Vichy nur zu einem Bruchteil und nur für bestimmte Zwecke verwenden konnte, bei den Franzosen kaufte, was faktisch auf eine Enteignung hinauslief. Die Franzosen ihrerseits druckten einfach Geld und wälzten dadurch ihre Verluste weitgehend auf Indochina ab, besonders auf Tonkin. Darunter hatte neben der breiten Masse auch ein erheblicher Teil der Mittelschicht und der Großgrundbesitzer schwer zu leiden, denn die so herbeigeführte Inflation begünstigte ausschließlich Spekulanten mit guten Beziehungen zu den Franzosen und Chinesen.

1941 sagten die Franzosen zu, Japan zu Festpreisen Reis und Getreide aus den Ernteüberschüssen zu liefern. Auch als amerikanische Flottenverbände die Seewege abschnitten, setzten die Franzosen, um die Japaner milde zu stimmen, ihre Ausplünderungspolitik fort und entzogen damit dem Inlandskonsum gewaltige Mengen Reis und andere Erzeugnisse; als dann die Erträge sanken, verwandelten sich ihre gehorteten Vorräte in eine wahre Goldgrube für Spekulanten. Die Japaner erhöhten nach und nach, ohne Rücksicht auf die Folgen, ihre Forderungen an die Franzosen.

Die Eintreibung von Reis zu Festpreisen hatte zur Folge, daß viele Bauern verarmten. In Tonkin besaßen zwei Prozent der Grundbesitzer 40 Prozent aller Anbauflächen; sie hatten naturgemäß nicht nur viel geringere Produktionskosten als ihre Pächter, sondern konnten ihre Erträge zum Teil sogar verheimlichen. Die Verwaltung bezahlte den Bauern von Anfang an erheblich weniger als den Marktpreis, und mit steigender Inflation öffnete sich die Schere immer weiter. Wer die geforderten Mengen nicht aufbringen konnte, mußte statt dessen eine Ausgleichsabgabe entrichten, was viele in den Ruin trieb. Und obendrein setzten die Japaner noch durch, einen Großteil der Reisfelder auf andere Erzeugnisse umzustellen, während sie den Reis in zunehmendem Maße für die Treibstoffgewinnung benutzten.

Die Jahre 1941 bis 1943 sahen durchschnittliche Ernten, allerdings bei steigenden Abgaben. 1944 brach das Transportwesen zwischen dem überschußreichen südlichen Cochin und dem ärmeren Tonkin im Norden fast völlig zusammen, teils wegen alliierter Angriffe auf Schiffe, teils jedoch auch, weil französische Beamte die Dschunkenbetreiber übervorteilen wollten. Den Japanern hingegen gelang es trotzdem, weiterhin Reis aus dem Land zu schaffen und im Ausland zu verkaufen. Im Sommer 1944, als sich in Cochin gerade zunehmende Überschüsse ansammelten, zerstörten an der Nordküste drei schwere Taifune einen Großteil der Reisfelder.

1942 und 1943 trieben die Japaner je eine Million Tonnen Reis ein, 1944 etwa eine halbe Million. Für 1945 forderten sie 550 000 Tonnen. Dabei füllten sich die Lager viel schneller, als sie mit dem Abtransport nachkamen, obwohl sie damals schon einiges vor Ort in den Kraftwerken Cochins verfeuerten. Als die Franzosen schließlich im März abziehen mußten, warteten etwa 500 000 Tonnen Reis darauf, gemahlen zu werden – der nationale Bedarf für rund vier Monate –, und viele der hungernden Vietnamesen wußten um die Existenz der Vorräte.[2]

Nachdem viele Bauern schon in besseren Jahren von der Hand in den Mund gelebt hatten, machten die japanischen Forderungen, die Wirtschaftskrise, die Transportprobleme und die von Unwettern verwüsteten Ernten die historisch folgenreiche Katastrophe unvermeidlich. In Tonkin traten Ende 1944 erste Engpässe auf, und im Jahr darauf ließ ein sehr früher Kälteeinbruch die Knappheit auf den Norden der Zentralregion Annam übergreifen, so daß die Bauern dort Tierfutter wie Reisschalen, Gräser und dergleichen zu essen begannen. Nach den Taifunen des Sommers 1944 gaben die Behörden die ohnehin seit langem vernachlässigten Deiche auf, was weitere Überflutungen nach sich zog. Cochin und der Süden Annams hatten zwar ebenfalls schwer zu leiden, aber eine Hungersnot blieb ihnen erspart. In den Krisengebieten verließen viele Bauern ihre Höfe, um in den Städten betteln zu gehen, doch oft starben sie bereits auf dem Marsch dorthin an Entkräftung. Kinder wurden schlicht ausgesetzt oder verkauft, und die städtischen Behörden mußten täglich Leichen wegschaffen lassen, um einer Typhusepidemie vorzubeugen. Auf dem Land blieben die Toten liegen, weil die Lebenden nicht imstande waren, sie zu verscharren.

Admiral Jean Decoux, der als französischer Generalgouverneur bis März 1945 einer der Hauptverantwortlichen für die Katastrophe war, schrieb später, die Hungersnot habe etwa eine Million Menschen dahingerafft. Kommunistenchef Vo Nguyen Giap sagte, allein bis Herbst 1945 seien eine, danach eine weitere Million Menschen gestorben. Heute gelten 1,5 bis 2 Millionen Opfer, das heißt etwa ein Fünftel der Gesamtbevölkerung Tonkins, als die wahrscheinlich zutreffende Größenordnung. Anfang 1945 waren die Dörfer Nordvietnams weitgehend verwaist, Hunderttausende entwurzelter Bauern irrten ziellos umher, und die Städte quollen über von einer verzweifelten Masse verelendeter Menschen.[3]

Die Machtergreifung der Kommunisten

Bis Anfang 1945 hatten die Franzosen Vietnam ohne größere Probleme im Griff, doch als die Hungersnot kam, hatten die Einheimischen nichts mehr zu verlieren, und der Sturz des Kolonialsystems schien nur noch eine Frage der Zeit.

Die Kommunistische Partei Vietnams war, als eine der vielen kleineren der Kolonialwelt, von Moskau fast vergessen und von Vichy niemals sonderlich ernst genommen worden. Bis Ho Chi Minh 1941 nach drei Jahrzehnten des Exils heimlich zurückkehrte, hatte sie, 1930 von Studenten, Bildungsbürgern und verarmten Mandarinen gegründet, viele Schwankungen durchgemacht. Als eine Ausgeburt der radikalen Intelligenz neigte sie zu einer elitär-theoretischen Pose, klammerte sich aber trotzdem an das orthodoxe Dogma von der Führungsrolle des Proletariats, obwohl Vietnam fast gar keines besaß.

Auch in Vietnam hatte die Partei, sogar innerhalb vieler Provinzen, mit großen Entfernungen und völlig unzureichenden Kommunikationsmitteln zu kämpfen. Außerdem bereitete die Disziplin immerfort Probleme, wobei die Führung unablässig, manchmal fast schon besessen, »Linksabweichler« oder Heißsporne zu bremsen versuchte. Der faktische Trend zur ständigen Dezentralisierung erweiterte einerseits die Basis, erschloß also neue Kraftquellen, brachte andererseits jedoch Abstimmungsprobleme mit sich. Anfangs wollte und mußte die Parteiführung sich elitär geben – ungeachtet der Tatsache, daß straffe Organisation in armen, rückständigen Ländern meist ohnehin nur ein Hirngespinst ist.

Nach der japanischen Invasion im September 1940 mühten sich die Kommunisten zwei Jahre lang, den bewaffneten Widerstand gegen die Franzosen und Japaner aufzubauen, allerdings mehr im Hinblick auf eine Invasion der Alliierten als mit dem Ziel einer baldigen Erhebung. Im Mai 1941 riefen sie den Dachverband der »Vietminh« als Frontorganisation für den Partisanenkrieg ins Leben. Ungeschickterweise wandten sie sich dabei vor allem an die ethnischen Minderheiten im verlassenen nördlichen Grenzgebiet mit China und, weiter südlich, in einer ebenfalls sehr abgelegenen Gebirgsregion. Zwar konnten sich dort kleine Banden am Leben halten, solange die Franzosen weder Notiz vom Vietminh nahmen noch ihre überwiegend aus Einheimischen bestehenden Truppen in solche Randzonen schickten, aber sie hatten kaum moderne Waffen und wurden durch jeden Einfall der Franzosen dezimiert. 1944 umfaßte die Vietminh-Miliz 812 Mann, etwa 300 weniger als 1943, bei insgesamt nur 2000 bis 3000 Parteimitgliedern.

Anfang 1943 plante die Parteiführung zu expandieren und zu diesem Zweck insbesondere Studenten und andere Jungintellektuelle anzusprechen. Demselben Ziel diente auch die bereits 1939 ausgerufene Strategie der Einheitsfront. Da sie in den Städten viel besser ankam als auf dem Lande, blieb die Partei selbst, aber auch der Vietminh, über die Maßen elitär. Während es 1944 in China bereits rund 850 000 Kommunisten gab, war die vietnamesische Partei noch so winzig, daß nicht einmal Ho Chi Minh von einem kurz bevorstehenden Sieg zu träumen wagte.[4]

Die Hungersnot, zweifellos der entscheidende Wendepunkt, wies der Kommunistischen Partei eine völlig neue Rolle zu. Japans Niederlage und Frankreichs Blamage allein hätten die militärischen Aussichten der Partisanen kaum verbessert, zumal die Kader mit ihrem elitären Konzept der Einheitsfront niemals an die Bauern appelliert hatten, so daß es ihnen bis dahin nicht gelungen war, eine Massenbewegung mit revolutionärem Impetus auf die Beine zu stellen. Im Frühjahr 1945 jedoch trieb der Hunger die Menschen in der Nordhälfte Vietnams auf die Straße. Millionen stellten jede Furcht vor der Staatsgewalt hintan, weil sie ohnehin nichts mehr zu verlieren hatten und weil die französischen und japanischen Einheiten nebst ihren vietnamesischen Hilfstruppen entweder außer Gefecht gesetzt waren oder sich gleichgültig verhielten. Bei manchen mochten auch nationalistische Überzeugungen mitspielen, doch für die große Masse ging es um das nackte Überleben. Unter diesen Umständen hatte es die Partei sehr leicht, und Anfang 1945 wurde ihr klar, daß sie den Massenimpuls sofort aufgreifen mußte.

Vom März 1945 bis zur Revolution im August

Als in der zweiten Märzwoche des Jahres 1945 das Zentralkomitee zusammentrat, um über das weitere Vorgehen zu beraten, befand sich die Partei in großen Nöten. Viele ihrer Schlüsselfiguren saßen im Gefängnis, während ein Teil der Mitglieder bereits elend verhungert war und der Rest die meiste Zeit mit Nahrungssuche verbrachte. Das Gremium bekannte sich erneut zu einer sämtliche Schichten übergreifenden Einheitsfront und forderte dazu auf, Reis künftig nicht mehr den reichen Gutsbesitzern abzunehmen, sondern nur noch den Franzosen und Japanern. Die Hungernden selbst konnten sich daran allerdings nicht halten, und die Parteiaktivisten hüteten sich auch davor, das Gebot strikt durchzusetzen. Dann schlug die Führung sogar vor, mit dem französischen Widerstand zusammenzuarbeiten, der sich im Anschluß an die förmliche Machtübernahme der Japaner am 9. März bildete. Dabei nahm sie an, daß die restlichen japanischen Truppen zwar noch kampfbereit waren, der Krieg aber ziemlich schnell enden würde, wenn die Alliierten in Indochina landeten. Danach könne man dann zu einer allgemeinen Erhebung aufrufen; nur für den Fall, daß die Invasion ausblieb, plante man eine eigene Rebellion gegen die Japaner. Alles weitere hielt sich das Zentralkomitee offen, aber es wollte unter keinen Umständen voreilige Schritte dulden. Zwar sah es sich in einer »vorrevolutionären Phase«, rechnete allerdings weder mit den spektakulären Schachzügen der Alliierten in den folgenden sechs Monaten noch mit Japans plötzlicher Kapitulation.[5]

Im übrigen entschied das Komitee nun, »die Reislager aufzubrechen, um eine Hungersnot noch abzuwenden«.[6] Dieser Beschluß trug wie nichts anderes dazu bei, die verzweifelten und erbosten Massen zu aktivieren und für die militärischen Ziele der Partei einzuspannen, wodurch sie binnen weniger Monate an die Macht gelangte. Als die Japaner die meisten französischen Militärs festnahmen, drängte die Parteispitze zum Handeln, bevor die japanischen Eindringlinge neue Verwaltungsstrukturen aufbauen konnten.

Aktivisten des Vietminh und der Partei unterstützten zahllose Plünderattacken auf Reisvorräte der Japaner und der einheimischen »Reaktionäre« im Norden des Landes, die auch von Erfolg gekrönt waren, da dort fast nirgends mehr feindliche Truppen standen, so daß große Mengen Reis verteilt werden konnten, was zur Nachahmung ermutigte. Nachdem es keine echte Zentralgewalt mehr gab, blieben viele Dorfnotabeln und Tausende der jetzt führungslosen Kolonialsoldaten untätig oder liefen schlicht (letztere mit ihren wertvollen Waffen) zum Vietminh über. In den folgenden Monaten begannen auch kleinere Gutsbesitzer und sogenannte Bourgeois vielfach, die Kommunisten zu unterstützen, so daß die Partei nun ganz auf Ausgleich bedacht war, und ab Sommer 1945 förderten sie sogar aktiv den Vietminh.

Viele Bauern sahen sich vor die Wahl gestellt zwischen dem Hungertod und dem Vietminh. Wie es später im offiziellen Parteibericht hieß, brachten die ersten Erfolge einen starken Zulauf, und »der Vietminh wuchs von einigen Tausend auf Zehntausende von Mitgliedern ... Die Plünderung der Reislager ... hatte viele für den revolutionären Kampf erwärmt ...«.[7] Unter Führung der Vietminh-Novizen, die gewiß keine Musterbolschewiken waren, ließ sich sogar die Bauernschaft aktivieren und spannte im Frühjahr 1945 ein kollektives Netzwerk über den gesamten Norden, um die Versorgung zu sichern. In der Folge konnten die regulären Vietminh-Truppen ihre Stärke dort bis August auf ungefähr 5000 Mann verzehnfachen, während südlich davon gut 200 000 Freischärler und Milizionäre operierten, die es im Laufe der Zeit schafften, von den Franzosen und Japanern immer mehr Waffen zu erobern.

Ende Mai kontrollierte der Vietminh einen Großteil der nördlichen Gebirge und Täler und errichtete Anfang Juni seine erste Verwaltung in einer befreiten Zone, die alle sechs nördlichen Grenzprovinzen einschloß. Dort gab es keinerlei bewaffnete Konkurrenz. »Die Revolution brach aus wie ein Wirbelsturm«, schrieb Giap später. Sie blieb jedoch in den kritischen ersten Monaten weitgehend auf ländliche Regionen beschränkt und giff erst danach auf die Klein- und dann die Großstädte über.[8]

Bis zum Frühjahr 1945 kamen die Kommunisten in den Metropolen fast nur bei jungen Leuten an. Als Japan am 10. August anbot, zu kapitulieren, war für seine Offiziere und Mannschaften der Krieg beendet, und damit interessierte es sie auch nicht mehr, was der Vietminh unternahm. Dieser hatte bereits im Juni öffentlich zu agitieren begonnen, wobei er in Hanoi, Hué und besonders Saigon immer kecker auftrat, zumal viele der einheimischen, in Diensten des Marionettenregimes stehende Soldaten und Polizisten schnell erkannten, woher der Wind jetzt wehte, und in Scharen die Seite wechselten. So kontrollierte der Vietminh schon vor dem Rücktritt des Regimes am 15. August den größten Teil des Landes. Die Franzosen waren entwaffnet oder noch in Haft, so daß der Vietminh die bestehenden Behörden und Einrichtungen übernehmen und neu besetzen konnte.

Von Japans Kapitulationsofferte erfuhren die Führungskader am 13. August, und noch am selben Abend leiteten sie einen Aufstand in die Wege, um jetzt sämtliche Städte einzunehmen und die Japaner zu entwaffnen. In Hanoi traf ihre Order erst drei Tage später ein, aber vielerorts hatten der Vietminh und seine Anhänger bereits auf eigene Faust losgeschlagen, was sich schon seit März abzeichnete. Nur in einem einzigen Fall leisteten die Japaner Gegenwehr.

In Hanoi kam es zur Wende, nachdem eine Handvoll Aktivisten, kaum mehr als 100 Mann, am 17. August eine vom Regime selbst in die Wege geleitete Massenkundgebung umfunktioniert hatten, worauf die dabei aufgebotenen Soldaten teils mitdemonstrierten, teils ihre Gewehre dem Vietminh aushändigten. Bis dahin hatte dieser dort nur aus um die 900 beherzten Arbeitern und Jugendlichen mit höchstenfalls 70 bunt gemischten Waffen bestanden. Doch zwei Tage später konnte er, verstärkt durch einen großen Schub meist unbewaffneter Bauern, die Macht in Hanoi übernehmen, ohne auch nur einen Schuß abfeuern zu müssen. Am 22. August lag der gesamte Norden in der Hand des Vietminh, und innerhalb weniger Tage hatte diese beinahe unblutige Revolution auch Hué und Danang in der Landesmitte erfaßt. In der Südregion Cochin, die von der Hungersnot verschont geblieben war, regierte ab dem 25. August 1945 eine von den Kommunisten geführte Koalition die Hauptstadt Saigon und bald danach alle übrigen Großstädte. Am 30. August dankte Kaiser Bao Dai ab; er übertrug die Insignien der Macht auf den Vietminh und bot dem neuen Regime seine Kooperation an. Am 2. September konnte Ho Chi Minh die Demokratische Republik Vietnam ausrufen und damit der Monarchie – und der Oberherrschaft Frankreichs – ein Ende setzen.[9]

Ho wußte, daß er seine Macht einem seltenen Glücksfall verdankte, und da er sie nicht wieder verspielen wollte, setzte er erneut auf die Karte der Einheitsfront, um seinen Verwaltungsapparat zu festigen, den Widerstand gegen die bescheidenen Reformvorhaben in Grenzen zu halten und vor allem das Versorgungsproblem zu lösen, gleichzeitig aber Vorkehrungen für die unvermeidliche Rückkehr der Franzosen zu treffen. Um den Erfolg nicht zu gefährden, tilgte er alle Anzeichen für ein kommunistisches Bekenntnis seiner Regierung. So verschwand auch die Partei sang- und klanglos von der Bildfläche und erklärte sich am 11. November 1945 für aufgelöst. »Obwohl die Führung alles unterlassen wollte, was innere und äußere Feinde hätte provozieren können«, so beklagte Giap später, »gerieten wir unter Beschuß.«[10] In der Öffentlichkeit traten seine Mannen nicht als Kommunisten, sondern als Vertreter des Vietminh auf und gaben sich nicht klassenkämpferisch, sondern durchweg antikolonial und patriotisch. Unterdessen wuchs die Nachfolgepartei ein Jahr nach der August-Revolution um das Vierfache auf 20 000 und bis 1949 auf gut 180 000 Mitglieder an. Im Grunde wurden fast alle fähigen, nützlichen und engagierten Bewerber aufgenommen, wenn sie zuvor Farbe bekannt hatten, so daß auch hier eine echte Massenpartei entstand, mit den bereits erörterten Schwierigkeiten, was die Beteiligung der Basis an den maßgeblichen Entscheidungen betrifft.

Man hielt sogar an den alten Beamten fest, die meist gerne für die Kommunisten arbeiteten, allerdings nur bis Dezember 1946, als die Franzosen zurückkehrten und die Parteifunktionäre sich auf abgelegene Stützpunkte zurückzogen. Ihr kurzes Interregnum hatten die Kommunisten jedoch genutzt, um eine 80 000 Mann starke reguläre Armee und eine große Miliz aufzubauen, deren Verbände schließlich bis 1954 bzw. bis 1975 sowohl die Franzosen als auch die Amerikaner aus dem Feld schlugen.

Vor allem jedoch war das Nahrungsproblem zu lösen, und das gelang den Kommunisten in der kurzen Zeitspanne bis zum Frühjahr 1946, wodurch sie eine große Mehrheit der Vietnamesen fest auf ihre Seite ziehen und sich in den folgenden drei Jahrzehnten auf sie stützen konnten. Allerdings ließ das Kalkül der Einheitsfront außer gewissen, sehr einseitig verteilten Reförmchen zugunsten der Kleinbauern keine gesellschaftlichen Veränderungen zu.[11]

Die Endphase der französischen Kolonialherrschaft war fast ohne Blutvergießen vonstatten gegangen, und der Staatsapparat war den Kommunisten letzlich wie ein Geschenk in die Hände gefallen. Ein derart glatter Machtwechsel konnte nur deshalb gelingen, weil die Menschen angesichts der Hungersnot ihr Schicksal selbst in die Hand nehmen mußten und dort, wo der Vietminh nicht vertreten war, oft eigene Führungen wählten, die sich dem Vietminh allerdings später anschlossen. Das japanische Desaster zwischen März und August 1945 hatte ein Machtvakuum zurückgelassen, das der schnell erstarkende Vietminh mühelos ausfüllen konnte.

Die Besetzung Indochinas bestand von Anfang an aus nichts als Anomalien und Widersprüchen. Das Gemauschel zwischen den Kolonialherren und den Eindringlingen fand in ganz Asien nicht seinesgleichen und brachte enorme Versorgungsprobleme mit sich, schuf aber für die Kommunisten große Möglichkeiten. Japan hatte hier wie andernorts nicht genügend Leute für eine zuverlässige Kolonialverwaltung aufbieten können, jedoch gleichzeitig Maßnahmen ergriffen, die viele Einheimische traumatisieren und radikalisieren mußten.

Anfangs hatten die schwachen kommunistischen Streitkräfte zwar lediglich deshalb überlebt, weil weder die Japaner noch die Franzosen mitsamt ihren Hilfstruppen willens oder fähig waren, ihre weit überlegenen Waffen einzusetzen, doch die Partei hatte ihre schlecht bewaffneten und ausgebildeten Freiwilligenheere auch gar nicht zum Kampf aufgerufen. Ohne ihre Kampfbereitschaft hier schmälern zu wollen, ging ihr Sieg vom September 1945 vor allem auf den allgemeinen Zusammenbruch zurück, den die japanische Wirtschaftspolitik unter französischer Mitwirkung heraufbeschwor. Im Gegensatz zum Norden Chinas und zu den Philippinen war Vietnam jedoch nicht durch Kämpfe verwüstet worden.

Gewiß wäre es etwas vereinfacht zu behaupten, daß nicht die Kommunisten, sondern die Politik der Franzosen und Japaner für die Revolution verantwortlich war, doch die Partei hatte bis Ende 1944 noch keine nennenswerten Fortschritte gemacht. Erst ab August 1945, als das Ernährungsproblem gelöst werden konnte, legten die Kommunisten mehr geistige Beweglichkeit an den Tag und verstanden es so, glückliche Fügungen zu nutzen und richtige Entscheidungen zu treffen, um ihren Führungsanspruch zu rechtfertigen.

Auch wenn die Vietnamesische Revolution in entscheidender Hinsicht aus ebenso einzigartigen wie ungeplanten Ereignissen resultierte, war sie nicht planloser als der Krieg, mit dem sie eine enge Symbiose einging. Der Krieg gebar die Revolution gleichsam, und dieses Muster sollte sich in den folgenden drei Jahrzehnten noch häufig wiederholen.

Die Restauration auf den Philippinen

Bei seiner Invasion der Philippinen im Januar 1942 war Japan fest entschlossen, sich auf jene bestehende Oligarchie zu stützen, mit der schon die Amerikaner seit 1907 eng zusammengearbeitet hatten, bevor sie ihrer Kolonie im März 1934 die Unabhängigkeit versprachen – die allerdings erst nach Ablauf von zehn Jahren in Kraft treten sollte. Die kleine Elite der Filipinos unterhielt eigene regionale Oligarchien mit Strukturen, die treffend als Vettern- oder Klüngelwirtschaft beschrieben worden sind, gegründet weitgehend auf reiche, dominierende Großfamilien, die in wechselnden Koalitionen die Politik des Landes bestimmten. An der Spitze stand seinerzeit der Diktator Manuel L. Quezon, der schon seit drei Jahrzehnten mit den Amerikanern kollaborierte. Im Krieg jedoch war die Filipino-Elite weder proamerikanisch noch projapanisch eingestellt, sondern verfolgte ganz eigennützig ihre Sonderinteressen.[12]

Das Besatzungsregime

Während sich Quezon bei der Landung der Japaner zusammen mit seinem Vizepräsidenten und einer Handvoll hoher Funktionäre in die USA absetzte, mußte der Rest des Kabinetts und fast die gesamte Verwaltung im Lande zurückbleiben. Als diese dann bei den Amerikanern anfragten, wie sie sich gegenüber den Japanern verhalten sollten, lautete deren Rat, alle Anweisungen zu befolgen außer dem Ansinnen, einen Treueid auf Japan abzulegen.[13]

Washington hatte eindeutige Motive, und nach dem Krieg bewies der Umgang mit den Kollaborateuren, daß man die traditionelle Elite, die enge Freundschaften mit dem für die Philippinen-Politik zuständigen General Douglas MacArthur pflegte, an der Macht halten wollte. Die Alternativen dazu waren unberechenbar – Nationalisten und Neulinge hätten den USA nach erlangter Unabhängigkeit eine Vielzahl von Problemen bereiten können. Zudem lag bald auf der Hand, daß die alte Elite das einzige Bollwerk gegen jenen Linksrutsch war, der schon Ende der dreißiger Jahre eingesetzt hatte und sich im Laufe des Kriegs zunehmend verstärkte.

Obwohl Japan auch die Philippinen mit möglichst geringem Aufwand kräftig melken wollte, holte es aus deren verstreuten Inseln (bei einem sich zuspitzenden Mangel an Schiffen) im Verhältnis sehr viel weniger heraus als aus Vietnam. Auch hier wurde allerdings eine völlig ungedeckte Sonderwährung eingeführt, die ein Wirtschaftschaos anrichtete und zu Spekulationen einlud; ein Großteil der Fahrzeuge, Maschinen, Anlagen und sonstigen für die Kriegsanstrengungen nutzbaren Güter wurde konfisziert. Ähnlich wie in Vietnam sicherten sich die Besatzer Reis und Getreide, soviel sie konnten, für ihre Truppen, und was von den überschüssigen Mengen nicht ins Mutterland ging, wurde eingelagert. Kurz, Japan blutete das Land rücksichtslos aus, auch wenn den Philippinen trotz aller Härten eine Hungersnot erspart blieb.

Die Japaner griffen direkt und brutal in die Staatsverwaltung ein. Ungeachtet ihrer panasiatischen Ideologie und der Verheißung, daß sich die Filipinos »fortan selbst ihres Wohlstandes und ihrer Kultur erfreuen könnten«, begegneten sie diesem Volk mit einem abgrundtiefen Rassenhaß. So drohte jedem, der sich »feindselig« gegen die japanischen Besatzungstruppen verhielt, »die Funktionäre oder das Volk aufhetzte« oder anderweitig »in Wort und Tat frevelte«, die Todesstrafe. Einheimische mußten sich vor japanischen Soldaten verbeugen, die unbarmherzig jeden ohrfeigten, der das unterließ oder ihnen sonst irgendwie mißfiel. Besonders grausam wüteten sie bei gelegentlichen Ausfällen gegen Partisanen, die in der Regel ausgeplündert, eingesperrt und gefoltert wurden. Ihre Frauen endeten, wie überall in Asien, in Bordellen für Soldaten.[14]

Die Kriegsschäden

Auf den Philippinen kam es zu den schwersten Verwüstungen, als die Amerikaner strategisch wichtige Inseln zurückeroberten, die bis dahin fast verschont geblieben waren. 1946 betrug das Pro-Kopf-Einkommen kaum noch die Hälfte dessen von 1938, die Ernte der Saison 1944/45 lag um 40 Prozent unter dem Durchschnitt, und 1946 erreichte die Industrieproduktion lediglich ein Drittel der Erträge von 1937. Schätzungen zufolge entstand ein Schaden in der Größenordnung zwischen 1,3 und fünf Milliarden US-Dollar; zudem wurden fast 300 000 Häuser zerstört oder beschädigt, darunter fast alle bedeutenden Bauwerke Manilas. Allerdings wuchs die Bevölkerungszahl von 1937 bis 1946 um drei Millionen.

Im Laufe des Jahres 1943 verschärften die Japaner die Ausplünderung des nahrungsreichen Zentrums der Insel Luzon, doch in ärmeren Gebieten, die sie überwiegend verschmähten, ging das Leben seinen gewohnten Gang, abgesehen davon, daß an die Stelle der Geldwirtschaft zunehmend der Tauschhandel trat. Auf Luzon kamen die traditionell kärglich lebenden Kleinbauern besser zurecht als andernorts, zumal sie, wenn ihre Gutsherren in die Großstädte flohen, die Pachtzahlungen vielfach teilweise oder ganz einstellen konnten. Wer Reisüberschüsse hatte, und das traf für alle bis auf die Ärmsten zu, tauschte sie in den Städten gegen Besitztümer der jetzt hungernden Reichen ein. Wie überall ging es den Bauern im Krieg weitaus besser als den Städtern, weil diese keinen direkten Zugang zu Grundnahrungsmitteln hatten.

Besonders unerträglich wurde das Stadtleben ab Frühjahr 1943, als die Japaner Zwangsarbeiter einzuziehen begannen und es so gut wie keine Vorräte mehr gab. Manila war immer schon eine Stadt der sozialen Gegensätze gewesen, doch 1943 wurde die Lage für die Arbeitslosen – ein Viertel der Gesamtbevölkerung – verzweifelt. Darüber hinaus rief die Kriegswährung Spekulanten und Profiteure auf den Plan, so daß rationierte Güter ebenso auf den Schwarzmarkt gelangten wie Lebensmittel vom Lande, Diebesgut, Schmuggelware und verbotene Produkte. Auch die Japaner nutzten diese Schattenwirtschaft hemmungslos aus und trugen stark dazu bei, sie aufrechtzuerhalten. Manila konkurrierte mit Sodom und Gomorrha. Wer als Bourgeois in diesem Gestrüpp nicht Fuß fassen konnte oder wollte, verkaufte seine Habe und stieg sozial ab, doch wer gute Beziehungen hatte, insbesondere zu Japanern oder zu hohen Beamten, brachte es gewöhnlich zu etwas. Auf die Neureichen warteten teure Restaurants und Nachtclubs, und einige (allen voran chinesische Kaufleute, die in diesem Klima regelrecht aufblühten) begannen systematisch aufzukaufen, was man für das japanische Besatzungsgeld bekam. Bei Kriegsende standen sie als eine neue Gruppe von Grundbesitzern da, ohne damit jedoch das traditionelle Klassengefüge aus den Angeln zu heben.[15]

In diesem Klima von Gewalt, Demütigung und Entbehrung stellte sich für Washington bezeichnenderweise die Frage, ob das angeschlagene Regime nach der Unabhängigkeit würde bestehen und sich auch wieder hinreichend festigen können. Für die Filipinos selbst dagegen bestand die Herausforderung vielmehr darin, das von eben dieser tief korrupten Oligarchie hinterlassene Vermächtnis der Ausbeutung und Rückständigkeit zu überwinden.

Die Partisanen

Da die von den abziehenden Amerikanern aufgebaute Zivilverwaltung im wesentlichen intakt geblieben war, hatten die Japaner sie ohne weiteres übernehmen können. Lücken im System ließen jedoch überall auf den Inseln spontane Unmutskundgebungen der seit langem gequälten Massen zu. Was sich oft als bloßes Banditentum darstellte, war zum Teil durchaus politisch motiviert. Schließlich entstand daraus eine vielfältige Partisanenbewegung, die es den Vereinigten Staaten nach Kriegsschluß nicht eben leichtmachte, für geordnete Verhältnisse und gesellschaftliche Stabilität zu sorgen.

Sobald der Verfall des Polizeiapparats offenkundig wurde, bildeten sich selbständige, unverkennbar sozial orientierte Ortsgruppen. Im Februar 1942 setzten im Zentrum der Insel Luzon die später von den Kommunisten als »linksextrem« verurteilten Aktionen der »Hukbalahap« (Huk) ein, der linksorientierten Widerstandsbewegung. Obwohl sie sich überwiegend auf diesen Bereich konzentrierten, war die Lunte überall gelegt. Ranghohe amerikanische Offiziere sahen in den Huk »ein für die Wiedereinnahme des Landes und die Phase danach wahrscheinlich schwieriges Problem«, was dann auch ihr Verhalten prägte.[16]

Auch auf den umliegenden Inseln, die korrupte Beamte seit Jahrzehnten als Selbstbedienungsläden benutzt hatten, bildeten sich verbreitet Partisanenverbände, die jedoch aufgrund des kümmerlichen Zustandes der Polizei und der japanischen Truppen, der Abwesenheit jeglicher ideologischen Ausrichtung sowie der chaotischen örtlichen Verhältnisse meist eher an die bewaffneten Haufen von Warlords erinnerten als an die ernsthafte Widerstandsbewegung, die zu sein sie vorgaben. Bevor die US-Army abgezogen war, hatte sie ihren eigenen und den Filipino-Offizieren den Auftrag erteilt, ihrerseits bürgerliche und amerikafreundliche Partisanenverbände aufzustellen, und im Lauf des Kriegs traten etwa 840 000 Mann in solche Trupps ein; im Mai 1945 waren davon allerdings kaum noch 100 000 übrig. Demgegenüber hatten die Japaner Anfang 1942 nur etwa 64 000 Soldaten aufgeboten – um ihre Truppenstärke erst 1944 im Hinblick auf die erwartete US-Invasion zu vervierfachen. Da neun Zehntel der Partisanen auf der Hauptinsel Luzon lebten, wo Manila und alle anderen Großstädte liegen, regte sich der Widerstand dort am stärksten.

Partisanen gab es in erster Linie dort, wo die Japaner am wenigsten vertreten waren, und meist bestand für diese auch gar kein Anreiz, sie zu verfolgen. Ohne Zweifel fügten manche Partisanenverbände den Japanern gewisse Verluste zu, aber die bestorganisierten unter ihnen sammelten vor allem Informationen und warteten die Invasion durch US-Truppen ab. Viele der Widerstandsgruppen, mit denen die Amerikaner zusammenarbeiteten, hatten etwas Unwirkliches an sich. So gab es fast in jeder Provinz Dutzende, vielleicht gar Hunderte von Banden, und letzten Endes waren sie alle eigenständig. Wie der US-Geheimdienst vermerkte: »Nur die wenigsten wurden aktiv, und diese hatten einen hohen Banditenanteil…« Da sie mittellos waren, mußten sie stehlen »und plünderten auf diese Weise die Bauern aus. Deshalb fielen solche Gruppen bei der breiten Masse vorübergehend samt und sonders in Ungnade.« Bezeichnenderweise hieß es in einem Geheimdienstbericht, einer der rührigsten Verbände lasse sich »von ranghohen Offizieren und Politikern ausnutzen, die sich auf Kosten des Volkes persönlich bereicherten. Die Bevölkerung wurde durch Terror eingeschüchtert, und wer sich den Partisanen widersetzte, wurde kurzerhand eliminiert.«[17]

Es gab auch viele Revierkämpfe, und die jeweils Unterlegenen liefen vielfach zu den Japanern über. »Weil das letztlich in einen Teufelkreis mündete«, lösten US-Offiziere bisweilen ganze Regionalverbände auf und versuchten – meist vergeblich –, sie jenseits der Inseln wieder neu aufzubauen. Die Kampfmoral war gewöhnlich schlecht, »und sie zerbröckelt vollends, sobald die Japaner irgendwo einen Feldzug führen«. Doch diese ersparten sich gewöhnlich den Aufwand des Kämpfens und boten statt dessen Amnestien an, worauf viele Partisanen eingingen, und Informanten bekamen sie ohnehin zur Genüge. In manchen Zonen waren die Partisanen, so der amerikanische Geheimdienst, »stärker in Revierkämpfe als in solche gegen die Japaner verwickelt«, und auf Luzon hatte eine große, von US-Offizieren befehligte Truppe »hauptsächlich den Auftrag … die kommunistischen Hukbalahaps zu bekämpfen …«[18]

Dem aktiven Widerstand gehörten faktisch viel weniger Männer an, als dies nach Kriegsende behaupteten. Manche Einheiten existierten nur auf dem Papier, und auch die kümmerlichen Waffenbestände begrenzten die Zahl der tatsächlichen Kämpfer. Von den Japanern und ihren Helfershelfern einerseits und den sogenannten Partisanen andererseits unter Druck gesetzt, machten viele scheinbar mit und versuchten dann, irgendwie durchzukommen. So war der Widerstand mit seinen Pfründen und Lehen gleichsam die Landespolitik in nuce, und viele, die sich mit den Japanern arrangiert hatten, konnten nach dem Krieg absolut guten Gewissens behaupten, auch die Partisanen unterstützt zu haben – dies schloß sich in der Tat nicht gegenseitig aus. Den wichtigsten von den USA gebilligten Widerstandsorganisationen gelang es nicht, die Massen zu politisieren, was ihnen übrigens auch keineswegs sonderlich am Herzen lag. Für die USA und die einheimische Elite lag ihr Nutzen vor allem darin, daß ihre bewaffneten Kämpfer nach Kriegsende eine Zeitlang den Status quo schützen konnten.

Angesichts ihrer großen ökonomischen Probleme und der Proteste auf dem Lande hätten die Philippinen den Kommunisten mindestens genauso vielversprechende Möglichkeiten geboten wie Indochina. Wenn diese bis 1945 ungenutzt blieben, so lag das nicht nur an der Behäbigkeit des Widerstandes oder am Auftreten der Japaner allein, sondern ganz entscheidend auch am Zustand der Kommunistischen Partei selbst.

Auf Luzon hatte schon vor dem Ersten Weltkrieg ein großer Umbruch in der Landwirtschaft eingesetzt, denn immer mehr Pächter wurden von den wachsenden Belastungen – den sogar landesweit mit Abstand höchsten – erdrückt und gaben ihre Höfe auf. Da die Saisonarbeit im Zuckeranbau große Unsicherheiten barg und die Armut um sich griff, kamen Bauerngewerkschaften auf, die zwar radikale Anstöße von außen erhielten, aber stets fest in den Händen der Dorfaktivisten lagen. In den dreißiger Jahren fanden fast zwei Drittel aller Kundgebungen von Bauern und Landarbeitern des Archipels in den vier zentralen Provinzen Luzons statt, in denen nur knapp ein Zehntel der Gesamtbevölkerung lebte.[19]

Die Hukbalahap

Auch die Partisanenbewegung Hukbalahap hatte ihr Zentrum auf Luzon, dieser einzigartigen Brutstätte für Proteste radikaler Bauern. Den Amerikanern und der einheimischen Elite setzte weniger ihre zahlenmäßige Stärke zu als vielmehr die Tatsache, daß sie als einzige Gruppe programmatisch voll auf Expansion eingestellt war. Schon bevor sich die Hukbalahap im März 1942 bildete, hatten die Bauern auf eigene Faust Milizen aufgestellt, auch um sich vor Räuberbanden zu schützen. Zwar bestand seit Dezember 1941 die Forderung der Kommunisten (KPP), eine eigene Partisanentruppe aufzubauen und eine Einheitsfront anzustreben, aber noch vor der entsprechenden Zusammenkunft im März 1942 waren einige ihrer Spitzenkader eingesperrt worden. So beruhte die Huk faktisch auf einer Koalition von Bauernaktivisten, die sich meist schon vor dem Krieg organisiert hatten und überaus unterschiedliche Auffassungen vertraten. Die Kommunisten spielten in den Huk eine gewiß bedeutende, jedoch nicht die beherrschende Rolle, zumal die KPP stets städtisch verankert blieb. Obwohl die Huk aus älteren örtlichen Initiativen hervorging, war sie deutlich besser koordiniert als die anderen Partisanengruppen, die oft in eigener Regie über ihre Aktionen entschieden und weitgehend eigenständige Gebietskommandos hatten.[20] Die Gefolgsleute der Huk strebten gesellschaftliche Veränderungen an; und dies galt im Prinzip auch für die KPP, die aber den Akzent mehr auf eine breite Front gegen den Faschismus legte. Damit sprach sie auch patriotische Grundbesitzer und Bourgeois an – und bescherte der philippinischen Linken noch mehrjährige Debatten über die Einheitsfront.

Unterdessen mauserte sich die Huk zur bestorganisierten und wirkungsvollsten unter den Partisanenarmeen, und ihr soziales Engagement, auch im Bildungswesen, ließ sie zu einer einflußreichen politischen Kraft heranwachsen. Im September 1944 besaß sie 10 000 reguläre Kämpfer in halbwegs selbständigen Schwadronen von 80 bis 200 Mann, 10 000 gut ausgebildete Reservisten und mehr als 10 000 Ersatzleute. In den sieben Provinzen, die ihre Hochburgen waren, hatte sie mindestens 500 000 begeisterte

Anhänger – Waffen allerdings nur für etwa 5000 davon. Doch im Unterschied zu den anderen Partisanenverbänden trat sie unerschrocken gegen die Japaner oder die ihnen zuarbeitenden philippinischen Polizeitruppen an. Da die Huk auch wiederholt Verbände bekämpfte, die mit Unterstützung der USA agierten, wurde sie von diesen offiziell geächtet, besonders nach 1943, und erhielt weder Waffen noch Proviant. Gemessen am Gesamtumfang des Widerstands nicht gerade groß, bewies die Huk einen ungewöhnlich starken inneren Zusammenhalt und konnte ein rapides Wachstum verzeichnen.

Bei Kriegsende sah sich die Organisation vor beträchtlichen, von den Amerikanern und ihren Verbündeten verursachten Problemen, die allerdings lösbar gewesen wären, hätten die darin vertretenen, stets von der Spaltung bedrohten Kommunisten die Huk nicht um jegliche Durchschlagskraft gebracht. Deren Partei war 1930 von einer kleinen Gruppe radikaler Intellektueller gegründet worden. Aufgrund ihrer Sozialstruktur sowie einer totalen Moskauhörigkeit mußte die KPP unweigerlich vor allem städtische Anliegen und eine Einheitsfront »aller Schichten« betonen. Ihr Programm vom Dezember 1941 hatte die »Loyalität« gegenüber den Vereinigten Staaten und ihrem örtlichen Regime hervorgehoben.[21] Dann jedoch wurde die KPP in den Städten durch Verhaftungen sehr geschwächt, und Anfang 1942 blieb ihr keine andere Wahl, als ihre urbane Basis zumindest vorläufig aufzugeben. Die in der Huk tätigen Parteifunktionäre waren in der Regel keine geschulten Ideologen oder Propagandisten, und als sie sich dann rasch angelegentlich um die Organisation des Widerstandes auf dem Lande kümmerten, wurden sie viel stärker durch das Umfeld geprägt, als es ihnen umgekehrt geglückt wäre, die Huk-Anhängerschaft unter den Bauern zu beeinflussen.

So stand die KPP, mit ihrem starren Kurs und dem fehlenden Zugriff auf eine breite Basis, vor ähnlichen Problemen wie die chinesischen und vietnamesischen Kommunisten. Es gelang der KPP-Führung nicht, die Basis der Hukbalahap auf ihren politischen und militärischen Kurs einzuschwören, weil der typische Parteiaktivist weder bereit noch imstande war, die offizielle Linie zu verfechten. Viele Kommunisten hielten die Professoren und Akademiker in ihrer Partei sogar für eine hochnäsige »Clique« und gingen deshalb immer mehr auf Distanz zu ihren Funktionären.[22] Diese hatten auch kaum eine Ahnung vom Landleben mit seinen besonderen Gesetzen und Möglichkeiten und glaubten noch 1945, überall ihren bornierten Zentralismus durchsetzen zu können, was selbstverständlich zum Scheitern verurteilt war. So gingen die Kommunisten völlig konfus, gespalten und verunsichert aus dem Krieg hervor.

Die Wiederherstellung der alten Ordnung

Der amerikanische Befehlshaber MacArthur hingegen wußte genau, was er wollte, und hatte spätestens 1943 beschlossen, die Huk-Verbände zu entwaffnen, da sie ansonsten für jedes kollaborationswillige Regime eine Bedrohung darstellen würden. Dafür räumte er den eher »aufgeschlossenen« Partisanengruppen alle erforderlichen Befugnisse und Mittel ein.

Ende Dezember 1944 drang die US-Offensive bis nach Luzon durch, und nun bot die Huk alle ihre Kräfte gegen die Japaner auf, nahm viele Städte ein und bildete dort im Rahmen der Einheitsfront Bürgerräte – wohingegen ihre Ortsgruppen in den *barrios* erheblich weniger kulant waren. In drei Provinzen wurden KPP-Kader als Gouverneure gewählt oder eingesetzt, doch die Amerikaner lösten sie schon bald wieder durch ihnen genehme Leute ab. Vor allem versuchten sie, möglichst viele Kämpfer zu entwaffnen, sei es mit vorgehaltenem Gewehr oder notfalls auch durch Festnahmen.

In den folgenden Monaten büßte die Huk einen Großteil ihrer Waffen ein, und ihre Anhänger gerieten zunehmend unter Druck. Restlos, wie Taruc später erklärte, »auf die Einheitsfrontstrategie fixiert«, habe die Huk es völlig versäumt, ihre Bauern auf die Unbilden der Realität vorzubereiten.[23]

Bis zur förmlichen Unabhängigkeitserklärung am 4. Juli 1946 machte sich MacArthur daran, das System der Philippinen grundsätzlich auf die amerikanischen Interessen einzustellen. Das hieß unweigerlich, Kollaborateure nur in symbolträchtigen Ausnahmefällen zu bestrafen und die alte herrschende Schicht wieder aus der Versenkung hervorzuholen. Der ehrgeizige ehemalige Senatspräsident Manuel A. Roxas war nicht nur Quezons Herausforderer gewesen, sondern auch gut mit MacArthur und anderen amerikanischen Generälen befreundet. Im Krieg hatte er ebenso widerwillig (und opportunistisch) wie viele seiner Kollegen mit den Japanern kollaboriert und kam dafür in Arrest, nachdem die US-Truppen Manila erobert hatten. Doch Roxas wurde bereits am 18. April 1945 wieder aus der Haft »befreit«, während seine Mitgefangenen erheblich länger einsaßen. Derart (aus-)gezeichnet, machte sich Roxas zum gefügigen Werkzeug der Amerikaner: »Er hat durch Worte und Taten bewiesen«, so der US-Hochkommissar, »daß er das amerikanische Staatsmodell übernehmen und in allen Bereichen eng mit uns zusammenarbeiten will...«[24] Schließlich wurde Roxas wieder in seinen alten Rang als Brigadegeneral eingesetzt und voll rehabilitiert. Bei den politischen Strebern und Eliten galt er als ein Nationalheld, der Kollaborateuren zweifellos mit äußerster Milde begegnen würde, und im April 1946 gewann er mit Leichtigkeit die Wahl zum neuen Staatspräsidenten. Damit war die Vorkriegsordnung im wesentlichen wiederhergestellt – und den USA kam eine fast genauso übermächtige Rolle zu wie in der Kolonialzeit. Ungeachtet dessen blieb die schwere Wirtschaftskrise eines der weltweit ärmsten Staaten bis auf weiteres ungelöst.

Eine Bilanz des Asienkriegs

Alle großen Umwälzungen im Asien des Zweiten Weltkriegs gingen letzten Endes auf den japanischen Imperialismus zurück. Die Frage, warum es gerade in China und Vietnam zu Revolutionen kam, auf den Philippinen jedoch nicht, läßt sich aus einer größeren Perspektive betrachten, wenn man einmal darüber nachdenkt, was nach der Niederlage der europäischen Kolonialmächte in Ostasien geschehen wäre, wenn Japan keinen expansionistischen Kurs gesteuert hätte.

Die Antwort liegt auf der Hand: Die Kolonialstrukturen wären zwar etwas geschwächt, aber vorerst nicht zerstört worden, und in China hätten die Warlords vermutlich noch endlos ihr Unwesen treiben können. Allerdings wären aller Wahrscheinlichkeit nach auch die katastrophalen Wirtschaftskrisen, die Hungersnöte und Inflationen, also die Grundvoraussetzungen für den Aufschwung der Kommunisten, nicht über die Region hereingebrochen.

In China und Vietnam – und in gewissem Maße auch auf den Philippinen – zog der Zusammenbruch morscher Strukturen revolutionäre Erhebungen nach sich, die eher spontan als von langer Hand geplant waren. Zuvor jedoch hatte der Krieg die politischen Systeme Asiens tief erschüttert und ihre Schwächen schonungslos aufgedeckt, wovon sie sich lange nicht mehr erholen sollten. Schließlich erwuchsen daraus zwei siegreiche Revolutionen, die dem lähmenden Einfluß Moskaus anfangs nur faktisch und später ganz offiziell entzogen wurden, und gerade diese Eigenständigkeit bürgte dann für ihren innen- und außenpolitischen Erfolg.

In anderen Ländern Asiens konnte indes keine Stabilität einkehren, weil die Verhältnisse zu sehr zerrüttet waren, und da halfen sogar die Abmachungen der Vereinigten Staaten und ihrer Verbündeten mit der UdSSR nichts. Den Amerikanern gelang es im Lauf der folgenden Jahrzehnte trotz ihres enormen Personal- und Kostenaufwandes nicht einmal, die Vorkriegssysteme wenigstens im Kern zu retten, während sich die Sowjets in jenem größeren Teil Asiens, der nicht zu ihrer Einflußsphäre gehörte, einfach heraushalten konnten. Doch am Ende gebaren die Auswirkungen der beiden Weltkriege auf die Kolonialmächte und auf die gesamte Weltordnung anhaltende Krisen und immer neue Kriege.

Dritter Teil

GRENZEN DER MACHTPOLITIK: DIE VEREINIGTEN STAATEN 1945–1991

14. UNTERDRÜCKUNG UND REBELLION (1945–1953)

Zu den traumatischen Folgen des Zweiten Weltkriegs gesellten sich nach 1945 die zunehmend zerstörerischen Waffentechniken im Besitz einer US-Administration, die nicht nur in Europa nach dem Rechten sehen, sondern auch die Krisen der Kolonialstaaten und die neuen, sehr gravierenden Strukturprobleme der Dritten Welt lösen wollte. Das Resultat war der »Kalte Krieg«, wie man jene Epoche, trotz der vielen brandheißen bewaffneten Konflikte seit 1945, fälschlicherweise bezeichnet.

Die Nachkriegszeit stellte sowohl die kommunistischen als auch die alten kapitalistischen Staaten vor große Herausforderungen. Unser Jahrhundert betrachtet Gesellschaften in der Regel als vernünftig organisierte, berechenbare Sozialsysteme, was nur funktioniert, wenn man die maßgebliche Rolle des Kriegs in der neueren Geschichte weitgehend außer acht läßt. Infolgedessen blieben Prognosen stets unzuverlässig, und Lösungsansätze für die großen Weltprobleme zerschellten häufig an den Folgen von Kriegen.

Der Zweite Weltkrieg zog, wenn auch vielfach etwas verspätet, in Europa und Asien eine historisch beispiellose Radikalisierung der Massen und einen entsprechenden Linksrutsch nach sich. Da die alten Eliten geschwächt und durch faule Kompromisse mit Nazis, Faschisten oder anderen Kriminellen diskreditiert waren, konnten die Linksparteien nun auftrumpfen und sich sogar patriotisch legitimieren. Daß sie schließlich oft nur zu willigen Vollstreckern des Bremskurses von Stalin wurden, spielt insofern keine Rolle, als die Konservativen in aller Welt sich generell wenig um die Ziele Moskaus oder die internen Rangeleien der Kommunistischen Parteien beziehungsweise der Widerstandsgruppen scherten, sondern in allererster Linie beunruhigt waren über deren potentielle Macht.

Vielerorts stellte sich die alte Garde nicht nur Veränderungen in den Weg, sondern wollte die Linke ein für allemal zerschlagen – und es ist wahrlich etwas anderes, ob man lediglich Reformen hintertreibt oder ob man – womöglich mit ausländischer Unterstützung – eine regelrechte Linkenhatz veranstaltet: Wer die eigene Opposition unterdrückt und dazu sogar Grundrechte aufhebt, rührt an die Grundfesten der Gesellschaft und provoziert insofern direkt eine weitere Radikalisierung und im Ernstfall auch revolutionäre Entwicklungen.

Das bezeugen all jene Länder, in denen die Linke durch drakonische Zwangsmaßnahmen entrechtet und in den bewaffneten Kampf buchstäblich hineingetrieben wurde. Auch die moskauhörigen Kommunistischen Parteien, die sich nur zu gerne friedlich in der Gesellschaft eingenistet hätten, mußten schließlich den Pfad der Radikalität, des Extremismus und der Gewalt einschlagen, nachdem alle anderen Wege verbaut waren. Kurz, die Konservativen selbst zwangen die Linke, sich zu wehren, um nicht ausgelöscht zu werden, und was später – zum Beispiel in Griechenland oder auf den Philippinen – als revolutionäre Umtriebe angeprangert wurde, hatte im Grunde als Notwehr begonnen.

Der griechische Bürgerkrieg

Auch nach dem Varkiza-Abkommen vom Februar 1945 wurde, wie bereits angedeutet, die Linke Griechenlands weiterhin brutal unterdrückt, der Friedensvertrag mithin niemals wirklich eingehalten. Im Laufe des Jahres 1945 landeten mindestens 50 000 Volksfrontler in Gefängnissen oder Lagern, und ab Juli wurden außerdem fast 16 000 ihnen nahestehende Beamte entlassen. Auf dem Lande konnten jene Clans und Sippen, die zuvor die Befreiungsarmee unterstützt respektive bekämpft hatten, jetzt ihre offenen Rechnungen miteinander begleichen, und politische Gruppen nutzten die Protektion der Regierung zu antikommunistischen Gewalttaten. Die Behörden sahen dabei untätig zu. »Bis Ende 1945«, schrieb der britische Beobachter C. M. Woodhouse, »waren in erster Linie Rechtsextremisten – sofern diese politische Zuordnung überhaupt auf die Täter zutrifft – für das Blutvergießen verantwortlich.«[1]

Ab Sommer 1945 wütete die organisierte Unterdrückung auf dem Lande immer heftiger. Bis zum Frühjahr kamen fast 1300 Menschen um, und viele ehemalige ELAS-Helfer flohen »vor dem Terror der äußersten Rechten« (wie eine britische Parlamentsdelegation urteilte) in die Berge.[2] Meist zählten diese kaum koordinierten Gruppen jedoch nur sieben bis zehn Mann und besaßen weder moderne Waffen noch den nötigen Rückhalt, so daß sie sich überwiegend schon im Herbst 1945 wieder auflösten. Lediglich in dem noch nicht vom Regime besetzten Mazedonien blieb die ELAS tonangebend, nicht zuletzt deshalb, weil die mit ihr verbündeten slawischen Separatisten die Anweisungen der KP einfach nicht zur Kenntnis nahmen.

Auch die Wirtschaftskrise trug das Ihre zur Radikalisierung bei, so daß viele Griechen nur noch von einem tatsächlichen Neuanfang die wirksame Bekämpfung der Korruption und Filzokratie erwarteten, die seit Kriegsende wie eine Seuche umgingen. Ausländer berichteten wiederholt über den starken Kontrast zwischen dem Lebensstandard der Athener Elite und dem der übrigen Bevölkerung. Lieferungen der United Nations Relief and Rehabilitation Administration (UNRRA) und verwandter Einrichtungen landeten weitgehend auf dem Schwarzmarkt und bereicherten skrupellose Politiker und deren Geschäftsfreunde. Man bemühte sich nicht einmal ernsthaft, diese Machenschaften zu verschleiern.

Bei Kriegsende manipulierte eine Handvoll Spekulanten das gesamte Vertriebswesen und setzte damit eine galoppierende Inflation in Gang. 1945 erreichte die Agrar- und Industrieproduktion nur noch etwa ein Drittel der Vorkriegserträge, stieg allerdings bis 1947 wieder auf 85 beziehungsweise 70 Prozent an. Das änderte jedoch bis zum Ende des Jahrzehnts nichts Wesentliches an der Wirtschaftskrise. 1947 hatte Griechenland den europaweit niedrigsten Lebensstandard, und bis in die fünfziger Jahre hinein lebte sein Stadtproletariat nahe an oder gar unterhalb der Armutsgrenze, was Anlaß zu häufigen Arbeitskämpfen gab. Auf dem Lande sah es etwas besser aus.[3] All diese Trends bezeugten das Scheitern der herrschenden Ordnung, so daß die Linke bei Wahlen die besten Aussichten gehabt hätte.

Doch eine korrupte und verbrecherische Bande wie die griechische Oligarchie neigt naturgemäß nicht dazu, ihre Zukunft durch parlamentarische Kinkerlitzchen aufs Spiel zu setzen. Die Kommunisten hatten bereits während des Kriegs eine Machtübernahme mit politischen Mitteln angepeilt, und bei der Lage in den Großstädten ließ sich diese Strategie auch überzeugend rechtfertigen, solange die Unterdrückung nicht überhandnahm. Doch genau das begann nach 1945 einzutreten.

Für einen urbanen Schwerpunkt ihrer Aktionen sprach nicht zuletzt der Zustand der Armee, deren etwa 90 000 Mann Ende 1946 überwiegend völlig demoralisierte Wehrpflichtige mit hungernden Familien waren. Als im Juni 1946 eine kleinere Meuterei ausbrach und die Behörden gegen die rebellierenden Soldaten und Matrosen vorgingen, befanden sich in den Reihen der Streitkräfte schon mehr Widerstandskämpfer als draußen auf dem Lande. Da sie bei der Truppe nützlicher waren, verbot ihnen die KP-Führung ausdrücklich, zu den Partisanen überzulaufen.

Zachariadis und das Politbüro der KP bevorzugten ein streng legales Vorgehen und versuchten, die bunt gemischten Ortsgruppen in diesem Sinne auf Vordermann zu bringen. Obwohl ihre sowjetischen Berater sie Anfang 1946 anhielten, den parlamentarischen Weg zu beschreiten und paramilitärische Einheiten nur zum Zwecke der Selbstverteidigung zu bilden, beschlossen sie allerdings, die Wahlen im März zu boykottieren. Zachariadis blieb Stalin zwar im Grunde immer treu ergeben, aber manchmal brachten ihn interne Zwangslagen ins Wanken. Die Partei stand vor zu schwierigen Problemen, als daß sie einfach aufs Geratewohl hätte vorgehen können. Wenn Zachariadis scheinbar endlos zauderte, so geschah das unter dem Druck rivalisierender Fraktionen, und in der Gewaltfrage setzte er schließlich auf eine Art

Doppelstrategie. Damit drückte sich die Partei zwei Jahre lang vor einer klaren Entscheidung.

Doch die Repression nahm unaufhörlich zu, und bis zum Sommer 1946 waren etwa 2700 Radikale entmutigt und verängstigt in die Berge geflüchtet. Viele weitere sollten folgen, und schon bald mußte die Partei mit ansehen, wie eine von ihr unabhängige Widerstandstruppe heranwuchs. Zwar hatte sie in der zweiten Jahreshälfte 1945 widerwillig die Bildung streng defensiv orientierter Gruppen geduldet, sprach sich aber bis Februar 1946 nicht eindeutig für sie aus und billigte zuletzt explizit nur Notwehrmaßnahmen. Zachariadis wollte seine Mannen möglichst in der Stadt halten und sie auf seinen legalen Kurs einschwören, aber da dachte die alte ELAS-Führung ganz anders.[4]

Noch im Februar 1946 hatte sich das Politbüro nicht endgültig auf eine friedliche oder kämpferische Strategie festgelegt. Erst im Juli gestattete es nach ständigen parteiinternen Kontroversen, die spärlich bewaffneten Grüppchen in den Bergen dem Kommando des ehemaligen ELAS-Führers Markos Vafiadis zu unterstellen.[5] Nachdem Washington im März 1947 die Truman-Doktrin ausgerufen und den aus der griechischen Mißwirtschaft erwachsenen Schaden übernommen hatte, mußte sich das Regime nicht mehr um eine politische Lösung bemühen, zumal die USA ja von Anfang an strikt gegen Friedensverhandlungen mit den Kommunisten gewesen waren. Erst als sich die Spirale der Gewalt längst drehte, trat Washington für den Schutz der Menschenrechte ein, unterstützte jedoch zugleich rigorose Zwangsevakuierungen in Rebellenhochburgen, obwohl ein Kongreßausschuß, dem übrigens Richard Nixon angehörte, im Januar 1948 warnte: »Ein so tiefer Eingriff in Grundrechte dürfte im Endeffekt erheblich mehr schaden als nützen.«[6] Im übrigen sei nur ein Zehntel der Partisanen als Kommunisten anzusehen; und selbst wenn deren Anteil ein Fünftel betrug, wie andere behaupteten, wäre das nicht sonderlich viel gewesen.

Die Linkenhatz nahm viele Formen an, von Meuchelmorden bis zu Massenfestnahmen und der Verschleppung Zehntausender in die auf Inseln eingerichteten Lager. Im März 1947 saßen mehr als 16 000 Personen ein, das heißt doppelt so viele wie vor dem Krieg. Anfang Juli 1947 kamen mindestens 14 000 Menschen ohne Gerichtsverfahren in Arrest, und in der Folge wurden allein in den Lagern der Insel Makronisos mindestens 30 000 weitere interniert. Im Dezember 1947 verhängte das Regime ein Streikverbot und drohte für Zuwiderhandlungen die Todesstrafe an. In den Jahren 1946 bis 1949 ließ es etwa 3 100 politische Straftäter »von Rechts wegen« hinrichten, die Gesamtzahl der Exekutionen lag jedoch weitaus höher. Im Mai 1948 wurde über Athen und Umgebung, im November über den Rest des Landes das Kriegsrecht verhängt. Im August jenes Jahres wandte sich US-Außenminister George C. Marshall besorgt an seine Athener Botschaft: Auch wenn sie völlig »rechtmäßig sind, ist es gewissen grch. Methoden (insbesondere was Hinrichtungen und Streiks angeht) gelungen [sic], das grch. Regime zu stigmatisieren«. Insofern sei es durchaus wünschenswert, dessen drakonische Maßnahmen ein wenig abzumildern.[7]

Das Regime ließ offiziell verlautbaren, es habe zwischen 1947 und 1949 innerhalb von 26 Monaten ungefähr 37 000 Kriegsgerichtsverfahren abgeschlossen – die Hälfte davon angeblich mit Freisprüchen. Hinzu kamen die ordentlichen Strafverfahren und die Deportationen ohne richterliches Urteil. Allerdings gab es Mitte 1948 noch etwa 48 000 geduldete rechtsextreme Milizionäre, die ihre »Rechts«vorstellungen durchsetzten, ohne viel Federlesens zu machen, denn sie waren die Männer fürs Grobe. Die Zahl von gut 23 000 politischen Häftlingen, die das US-Außenministerium im Juni 1950 schätzte, war vermutlich noch zu gering. Die griechische Regierung kam im übrigen zu dem Befund, daß der Bürgerkrieg insgesamt 40 000 Opfer gefordert hatte. Washington ermittelte dagegen eine fast doppelt so hohe Zahl, und andere Berechnungen ergaben ungefähr 158 000, das heißt fast zwei Prozent der Gesamtbevölkerung.

Das 1946 in Gang gesetzte und dann auf Drängen der US-Berater beschleunigte staatliche Evakuierungsprogramm betraf eine große Zahl von Menschen in Gebieten, in denen Partisanen entweder direkt operieren oder Rückhalt finden mochten. Im Januar

1947 erfaßte es rund 19 000 Personen, bis zum Jahresende 430 000 und bis Mai 1949 mindestens 706 000, fast ein Fünftel der griechischen Landbewohner. Die große Mehrzahl der Betroffenen sollte zwangsumgesiedelt werden, aber bald zeigte sich, daß Tausende lieber als Rebellen in der Heimat blieben, als sich irgendwohin verschleppen zu lassen. Schließlich gerieten die meisten der Deportierten in Städte mit ohnehin schon erbärmlichen Lebensbedingungen und extremer Arbeitslosigkeit, was den Zorn der Massen auf das Regime noch verstärkte.[8]

Moskau und der bewaffnete Kampf

Unter solchen Umständen konnte eine Ende Oktober 1946 ins Leben gerufene Volksarmee schnell wachsen, gehemmt lediglich durch die sehr geringen (überwiegend im Inland eroberten oder gekauften) Waffenvorräte und die Vorbehalte der KP-Funktionäre sowie Moskaus und der kommunistischen Nachbarstaaten Jugoslawien, Bulgarien und Albanien. Von allenfalls 3000 Mann im Sommer 1946 kam die Volksarmee bis zum Jahresende auf annähernd 13 000, bis Frühjahr 1947 auf 18 000, bis Juli 1947 auf 23 000 und bis Dezember sogar auf 26 000 Kämpfer. Dies jedenfalls erklärten die Athener Behörden – sicherlich auch in der Absicht, höhere Militärbeihilfen aus Washington zu erhalten und die Schlappen der eigenen Streitkräfte zu beschönigen. Ein neutraler Beobachter meinte, zwischen 1946 und 1949 hätten insgesamt höchstens 45 000 bis 50 000 Leute, überwiegend vom Lande, in der Volksarmee gedient, was bedeuten würde, daß sie zu jedem gegebenen Zeitpunkt sehr viel weniger Kämpfer gehabt hätte als oben angegeben. Im Herbst 1946 hatte die Volksarmee einige Bastionen in der Mitte und im Süden des Landes sowie auf Kreta, am stärksten aber war sie im nördlichen Mazedonien und in Thrakien. Ende 1947 lagen drei Fünftel ihrer Truppen im Norden, mit einem hohen Anteil von Slawo-Mazedoniern, die Autonomie und Unabhängigkeit von Athen forderten. Diese Ballung im Norden war später zwar von großer, vielleicht sogar ausschlaggebender Bedeutung dafür, daß die Volksarmee, vom Ausland her unterstützt, am Leben erhalten werden konnte, rief aber zugleich den mazedonischen Nationalismus als ein großes Hemmnis für die Vereinigung der Linken auf den Plan.

Unterdessen beobachtete die KP-Führung das Anwachsen der Volksarmee mit eher gemischten Gefühlen. Während eine Fraktion um Siantos den bewaffneten Kampf prinzipiell ablehnte, war Zachariadis eigentlich nur unschlüssig, ob man dadurch nicht die anderen, nämlich die politisch-legalen, Alternativen aufs Spiel setzte. Er sah in der Existenz einer Rebellenarmee mehr ein Druckmittel für Verhandlungen mit dem Regime als ein Werkzeug der Machtergreifung. Im Februar 1947 entschied das Politbüro zwar, den Hauptakzent auf militärische Aktionen zu legen, schloß jedoch die verfassungsgemäßen Möglichkeiten nicht grundsätzlich aus. Erst im September erklärte es Gewaltanwendung für den einzig gangbaren Weg, zumal das Athener Regime eine politische Regelung endgültig verweigerte. Als Vafiadis Ende 1947 eine von ihm geführte provisorische Linksregierung ausrief, beherrschten seine Streitkräfte gut drei Viertel des Landes und sahen sich einer demoralisierten, unterwanderten Armee gegenüber, die allerdings im Begriff stand, durch amerikanische Hilfen und Berater aufgepäppelt zu werden.[9]

Die Sowjetunion erkannte die Rebellenregierung niemals an, ebensowenig taten dies Jugoslawien, Bulgarien oder Albanien, obwohl der Irredentismus und die aggressiven Territorialansprüche des Athener Regimes wahrlich dazu eingeladen hätten. Aber Moskau hatte stets zur Mäßigung geraten. In Stalins Augen gehörte Griechenland seit 1944 zur Einflußsphäre Großbritanniens, und trotz beiderseitiger Beschimpfungen im Klima des Kalten Kriegs wollte er deswegen bestimmt keine Krise vom Zaun brechen. Im Grunde mochte er mit den dortigen Angelegenheiten gar nicht behelligt werden, rief im August 1946 seinen Botschafter in Athen für einige Zeit zurück und lud die griechischen Kommunisten im Herbst 1947 nicht einmal zum Beitritt in die neu gegründete Kominform ein. Ende 1946 forderte Moskau die Partei vielmehr zu verstärkten legalen, also nichtmilitärischen Bemühungen auf. Da die KP-Führung durch ihre Doppelstrategie bis Mitte 1947 bekundet hatte, daß sie nur zu gerne auf einen parlamentarischen

Kurs ginge, konnte sich der Kreml ohne weiteres bedeckt halten. Stalin setzte zunächst ganz auf Zachariadis und rechnete nicht damit, daß die Partei diesen schließlich in ein aggressiveres Fahrwasser drängen würde. Außerdem verquickte sich die Problematik der griechischen Rebellion ab etwa Mitte 1947 untrennbar mit seinem Verhältnis zu Tito, so daß er die Ereignisse in Griechenland von da an nur noch in diesem Kontext sah.

Das Verhältnis Jugoslawiens zu den griechischen Kommunisten war mehr als schwierig, teils wegen der parteiinternen Spaltungen selbst, teils aber auch wegen des verwickelten Mazedonien-Problems und der zunehmend sektiererischen Tendenzen in den mazedonischen Einheiten der Volksarmee. Diese erhielten von Albanien Proviant und Unterschlupf, von Bulgarien überwiegend letzteren und von Jugoslawien hauptsächlich Waffen (inklusive Ausbildern), die jedoch letztlich nur etwa ein Zehntel der Gesamtbestände ausmachten. Belgrad begrüßte zwar das militante Auftreten von Vafiadis, lehnte aber die anderen Fraktionen ab. Schon seit dem Zweiten Weltkrieg hegten die Jugoslawen zudem nebulöse Pläne für eine den ganzen südlichen Balkan umfassende Föderation unter ihrer Vorherrschaft, in denen auch Griechenland eine entsprechende Rolle zugewiesen war.

Ende 1947 konnte Tito den bulgarischen KP-Chef Georgi Dimitrow für dieses Vorhaben gewinnen, womit er zu einer regelrechten Bedrohung für Stalins Hegemonie in Osteuropa wurde. Als sich Dimitrow Ende 1948 sogar öffentlich prinzipiell für das Modell aussprach, zitierte Stalin die Jugoslawen und die Bulgaren wutentbrannt in den Kreml, um ihnen die Leviten zu lesen. Bei der berühmt gewordenen Sitzung in der zweiten Februarwoche gaben die Bulgaren sofort klein bei, die Jugoslawen jedoch nicht. Stalin ermahnte sie, keine Dummheiten zu machen, und bestand darauf, den griechischen Bürgerkrieg als eine unannehmbare Verletzung anglo-amerikanischer Interessen möglichst umgehend »abzuwürgen« oder »zu unterbinden«.[10] Er nahm sogar noch den Einwand der Jugoslawen, daß sie den Konflikt nicht angezettelt hätten und ihre Grenze offenhalten wollten, als einen schweren Affront. So wurde der Streit zur ersten Nagelprobe für die noch junge Kominform, aus der Jugoslawien nach einigen stürmischen Monaten am 28. Juni 1948 ausgeschlossen wurde.

Damit stand der Bürgerkrieg spätestens im Januar 1948 ganz im Zeichen der Spannungen zwischen den kommunistischen Staaten und dem tiefen Riß innerhalb der griechischen KP selbst – besonders was den Bruch zwischen Stalin und Tito anging. Letzterer saß zwischen allen Stühlen und wurde nicht nur ringsum angefeindet, sondern mußte sogar um die Macht im eigenen Staat bangen.

Bis dahin war der Krieg für die Regierungstruppen fatal verlaufen, obwohl sie inzwischen über fast 150 000 Mann, eine gute Ausrüstung (zu der sogar Kampfflugzeuge und Napalm gehörten) und mehr als 450 amerikanische Militärberater verfügten. Doch mit Vafiadis' kleinen mobilen Einheiten, die in dem zerklüfteten Bergland ausschwärmten, kamen sie einfach nicht zurande. Auch wenn die Volksarmee Verluste erlitt, besonders nachdem Zachariadis sie ab Mitte 1947 zunehmend in einen Stellungskrieg hineinmanövriert hatte, war der Feind so gut wie nicht motiviert, und bis Herbst 1948 sank seine Kampfmoral immer tiefer. Damals nahmen die USA noch an, daß die Partisanen ungefähr 20 000 Mann zählten, und rechneten mit einem langwierigen Guerillakrieg. Das war durchaus begründet, denn zweifellos hätten die Rebellen auch ohne die Unterstützung Jugoslawiens weiterkämpfen können, ohne eine militärische Niederlage gewärtigen zu müssen. So standen im September 1949 noch 3500 ihrer Männer in Griechenland und weitere 16 000 in Albanien und Bulgarien.

Als der Bruch zwischen Tito und Stalin unwiderruflich wurde, war das Athener Regime schon vollständig abhängig von den USA und hätte ohne das Geld aus Washington buchstäblich nicht überleben können. Die US-Botschaft spielte durchweg eine entscheidende Rolle, zum Beispiel bei den Zwangsevakuierungen und bei der Einschränkung der Grundrechte. Sogar der Einsatz amerikanischer Bodentruppen erschien keineswegs ausgeschlossen. Ab März 1947 hatte das Engagement Washingtons in Griechenland stark mit der damals gerade entwickelten Dominotheorie, also der Glaubwürdigkeit Amerikas als Weltmacht gegenüber der kommunistischen Bedrohung, zu tun. Dabei wußten die US-

Experten genau, daß in Griechenland kein Angriff von Kommunisten auf einen Partnerstaat vorlag, sondern ein Aufbegehren gegen die brutale Unterdrückung der Linken.

Aber von nun an sollten, wenn die Glaubwürdigkeit Amerikas auf dem Spiel stand, unbequeme Fakten oder die Verbrechen seiner Verbündeten einfach vom Tisch gewischt werden. So lehnten die USA 1947 und 1948 Verhandlungen rundweg ab. Stalin konnte entweder klein beigeben oder einen Waffengang in einer Zone riskieren, in der ein Sieg der Volksarmee letzten Endes allein Tito zugute kommen würde. Nachdem die Berlin-Blockade den Kalten Krieg im Juni 1948 erheblich angeheizt hatte, beschloß Stalin, den Konflikt in Griechenland zu beenden.

Tito selbst saß jetzt in der Klemme zwischen Stalin, dessen Feindschaft neben ökonomischen – eine Wirtschaftsblockade der Kominform – auch bedrohliche militärische Züge anzunehmen begann, und dem anglo-amerikanischen Wirtschaftsembargo. Nachdem er anfangs stark für die griechischen Partisanen eingetreten war, mußte er die Moskauer Drohungen nun sehr ernst nehmen und genau verfolgen, wie die Athener Kommunisten auf seinen Bruch mit Stalin reagierten. Deren Zentralkomitee verurteilte im Juli 1948 Tito und billigte die Politik Stalins; da es allerdings auf Jugoslawiens Hilfe angewiesen war, gab es den Beschluß erst im Januar 1949 öffentlich bekannt. Höchstwahrscheinlich war Tito eingeweiht; jedenfalls ließ er US-Beamten wenig später durch Diplomaten ankündigen, Jugoslawien werde – gewiß als Gegenleistung für amerikanische Hilfen – »die Lage in Griechenland baldmöglichst bereinigen«, und Moskau sei »nicht mehr sonderlich an Griechenland interessiert«.[11] Vafiadis, der seine Kader zur Neutralität gedrängt hatte, lag nun im Dauerstreit mit Zachariadis. Dieser soll im Sommer 1948 sogar geplant haben, Vafiadis umbringen zu lassen. Auf jeden Fall entließ er ihn am 15. November 1948 als Chef der Volksarmee, und zwei Jahre später wurde er dann zusammen mit anderen Fraktionsführern aus der Partei ausgeschlossen. Zwar stellte Jugoslawien seine Hilfen für die Volksarmee ab Mitte 1948 zunehmend ein, aber Tito hielt die Grenze bis Juli 1949 für sie offen.

Unterdessen begann Stalin, das Ende eines Bürgerkriegs in die Wege zu leiten, der ansonsten mit einem Kompromiß, wenn nicht gar einem Sieg der Linken hätte ausgehen können. Im März 1948 deutete Moskau den Briten Entgegenkommen an. Im Juni waren Bulgarien und Albanien bereit, wieder diplomatische Beziehungen mit Athen aufzunehmen und schränkten fortan ihre Hilfen für die Partisanen drastisch ein. Im Juli schlugen sowjetische Diplomaten Geheimverhandlungen mit Athen über alle anstehenden Fragen vor. Zu dieser Zeit hatten die Briten Washington vom beiderseitigen Interesse an der Unterstützung Titos überzeugt, und ab Anfang 1949 wandte dieser sich zunehmend von den griechischen Rebellen ab.

Moskau jedoch setzte alles daran, Tito zu vernichten, schon um nicht den Anschein zu erwecken, es stütze doch die griechische Opposition, wollte indes auch jene bedrohlichen Spannungen auflösen, die mit der Berlin-Blockade Mitte 1948 ausgebrochen waren. Im April 1949 startete der Kreml eine diplomatische Friedensoffensive und bot an, den Bürgerkrieg in Griechenland als Gegenleistung für eine Regelung in Berlin zu beenden. Washington fand sich angesichts der Uneinigkeit im kommunistischen Lager allerdings nicht zu Verhandlungen bereit, sondern wartete darauf, daß ihm der Sieg in den Schoß fiel.

Am 10. Juli 1949 öffnete Tito, den die Blockade der Kominform zu vernichten drohte, seine Pforten für anglo-amerikanische Hilfen und sperrte zugleich die griechischen Partisanen aus. Am 9. Oktober 1949 versuchte Zachariadis, Tito die Brüche in seiner Partei anzulasten, und gab »den sowjetischen Vorschlägen folgend« die Abkehr vom bewaffneten Kampf und die Wiederaufnahme politischer Bemühungen bekannt – die jetzt allerdings völlig aussichtslos waren.[12] Damit hatte er faktisch kapituliert, und fast alle noch vorhandenen Kader und Aktivisten gingen (ebenso wie 50 000 bis 100 000 andere Personen) ins Exil.

Der griechische Widerstand hatte sich zwischen Tito und Stalin auf der einen, sowie den Engländern und Amerikanern und dem Athener Regime auf der anderen Seite aufreiben lassen. Als der Bürgerkrieg endete, war das System genauso korrupt wie eh und je und dabei weder lebensfähiger noch militärisch stärker als zuvor. Gerettet wurde es hauptsächlich deshalb, weil die außenpolitischen Ziele Moskaus keinen Raum für eine eigenständige radikale griechische Bewegung ließen. Ironischerweise gilt: Ohne die bolschewistische Oktoberrevolution 1917 hätte die griechische Linke nach dem Zweiten Weltkrieg sehr wahrscheinlich die Macht ergriffen.

Die Philippinen: Repression und Widerstand

In diesem Jahrhundert hatten sämtliche Regierungen der Philippinen fortwährend mit lokalen Sonderinteressen zu kämpfen, und da sie selbst stets instabil waren und aus klientelistischen, clangebundenen Politikern bestanden, blieben Korruption und Repression stets der eigentliche Kitt des ganzen Systems. Die staatlich geduldete und gestützte private Bereicherung der Mächtigen ist das logische Ergebnis der politischen Strukturen, die die USA den Philippinen seither zugedacht haben. Das beredteste Beispiel hierfür war das Marcos-Regime der Jahre 1966 bis 1985.

Indem General Douglas MacArthur im April 1945 den als Kollaborateur einsitzenden Manuel Roxas aus dem Gefängnis befreite und dann zum Präsidentschaftskandidaten der nunmehr unabhängigen Republik erkor, hatte Washington einen gefügigen Handlanger gewonnen. Roxas verdankte seinen Sieg einer brüchigen Koalition aus den meisten jener Gruppierungen, die Präsident Quezon während seiner langen Amtszeit bis 1942 unterstützt hatten und das lästige Problem der Kollaboration tunlichst herunterspielten. Auch Washington selbst hütete sich naturgemäß, daran zu rühren, um nicht die mühsam errichtete, seinen Interessen dienende Machtstruktur zu gefährden.

Im Grunde war ein derart korruptes Regime angesichts der verheerenden Kriegsfolgen völlig untragbar, da es den Wiederaufbau eines ohnehin schon verzweifelt armen Landes blockierte. Außerdem beschleunigte es die Zersetzung des alten Pachtsystems, besonders auf Luzon, wo aus den ehemaligen Bauernverbänden die starke Huk-Bewegung hervorgegangen war. Während es den Kleinbauern dort bei Kriegsende ökonomisch extrem schlechtging, standen sie dank der Huk besser organisiert da als je zuvor. Wie oben gesehen, waren die Amerikaner mit aller Härte gegen die Huk-Partisanen vorgegangen, um sie einzuschüchtern und zu entwaffnen; weil sich jedoch an den alltäglichen Nöten der Bauern nichts änderte, blieben sie gleichwohl in der Mehrzahl radikal und kampfbereit.

Abgesehen davon ging es nach wie vor um das Grundproblem der Bodenreform, um die kommunalen Machtstrukturen und, für die Linke, um eine klare Entscheidung zwischen dem parlamentarischen Weg und dem bewaffneten Widerstand. Zum Zeitpunkt der Kapitulation Japans hatten die geplagten Bauern zwar allen Grund, sich umgehend zusammenzutun, aber für Aufstände war die Lage noch zu unübersichtlich. Wohl waren sie inzwischen auch militärisch erfahrener und schlagkräftiger geworden, doch ebensogut konnten sie versuchen, in die politischen Entscheidungsprozesse einzugreifen – sofern diese nur etwas fairer abliefen als vor dem Krieg. Da die Kommunalbehörden und ihre Polizeikräfte den Großgrundbesitzern praktisch »gehörten«, schlug die Staatsgewalt öffentliche Proteste gegen die Bodenverteilung allerdings regelmäßig nieder, was auf Luzon ständig für böses Blut sorgte, zumal durchgreifende Maßnahmen längst überfällig waren.

Das Ausbleiben der Bodenreform trieb bald viele der Pächter auf die Barrikaden, so daß sie der Nationalen Bauernunion (PKM) beitraten, die einstige Gründungsmitglieder der Huk ins Leben gerufen hatten. Diese forderte eine Aufteilung der Ernteerträge im Verhältnis 60:40 zugunsten der Pächter, verbunden mit der sofortigen Einstellung aller Repressalien gegen frühere Huk-Leute, die einen Großteil der Funktionäre stellten. Aber die Vereinbarung gerechterer Quoten war eine Sache – eine ganz andere war es, diese dann auch durchzusetzen. Das Pachtgesetz, das Roxas im September 1946 erließ und das sogar ein Verhältnis von 70:30 vorsah, ließ zahlreiche Hintertürchen offen und blieb deshalb nahezu wirkungslos. Danach sollten in weiten Teilen Luzons fast nur noch Drohungen und Gewaltausbrüche das Klima zwischen den Grundbesitzern und den Pächtern beherrschen.[13]

Manila fand keinen Weg, durch seine Gesetze das in den *barrios* und Kleinstädten geltende Gewohnheitsrecht zu durchbrechen, denn die Großgrundbesitzer heuerten bewaffnete Leibwächter an, und eine Vielzahl privater Milizen stellte sicher, daß sämtliche Neuregelungen im Rahmen der Bodenreform Makulatur blieben. Diese Schutztruppen halfen auch dabei, persönliche Privilegien staatlich abzusegnen – ein bewährtes Mittel der Wohlhabenden, um immer reicher zu werden. Private Milizen neigten außerdem mehr als die reguläre Polizei zu willkürlichen Übergriffen, Mißhandlungen und Vergewaltigungen. Im Lauf des Jahres 1946 prangerten ehemalige Huk- und PKM-Mitglieder wiederholt an, daß das Verhalten der Milizen zu bürgerkriegsähnlichen Verhältnissen führte.

Schon Mitte 1945 hatten die Gewaltausbrüche zugenommen, und da die meisten ehemaligen Huk-Mitglieder ihre Waffen, gut versteckt, noch immer besaßen, ließ ihre Antwort nicht lange auf sich warten. Ende des Jahres schlugen einige auf eigene Faust los. Bis Sommer 1946 waren vermutlich an die 1000 Kämpfer in die Berge und Wälder geflohen, wo sie sich in Banden zusammentaten. Im Vorfeld der Präsidentschaftswahlen vom April 1946 nahm die Gewalt noch zu, wie es seither gang und gäbe ist. Die PKM beklagte, in den darauffolgenden zwei Monaten seien mindestens 500 ihrer Mitglieder getötet und dreimal so viele verhaftet, gefoltert oder verschleppt worden.

Da die KP-Führung den bewaffneten Widerstand ablehnte und tief gespalten war, was die Waffenabgabe anging, kann die Neugründung der Huk-Gruppen nur spontan erfolgt sein. Auch waren sie zunächst rein defensiv eingestellt. Die Huk war unentschlossen, inwieweit sie auf legalem Wege für ihre Ziele eintreten sollte. Schließlich nahmen die PKM- und Huk-Funktionäre in ihrer Zwiespältigkeit Verhandlungen mit der Roxas-Administration auf. Darin verlangten sie die strikte Durchsetzung des geltenden Rechts und die Abschaffung der privaten Milizen. Im Gegenzug boten sie an, sämtliche Waffen registrieren zu lassen, nicht allerdings, sie abzugeben. Noch während der Verhandlungen nahm die Gewalt gegen die Huks spürbar zu, und am 24. August 1946 wurden zwei ihrer drei Delegierten vor Mordplänen des Regimes nach ihrer Ankunft in Manila gewarnt. Der dritte war nicht erreichbar und wurde zusammen mit vier Begleitern getötet. In der Folge ging die Huk in den Untergrund, der politische und militärische Druck auf die PKM nahm ständig zu, und bald wurde aus dem schwelenden Bürgerkrieg auf Luzon blutiger Ernst, und zwar über viele Jahre hinweg.[14]

Ratlose Rebellen: Die Huk und die Kommunisten

Trotz der massiven Unterdrückung hielten die Kommunisten sowohl an ihrer städtischen Orientierung als auch an der Einheitsfront fest, aus der im Juli 1945 die Demokratische Allianz hervorgegangen war. Diese ernannte Sergio Osmeña zu ihrem Präsidentschaftskandidaten, da er die patriotische Bourgeoisie repräsentiere und weder ein Kollaborateur noch ein bloßer Strohmann Washingtons sei. Auch bei den Parlamentswahlen im April 1946 unterstützten die Kommunisten Kandidaten der Demokratischen Allianz, in der Hoffnung, im Erfolgsfalle Osmeña später Zugeständnisse abringen zu können. Dessen Äußerungen verrieten indes einen unbändigen Ehrgeiz und unterschieden sich im Grunde nicht vom Kurs Roxas'. Die Allianz stand weitgehend für die philippinische Erfahrung, wonach man nur mittels Koalitionen an die Macht gelangte. Demgegenüber erklärten die Kommunisten beharrlich, sie strebten eine echte Einheitsfront an.

Die Führungskader stammten überwiegend aus den Großstädten und begriffen in der Regel erst Mitte 1948, daß sie sich neu orientieren mußten. Bis dahin hatten sich nur die wenigen bodenständigen Funktionäre pflicht- und neigungsgemäß an die neuen Huk-Ortsgruppen gehalten und waren die von Roxas' Polizei meistgesuchten Männer. Doch sie handelten aus eigenem Antrieb, während sich einige ihrer Kollegen, die nicht verfolgt wurden, nie der bäuerlichen Widerstandsbewegung anschlossen. Wie erwähnt, lehnte die Parteiführung den bewaffneten Kampf mehrheitlich ab, wobei jedoch die meisten der Ende 1945 3000 bis 5000 Mitglieder auf dem Lande und nur etwa 250 im Großraum Manila lebten. Zwischen Führung und Basis bestand demnach ein Stadt/Land-Gefälle, und beide Seiten verfolgten grundverschiedene Strategien: Während die Bauern in erster Linie gegen die Unterdrückung kämpften, übten sich ihre Parteiführer auf dem städtischen Parkett in der höheren Kunst der Politik.

Erstaunlicherweise gewann die Demokratische Allianz bei den Wahlen im April sechs Parlamentssitze, allesamt auf Luzon. Obwohl sie das noch nicht zum Zünglein an der Waage machte, konnte sie damit eine Verfassungsänderung zugunsten des »Bell Act« verhindern, der einen Freihandel mit den USA vorsah, die Philippinen also wirtschaftlich völlig von amerikanischen Importen abhängig gemacht hätte. Das indes war Washingtons Bedingung für die Wiederaufbauhilfe, mit der Roxas seine Macht zu festigen plante. Er beseitigte diese Hürde, indem er der Allianz ihre Sitze aus fadenscheinigen Gründen streitig machte. Damit waren die Kommunisten desavouiert und ihre Strategie gescheitert, auch wenn sie sich weiterhin in den Städten abmühten und Allianzen mit allen möglichen Parteien und Kandidaten schmiedeten.[15]

Die Hauptprobleme der Philippinen hingegen lagen auf dem Lande. Im Sommer 1946 erstand die Huk gegen den Widerstand der Kommunisten wieder und wuchs langsam, aber stetig an. Allerdings konzentrierten sich ihre Stellungen auf Luzon, mit fatalen Folgen, denn so machten sie es den Streitkräften und Polizeitruppen aus Manila ziemlich leicht, gegen sie vorzugehen (wohingegen diese nach 1972 gegenüber einer anfangs viel kleineren, aber breit gefächerten Partisanenarmee vor fast unlösbaren Problemen standen). Dann schloß die zunehmend verschärfte Unterdrückung einen politischen Weg der Huk endgültig aus, und im März 1948 wurden PKM und Huk anläßlich einer Offensive der Regierungstruppen verboten. Einen Monat später erlag Roxas einem Herzinfarkt, und sein Nachfolger, Elpidio Quirino, bot dem Huk-Funktionär (und Politbüromitglied) Luis Taruc wenig später eine Amnestie an. Doch die Verhandlungen scheiterten, worauf die Kämpfe wieder aufflammten.

Ab Mai 1948 trat eine neue PKF-Führung vorbehaltlos für den bewaffneten Kampf ein. Seinerzeit hatte die Huk zwischen 5000 und 10 000 Kämpfer, aber viel zu wenig Waffen. Vor und nach den (völlig irregulären) Wahlen vom November 1949 lebte die Gewalt erneut auf. Die Basis der Huk schwoll bis Anfang 1951 auf 11 000 bis 15 000 Kämpfer an, was ungefähr ihrer Höchststärke im Zweiten Weltkrieg entsprach.

Das rapide Wachstum ab 1949 ließ vorschnell großen Optimismus aufkommen und verleitete auch einen gut Teil der Funktionäre zu der Annahme, Washington werde die ungewöhnlich korrupte Quirino-Administration nicht unbedingt zu retten versuchen, so daß auch Bauern in anderen Gebieten sich erheben und die Regierungstruppen unter Druck setzen könnten. Beide Hoffnungen erfüllten sich nicht. Vielmehr entdeckte eine Vielzahl von Huk-Leuten ihre Sympathie für die Amerikaner und deren mit vielen Arbeitsplätzen verbundene Militäranlagen. Zudem bestanden die meisten Politbüromitglieder darauf, in Manila ansässig zu bleiben, was der neue, von Washington unterstützte Verteidigungsminister Ramón Magsaysay am 18. Oktober 1950 dazu nutzte, zwei von ihnen sowie den KP-Generalsekretär José Lava und mehr als 100 weitere Kommunisten festnehmen zu lassen.[16]

Die Bauern dachten zuallererst an ihre Familien und Nachbarn. Zwar träumten auch sie von einer Bodenreform und einer gerechteren Wirtschaft, aber ganz konkret wollten sie größere Anteile an den Ernteerträgen haben. Wenn ein harter Kern von Parteidoktrinären anstrebte, diese bunte Schar von Landbewohnern umzuerziehen, so hätte er zunächst ein sehr viel besseres Kommunikationsnetz gebraucht, als es die Huk je besaß. So aber erreichte die Huk-Bewegung 1951, als sie zwischen einer und zwei Million Anhänger hatte, ihren Zenit, um danach ziemlich rapide abzubauen.

Die USA stellten Manila in den vier Jahren nach seiner Entlassung in die Unabhängigkeit 1946 gut 700 Millionen Dollar zur Verfügung, doch der größte Teil dieses Geldes wurde vergeudet. Als Washington im Haushaltsjahr 1950/51 seine Militärbeihilfen vervierfachte, wurde das fest mit der Bedingung verknüpft, die

Verwaltung der Mittel keinem anderen als Magsaysay zu übertragen, der als ziemlich zuverlässig galt und außerdem ab Oktober 1950 in Person des Obersten Edward Landsale vom CIA beaufsichtigt wurde. Im Lauf der nächsten fünf Jahre bezogen die Philippinen auf dem Papier eine halbe Milliarde Dollar an Wirtschafts- und Militärbeihilfen, in Wirklichkeit aber wegen stark unterbewerteter Anlagen sogar deutlich mehr. Nachdem es der CIA dann im November 1953 gelungen war, Magsaysay zum Präsidenten zu machen, wurden die Streitkräfte modernisiert und ihre Soldaten besser besoldet, damit sie sich nicht mehr an den Bauern schadlos halten mußten. Magsaysay selbst war ein ehrgeiziger und mit allen Wassern gewaschener Politiker, dabei jedoch überaus volkstümlich und bei den Bauern beliebt. Insbesondere löste er die Milizen auf und erließ eine Amnestie für sämtliche Huk-Mitglieder. Auch kleinere soziale Einrichtungen wie Kreditanstalten, Kliniken, neue Brunnen und eine – wenn auch rein fiktive – Bodenreform zeigten Wirkung. Doch der Erfolg hielt nur gerade lange genug, um die Huk endgültig zerschlagen zu können, denn an den Grundproblemen des Landes änderte sich rein gar nichts, was der korrupten Oligarchie später noch erheblich zu schaffen machen sollte.

Die Linke bekam es bald mit einem massiven Schwundphänomen zu tun. Viele wichtige Huk-Veteranen schieden amtsmüde aus, und zahlreiche einfache Mitglieder folgten ihnen darin. Einige ergaben sich, andere wurden auf entfernte Inseln verbannt oder vertrieben, manche sogar kurzerhand umgebracht. Taruc und die meisten Huk-Funktionäre sahen ein, daß sie ihre Massenbasis verspielt hatten, und gaben im Mai 1954 auf. Die Huk zerfiel. Einige kleinere Gruppen kämpften bloß noch darum, der Haft zu entgehen, andere entarteten zu regelrechten Banditen- und Kriminellenhorden.

Siegesgewiß schickte Washington den erfolgreichen Landsale Ende 1953 nach Saigon, um das bewährte Rezept auch in Vietnam anzuwenden. Daß man aus dem Präzedenzfall der Philippinen die falschen Schlüsse zog, forderte später einen extrem hohen Preis, und ab 1970 wurden diese zum einzigen Land Ostasiens, in dem eine starke Partisanenbewegung aufkam – unter den gleichen Verhältnissen, die schon vor und nach der Ära Magsaysay geherrscht hatten. Diesmal allerdings hielt sie jahrzehntelang durch.[17]

Die Lektion Korea

Wenn Griechenland und die Philippinen für die Praxis der USA standen, überkommene Regimes gegen bewaffnete Aufstände an der Macht zu halten und ihnen eine entscheidende Atempause zu verschaffen, so zeigte Korea, wie sehr der hochtechnisierte moderne Krieg und damit auch die wesentlichen Faktoren für Sieg und Erfolg sich wandelten. Nun kam alles darauf an, welche Lehren die Vereinigten Staaten, als die inzwischen auch militärisch führende Weltmacht, aus den beinahe gleichzeitigen Vorgängen in diesen drei Ländern ziehen würden. Bedeutete die Entschlossenheit, auch begrenzte Aufstände mit einer regionalen oder gar globalen Bedeutung zu versehen und in einen Zusammenhang mit der Doktrin der »Glaubwürdigkeit« im Rahmen der »Dominotheorie« zu stellen, auch eine erhöhte Bereitschaft, Risiken einzugehen? Und würden die maßgeblichen Politiker und Militärs weiter der fatalen Illusion über die Allmacht ihrer Waffen und Strategien aufsitzen, auch wenn es um Konflikte ging, hinter denen weniger »Moskau« als tatsächliche soziale und politische Mißstände standen?

Innerstaatliche Krisen lassen sich niemals völlig aus dem internationalen Kontext herauslösen. Während die Ereignisse in Griechenland, auf den Philippinen und in Korea ihren Lauf nahmen, begannen die USA, ihre Außen- und Militärpolitik von Grund auf umzubauen, was wenig später ihr Verhalten im Korea-Konflikt bestimmen sollte. Bis die Sowjets im August 1949 ihre erste Atombombe zündeten, hatte sich Washington ganz auf seine Waffentechnik und einen relativ beständigen Rüstungsetat von jährlich rund 15 Milliarden Dollar verlassen. Auch wenn die Truman-

Administration oft Gefahren heraufbeschwören mußte, weil die Öffentlichkeit zunehmend apathisch wurde und auch der Kongreß sich weigerte, Mittel zu bewilligen, erschien ihr ein bewaffneter Konflikt mit der UdSSR, die als militärisch und ökonomisch schwach galt, eher unwahrscheinlich. Allerdings unterschätzte sie das Kriegsrisiko in Gebieten, auf die Moskau keinen Einfluß hatte.

Doch nicht nur die sowjetische Atombombe riß Washington aus seiner Überheblichkeit. Man befürchtete auch, daß Maos Sieg im Jahre 1949 das Machtgefälle in Asien völlig verschoben hatte und daß mit den kommunistischen Partisanen in Vietnam und mit dem Zulauf der Linken in weiten Teilen Asiens ein gefährlicher neuer Trend aufgekommen war. Deshalb nahm die Truman-Administration, obwohl ihr globaler Interessenschwerpunkt weiterhin eindeutig in Europa lag, nun außerdem Asien ins Visier. Das hieß nicht zuletzt auch, Frankreichs Vorgehen gegen den Vietminh in Indochina zu unterstützen – eine folgenschwere Entscheidung, die im übrigen schon vor dem Ausbruch des Koreakriegs gefallen war.

Ende 1949 wies Truman sein Außen- und Verteidigungsministerium an, ganz neue Prioritäten zu setzen, woraus schließlich mit dem Plan NSC-68 ein regelrechtes Fanal der Nachkriegsära hervorging. Außenminister Dean Acheson und die Generalstäbe hatten sich bereits darüber verständigt, daß man, um wieder einen angemessenen Abstand zur Sowjetunion herzustellen, die Wasserstoffbombe entwickeln müsse. Im übrigen wurde behauptet, daß der Nachkriegsboom abflaute, ja sogar schon ab Mitte 1949 eine Rezession eingesetzt habe, die es nun zu bekämpfen gelte, was »nicht zuletzt durch eine ökonomische und militärische Aufrüstung der Vereinigten Staaten und der freien Welt« zu erreichen sei. Der Plan NSC-68 gab jedoch nicht nur die Rüstungsspirale als ein im Sinne des keynesianischen Systems probates Mittel aus, um die Wirtschaft anzukurbeln, sondern wichtiger noch war vielleicht, daß darin »ein nachlassendes Engagement« der Öffentlichkeit und des Kongresses beklagt wurde. Diese »Vorbehalte« könne man vermutlich durch eine neue Krisenstimmung ausräumen, die gewiß auch zu »mehr Opferbereitschaft und Selbstdisziplin« anhalten werde. Schon seit 1946 gehörte es zum festen Repertoire, die amerikanische Bevölkerung mit der Warnung vor weltpolitischen Gefahren auf das Regierungsprogramm einzuschwören. Eine Neuauflage dieses Rituals hätte die UdSSR ganz erheblich unter Druck gesetzt und damit zugleich ihren Zugriff auf ihre Satellitenstaaten geschwächt.[18] Unterdessen würden die US-Bürger deutlich höhere Steuern bezahlen müssen, um die geplante Aufrüstung zu finanzieren, deren Kosten der zuständige Ausschuß am 14. April 1950 auf 35 bis 50 Milliarden Dollar schätzte, was dem Drei- bis Vierfachen des Rüstungsetats von 1949 entsprach.

Anfang 1950 baute Washington seine Außenpolitik in einer Weise um, die nicht nur Krisen heraufbeschwor, sondern auch zur Realisierung geheimer Aufrüstungsprojekte zwang. Sowohl auf den Philippinen als auch in Indochina war man bereits ziemlich forsch aufgetreten und rechnete in beiden Fällen noch mit erheblich größeren Anstrengungen. Als Acheson im Januar 1950 in einer Rede über den »äußeren Schutzring« sprach, nannte er weder Korea noch Indochina beim Namen, obwohl man längst beschlossen hatte, dort erheblich stärker einzugreifen. Regionale Krisen galten zunächst im Grunde nur als Aufhänger, um die im Plan NSC-68 niedergelegten weltpolitischen Ziele zu verfolgen, wobei sich die Perspektive zwar auf Europa fokussierte, aber auch Asien einschloß.

Doch der Koreakrieg entfaltete eine unerwartete Eigendynamik und glitt bald sowohl den USA als auch den anderen Beteiligten, insbesondere der Sowjetunion und China, total aus den Händen – so sehr, daß sich die Amerikaner im vollen Wissen um das, was ihnen dort bevorstand, gewiß nicht auf dieses Abenteuer eingelassen hätten.

Die beiden tonangebenden koreanischen Politiker, Syngman Rhee und Kim Il Sung, hatten bei alledem ziemlich freie Hand. Rhee bemühte sich, solange es seinen Zwecken diente, um amerikanische Unterstützung, trat aber auch unverblümt für die um jeden Preis zu erstrebende Wiedervereinigung des Landes ein. Obwohl die USA ihn oft zu gängeln schienen, wurden sie, wie später auch von vielen anderen »Vasallen«, restlos von ihm abhängig und schließlich nachgerade erpreßt. Im Jahr 1953 waren sie bereit, einen Putsch gegen Rhee einzufädeln und ihn notfalls töten zu lassen. Kim Il Sung nutzte derweil geschickt die Unterstützung der Sowjets, um seine Rivalen in der Kommunistischen Partei Koreas auszuschalten. Die weiteren Entwicklungen (und die jüngst geöffneten sowjetischen Archive) belegen jedoch, daß Kim ganz genau wußte, was er wollte, bei wichtigen Entscheidungen stets selbst die Initiative ergriff und die Sowjets zunehmend verachtete, nachdem es ihm gelungen war, den chinesisch-sowjetischen Streit als lachender Dritter rücksichtslos für seine Zwecke auszunutzen.[19]

Vom Bürgerkrieg zum Dauerkonflikt

Der Koreakrieg resultierte aus einem von beiden Seiten aggressiv geschürten Bruderkonflikt, der in offene Gewalt umschlug, als Kims Truppen am 25. Juni 1950 den 38. Breitengrad überschritten. Zuvor war Rhee ab Oktober 1948 mit einer Reihe von begrenzten Aufständen in seiner Armee und unter den Bauern konfrontiert worden, die sich zum Teil monatelang hinzogen, und im Jahr darauf entbrannten längs des genannten Breitengrades Hunderte kleiner Scharmützel.

In dieser hochexplosiven Lage durfte Kim Il Sung darauf spekulieren, daß er mit Geduld weniger ausrichten würde als durch einen Funken, der Rhees Regime gleichsam in die Luft sprengen mußte, sobald er die Grenze überschritt. Deshalb fiel er am 25. Juni in den Süden ein, obwohl erst die Hälfte seiner Divisionen einsatzbereit war. Vor dem Überfall hatten Beamte in Seoul zwar schon am 10. Mai gewarnt; da Rhee und seine Verbündeten aber zuvor oft ihrerseits mit einem Schlag gegen den Norden gedroht hatten (dem Kim nun ohne Zweifel vorbeugen wollte), nahm das niemand ernst. Obwohl Nordkorea bis Juni 1950 zeitweilig das bessere Material besaß, hätte dieses eigentlich nicht genügt, um sich gegen die zahlenmäßig stärkeren südkoreanischen ROK-Truppen durchzusetzen. Wie dem auch sei, am 23. Mai prognostizierte der US-Geheimdienst jene Invasion, die aufmerksame Beobachter des Konflikts schon seit langem vorausgeahnt hatten. Am 19. Juni deutete alles auf einen direkt bevorstehenden Angriff hin. Kim Il Sung hoffte, Rhees Armeen binnen weniger Tage aufreiben und dessen Nachfolgern seine Bedingungen diktieren zu können, aber diese zogen sich, ohne irgendwelche Gegenwehr zu leisten, geordnet zurück, und Kims Truppen rückten kurzerhand nach. Kim hatte sich sein Vorgehen im übrigen von Stalin absegnen lassen – allerdings ohne daß einer von beiden damit gerechnet hatte, daß die USA in den Konflikt eingreifen würden.

Der weitere Gang der Dinge kam mithin für Stalin überraschend – und ebenso für Mao. Beider Außenpolitik war über den Haufen geworfen. Am 10. Januar 1950 hatten die Sowjets den Sicherheitsrat der Vereinten Nationen unter Protest verlassen, weil dieser es ablehnte, das kommunistische China aufzunehmen, und sie blieben ihm bis zum 1. August fern. Wenn sie mit der Entwicklung in Korea gerechnet hätten, dann wären sie zweifellos früher in den Rat zurückgekehrt, um ihr Veto gegen das Eingreifen der UNO einzulegen. Schließlich traten sie andernorts als Friedensstifter auf, um genau den westlichen Aufmarsch unter Führung der USA zu verhindern, den der Korea-Konflikt nun ermöglichte. China zog zu jener Zeit gerade Truppen vor Formosa zusammen und wies jede Verantwortung für den Koreakrieg von sich. Ein Krieg dort konnte China nur schaden, weil er zum einen die Eroberung der letzten nichtkommunistischen Provinz verhinderte und zum anderen die Rolle Chinas und auch Amerikas in Asien dramatisch verändern würde. Mit einem unabweisbaren Vorwissen darum, daß Kims Invasion die USA zum Eintritt in den Krieg veranlassen würde, hätte Mao diesem also fast sicher Einhalt geboten.[20]

Die Truman-Administration deutete Korea sofort als einen Prüfstein für ihre Bereitschaft, einer sowjetisch gesteuerten Aggression zu begegnen, das heißt für die Glaubwürdigkeit ihrer Abschreckungspolitik. Doch auch andere Aspekte spielten dabei mit, von dem Ansinnen, die Vorlage NSC-68 durch den Kongreß zu schleusen, bis zum starken Einfluß des US-Befehlshabers in Fernost, General MacArthur, der seine Vorgesetzten wiederholt drängte, das Tempo deutlich zu verschärfen.

Der Weg in den Dauerkrieg

Der Koreakrieg lief den beteiligten Parteien rasch aus dem Ruder. Erneut zeigte sich die Haltlosigkeit aller Planungen, was Dauer, Ausdehnung und Kosten des Konflikts anging. Auch für die USA bestand der Koreakrieg aus einer Überraschung nach der anderen. Allerdings konnte die US Air Force innerhalb eines Monats nicht nur die Lufthoheit begründen, sondern auch sämtliche strategischen Anlagen, die mit zur siegreichen Offensive der Nordkoreanischen Volksarmee (NKPA) beigetragen hatten, bis auf eine einzige »ausschalten«.[21] Sicherlich wurde diese kommunistische Streitmacht vom Ausland stark unterstützt – und die US-Waffengattungen (Army, Air Force, Navy und Marines) verbissen sich erneut in ihre oft giftigen Vorbehalte gegeneinander, so daß zum Beispiel jedes Luftgeschwader eine eigene Einsatzzone erhielt, anstatt vereint zu operieren. Aber da Washington mit einem kurzen Krieg rechnete, schienen diese Probleme nicht ins Gewicht zu fallen.

Am 7. Oktober 1950 trieben die Amerikaner die hoffnunglos überforderten und demoralisierten nordkoreanischen Truppen über den 38. Breitengrad hinaus vor sich her. Aus dieser fatalen Entscheidung, den 38. Breitengrad zu überschreiten, entspann sich schließlich ein dreijähriges Kräftemessen, denn im Grunde zielte sie auf einen brutalen Waffentest und eine Demonstration militärischer Stärke: Letztlich allerdings wurden, für alle Welt sichtbar, die Schrecken und die Unberechenbarkeit des modernen Kriegs demonstriert.

Gewiß rechnete niemand, abgesehen vielleicht von MacArthur, der für eine gewaltsame Vereinigung Koreas eintrat, damit, daß der Vormarsch nach Norden derart gravierende Folgen zeitigen würde, und der Schritt wurde fast von Anfang an in den Medien, im Kongreß, im Pentagon und vom Außenministerium befürwortet, wobei man allerdings annahm, daß weder die UdSSR noch China in den Krieg eintreten würden, man also leichtes Spiel haben werde.

Rhee hatte schon seit Jahren auf die Wiedervereinigung hingewirkt, während MacArthur vor allem dem chinesischen Kommunismus Einhalt gebieten und verhindern wollte, daß er in Asien weiter um sich griff. Außerdem wollte er die seiner Auffassung nach abwegige Präferenz der Truman-Administration für Europa aushebeln.

Truman selbst mochte sich nicht gerne vorwerfen lassen, er fasse die Kommunisten mit Samthandschuhen an, doch Ende September 1950 hatte der Kongreß noch immer nicht die beantragten Mittel für den Plan NSC-68 bewilligt. Schließlich beschlossen MacArthur und das Weiße Haus eine Taktik, die bald zur schwersten Krise zwischen Zivilisten und Militärs seit Ausbruch des Bürgerkriegs führen sollte. Truman und Acheson betrachteten Korea, so erfuhr Kanadas Außenminister Ende Juli 1950 von letzterem, »bloß als einen Zwischenfall« in einer »sehr angespannten Weltlage«, der »den Kongreß und die Öffentlichkeit der Vereinigten Staaten schnell für eine deutliche Erhöhung des Verteidigungsetats einnehmen sollte«.[22] Ein vernichtender Sieg der US-Truppen sollte bekunden, wie brüchig die Macht der Kommunisten war, wobei die kurzfristige Eskalation des Kriegs der Administration als ein, gemessen am späteren Nutzen für die Kongreßvorlage, geringes Risiko erschien.

Washington nahm ebenso wie MacArthur voller Optimismus an, daß die nordkoreanischen Streitkräfte den 38. Breitengrad nicht mehr überqueren würden. In den an China und die UdSSR angrenzenden Provinzen sollten ausschließlich Rhees Truppen kämpfen, und falls wider Erwarten doch einer von beiden Staaten eingriffe, müßte die UNO dagegen einschreiten. Ab dem 1. Oktober drohten die Chinesen wiederholt militärische Schritte an, doch Trumans Berater, die zu Recht annahmen, daß Stalin zu dieser Zeit keinen Krieg wollte, trauten ihm irrigerweise zu, China bremsen zu können. Da die Administration Ende Oktober immer noch zuversichtlich glaubte, der Krieg werde bald vorbei sein, nahm sie den massiven Truppenaufmarsch an der chinesischen Grenze nicht allzu ernst. Aber schon einen Monat später wurde sie eines anderen belehrt.[23]

Die Illusion des begrenzten Kriegs

Im Juni 1951 bildete nach erbitterten Kämpfen erneut der 38. Breitengrad die Frontlinie zwischen den Kommunisten und der UNO-Allianz unter Führung der USA. Kaum ein Jahr später, im Mai 1952, standen den knapp 700 000 UNO-Soldaten (davon 293 000 Amerikaner) 908 000 Verteidiger gegenüber, und das ganze Projekt wurde zum zweitteuersten Krieg, den die USA jemals geführt hatten. Zweifellos war die Truman-Administration konsterniert, als ihre Truppen mit der deutlich überlegenen Luftwaffe, Munition und Technik in eine Pattsituation gerieten, was gewiß nicht allein auf die Rivalität zwischen den Waffengattungen zurückging. In Korea bekamen die USA vielmehr erstmals schmerzhaft zu spüren, an welche Grenzen ihre Technik in einem unwegsamen Land der Dritten Welt stieß.

Die Amerikaner setzten von Anfang an ganz auf ihre Feuerkraft, und ihre Vorliebe für die Luftwaffe und Artillerie gegenüber der (meist mit hohen Verlusten operierenden) Infanterie wurde ab Ende 1951 gleichsam zu einer Doktrin. Die Bomber der UNO warfen insgesamt eine Million Tonnen Sprengstoff ab und zerstörten mehr als 118 000 Häuser. Ihre Artillerie feuerte in den Spitzenzeiten zehn- bis zwanzigmal soviel Munition ab wie die Kommunisten, alles in allem 2,1 Millionen Tonnen. Der Gesamteinsatz von rund drei Millionen Tonnen entsprach 43 Prozent der von den USA im Zweiten Weltkrieg verpulverten Menge. Im Koreakrieg detonierte, auf jeden eingesetzten Soldaten gerechnet, achtmal soviel Sprengstoff wie im Zweiten Weltkrieg.

Allerdings übersetzte sich die überlegene Feuerkraft, die zu einer Geißel in erster Linie für die Zivilbevölkerung wurde, nicht in einen militärischen Sieg. Neben 1986 Flugzeugen verlor die UNO mehr als 500 000 ihrer Soldaten (die Gegenseite das Dreifache). Von den 94 000 Gefallenen UN-Soldaten waren 33 629 Amerikaner, und außerdem hatten sie noch dreimal so viele Verwundete zu beklagen. Schätzungen zufolge starben in Süd- und Nordkorea mehr als zwei Millionen Zivilisten. Anfang 1951 war im Süden die Hälfte der Bevölkerung obdachlos oder befand sich auf der Flucht; weitere bis zu vier Millionen Flüchtlinge strömten aus dem Norden ein. Nach Kriegsende bezogen im Süden fünf Millionen Menschen Leistungen von der Fürsorge.[24]

In einem Stellungskrieg fast ohne Truppenbewegungen fanden die Chinesen bis zum Frühjahr 1953 auf jedes Manöver der UNO-Truppen die günstigste Erwiderung, bauten einen kaum überwindbaren Abwehrriegel auf und hielten die Kampfmoral ihrer Soldaten auf hohem Niveau. Außerdem legten sie immer neue Befestigungen an, darunter tiefe, bombensichere Höhlen. Indem sie bei Nacht und Nebel kämpften oder auch den Nachschub bewegten (der sich auf nur ein Zehntel des Bedarfs einer UN-Division belief), schlugen sie der Luftwaffe stets ein Schnippchen. Lastwagen wurden oft durch Träger oder Lasttiere ersetzt. Im übrigen verbesserte sich ihre Luftabwehr nach und nach spürbar, und obwohl auch die Chinesen in der Pattsituation einen Stellungskrieg führen mußten, blieben sie so beweglich, daß die feindlichen Bomben kaum Schaden anrichten konnten. Eine kostspielige moderne Rüstungstechnik kam also nicht gegen Truppen an, die sich eingruben und immer nur im Schutze der Dunkelheit ausschwärmten.

Ende 1952 erkannten die amerikanischen Militärs, daß sich in Korea kein konventioneller Krieg größeren Stils führen ließ. Für etwas anderes waren die Soldaten jedoch nicht ausgebildet und fehlte es an der nötigen Ausrüstung, vom Geld zu schweigen. Den Konflikt nach China hinein zu verlagern, erschien nicht minder unrealistisch und barg enorme Risiken. Als der neugewählte Präsident, General Eisenhower, im Dezember 1952 nach Korea reiste, schloß er deshalb eine Eskalation aus.

Im übrigen waren die typischen strategischen Ziele, wie etwa Militäranlagen oder Brücken, schon nach einem Jahr zerstört, und im Januar 1951 hatte man begonnen, Brandbomben auf Pjöngjang abzuwerfen. Alle Großanlagen Nordkoreas, mit Ausnahme der Wasserkraftwerke bei Suiho, der Staudämme bei Toksan (nördlich von Pjöngjang) und der Einrichtungen an der chinesischen und an der sowjetischen Grenze waren spätestens 1951 ausgeschaltet. Zugleich wußten die Kommunisten jedoch zu verhindern, daß sich die zunehmenden Angriffe auf Wohngebiete militärisch auswirkten. Damit war die Funktion der Luftwaffe neu zu definieren, was fast unweigerlich dazu zwang, noch rücksichtsloser gegen die Zivilbevölkerung vorzugehen.[25]

Wenn Washington die Drohung mit einer Eskalation des Kriegs ursprünglich für geeignet gehalten hatte, um China bei den Waffenstillstandsgesprächen unter Druck zu setzen, so hatte schon Trumans Andeutung vom 30. November 1950, man könnte eventuell auch Atombomben einsetzen, genau das Gegenteil bewirkt: Sie ließ den britischen Premierminister Clement Attlee nach Washington eilen und löste eine schwere Krise im westlichen Bündnis aus, weil die Briten fortan querschossen. Doch Peking zwang Washington, Farbe zu bekennen, und zielte damit direkt auf dessen Glaubwürdigkeit. Unterdessen verstärkte die Truman-Administration bis Juni 1952 die Artillerie- und Luftangriffe und ließ dann, als Vorwarnung an die Adresse der Chinesen, fast den gesamten Kraftwerkskomplex Suiho zerstören (unter dem Vorwand, dieser sei ein »militärisches Ziel«). Das hatte in Europa einen Aufschrei der Empörung zur Folge und stellte die Glaubwürdigkeit Washingtons weiter in Frage. Da die Elektrizität für militärische Belange realiter kaum eine Rolle spielte, gingen die Kämpfe weiter wie gehabt. Nur den Zivilisten machte der Ausfall von mehr als 90 Prozent der Stromversorgung schwer zu schaffen, zumal der Krieg bereits die sonstige Infrastruktur und das Gesundheitswesen zugrunde gerichtet hatte, so daß eine Typhus- und eine Pockenepidemie wüteten.[26]

Die Luftwaffe hatte China keine Zugeständnisse abringen können, und an militärischen Drohungen blieb nur noch übrig, den Krieg auf China selbst und die Mandschurei auszudehnen. Doch der neue Präsident Eisenhower war Ende 1952 ebensowenig wie Truman bereit, den Krieg nochmals zu verschärfen oder gar Atombomben abzuwerfen; dasselbe galt auch in Indochina. Begrenzte Kriege versprachen keine eindeutigen Siege mehr, so daß der Präsident – und besonders sein Außenminister John Foster Dulles – krampfhaft nach einer ganz neuen strategischen Doktrin suchten, die sie später »the New Look« nannten. Dahinter verbarg sich die Drohung, sozusagen als Ultima ratio, wenn alle anderen Mittel versagt hatten, Kernwaffen einzusetzen. In der Praxis wurde dieses

Schreckensmodell allerdings niemals angewandt. Faktisch war Washington bereits 1950 in eine konzeptionelle Sackgasse geraten und fand auch später keine zwingende Strategie dafür, seine technisch-materielle Überlegenheit erfolgreich einzusetzen.

Gleichwohl versuchten der neue Präsident und speziell sein Außenminister Dulles, China mit allen möglichen Drohungen, vom Atomschlag bis zu Plänen, Tschiang Kai-schek von Taiwan aus gegen das Mutterland »aufzuhetzen«, zum Einlenken bei den Waffenstillstandsgesprächen zu nötigen. Vermutlich sind im Frühjahr 1953 für den Ernstfall sogar Atomraketen in Okinawa stationiert worden. Allerdings sah sich die Eisenhower-Administration zunächst einem noch größeren Problem in Person des Syngman Rhee gegenüber, denn in gewissem Sinne hatte sie es nun mit beiden Seiten gleichzeitig zu tun und mußte jedenfalls beide unter Druck setzen, um den Krieg schnellstmöglich zu beenden.

Zwar signalisierten die Chinesen seit September 1952 grundsätzlich Verhandlungsbereitschaft, doch die Festschreibung der bestehenden Truppenverteilung hätte Korea am 38. Breitengrad gespalten. Für die USA war das kein Hinderungsgrund mehr, ging es ihnen doch vor allem um den glaubhaften Nachweis, daß sie Übergriffe Chinas »auf nichtkommunistische Staaten Asiens« wirksam unterbinden würden.[27] Für Rhee dagegen hätte eine Verhandlungslösung den Abschied vom Ziel der Wiedervereinigung bedeutet, und er machte keinen Hehl aus seinem ehrgeizigen Vorhaben. Als die Eisenhower-Administration sich dann ernsthaft auf Waffenstillstandsverhandlungen einließ, hintertrieb er laufend ihre Bemühungen und wurde so den Amerikanern am Ende viel lästiger als die Kommunisten.

Schließlich richtete Washington klare Worte sowohl an die Chinesen als auch an Rhee, der sie jedoch erpreßte und nach siebenjähriger Unterstützung nicht ohne weiteres fallengelassen werden konnte. Im Februar 1953 plante man indes, ihn kaltzustellen, und zog, als er Ende Mai das unterschriftsreife Abkommen über eine Waffenruhe sabotierte, sogar in Betracht, notfalls militärisch gegen ihn vorzugehen, um ihn aus dem Weg zu räumen. Im Fall der Kooperation winkten ihm jedoch hohe Militär- und Wirtschaftshilfe und eine Beistandsgarantie gegenüber den Kommunisten. Als die Waffenstillstandsgespräche nach dem 10. Mai erneut in eine Sackgasse gerieten, bombardierte die Luftwaffe ganz heikle Ziele des Nordens, und Washington drohte Peking auf dem Umweg über Indien an, daß der Krieg auf die Mandschurei ausgedehnt werde, falls eine Einigung nicht zustande komme.

Die nördlich von Pjöngjang liegenden Staudämme Toksans und Chosans waren rein zivile Ziele und absolut unverzichtbar für die Reisproduktion. So heißt es in der amtlichen Chronik der U. S. Army, daß »humanitäre Erwägungen gegen ein Bombardement sprachen« und »viele Offiziere der Luftwaffe sehr besorgt über die Konsequenzen waren«.[28] Als die Angriffe gegen die Dämme am 13. Mai begannen, »übertrafen die Überschwemmungsschäden alle Hoffnungen«, wie man in der *Fifth Air Force* frohlockte.[29] Straßen, Brücken, Bahnlinien seien, wie erwartet, weggeschwemmt worden, insbesondere aber Unmengen von Reis untergegangen, worin das neue Hauptziel bestand. Obwohl Feldzüge gegen Nahrungsquellen aufgrund des traditionellen Völkerrechts streng tabu waren. Zwar änderte die Reisvernichtung kein Jota am Kriegsausgang, aber sie führte Peking klar vor Augen, daß die USA jetzt vor keinem Kriegsverbrechen mehr zurückschreckten.

Der Koreakrieg erschütterte die Öffentlichkeit nachhaltig und hinterließ in der Wirtschaft der USA tiefe Spuren. Da die Truman-Administration erhebliche Mittel für den Plan NSC-68 aufwenden wollte, waren die nationalen Sicherheitsausgaben von Mitte 1950 bis zum Amtsantritt Eisenhowers 1953 von 13 auf 50,4 Milliarden Dollar gestiegen. Die kurz vor dem Krieg nur unerhebliche Inflationsrate schnellte 1951 (zum allgemeinen Entsetzen) auf 7,9 Prozent empor, und im letzten Amtsjahr Trumans fiel das Haushaltsdefizit des Bundes mit 6,5 Milliarden Dollar völlig aus dem Rahmen. Der Krieg wurde unpopulär. Wenn ihn die große Mehrheit der Amerikaner im Juli 1950 noch gewollt hatte, so lehnte sie ihn im Oktober 1952 strikt ab. Eisenhowers Wahlsieg ging direkt auf sein Versprechen zurück, den Krieg zu beenden und die Rüstungsausgaben wieder zu senken.[30]

15. AUF KONFRONTATIONSKURS (1954–1991)

Nachdem die konventionelle Kriegführung in Korea gescheitert war und die Sowjets im August 1953 ihre erste Wasserstoffbombe gezündet hatten, stand Washington mehr denn je unter Druck, eine schlüssige Militärdoktrin zu formulieren. Doch zugleich wollten Eisenhower und seine maßgeblichen Wirtschaftsberater das Haushaltsdefizit und die Inflation eindämmen, wofür die Rüstungsausgaben verringert werden mußten. Die Doktrin des »New Look«, die mit atomaren Vergeltungsschlägen drohte, verhieß ein optimales Verhältnis zwischen Feuerkraft und Kostenaufwand und erlaubte zumindest anfangs tiefe Einschnitte in den Militäretat, aber das Grundproblem löste sie keineswegs.

Es lag ja auf der Hand, daß die Vereinigten Staaten nicht bei jedem Konflikt in der Dritten Welt mit einem nuklearen Inferno drohen konnten. Im übrigen hatte die UdSSR im Herbst 1949 ihrerseits begonnen, kräftig an der Rüstungsschraube zu drehen, so daß die Militärausgaben auf Dauer doch nicht zu begrenzen waren. Als die Sowjets im Oktober 1957, übrigens vor den Amerikanern, eine Langstreckenrakete ins All geschossen und dabei einen Satelliten ausgesetzt hatten, wurde ein seit 1949 gegebener Sachverhalt für alle Welt unübersehbar: Da ein Atomkrieg bei diesen technischen Möglichkeiten auf gegenseitige Vernichtung hinausliefe, war die von der Eisenhower-Administration ausgegebene Doktrin der massiven Vergeltung selbstmörderisch und insofern sinnlos.

Davon abgesehen spielte der Rüstungsetat ab 1950 eine immer wichtigere Rolle als konjunkturpolitisches Steuerinstrument. Und sogar jene konservativen Republikaner, die eine zu weitgehende

Defizitfinanzierung strikt ablehnten, entschieden sich, vor die Wahl gestellt zwischen konsequenten Sparmaßnahmen und dem kostspieligen Dünkel, sich als antikommunistische Weltpolizei gerieren zu müssen, unweigerlich für die zweite Alternative. Da das Militärbudget dementsprechend der einzige zwischen Demokraten und Republikanern unumstrittene Ausgabenbereich war, wurde das Bemühen um Wachstum und Vollbeschäftigung in hohem Maße auf Rüstungsaufträge gestützt.

Allerdings gebar das Wettrüsten auch eigene Imperative. Vor allem erforderte es Angst. Dulles sprach in diesem Zusammenhang einmal von »dem Gefühl, eine Gefahr bannen zu müssen«, damit »die Anstrengungen der freien Welt nicht rapide nachlassen«.[1] Diese Dauerspannung drängte die Diplomatie zunehmend ins Abseits, und dazu trug die Eisenhower-Administration wiederholt das Ihre bei, nach dem Tod Stalins im März 1953 besonders im Hinblick auf Europa, aber auch auf Indochina. Doch die mit Bedacht gepflegte Schreckensvision einer allmächtigen Sowjetunion hatte den Kongreß und die Öffentlichkeit bereits ab 1946 fest auf den Kalten Krieg eingeschworen. Der schlechte Ratgeber Angst bewirkte, daß die USA – teils zynischerweise, teils aus einem paranoiden Selbstbetrug – höchst dubiose Statistiken heranzogen, um die Weltmachtziele der Sowjetunion unter Beweis zu stellen (mit der kuriosen Folge, daß die Erschütterungen und schließlich der Zusammenbruch des Ostblocks sie völlig unvorbereitet trafen). Im übrigen trieben die so geschürten Ängste viele europäische Nationen in die NATO oder in andere Militärbündnisse, und Washington setzte sie auch andernorts gezielt ein, vor allem, um vor der »Neutralität« zu warnen.[2]

Auf der Suche nach neuen Wegen

Da die konventionelle Kriegführung in Korea ad absurdum geführt worden und die nukleare »Abschreckung« viel zu gefährlich war, hätten die USA nach 1953 eigentlich eine ganz neue Doktrin, das heißt, eine Alternative zum Armageddon, formulieren müssen, zumal ja nichts Geringeres auf dem Spiel stand als ihre Glaubwürdigkeit.

Doch gerade der Fetisch einer glaubwürdigen Abschreckung machte, in Gestalt der ihm zugrundeliegenden Dominotheorie, das Schicksal ganzer Erdteile von den Ereignissen in jedem einzelnen ihrer Staaten abhängig. Auch stand das Beharren auf Glaubwürdigkeit um jeden Preis seinem Wesen nach diplomatischen oder sonstigen friedlichen Konfliktlösungen im Wege. In Vietnam erlitt der ganze Ansatz schließlich Schiffbruch.

Doch zunächst kam der vermeintlich rettende Einfall, in Ländern der Dritten Welt hauptsächlich auf die Truppen befreundeter Staaten statt auf die GIs zurückzugreifen, um dortige Erhebungen niederzuschlagen, und diese entsprechend auszurüsten, zu schulen und zu finanzieren. Dieses Konzept der »flexiblen Antwort« auf die jeweilige kommunistische Provokation wies den örtlichen Verbündeten eine Schlüsselrolle zu, unterstrich jedoch gleichzeitig die Entschlossenheit Washingtons, sich als Ultima ratio nukleare Vergeltungsschläge vorzubehalten. Und es ging damit eine Neigung einher, alle kooperationswilligen Regime per se als rechtmäßig und schützenswert anzusehen, so daß die USA für die Probleme zahlreicher von Grund auf labiler und brüchiger Staatsgebilde haftbar gemacht wurden.

Unter Eisenhower vervierfachten sich die jährlichen Militärbeihilfen für Länder Lateinamerikas und Asiens in Form von Ausrüstung, Beratung und Schulung, und der Aufbau regionaler Militärbündnisse wie SEATO oder CENTO band Washington noch enger an seine Vasallen. So setzte man, was Dritte-Welt-Staaten anging, offiziell zunehmend auf das Militär, bisweilen allerdings auch auf Diktatoren und Tyrannen; zudem bemühte man sich redlich, die Polizeikräfte vor Ort zu stärken. Hinzu kamen verdeckte Operationen der CIA, eine besonders subtile Methode, da man im Fall von Pannen oder Pleiten keinerlei Verantwortung übernehmen mußte. Der eigentliche »Geheimdienst« hatte noch 1952 rund 2800 feste Mitarbeiter gehabt (die Spitzel nicht gerechnet), doch unter Eisenhower verdoppelte sich deren Zahl fast, und damit verschlangen die Agenten das größte Einzelbudget der CIA. Sie konnten ungestraft jenseits der Legalität agieren und taten das oft sogar sehr erfolgreich, wie zum Beispiel

1953 im Iran oder 1954 in Guatemala. Damit bekam Washington ein buchstäblich »unkonventionelles« Mittel in die Hand, sich in die Geschicke vieler weiterer Länder einzumischen.[3]

So wurde es für die USA immer leichter, den politischen Werdegang einzelner Staaten aus dem Hintergrund zu lenken, und obwohl das erheblich ökonomischer war als jeder konventionelle Krieg, kettete es die vielbeschworene Glaubwürdigkeit direkt an das Gebaren von Diktatoren und Ausbeutern. Schon dieser Umstand zwang Washington, in manchen Fällen einzugreifen, in denen dies ansonsten gewiß unterblieben wäre – von der ab 1954 erfolgenden militärischen Unterstützung Südvietnams unter dem Regime Ngo Dinh Diems bis zu der Maßnahme, im Juli 1958 eine Nuklearflotte an die Küste des Libanon zu entsenden. Im Laufe der Zeit glitt Washington seine Außenpolitik immer mehr aus den Händen, weil es unablässig hinter neuen, vermeintlich umwälzenden Entwicklungen her sein mußte.

Das Dickicht der Dritten Welt

Ab 1949 hatten offene Militäraktionen der Vereinigten Staaten in der Dritten Welt, die nicht als kriegerisch definiert wurden, erheblich zugenommen, und in den meisten Fällen waren bei solchen der Einschüchterung dienenden Machtdemonstrationen weder die Sowjets noch die Chinesen direkt vor Ort. In einem gewissen Maße trugen echte oder vermeintliche Krisen auch dazu bei, den Konsens über den Kalten Krieg und die Notwendigkeit der permanenten Aufrüstung sowohl in den USA selbst als auch bei ihren Bündnispartnern zu festigen. Die politischen und militärischen Analysen hatten einen zunehmend selbstbestätigenden Charakter, und die Flut der ab 1955 erscheinenden strategischen »Expertisen«, am bekanntesten die von Henry Kissinger, konnte schon aus Karrieregründen gar nicht anders, als die allgemeinen Illusionen und Fehlannahmen zu nähren und die Risiken der zunehmenden Verstrickung der USA in Drittwelt-Scharmützel kleinzureden.

Das Problem der USA mit einer immer unruhiger werdenden Dritten Welt ging hauptsächlich darauf zurück, daß sie den in vielen Entwicklungsländern aufkommenden Nationalismus nicht akzeptierten. Auch wenn dabei ihre ökonomischen Interessen eine weitaus wichtigere Rolle spielten als der vermeintlich drohende Kommunismus, warfen sie gleichwohl den Russen vor, überall Rebellion und Aufruhr zu schüren.

In der großen Entkolonialisierungswelle, die schon 1945 eingesetzt hatte, standen die USA grundsätzlich auf der falschen Seite, waren mißtrauisch und widersetzten sich regelmäßig den Befreiungskämpfen – deren antiimperialistische Parolen sie selbstverständlich stets für bare Münze nahmen. Da ihre Funktionäre niemals die vielschichtigen Motive der Sowjets oder das selbständige Auftreten revolutionärer Parteien durchschauten, stellten sie sich auch gegen nichtkommunistische Befreiungsbewegungen, unterstützten sie in Afrika den Kolonialismus und griffen versteckt etwa 1954 in Guatemala und 1964 in Brasilien ein, um die dortigen Nationalisten zu bekämpfen. Im Nahen Osten förderten sie jedoch zugleich konservative Nationalisten, um die Briten aus ihrer Machtstellung zu verdrängen. Stets liefen sie dabei große Gefahr, daß entweder der Konflikt eskalierte oder ein Glaubwürdigkeitsverlust eintrat.

Im Hintergrund standen jedoch stets vitale Interessen. In den fünfziger Jahren importierten die USA rund 48 Prozent ihres Metallbedarfs aus der Dritten Welt (gegenüber fünf Prozent in den zwanziger Jahren), von der ihre Wirtschaft zunehmend abhängig wurde. Wenn man allerdings bedenkt, daß ihre ökonomisch bedingten politischen Ziele in der Region im wesentlichen durch wachsende Armut und Not durchkreuzt zu werden drohten, so erscheint eine nukleare Option wie die des »New Look« auf eine geradezu absurde Weise abwegig: Die Konflikte der Welt entwickelten sich nämlich zunehmend jenseits der Einflußmöglichkeiten sowohl amerikanischer Waffen als auch kommunistischer Parteien.[4]

Der Testfall Vietnam*

»Vietnam« steht in erster Linie als Chiffre dafür, wie kompliziert die Verhältnisse in der Dritten Welt und damit zugleich die Grundlagen der amerikanischen Außenpolitik geworden waren. Für Washington bildete das Land gleichsam den Inbegriff der Suche nach einer schlüssigen Militärdoktrin und der großen Herausforderungen, mit denen man sich weltweit konfrontiert sah. Wenngleich das Los mehr oder weniger zufällig ausgerechnet Vietnam traf, erschien es nach den Entwicklungen der fünfziger Jahre fast vorherbestimmt, daß Amerika versuchen würde, seine Glaubwürdigkeit durch entscheidende militärische Erfolge zu stärken, um jene Scharten auszuwetzen, die es seit 1949 in Korea, in Kuba und andernorts hatte hinnehmen müssen, und die Weltordnung auf ein neues Fundament zu stellen.

Die 1960 gegründete und zunehmend vom kommunistischen Norden unterstützte südvietnamesische Nationale Befreiungsfront (FNL) fand bei den Bauern, vor allem den jungen, ärmeren, viel mehr Rückhalt als ehemals der Vietminh, so daß sie eine solide Basis hatte und in den von ihr kontrollierten Gebieten für eine »sozial ausgerichtete« Bodenreform kämpfen konnte, um den Pachtzins zu senken, Flächen umzuverteilen und ähnliche Maßnahmen in die Wege zu leiten. Angesichts der vielerorts herrschenden extremen Armut und Ausbeutung wies der spätere Konflikt, ungeachtet des maßgeblichen Beitrags der USA, alle Züge sowohl eines Bürgerkriegs als auch des Klassenkampfes auf.[5] Das stellte die Militärs vor noch schwierigere Probleme als im Fall des Koreakriegs, zumal das Gelände höchst unübersichtlich und für High-Tech-Waffensysteme denkbar schlecht geeignet war.

Indem die Vereinigten Staaten ab 1964 immer mehr modernste Waffen aufboten, wollten sie damit das ehrenrührige Patt des

* In meinem Buch *Anatomy of a War: Vietnam, the United States, and the Modern Historical Experience* (New York 1994) habe ich alle Aspekte des Vietnamkriegs ausführlich abgehandelt.

Koreakriegs vergessen machen und neuerlich versuchen, ihre Glaubwürdigkeit und Entschlossenheit unter Beweis zu stellen, diesmal allerdings schlagend. Deshalb mußte das Pentagon den Kleinbauern gleichzeitig politisch-ökonomische Anreize bieten, die eine Alternative zum revolutionären Kampf darstellten. Sofern das Militär außerdem die amerikanische Öffentlichkeit nicht gegen sich aufbringen wollte, mußte ein relativ schneller Sieg her, für den nicht zu viele amerikanische Soldaten geopfert würden. Darüber hinaus dürfte der Krieg im Lande selbst kein Chaos auslösen, das den militärischen Erfolg politisch wieder zunichte gemacht hätte.

Fehlorganisation

Da sich die USA in Vietnam aus der tiefen strategischen Krise befreien wollten, die der Koreakrieg heraufbeschworen hatte, wich der Feldzug dort in mancher Hinsicht drastisch von allen früheren Konflikten ab. An den Rivalitäten zwischen den Waffengattungen änderte sich allerdings nichts (übrigens bis zum heutigen Tage), so daß sich der Stand der Dinge, also wer eigentlich jeweils siegte bzw. unterlag, oft kaum beurteilen ließ.

Relevante, das heißt sachkundige und verwertbare Geheimdienstberichte spielten in Vietnam (wie üblich) fast keine Rolle, abgesehen davon, daß es wegen der elektronischen Funktechnik und der Vielzahl von Aktivitäten massenhaft Daten gab, deren Analyse sehr viel Zeit und Geld verschlang. So brauchte Washington volle neun Jahre, um zu erkennen, daß sein Favorit Ngo Dinh Diem den Krieg verlieren würde, um schließlich selbst eine zentrale Rolle bei dessen Beseitigung zu übernehmen. Da es solche Unmengen von Daten gab, konnten die Funktionäre ohne weiteres jene auswählen, die ihren Neigungen am besten entsprachen, und den Rest übergehen. Die gebündelten Irrtümer und Illusionen schufen eine Traumwelt, die rasche Erfolge verhieß; der technische Aufwand wurde dem so vorgegaukelten Triumph zuliebe immer höher getrieben. Das böse Erwachen kam erst, nachdem die Tet-Offensive im Februar 1968 keinen Zweifel mehr daran erlaubte, daß der Krieg verloren war.[6]

Strategische Prämissen – und Probleme

In Vietnam stand Washington vor der Alternative, die strategischen Probleme seiner Rüstungspolitik entweder lösen zu können oder von ihnen erdrückt zu werden. Da der Einsatz derart hoch war, ließ es sich blindwütig in den längsten Krieg seiner Geschichte verwickeln, an dem schließlich direkt vor Ort oder in der Region rund eine dreiviertel Million Mann der US-Armee beteiligt waren.

Nach 1975 haben mehrere pentagoneigene Militäranalytiker die fatalen Empfehlungen des sogenannten »Army Concept« zerpflückt, sich ganz auf massive Feuerkraft und die zugegebenermaßen ausgesprochen wendigen Hubschrauber zu verlassen, ohne dabei zu berücksichtigen, daß die moderne Technik im Gelände von Vietnam kaum zu Buche schlug.[7] Denn dort tauchte der Feind regelmäßig unter und nutzte bei günstiger Gelegenheit das Überraschungsmoment. Dagegen setzten die Amerikaner ihre Strategie des »search and destroy« (Aufspüren und Vernichten) ein, die lediglich darin bestand, daß Bodentruppen Feindberührung herstellten und sich dann so schnell wie möglich aus dem Staub machten, damit Artillerie und Luftwaffe ein freies Schußfeld bekamen. Die Infanteristen dienten demnach in erster Linie als Lockvögel oder Köder und machten jeweils höchstens ein Fünftel der Armee aus. Im übrigen bezeugt die pro Dienstjahr aufgewandte Munitionsmenge, in welchem Maße man auf die Feuerkraft setzte: Wenn der Zweite Weltkrieg, als Richtwert, einer Tonne Sprengstoff pro Dienstjahr entspräche, so wurde in Korea das Achtfache und in Südostasien 1966 bis 1971 das Sechsundzwanzigfache eingesetzt. In Indochina verfeuerten allein die USA 15 Millionen Tonnen Munition – mehr als doppelt soviel wie im Zweiten Weltkrieg und fünfmal soviel wie im Koreakrieg. Die Hälfte davon wurde aus der Luft abgeworfen, im Fall der B-52 aus bis zu zehn Kilometern Höhe. Eigenen Angaben der Luftwaffe zufolge traf die Hälfte ihrer Bomben keine feindlichen Stellungen, und rund 70 Prozent der verbrauchten Artilleriegeschosse dienten der Taktik des »Aufstörens und Vertreibens« und wurden verfeuert, wo es allenfalls leichte oder gar keine Gefechte gab.

Die immens kostspieligen, gleichsam futuristischen Aspekte der amerikanischen Kriegführung sind berüchtigt – vom computerisierten elektronischen Schlachtfeld bis zum Aufklärer mit allem Drum und Dran –, doch für die entscheidende Neuerung sorgte der Kampfhubschrauber. Nachdem er ursprünglich für den Einsatz in Europa gedacht war, erkannte McNamara seine vielseitige Verwendbarkeit im Urwaldkampf.[8]

Nach 1965 ließ die maßlose Eskalation des Vietnamkriegs die Inflationsrate der USA um das Dreifache steigen und heizte ihren Arbeitsmarkt dermaßen auf, daß die Produktivität stetig nachließ, was wiederum den Dollar auf den internationalen Devisenmärkten schwächte. Dabei hatte sich die Johnson-Administration bereits mutig für eine »Große Sozialreform« engagiert, die vor allem den Armen und den Schwarzen zugute kommen sollte, ohne allerdings vorauszusehen, wie gründlich der Krieg die Öffentlichkeit aufwühlen würde. Ab 1967 wuchs die Zahl seiner Gegner rasch, und am Ende jenes Jahres war die Bevölkerung schon tief gespalten. Dann kam im folgenden Februar das Debakel der Tet-Offensive hinzu, und im Januar 1973 waren schließlich ganze zwei Drittel der US-Bürger entschieden gegen den Krieg eingestellt.

Doch der Vietnamkrieg polarisierte nicht nur die amerikanische Gesellschaft, sondern er belegte auch, daß sie trotz des historisch bedingten Fehlens einer starken Linkspartei imstande war, ihren Unmut und Protest mit Nachdruck kundzutun. Darüber hinaus begann ein Kongreß, der seit zwei Jahrzehnten nur aus Jasagern bestanden hatte, den Vorrang der Exekutive in Frage zu stellen, was dann im August 1974 darin gipfelte, daß er Nixon aus dem Weißen Haus vertrieb.[9]

Die militärische Niederlage

Anzeichen von innenpolitischer Opposition hatte es schon bei Kriegsbeginn gegeben, allerdings keine für den totalen militärischen Zusammenbruch. Die US-Truppen in Vietnam waren geprägt durch eine extreme Klassenstruktur. Viele der Offiziere waren Karrieristen, die ihre Untergebenen mißbrauchten, nur um befördert zu werden, oder aber wenig motivierte Etappenhengste, denen das eigene Überleben weitaus mehr bedeutete als Ruhm und Ehre. Unter den fast zwei Millionen Mann, die insgesamt in Vietnam dienten, waren die »Parias«, die Schwarzen und die Hispanics, unverhältnismäßig stark in den Kampfeinheiten für die besonders gefährlichen »Search-and-Destroy«-Einsätze vertreten. Dabei wollten gerade diese Gruppen, die nur knapp ein Fünftel der Armee stellten, Feindberührungen möglichst vermeiden und versuchten in den Jahren 1969 bis 1972 in mindestens 788 Fällen (aber nur 86mal mit Erfolg), ihre Offiziere zu töten, wenn diese Vorstöße befahlen oder ihnen harte Drogen verboten. Nie zuvor hatte die U. S. Army ein so hohes Maß an Ungehorsam, so eklatante Rassenkonflikte und so viele Krawalle erlebt, von der Heroinsucht sowie dem Marihuana- und Alkoholkonsum ganz zu schweigen.[10]

Strukturelle Ursachen der Niederlage

Das sang- und klanglose Ende des Vietnam-Konflikts stand in einem fast komischen Gegensatz dazu, wie er zuvor eskaliert war, als man weite Teile des Landes unter massiven Beschuß genommen hatte, um (wie General William C. Westmoreland es ausdrückte) »dem Feind seinen Rückhalt in der Bevölkerung zu nehmen«.[11] In den ungeheuren »Freifeuerzonen« galt übrigens jeder Fremde als Feind, so daß alle Zivilisten aus ihnen vertrieben und dort aufs Geratewohl Granaten und Bomben eingesetzt wurden.[12] Der vom Pentagon heimlich genehmigte großflächige Einsatz chemischer Kampfstoffe, ebenfalls eine Vertreibungsmethode, trug diesem außerdem den Vorwurf ein, Kriegsverbrechen zu decken.

Das absehbare und beabsichtigte Resultat des Vernichtungsfeldzuges war die Entwurzelung der Landbevölkerung. Während genaue Daten darüber nie bekannt werden dürften, räumte das Pentagon ein, daß zwischen 1965 und 1972 in Südvietnam, das 1970 gut 18 Millionen Einwohner zählte, 700 000 bis 1,2 Millionen Zivilisten getötet oder verletzt wurden. Mehr als die Hälfte der Bauern, besonders aus den Hochburgen der Nationalen Befreiungsfront, wurden in Flüchtlingslager verschleppt. Hatte 1960 nur ein Fünftel der Südvietnamesen in Ballungsräumen gelebt, so stieg dieser Anteil bis 1971 auf 43 Prozent – eine fünfmal höhere Zuwachsrate als im Rest der Dritten Welt.[13]

Zwar ging das militärische Kalkül auf, da der Vietcong weitgehend von der bäuerlichen Basis abgeschnitten wurde, aber damit war auch die Gesellschaftsordnung bis in ihre Grundfesten zerstört. Viele Menschen strandeten völlig mittellos und entwurzelt auf den Straßen der Großstädte, mußten betteln, hausieren oder der Prostitution nachgehen. Der Überlebenskampf nährte Selbstsucht und Apathie, doch amerikanische Funktionäre nahmen an, eine durch den Krieg entwurzelte traditionelle Bauernschaft könne echte Alternativen zum Kommunismus entwickeln. Dabei blieb völlig unberücksichtigt, daß ein neu zu bildendes Marionettenregime vor allem Geld und demokratisch legitimierte Macht gebraucht hätte, um die Lage in den Griff zu bekommen. Das Land zu zerstören war relativ leicht gewesen, unendlich viel schwieriger hingegen wurde es nun, wieder tragfähige soziale, politische und ökonomische Strukturen aufzubauen.[14]

Kräfteverhältnisse

Sowohl die Amerikaner als auch die Kommunisten waren nach der Tet-Offensive deutlich geschwächt. Zwar hatten die USA den feindlichen Truppen schwere Verluste zugefügt und bis 1968 wiederholt ihren Material- und Personalaufwand erhöht, damit jedoch den Willen und Widerstand des Feindes nicht brechen können.[15]

Der Kriegsverlauf lag indes grundsätzlich nicht mehr in den Händen der Kombattanten selbst, war also ihren Entscheidungen weitgehend entzogen, und der Konflikt hatte sich mit der Zeit derart verändert, daß es auf Schlachtfelder oder Armeen kaum noch ankam. Wie wir heute wissen, glaubten sich die Kommunisten nach der Tet-Offensive am Rande der Niederlage, und ihr daraus erwachsener Defätismus hielt bis zum Schluß an. Ein Stück weit war er insofern tatsächlich begründet, als die Befreiungsfront ab 1968 schwere Verluste hinnehmen mußte, ihre Infrastruktur ziemlich gelitten hatte und das Hauptziel der Offensive, in den Städten wieder mehr Unterstützung zu gewinnen, restlos gescheitert war.

Die verelendeten Massen blieben taub für politische Appelle. Zwar verhielt sich eine bedeutende Minderheit betont abwartend, aber das waren überwiegend eher unzuverlässige Leute. Auch aus militärischen Gründen spielte die Partei in den Städten keine bedeutende Rolle mehr, und auf dem Lande mußte sie stets an die Sicherheit der Bauern denken, die ohnehin oft viel zu apathisch und traumatisiert waren, um sich noch politisch zu engagieren. Vor 1966 hatten diese mehrheitlich, teils aus Überzeugung, teils mit Rücksicht auf ihre Nachbarn oder Angehörigen, die Befreiungsfront unterstützt, doch ab 1969 war ihnen gewöhnlich das Hemd näher als der Rock, das heißt, sie paßten sich den realen Machtverhältnissen an. Die kommunistischen Truppen waren ab 1968 derart ausgeblutet, daß sie größeren Gefechten aus dem Weg gingen, bis der Einmarsch des Saigoner Regimes in Laos sie im Februar 1971 wieder zum Kämpfen zwang – und sie siegten. Obwohl die Verbände im Mai 1972, nach dem Überschreiten des 17. Breitengrades, bedeutende taktische Erfolge verbuchen konnten, hielten sie aufgrund ihrer schweren Verluste und gravierenden Koordinationsmängel noch fast drei Jahre lang an einer übervorsichtigen, defensiven Grundeinstellung fest.

Doch all die scheinbar durchschlagenden militärischen Aspekte, die sowohl die Amerikaner als auch die Kommunisten als maßgeblich betrachteten, hatten nicht annähernd die ihnen beigemessene Bedeutung. Im Grunde begriff keine der beiden Parteien, daß sich der Krieg im Lauf der Zeit gleichsam zu einem Härtetest für soziale und politische Systeme entwickelt hatte.

Die Armee Südvietnams (ARVN) glich in organisatorischer Hinsicht viel eher dem Stil Tschiang Kai-scheks im Zweiten Weltkrieg als den abgehobenen Modellen und Theorien der amerikanischen Offiziere und Strategen. Thieus byzantinische Soldateska diente in erster Linie dem Bestreben, seine politische Macht zu sichern und einen Militärputsch zu verhindern. Die von den USA subventionierte Wirtschaft war ein einziges Lehen, das Thieu und seinen Konsorten Reichtum bescherte und Loyalität sicherte. Obwohl die Armee 1972 über eine Million Mann verfügte und ihre Offiziere Thieu blind ergeben waren, konnte sie weder geordnet kämpfen noch die hochmodernen Waffensysteme, mit denen die USA sie eindeckten, richtig bedienen. Zwischen 1965 und 1972 stahlen sich viele Rekruten davon, und etwa ein Viertel der registrierten Männer waren reine »Geistersoldaten«, also desertiert, gefallen oder andernorts beschäftigt, so daß die Offiziere ihren Sold nebst Rationen selbst einsacken konnten. Der soziale Abstand zwischen Offizieren und Mannschaften war enorm und betraf den Bildungsstand ebenso wie die Religion, wobei erstere überwiegend katholisch waren. Soldaten mußten bis zum 45. Lebensjahr dienen, so daß fast die Hälfte davon ihre Familien zu sich holten und im Umkreis der ARVN-Stützpunkte weitaus mehr Frauen und Kinder lebten als Armeeangehörige.

Im Januar 1975 war die ARVN den im Süden versammelten kommunistischen Verbänden auf dem Papier eindeutig überlegen: Sie besaß gut das Dreifache an Artillerie, das Doppelte an Panzern, gepanzerten Fahrzeugen und Kampftruppen sowie 1400 (gegenüber null) Flugzeuge. In der Tat feuerte sie bis Ende 1974 neunmal so viele Granaten ab wie der Feind, besaß gewaltige Munitionslager und hatte verhältnismäßig geringe logistische Probleme. Demnach gab nicht die Stärke der Kommunisten den Ausschlag, sondern das Versagen der Armee Thieus. Diese begann 1974, also inmitten der Inflation, auseinanderzubrechen und war schon vor der ersten großen Herausforderung völlig demoralisiert. Hätte Hanoi nicht im März 1975 angegriffen, so wären die Kommunisten alsbald jedenfalls siegreich aus den sozialen Unruhen hervorgegangen, deren mehr als wahrscheinliches Bevorstehen sogar einige US-Experten offiziell bestätigten.

Nur der tiefe ökonomische und ideologische Einbruch kann erklären, warum die ARVN trotz der technischen und materiellen Überlegenheit fast kampflos aufgab. Als die kommunistische Armee Mitte März 1975 im Zentralen Hochland angriff, rechnete sie in diesem zerklüfteten Gelände mit langwierigen Kämpfen und war überhaupt nicht auf einen schnellen Sieg vorbereitet. Doch die ARVN zerfiel nach ganz kurzem Gefecht, worauf sich in der Nordhälfte Südvietnams eine Panik breitmachte. Damit fiel den Kommunisten zum zweitenmal nach dem August 1945 erhebliche Macht in die Hände, die allerdings mit schwierigen administrativen Problemen einherging.[16]

In Vietnam überdeckten die sozialen, ökonomischen und organisatorischen Aspekte des Kriegs zunehmend die rein militärischen und bestimmten seinen Ausgang maßgeblich. Einen »Sieg« im herkömmlichen Sinne des Wortes konnte es dabei ohnehin nicht mehr geben. Zwar wurden traditionelle Strukturen erschüttert und aus den Trümmern neue – für jene, die eine sozialistische Alternative anstrebten, oft entmutigende – geboren. Nach den Kriegen in Korea und Vietnam lag aber auch auf der Hand, daß die Vereinigten Staaten mit ihrem Latein am Ende waren: Sie konnten ein Patt halten oder unterliegen, doch die Zeit der durchschlagenden militärischen Erfolge war endgültig vorbei.

Das Grundproblem

Das Scheitern der Vereinigten Staaten im längsten, kostspieligsten und umstrittensten Krieg ihrer Geschichte fiel in eine Phase, in der sie dringender denn je eine neue globale Militärdoktrin gebraucht hätten, und noch lange nach dem Debakel von Vietnam war Washington mit dessen Aufarbeitung beschäftigt, ohne allerdings eine überzeugende Antwort finden zu können.[17] Insofern blieb seine gesamte Außenpolitik diffus und unschlüssig, was zum Teil sogar Vorteile zunichte machte, die der Niedergang des Ostblocks hätte bringen können. Im Falle der Angola-Krise 1975 klagte der Chef der dortigen CIA-Leitstelle: »Wir haben ein umfangreiches Geheimprogramm abgewickelt, nur um zwei angolanische Widerstandsgruppen zu unterstützen, über die wir kaum zuverlässige Daten besaßen«, so daß die Vereinigten Staaten dort Waffen und Prestige für einen Konflikt opferten, der bis heute als außergewöhnlich brutal gilt.[18] Die iranische

Revolution des Jahres 1979 mit ihren weitreichenden Auswirkungen für die ganze Golfregion und den Nahen Osten kam für Washington völlig überraschend.

Doch auch nach 1965 waren die USA stets sehr schnell damit bei der Hand, Gewalt anzudrohen und Truppen zu entsenden, vor allem in den Nahen Osten, aber auch nach Ost- und Südostasien, so als hätten sie aus dem sich damals schon abzeichnenden Fiasko in Vietnam überhaupt nichts gelernt. Ende 1971 unterstützte Nixon Pakistan im Streit mit Indien über Bangladesch, obwohl er genau wußte, daß die bengalischen Rebellen gute Gründe für ihr Vorgehen hatten – nur weil dieser alte Verbündete amerikanische Waffen benutzte, wogegen Indien ein zwar befreundetes, aber neutrales Land war und seine Ausrüstung von den Sowjets bezog. Um einer glaubhaften Abschreckung willen mußten die USA nach Ansicht des Weißen Hauses stets bereit sein, fast überall einzuschreiten und noch die korruptesten Tyrannen der Dritten Welt zu unterstützen, solange diese nur loyal blieben. Das wurde, im Verein mit der Dominotheorie, fast zu einem Glaubensartikel und ließ nur wenig Raum für Fakten oder klare, sachliche Analysen. Entsprechend bestärkte Nixon im Herbst 1972 sogar einen Mann wie den Diktator Ferdinand Marcos darin, das Kriegsrecht zu verhängen, und Kissinger versuchte, wie sich der örtliche CIA-Chef in Luanda erinnerte, »äußerst erbost über unsere Demütigung in Vietnam, die Sowjets zu provozieren, überstimmte seine Berater und lehnte eine diplomatische Lösung für Angola rundweg ab«.[19] Bei dieser Einstellung war es nur eine Frage der Zeit, wann es zur nächsten Krise mit fatalen Folgen kommen würde.

Das Manko der Militärdoktrin

Gerade in einer Phase, da die weltgeschichtlichen Umwälzungen weniger denn je im 20. Jahrhundert aus Kriegen hervorgingen, waren die Vereinigten Staaten kaum imstande, geschickt mit brisanten gesellschaftlichen Entwicklungen umzugehen. Vielmehr rückten die Aussichten für eine in sich schlüssige, überzeugende und finanzierbare Militärdoktrin in immer weitere Ferne.

Dazu trug nicht zuletzt bei, daß der Versuch einer Umorientierung durch anhaltende oder neue Krisen (etwa in El Salvador, Nicaragua, Angola oder Afghanistan) beeinträchtigt wurde. So kam Washingtons Politik in der Praxis nicht über Ad-hoc-Maßnahmen hinaus, und die angestrebte Strategie blieb im operationalen Sinne stets Stückwerk, von den offenen Truppeneinsätzen in Grenada und Panama bis zu der für alle Welt sichtbaren »verdeckten« Militärhilfe beispielsweise in Afghanistan oder Nicaragua – sowie sämtlichen Zwischenstufen.

Im Grunde bestand bald ein quasi offizieller Konsens darüber, daß jedes militärische Engagement von der Öffentlichkeit getragen sein und klar definierte, erreichbare Ziele haben mußte, wie etwa im Fall des Golfkriegs von 1990/91. Dieser im November 1984 offiziell als »Weinberger-Doktrin« bezeichnete Ansatz bezog zwar immerhin die schwankende öffentliche Meinung und die daraus erwachsenden Gefahren mit ein, ließ aber die meisten anderen Probleme weiter ungelöst. Immerhin gaben sich das Pentagon und der Generalstab in der Folge viel weniger kampfeslustig als das Weiße Haus.[20]

Die Reagan-Administration trat vehement dafür ein, dem Kommunismus im Stile der Dominotheorie aggressiv zu begegnen, um nicht die Macht und den Einfluß der USA aufs Spiel zu setzen, und gab diese neu erwachte Militanz eilig als »Reagan-Doktrin« aus. Bei aller kriegerischen Pose wurden mit diesem Ansatz auch die Zwänge anerkannt, denen Washington unterlag, und später wies Verteidigungsminister Caspar Weinberger ausdrücklich darauf hin, daß die USA ihr Hauptanliegen, nämlich seine Feinde zu bekämpfen und seine Freunde zu beschützen, auch anders als mit Waffengewalt verfolgen könnten. Daraus ergaben sich jedoch in der Praxis keine neuen Methoden, sondern man setzte nur noch stärker als je zuvor auf besonders fragwürdige Geheimdienstaktionen. Seither haben Strategen immer wieder gefordert, sich mehr auf Verbündete vor Ort zu stützen, wenn sie auch nur »einigermaßen anständig« erschienen, denn Engel seien sie ja alle nicht.[21] Zwar hatte ihnen niemand dazu geraten, sich mit echten Schurken einzulassen, aber in Namibia und Angola, um wahllos zwei Beispiele herauszugreifen, galt die Zusammenarbeit mit dem Regime und Geheimdienst des rassistischen Südafrika als der offenkundig schnellste Weg zum Ziel.

Wo es keine »einigermaßen anständigen« Partner gab, da unterstützte man den »antikommunistischen« Kampf meist »verdeckt«, wie im Fall des Iran-Contra-Skandals. Die Dominotheorie blieb das Grundmodell für die Reaktion auf Entwicklungen in der Dritten Welt und für die »Glaubwürdigkeit« der Weltmacht USA. Ab 1988 wurden solche Begriffe indes nicht mehr auf die Rivalität mit der Sowjetunion bezogen, sondern ganz direkt auf die Notwendigkeit, die politischen und ökonomischen Interessen Amerikas »in den Schlüsselregionen« zu verteidigen.[22]

Schließlich formulierte die U.S. Army ihre Aufgaben in der Dritten Welt mit der neuen Doktrin des »low-intensity conflict«. Die Verfechter dieser Theorie der Mäßigung konnten sich allerdings weder über die in Betracht kommenden Staaten noch darüber einigen, welche Mittel jeweils im konkreten Fall als verhältnismäßig gelten sollten. Ihre Kritiker, vielfach aus den eigenen Reihen, sahen darin nur eine neue Variante des bereits in Vietnam und andernorts gescheiterten Konzepts. Auch wenn der Generalstab der Doktrin 1986 förmlich zustimmte, galt sie in der Armee als ein »Schrottplatz für gescheiterte Strategien«.[23] Experten im Pentagon rechneten mit Niederlagen wie der Ende 1993 in Somalias Hauptstadt Mogadishu und betonten die Sinnlosigkeit des Modells angesichts zunehmender Partisanenkämpfe in den Metropolen der Dritten Welt. Später schlief es fast unbemerkt ein.

Am Ende des 20. Jahrhunderts können die Vereinigten Staaten nicht mehr offen über Atomschläge nachdenken, und sogar die alten Feinde sind inzwischen keine mehr. Doch die begrenzten Kriege oder Geheimaktionen hatten außer Krisen wenig eingebracht, und die großspurigen Pläne waren einer nach dem anderen fehlgeschlagen. Gleichwohl sind die USA aufgrund ihrer besonderen Interessen wohl außerstande, den einmal eingeschlagenen Weg der Gewalt wieder zu verlassen.

Auch nach dem Zusammenbruch des Ostblocks brachen die Politiker in Washington nicht zu neuen Ufern auf, wie bereits der Feldzug gegen den Irak 1990/91 bezeugte. Der Golfkrieg stand nicht nur für das totale Scheitern einer jahrzehntelang betriebenen Politik, sondern hinterließ die Region auch noch in einer äußerst brisanten Lage und löste daher bald einen weiteren Konflikt aus.

Nachdem der Ayatollah Khomeini den Schah gestürzt und der Versuch vom April 1980, die im Iran festgehaltenen amerikanischen Geiseln zu befreien, gescheitert war, unterstützten die USA, Saudi-Arabien und Kuwait fünf Monate später ausdrücklich den irakischen Überfall auf den Iran in der Erwartung, Saddam Hussein werde größere Teile des Landes annektieren und damit den Iran entscheidend schwächen. Die Amerikaner hatten Saddam zuvor mit Geheimdienstdaten versorgt und so zu seinem Schritt ermutigt. Da der Irak den mächtigen Iran aus eigener Kraft niemals hätte bezwingen können, trug Washington das Seine dazu bei, gab seinem Militär laufend hochbrisante Informationen, ließ Waffenlieferungen zu, ermutigte die Saudis und Kuwaitis, dem Irak mit Geld auszuhelfen, und flaggte Ende 1986 die Hälfte der kuwaitischen Tanker um, um sie unter den Schutz der US-Marine zu stellen, nachdem der Iran Strafaktionen gegen das Land angekündigt hatte. Zwischen 1982 und 1990 erhielt der Irak von den USA Nahrung, Maschinen und Industrieprodukte im Wert von rund fünf Milliarden Dollar, und im Herbst 1989, nur zwei Jahre nachdem Saddam mindestens 4000 Kurden mit Zyanid und Nervengasen umgebracht hatte, gewährte die Bush-Administration dem Irak eine Bürgschaft in Höhe von einer Milliarde Dollar für Nahrungskäufe. Anfang 1992 betonte Bush: »Wie Sie wissen, wurde der Irak seinerzeit massiv unterstützt als Gegengewicht zu dem viel aggressiveren Iran unter Khomeini ... Das gehörte zur Politik der Reagan-Administration, und ich selbst war sehr stolz darauf, sie mittragen zu können.«[24]

Nach ihrem Verhalten zu urteilen, waren die Amerikaner eindeutig Verbündete des Irak und halfen ihm, seine Armee bestens mit Panzern, Geschützen, Raketen sowie chemischen und biologischen Kampfstoffen auszurüsten. Im Unterschied zu den sonstigen Waffenlieferungen der USA, bei denen die Stabilität von Regionen gar keine Rolle spielte, ging es hier seit zehn Jahren allein darum, den Irak zum Nachteil des Iran zu stärken. Daß Saddam seine Streitmacht im August 1990 einsetzen werde, um Kuwait zu annektieren, hatten seine Rüstungslieferanten, darunter die Kuwaitis selbst und die Saudis, niemals auch nur in Betracht gezogen, obwohl die Gefahr doch durchaus absehbar gewesen war.

Rein militärisch gesehen war der amerikanische Kreuzzug gegen den Irak von Ende 1990 und Anfang 1991 ein müheloser Erfolg, denn als der Landkrieg begann, standen rund 700 000 US-Soldaten, gesichert durch eine absolute Lufthoheit, etwa 183 000 irakischen gegenüber. Doch in politischer Hinsicht war das Ganze ein Desaster. Da die Züchtigung des Irak nicht gleichzeitig zum Sturz Saddams führte, bewirkte sie genau das, was eigentlich hatte verhindert werden sollen: Der Irak wurde zum Platzhirsch der Golfregion und damit längerfristig zur Hauptbedrohung für die Interessen der Vereinigten Staaten und ihrer dortigen Verbündeten.

Erst der Zusammenbruch des Ostblocks zeigte, wie sehr der Kalte Krieg in Europa nach der Berlin-Blockade 1948 trotz aller Spannungen durch ein ziemlich zuverlässiges Krisenmanagement kontrolliert worden war, so daß es immer seltener zu Gewaltandrohungen zwischen den beiden Blöcken kam. Das allein ermöglichte es den Vereinigten Staaten, sich nicht mehr überwiegend um Europa (als der für sie bei weitem wichtigsten Region) zu kümmern, sondern zunehmend auch um die Verwicklungen in der Dritten Welt. In der Zeit, als die Reagan-Doktrin formuliert wurde, schlug Moskau, so ein ehemaliger US-Beamter, »ausgesprochen leise Töne an«, war nicht nur beunruhigt über die vage Möglichkeit eines chinesisch-amerikanischen Bündnisses, die ab 1978 für einige Jahre im Raum stand, sondern wurde auch zunehmend erdrückt von der Last seiner ökonomischen und militärischen Probleme.[25]

Grundsätzlich war Moskau für Washington schon bald nach Beginn des Kalten Kriegs in Europa kein echtes Hemmnis mehr, sondern nur noch der Gegenspieler beim Wettrüsten und bei den Militärhilfen für die jeweiligen Partnerstaaten in der Dritten Welt. Späterhin, kurz vor dem Zusammenbruch der Sowjetunion, neigten amerikanische Strategen sogar zu der Ansicht, daß nicht mehr die sowjetische Unterstützung nationaler Freiheitskämpfer (die ohnehin seit Jahrzehnten fast nur noch symbolisch erfolgte) das Hauptproblem sei, sondern das Fehlen einer tragfähigen Militärdoktrin. Jetzt, da der Kommunismus – das Vermächtnis zweier Weltkriege – zu zerfallen begann, räumten offizielle Strategen ein, daß Revolutionen auch ohne Beteiligung der »Linken« und sogar ohne klassische Partisanen, gegen die sich amerikanische Waffen direkt hätten richten können, zu gewärtigen seien.

Als das Verbot der KPdSU in der Luft lag, sah Washington zu Recht die größte Gefahr darin, daß sich die Moskauer Zentralgewalt auflöste und so in der ehemaligen UdSSR ein Machtvakuum zurückließ, mit allen daraus resultierenden Unwägbarkeiten. Statt sicherer, wurde die Welt am Ende des 20. Jahrhunderts also immer gefährlicher – von der zunehmenden Verbreitung todbringender Waffen bis zur Eruption des Fundamentalismus.

Ende 1991 räumte Staatssekretär Lawrence Eagleburger ein, nach dem Ende des Kalten Kriegs habe »die internationale Gemeinschaft nur noch wenig Einfluß auf das Verhalten ihrer Mitgliedstaaten«, die damit »versucht sein dürften, eigene Wege zu gehen, ohne sich noch sonderlich um das Gemeinwohl zu scheren«.[26] Zu guter Letzt mußte Washington also einsehen, daß die Existenz der Sowjetunion seit 1945 eher stabilisierend als zersetzend gewirkt hatte. Was die Lage in Osteuropa und in der ehemaligen Sowjetunion selbst anging, so zeichnete sich in der Tat bald die Gefahr von Bürgerkriegen und blutigen Konflikten zwischen den jetzt unabhängigen Staaten ab. Erstmals seit 1945 lagen wieder Teile Europas im Krieg. Auch der irakische Überfall auf Kuwait, so ein hoher US-Funktionär, hing mit dem »Verfall der internationalen Ordnung« zusammen. Denn »noch auf dem Höhepunkt des geopolitischen Wettstreits zwischen Amerikanern und Sowjets hatte man sich in der Regel darauf verlassen können, daß der Kreml Kämpfe zwischen seinen Vasallen, die eine Konfrontation mit Washington nach sich ziehen konnten, nicht zuließ«. Saddam habe erkannt, »daß die Sowjetunion zu schwach und zu sehr abgelenkt war, um ihm noch Einhalt gebieten zu können«. Damit hatte die UdSSR ihre »zunehmend konstruktive Rolle« weltweit verspielt.[27] Umgekehrt lagen – »da wir im Nahen Osten militärisch eingreifen können, ohne damit rechnen zu müssen, den Dritten Weltkrieg vom Zaun zu brechen«, wie ein US-Beamter im September 1990 sagte – die Hemmnisse für eine schärfere Gangart der Vereinigten Staaten nun bloß noch in einer Öffentlichkeit, die sich dem Golfkrieg bis zuletzt widersetzt, dann zwar in der kurzen Erfolgsphase dafür begeistert, schließlich aber den für die Aktion verantwortlichen Präsidenten abgewählt hatte.[28]

Der Untergang des Kommunismus vollzog sich genau in jener Phase, als ein erheblich verschärfter Wettbewerb auf dem Weltmarkt die Grundlage für ein von den USA dominiertes internationales Bündnis mehr denn je zuvor seit 1945 in Frage stellte. Dazu sagte David L. Boren, der Vorsitzende des Geheimdienstausschusses im US-Senat: »Wir hatten eine seltsam symbiotische Beziehung zur Sowjetunion, so daß ihr Niedergang auch den der Vereinigten Staaten nach sich ziehen könnte ... Warum waren Europa, Japan etc. in den letzten Jahrzehnten bereit, uns zu folgen? Weil sie uns brauchten ... Werden sie auch in dem neuen Umfeld bereit sein, den USA genauso zu folgen wie noch vor einigen Monaten? Ich persönlich zweifle daran.«[29] Nicht nur würden die GUS-Staaten eigene Wege gehen, so Eagleburger mehr als ein Jahr später, nachdem sich die Konflikte in der UNO erheblich zugespitzt hatten. »Wir selbst stehen nunmehr auch ohne eine akute sowjetische Bedrohung da, die unsere westlichen Demokratien zwingen könnte, ihre Differenzen miteinander zu überwinden und sich zusammenzuraufen.«[30] Mitte 1991 sagte der US-Generalstab voraus, daß »die unlösbaren Konflikte zwischen alten Feinden zunehmen werden, sogar noch angefacht durch äußerst zerstörerische Waffen und weniger als zuvor durch eine Frontstellung zwischen den beiden Supermächten eingedämmt«.[31]

Als sich die Furcht und damit der letztlich festeste Kitt für das von den Vereinigten Staaten dominierte Bündnis aufzulösen begann, brachen zwischen den rivalisierenden Handelsblöcken heftige Debatten aus: über das Handelsgebaren Japans, einen eigenständigen Kurs Europas, das Wiedererstarken Deutschlands und dergleichen.

Ob es weitergehen wird wie seit 1914, mit immer neuen Kriegen und Verheerungen – das ist nun die bange Frage, vor der die Menschheit am Ende des 20. Jahrhunderts steht.

BILANZ UND AUSBLICK

Das 20. Jahrhundert hat unsägliches Leiden gesehen, hat ein schier unvorstellbares Ausmaß an Schrecken erlebt. Das sollte, ja muß uns eine Lehre sein. Doch aus der Geschichte zu lernen ist ein heikles Unterfangen, zumal manche scheinheiligen Konsequenzen oder Vorsätze schlimmer sind als gar keine. Gerade beim Umgang mit Vergangenheit und Zukunft treten Dummheit und Verblendung oft genug im Namen der Wahrheit auf, so daß nur unerbittliche, kritische Analysen uns vor Illusionen und falschen Gewißheiten bewahren können.

Wolkenkuckucksheime

Ganz grundsätzlich haben die Kriegsherren unseres Jahrhunderts niemals die Tragweite ihrer Entscheidungen überblicken können. Ausnahmslos jeder Krieg brachte völlig unerwartete verhängnisvolle Komplikationen mit sich, und auch wenn die jeweils betroffenen Bevölkerungsmassen sich anfangs oft mitreißen ließen, verweigerten sie den Regierenden gewöhnlich bald ihre Unterstützung.

Kriege konnten auf bloßem innenpolitischen Kalkül beruhen oder als etwas Großartiges, Heldenhaftes, Romantisches, gleichsam eine Erhebung über den üblichen Alltagstrott, verherrlicht werden. Doch ihre Planung zeugte stets vom naivsten Wunschdenken, so zum Beispiel, allein durch hohe Mobilität einen glatten Sieg landen oder, neuerdings, mit der Luftwaffe und modernsten Techniken »kurzen Prozeß« machen zu können: Militärstrategen haben zwar durchaus großartige Pläne gemacht, aber es kam immer ganz anders.

Alle rationalistischen Staats- und Organisationstheorien, seien sie nun konservativ, marxistisch oder weberianisch geprägt, zerschellen am Irrsinn kriegerischer Ereignisse. Die Ruchlosigkeit von Machthabern, die aus den unglaublichsten Gründen das Leben und die Zukunft ihrer Bürger aufs Spiel setzen, läßt sich nicht in klare soziologische Begriffe fassen. Dennoch taugt die Grundannahme, daß gesellschaftliche Entwicklungen vorhersehbaren Zyklen oder Organisationsgesetzen folgen, nur zu gut als Rechtfertigung kriegerischer Umtriebe.

Sobald ein Krieg einmal vom Zaun gebrochen ist, beherrschen gänzlich unvorhersehbare Faktoren seinen weiteren Verlauf, was sich immer wieder aufs neue bestätigt hat. Außerdem sind Kriegsorganisationen niemals zweckmäßig in dem Sinne, daß sie der gestellten Aufgabe wirkungsvoll dienen können, sondern sie sind vielmehr stets durch Klassen- und Gruppeninteressen geprägt. Daher wurden die Planungsoffiziere in den Industrienationen ab 1918 zunehmend von den Experten der Rüstungsunternehmen verdrängt.

Militärstrategien sind gewöhnlich ein Gemisch aus Vorurteilen und den Forderungen verschiedener Lobbies, lassen also tunlichst all jene Fakten außer acht, die den Interessen der Mächtigen widersprechen. Daher erscheinen zutiefst gefährliche, ja absurde Pläne oft nicht nur einleuchtend, sondern geradezu selbstverständlich, und es bereitet auch keinerlei Mühe, das Unsinnige streng logisch zu begründen.

Wenn im Dunstkreis von Kriegen vernünftige Erwägungen prinzipiell nicht zu erwarten sind, so kann es auch keine »Aufklärung« geben, die ihren Namen verdient hätte, und was unter dieser Rubrik läuft, ist vielmehr bloß Konstruktion, Propaganda oder Selbsttäuschung im Dienste vorgefaßter Absichten. Derlei Augenwischerei können allerdings nur wirtschaftlich starke Staaten über längere Zeit hinweg verkraften, um am Ende »siegreich« aus Kriegen hervorzugehen

Die Linke und der Krieg

Niemand weiß, ob die kapitalistischen Systeme in Europa und Asien ohne die kriegsbedingte Zuspitzung ihrer inneren Widersprüche, also von selbst, bis zur Krise »gereift« und dann überwunden worden wären, wie Marx es ihnen prophezeite. Allerdings läßt sich kaum von der Hand weisen, daß ein enger Zusammenhang zwischen Kapitalismus und Kriegsgefahr besteht, woran die kapitalistische Klassengesellschaft in unserem Jahrhundert wiederholt zerbrach: Wurden ihre Härten in Friedenszeiten wohl oder übel hingenommen, so beschworen die Kriegsnöte eine immer entschiedenere Opposition gegen sie herauf.

Besonders bis etwa 1950 haben Kriege stärker als jeder andere Faktor zum Erstarken radikaler Tendenzen und zum Zusammenbruch traditioneller Gesellschaften beigetragen. Ob in Form von Hungersnöten oder Inflationen, ob in Gestalt von Kollaborateuren oder protestierenden Bauern: Sie stellten die Linke vor enorme Probleme, eröffneten ihr allerdings zugleich auch gewaltige Möglichkeiten. Aber wenn der Kriegskapitalismus im Kriegssozialismus aufging, hinterließ er durchweg bankrotte Volkswirtschaften und förderte damit wieder besonders die Schattenseiten der konkreten Utopie, vom Terror des Leninismus – und erst recht des Stalinismus – bis zum »Sozialpatriotismus« der SPD.

Thesen über den modernen Krieg

Die folgenden komprimierten Thesen sollen meine Aussagen in diesem Buch zusammenfassen und sie damit einer synoptischen Prüfung zugänglich machen.

- Kriege resultieren aus den Wechselwirkungen ökonomischer, politischer und ideologischer Spannungen mit den Grundannahmen der jeweils herrschenden Militärstrategien. Sie führen unvorhersehbare Entwicklungen herbei und entfalten dadurch eine nicht zu steuernde Eigendynamik.

- Kriege können nachhaltige demographische Folgen haben und durch die erzwungene Migration das gesamte Bevölkerungsgefüge aus den Angeln heben.
- Kriege bewirken zwar eine generelle Verarmung, besonders in Form von Inflationen, lassen dabei aber die gegebene Einkommensverteilung fast unberührt. Am stärksten pflügen sie die Oberschichten um, da Teile der alten Eliten ab- und dafür Neureiche aufsteigen. Industriellen bieten sie glänzende Möglichkeiten der Kapitalakkumulation und der Marktkonzentration.
- Kriege erhöhen aufgrund der massenhaften Mobilmachung und der Radikalisierung der Massen die Gefahr revolutionärer Unruhen.
- Kriege werden durch den maßlos gesteigerten technischen Aufwand immer gewaltsamer und zerstörerischer und richten sich zunehmend auch gegen die Zivilbevölkerung.
- Kriege verschlingen in sprunghaft wachsendem Umfang Kapital und materielle Ressourcen.
- Für den Kapitalismus ist Krieg lediglich die Erweiterung des Marktes mit anderen Mitteln. Insofern können Kriege ebenso der Grund für erhöhte Waffenproduktion sein wie umgekehrt erhöhte Waffenproduktion der Grund für Kriege.

Ein Blick in die Zukunft

Wir leben in einer Ära der Ernüchterung über die Verheißung des Sozialismus, die sozialen und ökonomischen Grundprobleme der Menschheit lösen zu können. Diese Entzauberung, verbunden mit einer konfusen, depressiven Grundstimmung, eröffnet keine Alternativen, zumal das Scheitern des Ideals der sozialen Gerechtigkeit von einer tiefen geistigen Erschöpfung zeugt. Das erhärten sowohl der Siegeszug des »Liberalismus« und die Bekehrung der meisten einst kommunistischen Länder zu einer zügellosen Marktwirtschaft als auch der Verfall der Sozialdemokratie, deren Eintreten für soziale Gerechtigkeit zu einem realpolitisch kalkulierten Lippenbekenntnis geworden ist.

Faktisch haben die Befürworter des Kapitalismus, und besonders die sogenannten Wirtschaftsliberalen, keine schlüssigeren Theorien für die Organisation komplexer ökonomischer Systeme als ihre Kritiker auf der Linken, sondern überziehen bloß den herrschenden Wildwuchs mit dem Firnis ihrer Mythen und plappern Markt, Markt, Markt... Trotz aller von bürgerlichen Ökonomen seit Adam Smith aufgestellten Prinzipien gibt es keine im strengen Sinne universellen ökonomischen Gesetze, sondern nur ein allgemeines Hauen und Stechen, genannt Wettbewerb. Wer einwendet, der Kapitalismus könne auch ohne Krieg bestehen, mag das zwar im Bereich der Ideale, aber gewiß nicht empirisch begründen wollen.

Soziale und ökonomische Ungerechtigkeiten werden ebensowenig von selbst aus der Welt verschwinden wie die radikale Opposition gegen Elend und Not. Daher bleibt die Wiederbelebung des Sozialismus ein unverwirktes Projekt. Ginge vom Kapitalismus nicht die Hauptgefahr für den friedlichen Fortbestand der Zivilisation aus, so müßte man die Linke wehmütig begraben, weil sie wiederholt nicht einmal ihre Minimalziele zu erreichen vermochte. Doch nun hat der verblüffende Niedergang des Ostblocks ja immerhin reinen Tisch gemacht für eine grundlegende Erneuerung, frei vom Moskauer Diktat.

Auch wenn der Begriff »Sozialismus« selbst verstaubt und überholt ist, hat die große humanistische Tradition, aus der er hervorging, nichts von ihrer bezwingenden Aktualität verloren. Die Idee einer humanen und möglichst gerechten Gesellschaftsordnung entsprang ja keinem Vollkommenheitswahn, sondern der Sorge um den Frieden, der soziale Stabilität voraussetzt. Auch das ist eine Art Parteilichkeit, und wenn es darum geht, »für welche Seite man eintritt«, um Krieg zu verhindern, so kann dies nur die Seite der Benachteiligten und Unterdrückten sein. Allerdings sind die Wechselwirkungen zwischen der sozialen Verantwortung einer Gesellschaft für ihre Mitglieder und der persönlichen Verantwortung des einzelnen für das Ganze in der sozialistischen Literatur unzureichend erwogen worden, obwohl sie die Grundvoraussetzung einer vernünftigen Organisation bilden.

ANHANG

DANKSAGUNG

Ich danke Michael Kater, der mir die Auseinandersetzung mit der deutschen Geschichte sehr erleichtert hat, für seine freundliche, großmütige und geduldige Hilfe. Jürgen Kocka und seine Kollegen an der Universität Bielefeld haben mich bereitwillig über den Stand der Forschung in Deutschland unterrichtet.

Wie immer stand mir meine Frau Joyce mit ihrer unverzichtbaren Kritik bei, ermutigte mich und zwang mich durch kluge Fragen zu neuerlichem Nachdenken (wobei ihr das Ergebnis allerdings immer noch nicht genügte). Sie hat mir mehr gegeben, als ich mit Worten ausdrücken kann.

Die Irrtümer und Fehler des Buches gehen selbstverständlich auf meine Kappe.

ANMERKUNGEN

Die folgenden Nachweise enthalten in der Regel jeweils die Quellen bzw. Literatur zu Zitaten und Angaben im gesamten voranstehenden Absatz. Die zitierten Werke sind hier nur in Kurzform aufgeführt; die ausführlichen Angaben finden sich in der Bibliographie.

I. Das Vorfeld

1 Diese Strömungen sind treffend dargestellt unter anderen bei Cairns, S. 280–285, Travers, S. 38, 43 und 87, Steiner, S. 154–163, Vagts, S. 11–13 und 192 f., Nef, S. 404 f., Kitchen, S. 96–103, Philips, S. 83, und V. R. Berghahn in Iggers, S. 163–167.

2 Joffre I, S. 23 und 32. Vgl. dazu auch *ibid.*, S. 33 und 69; Travers, S. 86 f., Liddell Hart (1938), S. 39.

3 Vgl. dazu Fischer (1969), S. 32 f. und 198, Phillips, *passim*, Cairns, S. 285, Morley (1984), S. 238 f., Crowley, S. 86 f., der die Funktion von Ideologien betont, und Shafer, S. 5 – 7.

4 Woodward (1967), S. 53 und 140 f., Charteris, S. 185 *passim*, Liddell Hart (1938), S. 32–45, Travers, S. 87 f., Magnus, S. 11 und 331, Kautsky, S. 599, Shafer, S. 11–13, und Betts (1977), S. 185–191 und 203.

5 Zur Kriegsplanung Frankreichs siehe Williamson, S. 117–129, Michon, *passim*, Cairns, S. 284, Miller (1985), S. 4, 110 f., 121, 130 f., Snyder, S. 104 f., Ralston, 7. Kap., S. 353, Millett I, S. 85, Ferro (1969), S. 63–65, Porch, S. 194 und 227, Vagts, S. 380 f., und Kennedy (1985), S. 147.

6 Die deutschen Absichten erörtern Vagts, S. 374, Wehler, S. 30 f., Berghahn, S. 3, 13 f., 22, 85, 147, 161–168 und 204 f., Berghahn in Iggers S. 158–162, Fischer (1969), S. 5 f., 247, 364 ff. und 431 f., Fischer (1967), S. 44 f. und 89 f., Gordon, S. 201–209, Eley, S. 2 – 4 und Farrar, S. 5 und 38 f.

7 Ausführliche Analysen zu den angesprochenen Themen bieten Fischer (1969), 11. Kap., Deist, S. 24, Iggers, S. 158 und 178 *passim*, Travers, S. 43 f., Morley (1984), S. 278–285 und 334 f., und Palmer (1984), S. 29.

8 Churchill (1923), S. 199.

9 Kautsky (1), S. 74. Vgl. auch *ibid.*, S. 107 f. und 234, Fischer (1969), S. 45–47 und 247, Vagts, S. 367, Kennedy (1985), S. 18.

10 Palmer, S. 28. Vgl. auch Hayne, S. 291–295, zu Frankreichs unabweislichem Bedürfnis des Jahres 1914, am Bündnis mit Rußland festzuhalten; zu Japan vgl. Morley (1980), S. 117–119.

2. Falsche Erwartungen

1 Lloyd George, S. 46 und 53 f. Zu Deutschland vgl. auch Fischer (1969), S. 92–194, Berghahn, S. 7–9 und 85–123, bes. 113 ff.; zu England siehe Burk, S. 7–10, und Gooch (1938), S. 663; zu Frankreich siehe Hayne, S. 57.

2 Joffre (I), S. 69 und 23. Zu den Erwartungen der Kriegsparteien vgl. Magnus, S. 284 ff., Ralston, S. 339 und 376, Berghahn, S. 195–201, Auerbach, S. 19 f., Kautsky, S. 131 f. und 189, Farrar, S. 5–7, Porch, S. 220 ff., Hayne, S. 271, Bond (1983), S. 83–85, Stone (1975), S. 45 und 145; Chabod, S. 22 f., Knox, S. xxiv, Fischer (1969), S. 374 f., 437 f. und 479, Fischer (1961), S. 40–52, Gooch (1926), S. 24, 30 und 53, Ritter, *passim*, Millett (I), S. 93, Ropp, S. 208 f., und Kennedy (1985), S. 199–203.

3 Lloyd George, S. 60.

4 Travers, S. 67.

5 Gooch (1938), S. 786. Vgl. auch *ibid.*, S. 663 und 774–777, Steiner, 4. und 6. Kap., Gooch (1926), S. 81 f., 120 f., 180 und 228 f.; zu Frankreich siehe Hayne, S. 284–295.

6 Kautsky *(1)*, S. 124 f. Vgl. auch *ibid.*, S. 74 f., German Comm. of Inquiry, S. 13, Berghahn, S. 137, Kennedy (1985), S. 9. Zu Frankreichs Einschätzung seiner Verbündeten in Nahost und andernorts siehe Hayne, S. 259–261, Keiger, S. 89–93, 103 f. und 122 f.

7 Kautsky *(II)*, S. 18 f. Vgl. auch Bd. 1, S. 108, Berghahn, S. 188, 196 und *passim*, Renouvin, S. 174; Fischer argumentiert, Deutschland habe von Anfang an einen unbegrenzten Krieg gewollt, vgl. Fischer (1961), S. 27 f. und 93, Fischer (1969), S. 46 f., 198 und 362. Aber Keiger, *passim*, und besonders Steiner, *passim*, liefern gewichtige Gegenargumente.

8 Speer, S. 230.

9 *Ibid.*, S. 232. Vgl. auch Weinberg, S. 19, Cecil, S. 47 f., Deist, 283 f., Watt (1989), S. 42–44.

10 Speer, S. 229. Hitlers Vorbereitungen sind zusammengefaßt in Klein, S. 3–5, 77, 184, 232 und *passim*, Carroll, S. 11 f., 213 und *passim*, Milward (1965), S. 14, 28 f. und 39–45, Cecil, S. 128 f. und 146 f., Homze, *passim*, Crémieux-Brilhac (II), S. 347–350.

11 Zur britischen Planung siehe Frankland, S. 48–51, Ehrmann (V), S. xvi, 24 und 50 f., Ehrmann (VI), S. 238 f., Watts (1989), S. 93, 330–334 und 451 f., Parkinson (1973), S. 262 f. und 268, Matloff, S. 11 und 42.

12 Zur französischen Planung siehe Bidwell (1973), S. 210–213, Crémieux-Brilhac (II), S. 347–350, 440–442 und 269, Watt (1973), S. 117–120, Watt (1989), S. 331 f. und 452.

13 Morley (1983), S. 290. Zu Japans Plänen siehe *ibid.*, S. 3 f., 265–269, 280 f. und 299 f., Crowley, S. xvi f., 214 f., 234, 244–250, 278 f., 299, 323–342, 361 und 367–380, Kido, S. 190.

14 Ike, S. 238. Vgl. auch *ibid.*, S. 3 und 201 f., Kido, S. 250 f., Morley (1983), S. 281, Morley (1981), S. 92 f., 117–119, 255 und 293 f., Elsbree, S. 16–22, Cohen, S. 111, Millett (III), S. 294. Tojo meinte, »auch die Ehre des Reiches geht unter«. Browne, S. 123.

15 Ike, S. 131. Vgl. auch *ibid.*, S. xxv, 4, 106, 130 f., 148 und 202, Morley (1980), S. 118 f., 256, 258–263 und 275 f., Cohen, S. 48–51, Kido, S. 296 f., 300, 309 und 320 f., Togo, 1. Kap., S. 79, 141 und 181, Millett (III), S. 13.

16 Gründlich erörtert werden diese Probleme bei Wilensky, S. viii, Deitchman, S. 134, Shafer, S. 11–13, Betts (1977), S. 185–191.

17 Zu den erörterten Themen siehe Vagts, S. 364 f. und 383, Cooper (I), S. 147, Snyder, S. 85–87, 98 f. und 104 f., Miller (1985), S. 109 und 136 f., Porch, S. 231, Michon, S. 96 f., Liddell Hart (1938), S. 8, German Comm. of Inquiry, S. 67, Gooch (1938), S. 658, Gooch (1926), S. 24 f., Kautsky, S. 247, Farrar, S. 21, Chamberlain, S. 64 f., Strong, S. 61, Berghahn, S. 170 f., Fischer (1961), S. 46, Fischer (1969), S. 453, und Ropp, S. 200 f.

18 Diese Probleme werden hervorgehoben bei Strong, S. 16–18, Watts (1973), S. 120, Zhukov, S. 235, 267 und 272–279, Cecil, S. 50 f. und 129, Hinsley, S. 20 f., Garrett, S. 167–177, Taylor, S. 16–29 und *passim*, Smith (1989), S. 182 ff., Stockwell, S. 43 und 90, Deitchman, S. 400 f., Halberstam, S. 222 f., 248 f. und 628, Colby, S. 184, und Turner, S. 117.

3. Offiziersdünkel

1 Zu Großbritannien siehe Beckett, S. 26, 40, 43 und 65–67; Lloyd, S. 16–20, Spiers, S. 3 f., 15–17 und 28 f., Bond (1972), S. 17, Baynes, S. 32 f., Keegan, »Regimental Ideology«, S. 220 f., Travers, S. 4 – 7, 11 und *passim*, Millett (I), S. 52 f.

2 Zu Deutschland siehe Hughes, S. 12, 18–20, 70, 82, 92, 127 und 147, Endres, S. 296, Kitchen, S. 22 und 27, Rosinski, S. 97–99, Demeter, S. 318 f., Fischer (1969) S. 103–105, Millett (I), S. 83–85, Berghahn, S. 14 f. und 112 f., Porch, S. 194 und 227.

3 Zu Rußland siehe Stone (1975), S. 20–23, Widman, S. xvi, 7–24 und 40, und Shrader, S. 86 f.

4 Serman, S. 8 – 10 und 84, Ralston, S. 339, Bond (1972), S. 16 f., Porch, S. 1 – 8 und 17, Barnett, S. 206, Miller (1985), S. 110–112, und Nobecourt, S. 7 ff.

5 Diese Fragen sind gründlich erörtert bei Barnett, S. 194–199, und Kocka (in Iggers), S. 122.

6 Zu Großbritannien siehe Keegan, S. 272 f., Travers, S. 23–70, Beckett, S. 70 und 89. Zu Deutschland und Frankreich siehe Vagts, S. 411, Nobecourt, S. 47 und 52 f., Rosinski, S. 147, und Grunberger, S. 137. Zu Rußland siehe Chamberlain, S. 65 und 224, Stone (1975), S. 166 f., Wildman, S. 100 f., und Florinsky, S. 214.

7 Wichtige Einsichten zu diesen Themen bieten Howard, S. 18, 20, 44 und 85, Kocka, S. 134 f., King, S. 34 f, 5. und 6. Kap., Florinsky, S. 214, Katkov, S. 35 f., Chamberlin, S. 224, Wildman, S. 106 f., Stone (1975), S. 167 f., Cruttwell, S. 48, Beckett, S. 65 und 84 f., Travers, S. 23 ff.

8 Bessel, S. 21 f. und 28, Müller, S. 23 f., Mühlberger, S. 18 und 286 ff., Chabod, S. 25–31.

9 Beckett, S. 91, Barnett, S. 206 f., Keegan, S. 272, Howard, S. 124 f., und Nobecourt, S. 227–230.

10 Zu Deutschland siehe Creveld (1983), S. 22 f., Müller, S. 25 und 35–41, Rosinski, S. 202–207, Hoffmann, S. 25–27, 40, und bes. Wheeler-Bennett, S. 21, 159–179, 210 ff. und *passim*.

11 Kolko (1969), S. 43–47, Krepinevich, *passim*, U. S. Senate, Comm. on Armed Services, S. 85, 316 und 359–370, Halberstam, S. 223–230, 248 f., 344 und 441 ff.

4. Das organisierte Chaos

1 Zur Vorkriegsplanung siehe Kitchen, S. xxix und 36 f., Berghahn, S. 6 f., Millett (I), S. 84 f., Creveld (1977), S. 110–113 und 124 f., Vagts, S. 282–323, Müller, S. 9 und 46 f., Frumkin, S. 163 f., Lloyd George, S. 124 ff., Adams, S. 2 – 4 und 13 f., King, S. 34 f.

2 Zu Deutschland siehe Kocka, S. 30, 132–135 und 124 f., Feldmann, S. 8 und 30–33, Wall, S. 38–40; zu den USA siehe Cuff, S. 2 ff. und 272 ff., Koistinen (1979), *passim*; zu Frankreich siehe Kuisen, S. 34–50, Joffre (II), S. 331 f., Wall, S. 36 f., Godfrey, S. 214–225, 257 f. und 296 f.; zu Großbritannien siehe Adams, S. 54 f. und 171–173, Hurwitz, S. 150–164, Vagts, S. 256 f.; zu Rußland siehe Florinsky, S. 51–53, und Stone (1975), S. 208 f.

3 Kocka, S. 31–33, 138–141 und 152 f., Feldman, S. 469, Kuisel, S. 32, 35 und 49; Godfrey, S. 214 f., 224 und 257 f., Waites, S. 100–103.

4 Zu den USA siehe Koistinen (1970), *passim*, Koistinen (1973), S. 443–449; zu Deutschland siehe Müller, S. 9 ff.; zu Japan siehe Cohen, S. 28–32, und Bisson, *passim*.

5 Zu Deutschland gibt es eine reiche Literatur, doch besonders einschlägig für dieses Problem sind Speer, S. 220 f., 234, 241 ff., 263 f. und 396, Milward (1965), S. 8 – 11, Milward (1977), S. 128–130 und 157–159, Carroll, S. 170, 198 und 246–248, Orlow, S. 20 f. und 159, Klein, S. 170 f., 200 f. und *passim*, Goebbels (III), S. 364 f., Millett (III), S. 185 f., Gillingham (1985), S. 1 – 3, 83 f., 112 f., 139–147, 158–170, Gillingham (1977), S. 44–48, 57, 76–78 und 112 f., Hayes, S. 191 f., 216 f., 347, 365–381, und Hancock, *passim*.

6 Zu Japan siehe Bisson, S. 159 f. und 199–201, Cohen, S. 1 – 3 und 101 bis 103; zu den USA siehe U. S. Senate, Special Comm., S. 6, 29, 37–39 und 46–49.

5. Europa im Ersten Weltkrieg

1 Grundlegende Quellen für die wirtschaftsgeschichtlichen und demographischen Daten Europas in diesem und anderen Kapiteln bieten Ambrosius und Mitchell (1975). Zu England siehe Winter (in Wall), S. 36 und 49–53, Dewey (in Wall), S. 202–211, Marwick (1965), S. 191, Williams, S. 190 ff., Routh, S. 134; zu Frankreich siehe Gallie, S. 229–231, Augé-Laribé, S. 33, 39, 55, 171, 190, 194 und 249–308, Winter (in Wall), S. 10, Fridenson (in Wall), S. 239, Scholliers (in Wall), S. 139–148, Becker, S. 206, Bowley, S. 71 und 120, Oualid (1928), S. 360, und Cobb, S. 26–29.

2 Zu Italien siehe Bowley, S. 71 und 117, Seton-Watson, S. 468 und 484 f., Clough, S. 187 und 196, Neufeld, S. 540; zu Deutschland siehe Winter (in Wall), S. 31, Triebel (in Wall), S. 160 und 163, Deist, S. 42 f., Hancock (1949), S. 19 f., Grebler, S. 27, 61 und 80 f., Bowley, S. 71, Bry, S. 74, Kocka, S. 23–25, und Feldman, S. 472.

3 Pastor, S. 113 und 145, Reinhard J. Siedler (in Wall), S. 110–112 und 117, Auerbach, S. 19 f. und 475.

4 Stone (1975), S. 288–299, Clarkson, S. 236–243, bes. Florinsky, S. 49 f., 117–122 und 159 f., Chamberlin, S. 154, Thompson, S. 11, Ferro (1972), S. 22, und Keep, S. 46.

5 Oualid (1923), S. 149 und 155 f., Gallie, S. 232, Armeson, S. 59–62 und 103, Adams (1987), S. 90–243, McInnes, S. 15, Kocka, S. 18, Grebler, S. 27 f., Moore, S. 280, Augé-Laribé, S. 39 f. und 115.

6 Zu Frankreich: Augé-Laribé, S. 115–119, Ducasse, S. 263, Oualid (1923), S. 173–175, Becker, 6. und 7. Kap., bes. S. 229–232, Marwick (1988), S. 3; zu Italien: Seton-Watson, S. 468, und Clough, S. 189; zu Österreich-Ungarn: Schreiner, S. 87–89, Pastor, S. 113, Auerbach, S. 475; zu Deutschland: Feldman, S. 463 f., und Lutz (1932), S. 188–195; zu Rußland: Stone (1975), S. 292–296, Trotsky (I), S. 46, Keep, S. 33, 185, und Florinsky, S. 49 f.

7 Die dargestellten ökonomischen Trends werden gewertet bei Grebler, S. 64–66, Feldman, S. 469, Chabod, S. 23 f., Bowley, S. 120 und 139, Ambrosius, S. 74, Waites, S. 87–89, Pastor, S. 113, Becker, S. 121, Perreux, S. 293 ff., Ducasse, S. 260–262 und 296 f., Smith (1969), S. 311, Kocka, S. 39, und Marwick (1965), S. 128.

8 Dewey (in Wall), S. 197 ff., Waites, S. 114 f. und 279, Ambrosius, S. 71, Ferro (1972), S. 22, Florinsky, S. 120–122, Becker, S. 325, Chabod, S. 23–25 und 31, Perreux, S. 138 f., Triebel (in Wall), S. 159–189, Feldman, S. 465–469, Kocka, S. 39, 48 und 115, Mendelssohn, S. 11 f., und Mommsen (in Marwick, 1988), S. 26–43.

9 Die Zahlen über militärische Verluste stammen aus Cruttwell, S. 630 f., Dumas, S. 137 und 145, Golovine, S. 94, Aldcroft, S. 13, Becker, S. 6 und 331, Bowley, S. 41, und Gallie, S. 229.

10 Zahlen über Verluste in der Zivilbevölkerung aus Waller, S. 93 und 481, Kulischer, S. 70 f., Aldcroft, S. 16, Winter (in Wall), S. 30 f., und Becker, S. 6.

11 Zu den ökonomischen Daten siehe Renouvin, S. 604, Bowley, S. 122, Cobb, S. 10–41, Cruttwell, S. 400 f., Gide, S. 170–173, Sauvy, S. 106, Augé-Laribé, S. 55, Cépède, S. 418; zu den demographischen Entwicklungen siehe Florinsky, S. 118, Oualid (1923), S. 164 f. und 176 f., Gide, S. 195 und 198, Fridenson (in Wall), S. 237, Kulischer, S. 54 f., 62–64 und 70 f.

6. Das Schicksal der Europäer

1 Mendelssohn, S. 217. Zum Arbeitsmarkt vgl. Adams (1987), S. 1 und 97 f., Hurwitz, S. 104–109, Gallie, S. 232 f., Armeson, S. 8, 59–62 und 103, Wildman, S. 99, Becker, S. 206 f., 233 und 247, Lutz (1934), S. 98 f., Kocka, S. 41, Marwick (1965), S. 203–207, und Oualid (1923), S. 179.

2 Diese Trends und Ereignisse sind umfassend dokumentiert bei Haimson, S. 627 und 634–636, Gallie, S. 232, Fridenson (in Wall), S. 227 und 243, Pastor, S. 145, Ferro (1969), S. 306 f., Neufeld, S. 547, Oualid (1928), S. 330, 360 und 370 f., Armeson, S. 100 f. und 110 f., Kocka, S. 48 f., 58 und 65, Becker, S. 210 f., Sieder (in Wall), S. 125, Grebler, S. 33 und 59, Feldman, S. 128 f. und 459, United Kingdom, Ministry of Labour, Economic Notes, Nr. 40, S. 15 (in der Folge zitiert als *German Economic Notes*).

3 Zu Deutschland siehe Schorske, S. 76 f., 85, 116 f., 124–127, 144 f., 265 f. und 292–294, Feldman, S. 19, 129 f., 450–453 und 522 f., Armeson, S. 110 f., Kocka, S. 41–44, 58–61 und 66, Lutz (1934), S. 97 f., Scheidemann (I), S. 341 und *passim*, Mendelssohn, S. 216, Levy, S. 21 und *passim*, Deist, S. 46, *German Economic Notes*, Nr. 31, S. 13.

4 Zu Frankreich siehe Becker, S. 3, 7, 248 und 290–294; zu Großbritannien siehe Hurwitz, S. 263, Reid (in Wall), S. 228 f., Waites, S. 16 f. und 114 f., Marwick (1965), S. 202 f., Adams (1987), S. 202 f. und 227 f.

5 Zur deutschen Mittelschicht siehe Kocka, S. 77–90, bes. S. 87, und 91–113, Gordon (in Emsley), S. 95 f., Feldman, S. 464–468, Mendelssohn, S. 217; zur sozialen Herkunft der Nazis siehe Kater, 1983, 1.–3. Kap., und Childers, *passim*; zu Italien und Frankreich vgl. Lyttleton, S. 50 und 60 f., Becker, S. 227, 230, 248 und 325.

6 Zu Rußland siehe Golovine, S. 202 f.; zu Italien Lyttleton, S. 24 f., Smith (1969), S. 310–313 und 327, Neufeld, S. 253 und 256–262, Seton-Watson, S. 470 f., und Thayer, S. 330.

7 Liebknecht, S. 90 f. und 98. Vgl. auch Thayer, S. 330, Scheidemann (I), S. 205–207 und 218 f.

8 Kissin, S. 191. Vgl. auch Kissin, S. 184–193 und 246–248, Lutz (1934), S. 97–105, und Feldman, S. 449.

9 Becker, S. 177. Vgl. auch *ibid.*, 4.–6. Kap., S. 194 f. und 220 f., Ferro (1969), S. 6 – 33, Bordeaux (IV), S. 6 ff.

7. Soldaten in der Krise

1 Adams, S. 174, Bidwell, S. 22 und 41 f., Baynes, S. 34 f., Spiers, S. 45 f., Berryman, S. 34–37, Grebler, S. 77, Vagts, S. 233 und 411, Speier, S. 256, Cépède, S. 14, Augé-Laribé, S. 115, Clough, S. 186 f., und Spriano (1975), S. 10.

2 Knox, S. xxxiv. Siehe auch *ibid.*, S. xxxi, Chamberlin, S. 65 f., Stone (1975), S. 130 f., 144 f., 212 f. und 285, Golovine, S. 22 f. und 69, Wildman, S. 27–29, 36, 95, 99 und 102, Katkov, S. 45, und Florinsky, S. 207.

3 Stone (1966), S. 99, Beckett, S. 24, Lloyd, S. 78 f., Chamberlin, S. 106, Knox, S. 350, Stone (1975), S. 168–171, Katkov, S. 273 f. und 281, Florinsky, S. 154 und 166, Becker, 6. und 7. Kap., Deist, S. 56 f., Whalen, S. 75–77, *German Economic Notes*, Nr. 25, S. 30.

4 Falkenhayn, S. 34 f. Vgl. auch Rosinski, S. 138.

5 Beide Frontberichte sind zitiert nach V. Ulrich, S. 416 und 505.

6 Binding, S. 33 und 51. Zu den Problemen der britischen Kampfmoral siehe Leed, S. 98–103 und 166 f., Lloyd, S. 31 ff., Holmes, S. 204 f., Keegan, S. 228–236, 244 f. und 255 f., Baynes, S. 70 ff. und 88–93, Ellis, S. 156 und 176, Cruttwell, S. 263, Beckett, S. 23 f., Cooper (I), S. 331–333; zu Frankreich siehe Pedroncini, S. 61, 67 (Fn.), 83 und 87, Ducasse, S. 97, Duhamel, S. 26–30; zu Rußland siehe Browder, S. 7–9, Golovine, S. 126 f., Chamberlin, S. 65, und Wildman, S. 77–79.

7 Zitiert nach Cruttwell, S. 277. Vgl. auch Binding, S. 66, Rosinski, S. 146–150, Falkenhayn, S. 226, und Keegan, S. 230–234.

8 Cooper (I), S. 368 f., (II), S. 174 f. und 362 f., Cruttwell, S. 276, 400 f. und 522, Renouvin, S. 550 f., Whalen, S. 122–128, und Lutz (1934), S. 81–83.

9 Lloyd, S. 79–81, Cruttwell, S. 108 f., Ducasse, S. 92–94, Bordeaux (IV), S. 320.

10 Cooper (II), S. 134. Zu Frankreich siehe Pedroncini, S. 236–239, 280 und *passim*, Becker, S. 217, und Keegan, S. 71; zu Deutschland siehe Binding, S. 66.

8. Die Geburt der Linken

1 Pares, S. 419, Knox, S. 349 f., Golovine, S. 98 und 171–173, Millett (I), S. 279, Stone (1975), S. 288, Wildman, S. 115 und 235, Katkov, S. 282, Chamberlin, S. 223, und Florinsky, S. 239 f.

2 Chamberlin, S. 73 und 235 f., Ferro (1972), S. 188 f., 209 f. und 231 f., Katkov, S. 236, 271–274 und 282, Rabinowitch, S. xxvi-vii und 62, Browder, S. 21–23, Wildman, S. xvii und 170 ff.

3 Ferro (1972), S. 155 f. und 184–187, Chamberlin, S. 228 f., 235 und 266,

Browder, S. 23 und 71–74, Keep, S. ix f., Katkov, S. 363–365, Liebman, S. 156 f., Pares, S. 418 f und Wildman, S. xix.

4 Haimson, S. 635–640, Browder, S. 26 f., Chamberlin, S. 266, Ferro (1972), 98 f. und 114–117.

5 Lutz (1932), S. 233. Vgl. auch *ibid.*, S. 101, Ryder, S. 98 f. und 117 f., Feldman, S. 449–451.

6 Sturmthal, S. 43 f., Lutz (1934), S. 97 und 122 f., Kissin, S. 246–248, Liebknecht, S. 121 ff. und Schorske, S. 318–323.

7 Whalen, S. 108–125, Lutz (1932), S. 85, Lutz (1934), S. 84 f. und 122, Fischer (1948), S. 15 und 55 ff., Ryder, S. 10–12. 101 f. und 140, Leed, S. 198, Carsten, S. 32 f. und 323, Renouvin, S. 550 f., Cruttwell, S. 587–587, Wheeler-Bennett, S. 28, Scheidemann (II), S. 251–255 und 280 f.

8 Ryder, S. 150–153 und 160–163, Scheidemann (II), S. 240–244 und 254, Fischer (1948), S. 62, Waite, S. 2 – 6, Cruttwell, S. 598, Carsten, S. 39, Moore, S. 290–294, Wheeler-Bennett, S. 20–27, Carsten, S. 33, 55–70 und 133, Bessell, S. 21 f.

9 Waite, S. 2, 9, 11–14, 35–41, 47–49, 53–78 und 183–189, Carsten, S. 73, 128–139, 327 und 6. Kap., Ryder, S. 162–164, Wheeler-Bennett, S. 33–37, Fischer (1948), S. 70–74, Moore, S. 303 f., Scheidemann (II), S. 245 f., Sturmthal, S. 44.

10 Waite, S. 79–90, Mitchell (1965), 10. Kap. und *passim*, Gruber, 170–190, Fischer (1948), S. 102 f., Carsten, 7. Kap. und Sturmthal, S. 49–51.

11 Ryder, S. 231 und 270–272, Sturmthal, S. 47 f., Gruber, S. 174, Scheidemann (II), S. 247 und Carsten, S. 247.

12 Pastor, S. 119, 145, 157 und 161 f., Mayer, S. 529 (Fn.), Károlyi, S. 434 f. und 444 ff., Carsten, S. 238 f., Gruber, S. 135–141 und 150–163.

13 Mayer, S. 527, 532, 541–544, 555, 852, 21. und 24. Kap., Gruber, S. 150–163, Károlyi, S. 299, Carsten, S. 239–247, Pastor, S. 157–163, Hoover, S. 136 ff. und Tokes, S. 214 f.

14 Neufeld, S. 256, 263, 540 und 547, Kulischer, S. 208 f. und 216, Spriano (1975), S. 10 f. und 42–44, Seton-Watson, S. 503 und 520–523, Lyttleton, S. 37 und 523, Smith (1969), S. 326.

15 Neufeld, S. 256–258 und 264 f., Smith (1969), S. 327 f., Seton-Watson, S. 524 und 564 f., Lyttleton, S. 28–30, Chabod, S. 36–40, Spriano (1976), S. 32 f. und 60 f.

16 Neufeld, S. 263–269, Sturmthal, S. 184–187, Mühlberger, S. 10–13, 18 und 33, Lyttleton, S. 37–40 und 44–57, Seton-Watson, S. 567 und Kulischer, S. 208.

17 Katkov, S. 32.

18 Pares, S. 422 f. Vgl. auch *ibid.*, S. 418 f., Chamberlin, S. 101, 154 f. und 235 f., Ferro (1972), S. 84 ff., 98 f., 158 und 279–283, Golovine, S. 195 und Florinsky, S. 239 f.

19 Trotsky (I), S. 324 und 435. Vgl. auch Haimson, S. 639 und Katkov, S. 28–31.

20 Trotsky (I), S. 285. Vgl. auch Kissin, S. 233–237, und Sprenger, *passim*, zum Leninismus.

21 Rabinowitch, S. xxix-xxxii und 63–70, Trotsky (I), S. 285, 316 und 325, Stone (1975), S. 283, Thompson, S. 123 und Chamberlin, S. 114–116.

22 Rabonowitch, S. 37. Vgl. auch *ibid.*, S. xxiii f., xxx-xxxiii, 16–21, 34 f. und 70 f., Kissin, S. 240–243, Chamberlin, S. 117, 144–146, 152, 166, 172 f. und 184–187, Stone (1975), S. 301 und Thompson, S. 79–85.

23 Rabinowitch, S. 60–63, 90 ff., 125–171, 180 f., 191–194, 210–218, 225–272 und 311–314, Stone (1975), S. 301, Mohrenschildt, S. 96 f. und Thompson, S. 123 f.

9. Der Zweite Weltkrieg

1 Deist, S. 282–295 und 304 f., Millett (III), S. 182–184 und 191, Rich, S. 82 und 146 f., Watt (1973), S. 116, Watt (1989), S. 385, Weinberg, S. 18 f., 36 f., 557 und 582, Cecil, S. 137, Klein, S. 26 f., 77 und 186 f., Homze, S. 14 f., Mason (1971), S. 226–228 und 236, Walrimont, S. 3–93.

2 Rich, S. 208 f., Cecil, S. 76, 110 f., 124–129 und 146 f., Warlimont, S. 140 f. und 208, Klein, S. 184 und 207–209, Speer, S. 191–198, Millett (III), S. 194 f. und 200–203, Homze, S. 67 f., Harvey, *passim*.

3 Montgomery, S. 49. Vgl. auch Frankland, S. 48, Milward (1977), S. 40, Milward (1965), S. 2 f. und Klein, S. 99–101.

4 Loewenheim, S. 235.

5 White (1974), S. 2. Vgl. auch *ibid.*, S. 4 und 47.

6 Parkinson (1974), S. 293. Vgl. auch *ibid.*, S. 279–293, Matloff, S. 522 f., Kolko (1990), *passim*, Frankland, S. 57–62 und 103, Sherry, S. 261, Boog, *passim*, Garrett, 1.-3. Kap.

7 Speer, S. 229. Vgl. auch *ibid.*, S. 229–234, Millett (III), S. 184, Warlimont, S. 203–209 und 278.

8 Vgl. bes. Hans Umbreit (in Dejonghe, 1987, I), S. 5 – 40, Speer, S. 219, Milward (1970), S. 27 und 41, Millett (III), S. 183 f., Gillingham (1977), S. 87, Rings, S. 35 f.

9 Gillingham (1977), S. 40. Zu Belgien und Dänemark siehe auch *ibid.*, S. 7, 39–41, 87 und 94, Semelin, S. 167 f., Littlejohn, S. 70–79, Brandt, S. 616, Willequet, S. 63–83, Baudhuin, S. 288–290 und Dejonghe (1987, I), S. 318.

10 Zu Frankreich siehe Hirschfeld (1991), S. 7, 12 und 19 f., Milward (1970), S. 35 ff., 80–82, 111, 271–273 und 283, Sauvy, S. 98, 105 und 208 f.; zu Polen siehe Wolowski, S. 81 ff und 158–162, Gross, S. 91; zu den deutschen Importen siehe Brandt, S. 7 und 610; zu ausländischen Arbeitskräften siehe Homze, S. 200 und 232 f., Arnoult, S. 59, Hirschfeld (1988), S. 220 f., Struye, S. 38, Milward (1970), S. 114, 122 und 274, Gillingham (1977), S. 84 und 90, Kulischer, S. 262.

11 Goebbels (1948), S. 68. Vgl. auch *ibid.*, S. 81, 203 und 241, Millett (III),

S. 189 f. Zum deutschen Lebensstandard siehe Brandt, S. 235, Deist, S. 47–51, Marwick (1988), S. 62, Speer, S. 236–238 und 256 f., Studnitz, S. 166 f., Hancock (1949), S. 500, Klein, S. 88 f. und 154, Morsomme, S. 246, Grundberger, S. 214, Mitchell (1975), S. 254, League (1944), S. 10 f., League (1946), S. 25 f. und 36; zu den Realeinkommen und Arbeitszeiten siehe Hachtmann, S. 51 und 159. Die älteren Daten (von Bry, S. 48, 264 und 279) zum Realeinkommen stimmen im wesentlichen damit überein, sind aber in puncto Arbeitszeiten nicht so vollständig. Zu den Arbeitsbedingungen vgl. auch Hancock (1949), S. 152, Homze, S. 8 f. und 232, Marwick (1988), S. 61, Klein, S. 136 f., McInnis, S. 16, Emsley, S. 305, Mason (1993), S. 338–360, und Salter, S. 96–108.

12 Baudhuin, S. 201–203, 209–222, 235 und 382–384, League (1946), S. 21, 25 f. und 36, Mitchell (1975), S. 250 und 330, Dejonghe (1988) (II), S. 592–595, Struye, S. 157–159, Brandt, S. 479, Cobb, S. 51 f., Gillingham (1977), S. 102–121, 137 f. und 190–193, Jacquemyns, S. 164 ff.

13 Cépède, S. 65, 70, 235, 324, 332, 350 und 418 f., Brandt, S. 561, 566 f. und 613, Dejonghe (1979), S. 49 f., Mitchell (1975), S. 253, 330 und 356, Sauvy, S. 192 f., Tabellen III–X, Arnoult, S. 69, Leage (1946), S. 21 und 25 f., Milward (1970), S. 288 f., Amouroux (1961), S. 166–168 und 175–183, Ehrmann, S. 265–270, und Debû-Bridel, S. 45–49.

14 Crémieux-Brilhac (I), S. 427–431, Gross, S. 152 f., Debû-Bridel, S. 56–59 und 116, Walter, S. 96 f. und 126–129, Amouroux, S. 168 f. und 182, Sauvy, Tabelle VIII.

15 League (1946), S. 26 und 36 f., Mitchell (1975), S. 259, 331 und 357; Brandt (S. 419) spricht von mehr als 25 000 Toten, Hirschfeld (S. 53) von mehr als 20 000 und Mangelerscheinungen; van der Zee (S. 305–307) kommt auf 18 000.

16 Coles, S. 318. Vgl. auch *ibid.*, S. 307 und 310 f., League (1946), S. 21 und 36 f., Brandt, S. 584 f., U. S. Office of Strategic Services (in der Folge als »OSS« zitiert), 27. Okt. 1943, S. 1, und 1. Jan. 1944, S. 2.

17 OSS, 27. Okt. 1943, S. 1, 22 f., und 1. Jan. 1944, S. 2 f., Coles, S. 310–312 und 318, Neufeld, S. 540, OSS, 31. Juli 1944, *passim*.

18 Brandt (S. 235–248) beschreibt die Ereignisse in Griechenland, mit unterschiedlichen Schätzungen über die Opfer der Hungersnot; Iatrides (1981), S. 66–75, Kitsikis, S. 23 ff., Henry, S. 747, Chiclet, S. 28 und 286, Woodhouse, S. 161 f., Hondros, S. 70–78, Mazower (1993), S. 37–41 und 48–72.

19 Bédaria, S. 156–159, 170–172 und 192 f., Brandt, S. 9, 31 f. und 611–614, Gross, 104–106, 109–113 und 145–155, League (1946), S. 18–21, 25 f. und 36, Deist, S. 51, Wolowski, S. 68–71, 144–147, 158–163 und 260.

20 Zur Migration siehe Kulischer, S. 264–266 und 302 f., Henry, *passim*, Milward (1977), S. 213 f., Gross, S. 72, Brandt, S. 36 und 43, Kedward (1978), S. 7, Amouroux, 1. und 2. Kap., Bordeaux, S. XII und 22 f., Vidalenc, *passim*; zur Zwangsarbeit siehe Kulischer, S. 263, Bartov (1986), S. 153,

Gross, S. 78 f., Homze, S. 24 f.; zu den Flüchtlingen der Nachkriegszeit siehe Kulischer, S. 272 f. und 302, Milward (1977), S. 214 f.

21 Zum Luftkrieg siehe Milward (1977), S. 334, Mierzejewski, S. 55, Rumpf, S. 173, Groehler (in Boog), S. 291 f., Messerschmidt (in Boog), S. 304–307, Terraine (in Boog), S. 489, Garret, S. 18–21, Millett (III), S. 61, Sherry, S. 259–262, Frankland, S. 103, Parkinson (1974), S. 450 f., Ehrman (VI), S. 239 f. Zu den Kriegskosten siehe Baudhuin, S. 288–290, Milward (1970), S. 111 und 279, Marwick (1988), S. 82, Sauvy, S. 99 f. und 105, Tabelle I, Arnoult, S. 63 f.

22 Zur UdSSR siehe Kulischer, S. 276, Bartov (1986), S. 153, Milward (1977), S. 211; zu den Juden und Polen siehe Kulischer, S. 279 f., Henry, S. 744 und 747, Milward (1977), S. 211; zu Deutschland siehe Sauermann, S. 103, Henry, S. 747, Bartov (1986), S. 153, Kulischer, S. 279 (Fn.), Milward (1977), S. 211, League (1946), S. 110 f.; zu Frankreich siehe Bourgeois, *passim*, Arnoult, S. 65, Sauvy, S. 194 f., League (1946), S. 110 f, Henry, S. 746 f., Kulischer, S. 276 und 280; vgl. auch Milward (1977), S. 210.

23 Stouffer (Combat), S. 71, 81, 108 f., 149–153, 201–204, 561, 571 und 576, Stouffer (Adjustment), S. 226 f. und 440 f., Crémieux-Brilhac (I), S. 456–472, (II), S. 363–368 und 439–469, Paxton, S. 240 (Fn.), Ellis, S. 10 f., 316, 335 und *passim*, Fussell, S. 17–19, 100 ff., 283 und 10. Kap., Bidwell (1973), S. 210–213, Marshall, S. 16–18 und 53–55, Creveld (1983), S. 167 f.

24 Speer, S. 10 bzw. 199.

25 Goebbels (1948), S. 47. Vgl. auch Millett (III), S. 202 f., Creveld (1983), S. 4, Bartov (1991), S. 17 und 73 f., Cecil, S. 147.

26 Goebbels (1948), S. 47. Siehe auch Bartov (1986), S. 60 f. und *passim*, Bartov (1991), S. 28–31 und *passim*, Creveld (1983), S. 22 f., 75, 86 f., 131 f. und 155–165, Kater (1992), *passim*, Mazower (1992), S. 132 ff.

27 Goebbels (1948), S. 477 und 482. Vgl. auch Mazower (1992), S. 150 f. und *passim*.

28 Pogue, S. 448. Vgl. auch Bartov (1991), S. 95–100, Milward (1965), S. 113, Goebbels (1992), Bd. 5, S. 2158, 2171 und 2184.

29 Klein, S. 137, Homze, S. 100 f. und 232, Mason (1976, I), S. 87, (II), S. 21 f., International Labor Office, S. 3 und 14, Cohen (1949), S. 1 und 290, Emsley, S. 305, Routh, S. 5 und 179, Milward (1965), S. 112, Marwick (1988), S. 71, und McInnes, S. 16.

30 Reck-Malleczewen, S. 120 und 123. Zu Deutschland siehe *ibid.*, S. 105 f., Steinert, S. 9 und 339 f.; zu Polen siehe Gross, S. 173 und 291, Wolowski, S. 260–263; zu Griechenland Iatrides (1981), S. 66 f., 73 f., 302–305 und 316 f.; zu Frankreich und Belgien Amouroux, S. 165, 181 f. und 471 f., Crémieux-Brilhac (I), S. 427–431, Debû-Bridel, S. 158 f., Walter, S. 102 f., Baudhuin, 267 f., Dejonghe (1979), S. 50.

10. Das besetzte Europa

1 Bédaria, S. 156–159, 170–172 und 192 f., Semelin, S. 32, Umbreit (in Dejonghe 1987, I), S. 30.

2 Vgl. Haestrup, S. 136–141, Michel (1972), S. 204 f., Semelin, S. 60–64, mit weiteren Einsichten.

3 Amouroux, 17. Kap., Baudot, S. 1 f., Marjolin, S. 55 und 104, Emsley, S. 240, Paxton, *passim*, und Hirschfeld (1991), S. 4.

4 Noguères (1967), S. 25, 52 f. und 74, Paxton, S. 18 und 334–336, Kedward (1978), S. 21, Cobb, S. 64 f., 103 und 119, Baudot, S. 42 f., Dejonghe (1987, I), S. 105–116, 397 und 417, Dejonghe (1988, II), S. 755 und 833–856, Hirschfeld (1991), S. 4, 9–11 und 21, Rings, S. 82 f. und 91.

5 Cobb, S. 58–61, 83 f., 96–98 und 147–149, Hirschfeld (1991), S. 19, Paxton, S. 17–19 und 237, Sauvy, S. 182–185, Walter, S. 60 f., und Amouroux, S. 469.

6 Baudhuin, S. 114, 129 f., 210–210, 267–272, 293 und 298, Dejonghe (1987, I), S. 66–99 und 371, Struye, S. 91, 148 und 157–159, Willequet, S. 67 f., 96–101, 151–153, 238 f. und 262, Gillingham (1977), S. 24–30, 72–77, 129, 152 f., 175 f. und 189 f., Gillingham (1986), 7. Kap.

7 Hirschfeld (1988), S. 5 f., 34–36, 42, 56, 133–139, 170–208, 266, 293–295 und 321–325, Rings, S. 74 f. und 96.

8 Wolowski, S. 68–72, 185 f. und 260–262, Gross, S. 114 f., 132–135, 144 bis 148, 160–167, 179–194 und 302 f., Rings, S. 87.

9 Trunk, S. xxxii, 34, 51, 327, 432 f., 455 ff. und 490–526.

10 Semelin, S. 46 f., Rings, S. 1 – 12, Michel (1972), S. 71 f. sind besonders erhellend.

11 Battaglia, S. 77. Vgl. auch Urban, S. 162 und 166, Gallerano, S. 66 f., und Wilhelm, *passim*.

12 Debyser, S. 114 f. Vgl. auch Delzell, S. 290–296, Judt, S. 89–91 und 95, Battaglia, S. 88 und 166 f., Legnani, S. 52 f., Gallerano, S. 67, Harris, S. 276, Kogan, S. 111, Urban, S. 168, Coles, S. 528, Kesselring, S. 225–228, Chabod, S. 108, Michel (1972), S. 286, und OSS, 31. März 1945, S. 4.

13 Judt, S. 90, Delzell, S. 208 f. und 304 f., Chabod, S. 109, Battaglia, S. 88 f., und bes. Collotti, S. 32 f.

14 Gross, S. 166, 171, 212 ff., 259–268 und 281–284, Kolko (1990), S. 117, Wolowski, S. 170–182 und 197 f., Haestrup, S. 224.

15 Amouroux, S. 307, Haestrup, S. 12 und 359, Semelin, S. 133–137, Hirschfeld (1991), S. 14, Paxton, S. 294, Rings, S. 217 f., Noguères (III), S. 295 und 302–306, (IV), S. 54, Marcot, S. 91–96, Michel (1962), S. 308, Michel (1972), S. 275, Ehrman (V), S. 324–326, Guingouin (1982), S. 180 und 194, Kedward (1993), S. 2, 19–48, 82, 129, 158, 204 und 219.

16 Kolko (1990), 4. Kap., Michel (1962), S. 59, Amouroux (1988), S. 123 ff.

und *passim*, Ehrman (V), S. 326–328, Noguères (III), S. 558 f., (IV), S. 92 ff., 160–162 und 199, Kriegel-Valrimont, S. 70 f., 107, 167, 176 und 216 f., Baudot, S. 144 und 170 ff., Madjarian, S. 62.

17 Noguères (IV), S. 55, Paxton, S. 294, Rioux, S. 476 (Fn. 33), Sweets, S. 227, Guingouin (1974), S. 227, Guingouin (1982), S. 54, Kolko (1990), S. 88, Kriegel-Valrimont, S. 71, Rings, S. 221, Tillon, S. 359, Ehrman (V), S. 326, Coles, S. 770, und Baudot, S. 210 f.

11. Kommunismus und Nachkriegspolitik

1 Chiclet, S. 31, 47, 50 und 99 f., Lazitch, S. 212, Eudes, S. 19 und 28, Woodward (1971), S. 387, Sarafis, S. LXI–LXIII, 47, 67, 100 (Fn.) und 320 f., Bærentzen (1987), S. 121 f., Kédros, S. 90–93, 122 f. und 362, Iatrides (1981), S. 38, Woodhouse, S. 8 f. und 24–27, Papastratis, S. 121 f., Kolko (1990), S. 175, Kofos, S. 120–131, Hondros, S. 98–121 und 133, Mazower (1993), S. 305–309, und Vlavianos, S. 19–21.

2 Iatrides (1981), S. 41, Woodhouse, S. 44 f. und 97, Wheeler, S. 77 f., Chiclet, S. 29–35 und 50, Eudes, S. 19, 28, 169 und 205 f., Sarafis, S. LXI, 48 f., 100 f., 154, 272, 320 f. und 425 f., Kédros, S. 49, Vukmanovic, S. 23, Hondros, S. 77 f., 111–121 und 139–144, Mazower (1993), S. 305–321. Chiclet (S. 34, Fn.) behauptet, daß es im September 1944 noch gut 1070 *capetans* gab.

3 Kolko (1990), S. 173 f., Iatrides (1972), S. 22, Iatrides (1981), S. 10 f. und 27, Chiclet, S. 30 f., und Woodhouse, S. 135.

4 Spriano (1985), S. 198. Siehe auch *ibid.*, S. 178–203, Judt, S. 42 f., und Kolko (1990), 8. Kap.

5 Churchill (1962, VI), S. 65. Siehe auch Kolko (1990), S. 37–42, 50–53, 129–131 und 141, Woodward (1971), S. 117 ff.

6 Vgl. Churchill (1962, VI), S. 196 ff., Kolko (1990), S. 144–146, Woodward (1971), S. 147–153 und 350.

7 Stavrakis, S. 33. Siehe auch *ibid.*, S. 28, Wittner, S. 5 – 7, Seraphis, S. 223–225, und Kolko (1990), S. 181 f.

8 Churchill (1962, VI), S. 610. Vgl. auch Eudes, S. 203–205, Stavrakis, S. 28–33, Wittner, S. 8 f., und Kolko (1990), S. 181 f.

9 Wittner, S. 27. Vgl. auch Stavrakis, S. 38.

10 Iatrides (1981), S. 13, Dadijer, S. 293.

11 Churchill (1962, VI), S. 247. Vgl. auch Chiclet, S. 47, 69, 94 f. und 121, Kédros, S. 290 und 472 f., Eudes, S. 168 f. und 235–237, Vukmanovic, S. 12 f., Woodward (1971), S. 410 f., Wittner, S. 8 f., Woodhouse, S. 98, Iatrides (1981), S. 200, Kolko (1990), S. 185, Ehrman (V), S. 86 f., Hondros, S. 234–239, Bærentzen, »The German Withdrawal …«, S. 256–258.

12 Churchill (1962, VI), S. 249. Vgl. auch Woodhouse, S. 97, 127 und 130 f., Kolko (1990), S. 182–188, Iatrides (1972), S. 161–164, Chiclet, S. 106 f., Eudes, S. 218 f., Hondros, S. 239–247, und Bærentzen (1978), *passim*.

13 Kolko (1972), S. 221–225, Eudes, S. 316 f., 324 ff., 336 und 343 f., Kolko (1990), S. 192 f. und 429–431, Wittner, 28 f., United Kingdom (1946), S. 10 ff., Bærentzen (1987), S. 46, Iatrides (1981), S. 178, Woodhouse, S. 141, Sarafis, S. LXIII, Vukmanovic, S. 87–89 und 140 f., Hondros, S. 248–250.

14 Woodward (1971), S. 438, Kolko (1990), S. 429, und Vlavianos, 3. Kap.

15 Zu den Opferzahlen vgl. Paxton, S. 329, Amouroux (1988), S. 558, Sauvy, S. 197, Bourdrel, S. 325–327 und hintere Umschlagseite, Lottman, S. 272–275, und Buton, S. 422; vgl. auch Coles, S. 770 f., Bourdrel, S. 103 und 107, Sainclivier, S. 54, Baudot, S. 140–144, Tillon, S. 362, 370 und 493 (Fn.), Kedward (1978), S. 275, Kedward (1993), S. 418 f., Guingouin (1982), S. 43–45, 54, 182 und 218–221, Taubmann, S. 65–98 und 120–124, Jacques Duclos, Bericht vom 2. Sept. 1944, Marty Papers, Rolle 7.

16 Bourdrel, S. 91 f. und 103–105, Madjarian, S. 99 f., 109–111, 122, 167 und 180 f., Buton, S. 415–419, Taubman, S. 104–114, Duclus, Bericht vom 2. Sept. 1944, S. 3 f., Marty Papers, Rolle 7.

17 Kolko (1990), S. 94. Siehe auch Tillon, S. 409, Spriano (1985), S. 178–180, Giraud, S. 145–149, 158–163 und 185 f., Rieber, S. 15 und 26, Urban, S. 193.

18 U. S. Dept. of State, Foreign Relations (1944), S. 723. Vgl. auch *ibid.*, S. 634 f., Aguhon, S. 72, Tillon, S. 409 und 416.

19 U. S. Dept. of State, Foreign Relations (1944), S. 733. Vgl auch *ibid.*, S. 742 f., und Tillon, S. 405.

20 Agulhon, S. 71 ff., Madjarian, S. 99 f., Rieber, S. 131–136, Giraud, S. 185 f. und 199, Michel (1962), S. 319, Kriegel-Valrimont, S. 134 ff. und *passim*, Noguères (V), S. 238–248 und 493 f.

21 Duclos, Bericht vom 5. Sept. 1944, S. 6, Marty Papers, Rolle 7. Vgl. auch seinen Bericht vom 2. Sept. 1944, S. 3 f., Tillon, S. 419–421, Willard, S. 102 f., Spriano (1985), S. 229 f., Madjarian, S. 130 f., 147 f. und 195 ff., Rioux, S. 39–56, Buton, S. 418 f., Thorez, S. 181–189, 194 f. und 201.

22 Duclos, Bericht vom 30. Dez. 1943, Marty Papers, Rolle 6, und vom 5. Sept. 1944, Rolle 7, Tillon, S. 406, 413 und 417, Reale, S. 81 f. und 160 ff., Kolko (1990), S. 93–96 und 439 ff., Kolko (1972), S. 154 f., Dedijer, S. 295 f, Willard, S. 96 ff., und Agulhon, S. 84 f.

23 Coles, S. 620, Collotti, S. 32 f., und Chabod, S. 129.

24 Sefarty, S. 28. Vgl. auch *ibid.*, S. 87, Judt, S. 90 f., Michel (1972), S. 248 f., Collotti, S. 29–31, Domenico, S. 57 f., 118, 192 und 209, Miller (1986), S. 155 f., Coles, S. 566, Federazione Genovese del PCI, »I Comunisti per il Populo Italiano«, o. J., in PCI-Flugschriften.

25 Den größten Erfolg hatten die Kommunisten, sowohl im Hinblick auf die Mitgliederzahlen als auch auf die Wählerstimmen, in der großen Nachbarregion direkt nördlich von Rom: Toskana, Umbrien, Marken und Emilia. Siehe PCI-Flugschriften, *passim*, Urban, S. 175, 180, 190 und 212–215, La-

zitch, S. 225, Chabod, S. 126–129, Sefarty, S. 28, Gallerano, S. 67 (Fn.), Sefarty, S. 21–28 und 87.

26 Coles, S. 114, Siehe auch *ibid.*, S. 115, 118 und 160.

27 *Ibid.*, S. 373–375, 384–388 und 560, Harris, S. 3, 79, 147 f., und 284–287, Domenico, S. 55, 74 f., 89, 201 und 208–210, Miller (1986), S. 133–135 und 140.

28 Churchill (1962, V), S. 86. Vgl. auch Kolko (1990), S. 45–57.

29 OSS, 31. März 1945, S. 13 f., Miller (1986), S. 144 f., und Coles, S. 526 f.

30 Toscano, bes. S. 275, 266–289 und 293, Badoglio, S. 121 und 128 f., Harris, S. 141 f.

31 Macmillan, S. 489. Vgl. auch Urban, S. 191–194, Kolko (1990), S. 52, und Kogan, S. 64 f.

32 Woodward (1971), S. 129.

33 Kolko (1990), S. 438. Vgl. auch Toscano, S. 267–277 und 301–303, Urban 156–160 und 186 f., Dedijer, S. 296.

34 Badoglio, S. 147, Urban, S. 153, 158 f., 174–177 und 200–203, Sefarty, S. 23 f., und Kolko (1990), S. 54.

35 Urban, S. 169–171, 185, 195 und 204, Judt, S. 21, Sefarty, S. 24, Kolko (1990), S. 54.

36 Coles, S. 542. Vgl. auch *ibid.*, S. 538 ff., Delzell, S. 304 f. und 515–520.

37 Churchill (1962, VI), S. 267.

38 Coles, S. 544. Vgl. auch *ibid.*, S. 539–542, Miller (1986), S. 139 ff., Delzell, S. 451–453, 464 f. und 474–476, Colletti, S. 32, Urban, S. 199, und Kolko (1990), S. 62 f.

39 Kolko (1990), S. 376.

40 *Ibid.*, S. 385.

41 Coles, S. 560. Vgl. auch *ibid.*, S. 373 f., 384, 560, 565 f., Miller (1986), S. 140, Delzell, S. 531–553, Harris, S. 305, 310 und 359, Kolko (1990), S. 437, Domenico, S. 141, S. 148 f. und 153.

42 Coles, S. 566.

43 *Ibid.*, S. 614 und 625. Vgl. auch Woodward (1971), S. 484 f.

44 Willard, *passim.*

45 Kogan, S. 122.

12. Die Chinesische Revolution

1 Dower, 8. und 10. Kap., Morley (1984), *passim*, Millett (III), S. 15, Crowley, S. 288 ff. und 370–373, Morley (1983), S. 280 f. und 290 f., Morley (1980), S. 254–279 und 292–295, Kido, S. 190 und 320 f., Elsbree, S. 22, White (1946), S. 62 f. und 70, Ike, S. 76 f. und 148.

2 Ike, S. 283. Vgl. auch *ibid.*, S. 152 f., Elsbree, S. 26 f., 44, 50 f. und 68 f., Browne, S. 105 und 121–123, Morley (1980), S. 117–119, Crowley, S. 371 f., Thorne, S. 149–156 und 259, Silverstein, S. 28 f.

3 Togo, S. 263. Vgl. auch Iriye, S. 176 und 182; zu den ökonomischen Trends siehe Cohen, S. 275, 354, 375, 386, 415 und 521.
4 Kolko (1990), S. 550.
5 Fairbanks (1986), S. 547 (Fn.). Vgl. auch *ibid.*, S. 29.
6 Ch'i, S. 221, Fairbanks (1983), S. 50, Chang (1967), S. 66, White (1946), S. 60, Young, S. 139, 152, 300 f. und 358, Chou, S. 91–93 und 260 f.
7 Young, S. 11–27, 53 f., 266 und 317–326, Chang (1958), S. 60–64, Chou, S. 15 und 244, Ch'i, S. 155, 165–167 und 176, White (1946), S. 69, und Fairbanks (1986), S. 35–37.
8 Zum Vorkriegschina siehe Fairbanks (1986), S. 17–19, 30–34, 239 und 255–260, Ch'i, S. 139 und 146–151, Peck (1967), S. 19–21, Esherick, S. 10, Selden, S. 5 – 7, Fairbanks (1986), S. 267 f., Chang (1958), S. 60–63, Eastman, S. 5 f., 46 und 58 f.
9 Romanus, S. 369 und 242. Vgl. auch *ibid.*, S. 10 und 66 f., Ch'i, S. 54, 59, 161–164 und 170, Esherick, S. 6, Peck (1967), S. 216 f.
10 Romanus, S. 242–247, Fairbanks (1986), S. 574 f., Ch'i, S. 162, White (1946), S. 132–138, Chang (1958), S. 63, Young, S. 318–320, und Eastman, S. 152.
11 Eastman, S. 68 f. und 152, Fairbanks (1986), S. 32–34, 257, 268 f. und 565, Esherick, S. 11–15 und 36 f., White (1946), S. 60–66, 143 und 174–176, Selden, S. 5 f., Ch'i, S. 159 f., und Peck (1967), S. 21 f.
12 Eastman, S. 137.
13 *Ibid.*, S. 142 f. und 162, Ch'i, S. 97, 104 und 171, Romanus, S. 12 und 66 f., White (1946), S. 72 und 139–142, Young, S. 318 f., und Peck (1967), S. 20.
14 Eastman, S. 4 f.
15 Romanus, S. 10. Vgl. auch Kataoka, S. 289, White (1946), S. 69–71, Eastman, S. 10, 131–133, 141–143 und 162, Peck (1967), S. 3 und 19–21, Selden, S. 189, Ch'i, S. 238 f., und Stilwell, *passim.*
16 Zur Unzufriedenheit in der Vorkriegszeit vgl. Fairbanks (1986), S. 278–281, 301–306 und 326, Selden, S. 65 f.; zu den Ereignissen der Kriegszeit siehe Eastman, S. 68 f. und 85, Esherick, S. 14 und 20 f., Ch'i, S. 97 und 160, Peck (1967), S. 23.
17 Johnson, *passim*, Dirlik, *passim*, Kataoka, *passim*, Fairbanks (1986), S. 322 f., Chen, S. xix, Shum, S. 2 – 15 und 232 f., Lewis, S. 264, Kolko (1990), S. 236 ff., Selden, S. 65–95 ff. und 190.
18 Chen, S. 122, 129, 155–161, 182, 188 f. und 220–222, Schurmann, S. 432 f., Kolko (1972), S. 266 und 550 f.
19 Shum, S. 5 ff., Schurmann, S. 129, Selden, S. 212 ff., Johnson, S. 14, und Lewis, S. 264–266.
20 Eastman, S. 160. Vgl. auch Chassin, S. 19 und 22, Kataoka, S. 308, Chen, S. 78, Kolko (1972), S. 248–255 und 552.
21 Schurmann, S. 129, Kolko (1972), S. 248, 266, 274, 534, 539, 548 und 553.

13. Revolution und Reaktion in Südostasien

1 Lockhart, S. 108 f., Martin, S. XVII, und Tonnesson, S. 37.
2 Gaudel, S. 208–231, Decoux, S. 267 und 448 f., Khanh, S. 292 f., Buttinger, S. 240 und 581, Woodside, S. 139–141 und 158 f., Kolko (1985), S. 15, Lockhart, S. 110, Long, S. 131 f. und 222–227, Martin, S. 100.
3 Lockhart, S. 111 f., Hammer, S. 145, Long, S. 130–133 und 228 f., Khanh, S. 300 f., Isoart, S. 154, Decoux, S. 267, Giap, S. 39, und Buttinger, S. 240.
4 Mordant, S. 112, Commission (1972), S. 14 f., 36 f., 55 f., 64 und 95 f., Kolko (1985), S. 31, Trullinger, S. 29 und 33 f., Khanh, S. 182 f., 270–275 und 283–288, Lockhart, S. 75 und 84–93, Tonnesson, S. 344 f., und Woodside, S. 234–236.
5 Commission (1972), S. 76. Vgl. auch *ibid.*, S. 72 ff., Khanh, S. 304 und 308–314.
6 Commission (1980), S. 70 f. Vgl. auch Khanh, S. 313, Commission (1972), S. 89–95.
7 Commission (1972), S. 85 und 94 f. Vgl. auch Khanh, S. 311 f., und Lockhart, S. 117–121.
8 Giap, S. 15. Vgl. auch Lockhart, S. 104 f., Khanh, S. 312, und Commission (1972), S. 83–96.
9 Commission (1972), S. 95 f., 134 f. und 172–175, Devillers, S. 135–137, Isoart, S. 162–170, Khanh, S. 320–328, Lockhart, S. 137–143, Tonnesson, S. 375 und 379 ff.
10 Giap, S. 73.
11 Commission (1980), S. 72 und 95 f., Khanh, S. 332, Kolko (1985), S. 40 und 46, Hammer, S. 145 f., Buttinger, S. 350, und Trullinger, S. 45 f.
12 Constantino (1975), S. 321 ff., und Wolters, 1.–3. Kap.
13 Steinberg, S. 32 f., Hartendorp (I), S. 226 (Fn.), und Recto, S. 76.
14 Japanese, S. 1 f. Vgl. auch Recto, S. 74–77, OSS, 25. Nov. 1944 (»Recto«), Kerkvliet, S. 65, Steinberg, S. 90 f., Willoughby, S. 286 f. und 342–345, Hartendorp (I), S. 190 f., Constantino (1978), S. 84–93, Agoncillo, S. 458–463, und Cannon, S. 17.
15 Steinberg, S. 106–109, 114 und 122, Apostol, S. 10 und 18, Hartendorp (II), S. 557 (Fn.) und 604, Willoughby, S. 343 f., Taruc, S. 142 f., Kerkvliet, S. 76, Agoncillo, S. 459–465, Constantino (1978), S. 101 ff.
16 U.S. Army, S. 12. Siehe auch Taruc, S. 56 ff., Hartendorp (I), S. 431, (II), S. 609 und 642, Constantino (1978), S. 87, und Friend, S. 207 und 227.
17 Willoughby, S. 446 sowie S. 264 und S. 442; Cannon, S. 14.
18 Willoughby, S. 266 f., 464 und 452. Vgl. auch Cannon, S. 17.
19 Kerkvliet, S. 18–25 und 40–59, Larkin, S. 215 und 292–305, Paige, S. 45 und 58–60.
20 Taruc, S. 129. Vgl. auch *ibid.*, S. 56–58, 130 und 143, Kerkvliet, S. 79 und 98.

21 Taruc, S. 52 f. Vgl. auch *ibid.*, S. 60 f., 70–72, 142–158 und 177, Hartendorp (II), S. 642, U. S. Army, S. 12–15, Kerkvliet, S. 97.

22 Laurel, S. 17. Vgl. auch Kerkvliet, S. 102–104, Taruc, S. 126 und 143.

23 Taruc, S. 190. Vgl. auch *ibid.*, S. 185–198, Kerkvliet, S. 111–113 und 124, Edgerton, S. 40–53.

24 Kolko (1988), S. 27. Vgl. auch Edgerton, S. 26–28 und 150–162, Steinberg, S. 115 f. und 130 f.

14. Unterdrückung und Rebellion (1945–1953)

1 Woodhouse, S. 163. Vgl. auch *ibid.*, S. 172, Bærentzen (1987), S. 46 und 52 f.

2 United Kingdom (1947), S. 4.

3 Woodhouse, S. 142, 162, 184, 208 und 266, Kousoulas, S. 240, United Kingdom (1947), S. 12–16, Wittner, S. 49–51, 69, 167–173 und 183 f., U. S. House, Select Comm., S. 193–199, Sweet-Escott, S. 132 f.

4 Woodhouse, S. 183–187, 194 und 215, Bærentzen (1987), S. 160, 166 f., 171 und 184–187; Iatrides (1993), S. 209–211, Eudes, S. 340, 354, 356 und 360, Stavrakis, S. 90 f., Vukmanovic, S. 103, und 128 f., Vlavianos, S. 99 und 105.

5 Heinz Richter (in Bærentzen, 1987), S. 162–165 und 184–187, Vukmanovic, S. 93–99 und 104, Kolko (1972), S. 223 und 226, Woodhouse, S. 164–177 und 183 f., Eudes, S. 354, Iatrides (1981), S. 178 f. und 206 f., Wittner, S. 45, und Vlavianos, 5. Kap.

6 U. S. House, Select Comm., S. 193. Vgl. auch Wittner, S. 108, 113–115, 162–165 und 225.

7 U. S. Dept. of State, Foreign Relations (1948), S. 118 f. Vgl. Woodhouse, S. 209 und 215, Wittner, S. 137 f., 144, 155 und 163, Smith (1949), S. 237.

8 Wittner, S. 140–141, 162, 165, 245, 283 und 401, Bærentzen (1987), S. 62–73, 95 und 98, Eudes, S. 466, Kofos, S. 186, Kousoulos, S. 284.

9 Woodhouse, S. 186, 222 und 262, Eudes, S. 360 und 386, O'Ballance, S. 127, 142 und 158 f., Iatrides (1993), S. 227 f., Laiou (in Bærentzen, 1987), S. 55 und 60, Kofos, S. 176, Wittner, S. 107 und 231, Smith (in Bærentzen, 1987), S. 174–176.

10 Elisabeth Barker (in Bærentzen, 1987), S. 272 f. Vgl. auch *ibid.*, S. 263 ff. und 303, Sweet-Escott, S. 53 f., Wittner, S. 56–58, Iatrides (in Bærentzen, 1987), S. 246 f., Vukmanovic, S. 93–98, Iatrides (1993), S. 213, 222 f. und 228, Kofos, S. 163 f., Vlavianos, S. 69–71.

11 U. S. Dept. of State, Foreign Relations (1948), S. 1084–1085. Vgl. auch *ibid.*, S. 100–106 und 129 f., Wittner, S. 108, 113–118, 162–165, 171–184, 189 f., 223–253 und 263–265, Iatrides (1993), S. 212 f. und 226–229, Barker (in Bærentzen, 1987), S. 272–274 und 305, O'Ballance, S. 176 f., Woodhouse, S. 238–243, Vlavianos, S. 239 und 244.

12 Barker (in Bærentzen, 1987), S. 295. Vgl. auch *ibid.*, S. 276 f., 286, 290–293 und 304 f., Eudes, S. 465 f. und 472 f., Wittner, S. 263, 267 und 272–279, U. S. Dept. of State, Foreign Relations (1948), S. 115–117 und 248 f., Bærentzen (1987), S. 312 f., und Shulman, S. 71–73.
13 Edgerton, S. 226 f., 244 und 290 ff., Kerkvliet, S. 120 f. und 135, Constantino (1978), S. 207.
14 Kerkvliet, S. 124, 143–148, 153, 159, 168–174, 186 und 192–198, Taruc, S. 227–232, 236 f., 242 und 249, Wolters, S. 149 und 186–195, Constantino (1978), S. 208–211.
15 Kerkvliet, S. 140 f., 150 f., 170, 178–187 und 205, Taruc, S. 208–214, Constantino (1978), S. 208–215, Kolko (1988), S. 28 f., Edgerton, S. 340.
16 Kerkvliet, S. 179–190 und 200–211, Taruc, S. 230, 248 f., 259–264, Constantino (1978), S. 214–222 und 236 f.
17 Kerkvliet, S. 177 f., 203–207, 216 f., 227–233 und 238–248, Kolko (1988), S. 64–66 und *passim*, Constantino (1978), S. 231–236.
18 U. S. NSC-68, S. 28, 31, 36, 21 und 56. Vgl. auch *ibid.*, S. 57–65.
19 Kolko (1972), S. 477–484, 502–508, 558–577, Goulden, S. xvii, Simmons, S. 118 und 129. Scalapino, S. 246 f., 257, 289, 327, 376–383, 409 f., Weathersby, S. 5 und 19–32.
20 Kolko (1972), S. 570 und 575 ff., Schnabel, S. 64, Simmons, S. 118–125, Shulman, S. 140 ff., und Weathersby, S. 22–32.
21 Futtrell, S. 195. Vgl. auch *ibid.*, S. 102.
22 Pearson, S. 150. Vgl. auch Mrozek (I), S. 24, Momyer, S. 62, Kaufman, S. 84 f., Collins, S. 144 f., Goulden, S. 234–237, und Rees, S. 100.
23 Kaufman, S. 86–88, Schnabel, S. 177–182 und 222, Appleman, S. 607 f., und Kolko (1972), S. 594–605.
24 Hermes, S. 283 f., 337, 340, 477 f. 501 und 508, Futtrell, S. 689–692, White (1974), S. 5, Rees, S. 440 f., Kolko (1972), S. 615.
25 Futtrell, S. 316, 337–340, 411, 424 f., Hermes, S. 205, 283, 332, 367, 510 f.
26 Futtrell, S. 485–489, 501, 504 und 629, Rees, S. 166–168, 194, Goulden, S. XVI.
27 Collins, S. 250. Vgl. auch *ibid.*, S. 251, Rees, S. 404–406 und 418, Goulden, S. xxv, Futtrell, S. 529, und Hermes, S. 499.
28 Hermes, S. 461. Vgl. auch *ibid.*, S. 63 f., 214, 436–446, Goulden, S. xvii und 636 f., Rees, S. 422, und Futtrell, S. 667.
29 Futtrell, S. 669. Vgl. auch *ibid.*, S. 666–670.
30 Peck (1962), S. 100, Mueller, S. 45–47, und Collins, S. 388 f.

15. Auf Konfrontationskurs (1954–1991)

1 Kolko (1988), S. 50. Vgl. auch Kolko (1972), S. 617 und 705–707.
2 Kolko (1972), S. 671 f., Bitzinger, *passim*, und Gaddis, S. 139–145.
3 Kolko (1972), S. 706 f., Kolko (1988), S. 48–52 und 293, Gaddis, S. 131 f., 144 f. und 151, Shafer, 5. Kap.

4 Blechman, S. 30–52, Shafer, 2. Kap. und S. 279, Betts (1977), S. 202 f. und 10. Kap., Betts (1978), S. 62 ff., und Kolko (1988), S. 49–54.

5 Kolko (1985), S. 15, 39–41, 60–67, 93 f., 99 und 130, Trullinger, S. 91 ff., Bergerud, S. 55 ff., 76 und 335.

6 Kolko (1985), S. 143 f., 180 f. und 194 f., Mrozek, 2. Kap., Momyer, S. 80–95, Smith (1989), S. 182 ff., Halberstam, *passim*, Deitchman, S. 113 und 134, Betts (1977), S. 185–191, und Wilensky, *passim*.

7 Krepinevich, S. xi. Vgl. auch *ibid*., S. 126 f., Mrozek, S. 164 f., 178 f. und bes. 184.

8 Kolko (1985), S. 189–192 und 357, Palmer (1984), S. 58. und 82, Krepinevich, S. 127.

9 Mueller, S. 54–57, 124 f., 130 und 138 f., Kolko (1985), S. 172, U. S. Senate, Comm. on Armed Services, S. 580–592.

10 Kolko (1985), S. 359–364.

11 Halberstam, S. 667. Vgl. auch Kolko (1985), S. 200 f.

12 Palmer (1984), S. 167. Vgl. auch Kolko (1985), S. 200 f.

13 Kolko (1985), S. 144 f. und 200–203, Mrozek, S. 132–145.

14 Kolko (1985), S. 202–207.

15 Trullinger, S. 143 f. und 182–203, Deitchman, S. 386–403, Bergerud, S. 295 f., Mrozek, S. 178 f. und 184.

16 Kolko (1985), S. 234–236, 253–260 und 523 ff.

17 Turner, 10. Kap., Shafer, 2. Kap., Betts (1978), S. 63 ff., und Hyland, S. 130.

18 Stockwell, S. 90. Vgl. auch Binnendijk, S. 10 und 36–39.

19 Stockwell, S. 43. Vgl. auch Binnendijk, S. 307, Blechman, S. 33 und 52, Kolko (1988), S. 209 und 294.

20 Builder, S. 3 – 5, U. S. Senate, Comm. on Armed Services, S. 3–8, 15 und 313–497, Hosmer (1990), S. 30 f., Hosmer (1987), S. 124 und 155, und Kolko (1991), S. 17.

21 Levine, S. viii. Vgl. auch *ibid*., S. v-ix, Hosmer (1990), S. 30 f., Hosmer (1987), S. 127 und 154; zu Südafrika siehe Woodward (1987), S. 269, und Stockwell, S. 187.

22 U. S. Commission, S. 13. Vgl. auch *ibid*., S. 16.

23 John S. Fulton, *Military Review*, Feb. 1986, S. 61. Vgl. auch Krepinevich, S. 269–272, Shafer, S. 283 ff., Simon, S. 1 – 3, Kolko (Oktober 1988), *passim*.

24 Los Angeles Times, 26. Feb. 1992. Vgl. auch Hiro, S. 71–84, 90 f., 119 ff. und 186–211, New York Times, 26. Jan. 1992, Los Angeles Times, 23. Feb. 1992, Leserbrief von Akin in der Washington Post [Wochenausgabe], 9.–15. Nov. 1992.

25 Hyland, S. 242. Vgl. auch Blechman, S. 36.

26 *Department of State Dispatch*, 7. Okt. 1991, S. 739. Vgl. auch Hosmer (1990), S. v ff., Simon, S. 1 ff., und U. S. Commission, S. 13.

27 Richard Haas [Sonderberater des Präsidenten], Redetext, U. S. Information Service, London, »Official Text«, 24. Sept. 1991. Vgl. auch David Binder, *New York Times*, 7. Feb. 1993.
28 Michael Mandelbaum in der New York Times vom 22. Dez. 1990. Vgl. auch Kolko (1991), S. 23.
29 Bemerkungen von Boren, National Press Club, 3. April 1990, S. 3 f. [Ms.].
30 *Department of State Dispatch*, 7. Okt. 1991, S. 739. Am aufschlußreichsten im Hinblick auf amerikanische Befürchtungen wegen negativer Folgen des Zerfalls der UdSSR ist Beschloss, S. 106 f., 123, 170–177, 192 und *passim*.
31 U. S. Joint Chiefs, S. 1 f.

BIBLIOGRAPHIE

Adams, R. J. Q., *Arms and the Wizard: Lloyd George and the Ministry of Munitions, 1915–1916*, College Station (Tex.) 1978.

– Ders. und Philip P. Poirier, *The Conscription Controversy in Great Britain, 1900–1918*, London 1987.

Agoncillo, Theodoro A. und Milagros C. Guerrero, *History of the Filipino People*, Quezon City 1970.

Agulhon, Maurice, »Les Communistes et la Libération de la France«, in: Comité d'histoire de la Deuxième Guerre Mondiale (Hg.), *La Libération de la France*, Paris 1976.

Aldcroft, Derek H., *From Versailles to Wall Street, 1919–1929*, London 1977.

Allen, William Sheridan, *The Nazi Seizure of Power: The Experience of a Single German Town, 1922–1945*, New York 1989.

– Ders., *»Das haben wir nicht gewollt!« Die nationalsozialistische Machtergreifung in einer Kleinstadt* [Northeim] *1930–1935*, Gütersloh 1966.

Allison, William und John Fairley, *The Monocled Mutineer*, London 1978.

Ambrosius, Gerald und William H. Hubbard, *A Social and Economic History of Twentieth-Century Europe*, Cambridge (Mass.) 1989.

Amouroux, Henri, *La Vie des Français sous l'occupation*, Paris 1961.

– Ders., *Joies et douleurs de peuple libéré: 6 juin–1 septembre 1944*, Paris 1988.

Apostol, José P., »Some Effects of the War on the Philippines«, Philippine Council, Institute for Pacific Relations 1947.

Appleman, Roy E., *South to the Naktong, North to the Yalu: June–November 1950 [U. S. Army in the Korean War]*, Washington 1961.

Armeson, Robert B., *Total War and Compulsory Labor: A Study of the Military-Industrial Complex in Germany During World War*, The Hague 1964.

Arnoult, P. et al., *La France sous l'Occupation*, Paris 1959.

Auerbach, Bertrand, *L'Autriche et la Hongrie pendant la Guerre*, Paris 1925.

Augé-Laribé, Michel und Pierre Pinot, *Agriculture and Food Supply in France During the War*, New Haven 1927.

Badoglio, Pietro, *Italien im Zweiten Weltkrieg. Erinnerungen und Dokumente*, München 1947.

Bærentzen, Lars, »The Demonstration in Syntagma Square on Sunday the 3rd of December, 1944«, *Scandinavian Studies in Modern Greek* 2, 1978, S. 3 bis 52.

– Ders., »The German Withdrawal from Greece in 1944 and British Naval ›Inactivity‹«, *Journal of Modern Greek Studies* 5, Oktober 1987, S. 237–265.

– Ders. et al. (Hg.), *Studies in the History of Greek Civil War, 1945–1949*, Kopenhagen 1987.

Barnett, Correlli, »The Education of Military Elites«, in: Rupert Wilkinson (Hg.), *Governing Elites: Studies in Training and Selection*, New York 1969.

Bartov, Omer, *The Eastern Front 1941–45: German Troops and the Barbarisation of Warfare*, New York 1986.

– Ders., *Hitler's Army: Soldiers, Nazis, and War in the Third Reich*, New York 1991.

Battaglia, *The Story of the Italian Resistance*, London 1957.

Baudhuin, Fernand, *L'Économie belge sous l'occupation, 1940–1944*, Brüssel 1945.

Baudot, Marcel, *L'opinion publique sous l'occupation: l'example d'un département français (1939–1945)*, Paris 1960.

Baynes, John, *Morale: A Study of Men and Courage – The Second Scottish Rifles at the Battle of Neuve Chapelle, 1915*, London 1967.

Becker, Jean-Jacques, *The Great War and the French People*, New York 1986.

Beckett, Ian F. W. und Keith Simpson (Hg.), *A Nation in Arms: A Social Study of the British Army in the First World War*, Manchester 1985.

Bédarida, François (Hg.), *La Politique Nazi d'extermination*, Paris 1989.

Bergerud, Eric M., *The Dynamics of Defeat: The Vietnam War in Hau Nghia Province*, Boulder 1991.

Berghahn, V. R., *Germany and the Approach of War in 1914*, London 1973.

Berryman, Sue E., *Who Serves? The Persistent Myth of Underclass Army*, Boulder 1988.

Beschloss, Michael R. und Strobe Talbott, *At the Highest Levels: The Inside Story of the End of the Cold War*, Boston 1993.

Bessel, Richard, »The Great War in German Memory: The Soldiers of the First World War, Demobilization, and Weimar Political Culture«, *German History* 6, April 1988, S. 20–34.

Betts, Richard K., *Soldiers, Statesmen, and Cold War Crises*, Cambridge (Mass.) 1977.

– Ders., »Analysis, War, and Decision: Why Intelligence Failures Are Inevitable«, *World Politics* 31, Oktober 1978, S. 61–89.

Bidwell, Shelford, *Modern Warfare: A Study of Men, Weapons and Theories*, London 1973.

– Ders. und Dominick Graham, *Fire-power: British Army Weapons and Theories of War, 1904–1945*, London 1982.

Binding, Rudolf, *Aus dem Kriege*, Frankfurt am Main 1925.

Binnendijk, Hans (Hg.), *Authoritarian Regimes in Transition*, Washington 1987.

Bisson, T. A., *Japan's War Economy*, New York 1945.

Bitzinger, Richard A., *Assessing the Conventional Balance in Europe, 1945 bis 1975* [Rand Corp. N-2859], Santa Monica 1989.

Blechman, Barry M. und Stephen S. Kaplan, *Force Without War: U.S. Armed Forces as a Political Instrument*, Washington 1978.

Bond, Brian, *The Victorian Army and the Staff College, 1854–1970*. London 1972.

– Ders., *War and Society in Europe, 1870–1970*, London 1983.

Boog, Horst (Hg.), *Die deutsche Luftwaffenführung 1935–1945. Führungsprobleme, Spitzengliederung, Generalstabsausbildung*, Stuttgart 1982.

Bordeaux, Henry, *Histoire d'une vie*, Bde. 4 und 12, Paris 1957 und 1970.

Bourdrel, Philippe, *L'Épuration sauvage, 1944–1945*, Paris 1988.

Bourgeois, Jean, »La situation démographique«, *Population* 1, Januar–März 1946, S. 117–142.

Bowley, Arthur L., *Some Economic Consequences of the Great War*, London 1930.

Brandt, Karl, *Management of Agriculture and Food in the German-Occupied and Other Areas of Fortress Europe: A Study in Military Government*, Stanford 1953.

Browder, Robert Paul und Alexandre F. Kerensky (Hg.), *The Russian Provisional Government 1917*, Stanford 1961.

Browne, Courtney, *Tojo: The Last Banzai*, New York 1967.

Bry, Gerhard, *Wages in Germany, 1871–1945*, Princeton 1960.

Builder, Carl H., *The Masks of War: American Military Styles in Strategy and Analysis*, Baltimore 1989.

Burk, Kathleen (Hg.), *War and the State: The Transformation of British Government, 1914–1919*, London 1982.

Buton, Philippe, »L'État restauré«, in: Jean-Pierre Azéma und François Bédarida (Hg.), *La France des années noires: De l'Occupation à la Libération*, Paris 1993, S. 405–428.

Buttinger, Joseph, *Vietnam: A Dragon Embattled*, Bd. 1, New York 1967.

Cairns, John C., »International Politics and the Military Mind: The Case of the French Republic, 1911–1914«, *Journal of Modern History* 25, September 1953, S. 273–285.

Cannon, M. Hamlin, *Leyte: The Return to the Philippines [U.S. Army in World War II]*, Washington 1954.

Carroll, Berenice A., *Design for Total War: Arms and Economies in the Third Reich*, The Hague 1968.

Carsten, F. L., *Revolution in Central Europe, 1918–1919*, Berkeley 1972.

Cecil, Robert, *Hitler's Decision to Invade Russia, 1941*, London 1975.

Cépède, Michel, *Agriculture et alimentation en France durant la Deuxième Guerre mondiale*, Paris 1961.

Chabod, Frederico, *A History of Italian Fascism*, London 1963.

Chamberlin, W. H., *The Russian Revolution, 1917–1921*, New York 1935.

Chang, John K., »Industrial Development of Mainland China, 1912–1949«, *Journal of Economic History* 27, März 1967, S. 56–81.

Chang, Kia-Ngau, *The Inflationary Spiral: The Experience in China, 1939–1950*, Cambridge (Mass.) 1958.

Charteris, John, *Field Marshal Earl Haig*, New York 1929.

Chassin, Lionel Max, *The Communist Conquest of China: A History of the Civil War, 1945–1949*, Cambridge (Mass.) 1965.

Chen, Yung-fa, *Making Revolution: The Communist Movement in Eastern and Central China, 1937–1945*, Berkeley 1986.

Ch'i, Hsi-sheng, *Nationalist China at War: Military Defeats and Political Collapse, 1937–1945*, Ann Arbor 1982.

Chiclet, Christophe, *Les communistes grecs dans la guerre: histoire du parti communiste de Grèce de 1941 à 1949*, Paris 1987.

Childers, Thomas, *The Nazi Voter: The Social Foundations of Fascism in Germany, 1919–1933*, Chapel Hill 1983.

Chou, Shun-hsin, *The Chinese Inflation, 1939–1949*, New York 1963.

Churchill, Winston S., *The World Crisis 1911–1914*, New York 1923.

– Ders., Bantam (Hg.), *Closing the Ring [The Second World War, Bd. 5]*, New York 1962.

– Ders., Bantam (Hg.), *Triumph and Tragedy [The Second World War, Bd. 6]*, New York 1962.

Clarkson, Jesse D. und Thomas C. Cochran (Hg.), *War as a Social Institution: The Historian's Perspective*, New York 1941.

Clough, Shephard B., *The Economic History of Modern Italy*, New York 1964.

Cobb, Richard, *French and Germans, Germans and French: A Personal Interpretation of France Under Two Occupations, 1914–1918/1940–1944*, Hanover (N.H.) 1983.

Cohen, Jerome B., *Japan's Economy in War and Reconstruction*, Minneapolis 1949.

Colby, William, *Lost Victory: A Firsthand Account of America's Sixteen-Year Involvement in Vietnam*, Chicago 1989.

Coles, Harry L. und Albert K. Weinberg, *Civil Affairs: Soldiers Become Governors [U. S. Army in World War II]*, Washington 1964.

Collins, J. Lawton, *War in Peacetime: The History and Lesson of Korea*, Boston 1969.

Collotti, Enzo, »L'occupation allemande, la résistance, les alliés: essai d'historiographie«, *Revue d'histoire de la Deuxième Guerre mondiale* 23, Oktober 1973, S. 21–33.

Commission for the Study of the History of the Party, *History of the August Revolution*, Hanoi 1972.

– Dies., *50 Years of Activities of the Communist Party of Vietnam*, Hanoi 1980.

Constantino, Renato und Letizia R., *The Philippines: A Past Revisited*, Quezon City 1975.

Cooper, Duff, *Haig*, 2 Bde. Toronto 1935.

Crémieux-Brilhac, Jean-Louis, *Les Français de l'an 40*, 2 Bde., Paris 1990.
Creveld, Martin van, *Supplying War: Logistics from Wallenstein to Patton*, Cambridge 1977.
– Ders., *Fighting Power: German and U.S. Army Performance, 1939–1945*, London 1983.
Crowley, James B., *Japan's Quest for Autonomy: National Security and Foreign Policy, 1930–1938*, Princeton 1966.
Cruttwell, C. R. M. F., *A History of the Great War, 1914–1918*, Oxford 1936.
Cuff, Robert D., *The War Industries Board: Business-Government Relations During World War I*, Baltimore 1973.
Debû-Bridel, Jacques, *Histoire du marché noire (1939–1947)*, Paris 1947.
Debyser, F., »Une publication et des chiffres officiels sur la guerre des partisans«, *Revue d'histoire de la Deuxième Guerre mondiale* 5, Januar 1955, S. 112–115.
Decoux, Amiral, *A la barre de l'Indochine: Histoire de mon gouvernement Général (1940–1945)*, Paris 1949.
Dedijer, Vladimir, *Tito*, New York 1953.
Deist, Wilhelm (Hg.), *The German Military in the Age of Total War*, Learnington Spa 1985.
Deitchman, Seymur J., *The Best-laid Schemes: A Tale of Social Research and Bureaucracy*, Cambridge (Mass.) 1976.
Dejonghe, Étienne, »Le Nord isolé: occupation et opinion (mai 1940–mars 1942)«, *Revue d'histoire moderne et contemporaine* 26, 1/1979, S. 48–97.
– Ders. (Hg.), *L'Occupation en France et en Belgique, 1940–1944*, 2 Bde., Lille 1987 und 1988.
Delzell, Charles F., *Mussolini's Enemies: The Italian Anti-Fascist Resistance*, Princeton 1961.
Demeter, Karl, *Das deutsche Offizierskorps in Gesellschaft und Staat, 1650 bis 1945*, Frankfurt am Main 1964.
Devillers, Philippe, *Histoire du Vîet-Nam de 1940 à 1952*, Paris 1952.
Dirlik, Arif, *The Origins of Chinese Communism*, New York 1989.
Domenico, Roy Palmer, *Italian Fascists on Trial, 1943–1948*, Chapel Hill 1991.
Ducasse, André et al. (Hg), *Vie et mort des français, 1914–1918: Simple histoire de la grande guerre*, Paris 1959.
Duhamel, Georges, *Civilisation, 1914–1917*, Paris 1918.
Dumas, Samuel und K. O. Vedel-Petersen, *Losses of Life Caused by War*, Oxford 1923.
Eastman, Lloyd E., *Seeds of Destruction: Nationalist China in War and Revolution, 1937–1949*, Stanford 1994.
Edgerton, Ronald K., »The Politics of Reconstruction in the Philippines: 1945–1948«, Diss., University of Michigan 1975.
Ehrman, John, *Grand Strategy: August 1943–September 1944*, Bd. 5, London 1956.

– Ders., *Grand Strategy: October 1944–August 1945*, Bd. 6, London 1956.

Ehrmann, Henry W., *French Labor: From Popular Front to Liberation*, New York 1947.

Eley, Geoff, *From Unification to Nazism: Reinterpreting the German Past*, Boston 1986.

Ellis, John, *The Sharp End of War: The Fighting Man in World War II*, Newton Abbot 1980.

Elsbree, Willard H., *Japan's Role in Southeast Asia's Nationalist Movements, 1940–1945*, Cambridge (Mass.) 1953.

Endres, Franz Carl, »Soziologische Struktur und ihr entsprechende Ideologien des deutschen Offizierskorps vor dem Weltkriege«, *Archiv für Sozialwissenschaft und Sozialpolitik* 58, 1927, S. 282–319.

Engelmann, Bernt, *Bis alles in Scherben fällt. Wie wir die Nazizeit erlebten. 1933–1945*, Köln 1983.

Englander, David und James Osborne, »Jack, Tommy, and Henry Dubb: The Armed Forces and the Working Class«, *Historical Journal* 21, 1978, S. 593 bis 621.

Esherick, Joseph W. (Hg.), *Lost Chance in China: The World War II Despatches of John S. Service*, New York 1974.

Eudes Dominique, *Les Kapetanios: la guerre civile grecque de 1943 à 1949*, Paris 1970.

Fairbanks, John K. (Hg.), *The Cambridge History of China: Republican China, 1912–1949*, 1. Teil [Bd. 12], Cambridge 1983.

– Ders. und Albert Feuerwerker (Hg.), *The Cambridge History of China: Republican China, 1912–1949*, 2. Teil [Bd. 13], Cambridge 1986.

Falkenhayn, Erich von, *Die Oberste Heeresleitung 1914–1916 in ihren wichtigsten Entschließungen*, Berlin 1920.

Farrar, L. L. jr., *The Short-War Illusion: German Policy, Strategy and Domestic Affairs, August–December 1914*, Santa Barbara 1973.

Feldman, Gerald D., *Army, Industry, and Labor in Germany, 1914–1918*, Princeton 1966.

Ferro, Marc, *La Grande Guerre, 1914–1918*, Paris 1969.

– Ders., *The Russian Revolution of February 1917*, Englewood Cliffs (N. J.) 1972.

Fischer, Fritz, *Griff nach der Weltmacht. Die Kriegszielpolitik des kaiserlichen Deutschland 1914/18*, Düsseldorf 1961.

– Ders., *Krieg der Illusionen. Die deutsche Politik von 1911 bis 1914*, Düsseldorf 1969.

Fischer, Ruth, *Stalin und der deutsche Kommunismus. Der Übergang zur Konterrevolution*, Frankfurt am Main 1948.

Florinsky, Michael T., *The End of the Russian Empire*, New York 1931.

Frankland, Noble, *The Bombing Offensive Against Germany: Outlines and Perspectives*, London 1965.

Friend, Theodore, *Between Two Empires: The Ordeal of the Philippines, 1929 bis 1946*, New Haven 1965.

Fromkin, David, *A Peace to End all Peace: The Fall of the Ottoman Empire and the Creation of the Modern Middle East*, New York 1985.

Fussell, Paul, *Wartime: Understanding and Behavior in the Second World War*, New York 1989.

Futtrell, Robert Frank et al., *The United States Air Force in Korea, 1950–1953*, New York 1961.

Gaddis, John Lewis, *Strategies of Containment: A Critical Appraisal of Postwar American National Security Policy*, New York 1982.

Gallerano, Nicola, »Le front intérieur (1942–1943)«, *Revue d'histoire de la Deuxième Guerre mondiale* 23 (Oktober 1973), S. 55–68.

Gallie, Duncan, *Social Inequality and Class Radicalism in France and Britain*, Cambridge 1983.

Garrett, Stephen A., *Ethics and Airpower in World War II: The British Bombing of German Cities*, London 1993.

Gaudel, André, *L'Indochine française en face du Japon*, Paris 1947.

German National Constituent Assembly, Committee of Inquiry, *Official German Documents Relating to the World War*, 2 Bde., New York 1923.

Giap, Vo Nguyen, *Unforgettable Days*, Hanoi 1975.

Gide, Charles/William Oualid, *Le bilan de la guerre pour la France*, Paris 1931.

Gillingham, John, *Belgian Business in the Nazi New Order*, Ghent 1977.

– Ders., *Industry and Politics in the Third Reich: Ruhr Coal, Hitler and Europe*, London 1985.

Giraud, Henri-Christian, *De Gaulle et les communistes: l'alliance, juin 1941–mai 1943*, Paris 1988.

Godfrey, John F., *Capitalism at War: Industrial Policy and Bureaucracy in France, 1914–1918*, Learnington Spa 1987.

Goebbels, Joseph, *Tagebücher aus den Jahren 1942–43*, mit anderen Dokumenten herausgegeben von Louis P. Lochner, Zürich 1948.

– Ders., *Tagebücher 1924–1945*, 5 Bde., herausgegeben von Ralf Georg Reuth, München 1992.

Golovine, Nicholas N., *The Russian Army in the World War*, New Haven 1931.

Gooch, G. P. und Howard Temperly (Hg.), *British Documents on the Origins of the War, 1898–1914: The Outbreak of the War*, Bd. 11, London 1926.

– Dies., *British Documents on the Origins of the War, 1898–1914: The Last Years of Peace*, Bd. 10, 2. Teil, London 1938.

Gordon, Michael R., »Domestic Conflict and the Origins of the First World War: The British and German Cases«, *Journal of Modern History* 46, Juni 1974, S. 191–226.

Goulden, Joseph C., *Korea: The Untold Story of the War*, New York 1982.

Grebler, Leo und Wilhelm Winkler, *The Cost of the World War to Germany and Austria-Hungary*, New Haven 1940.

Gross, Jan Tomasz, *Polish Society Under German Occupation: The General gouvernement, 1939–1944*, Princeton 1979.
Gruber, Helmut (Hg.), *International Communism in the Era of Lenin*, New York 1967.
Grunberger, Richard, *Das zwölfjährige Reich. Der Deutschen Alltag unter Hitler*, Wien, München, Zürich 1972.
Guingouin, Georges und Gérard Monédiaire, *Georges Guingouin: premier maquisard de France*, Limoges 1982.
Hachtmann, Rüdiger, *Industriearbeit im »Dritten Reich«: Untersuchungen zu den Lohn- und Arbeitsbedingungen in Deutschland, 1933–1945*, Göttingen 1989.
Haestrup, Jorgen, *European Resistance Movements, 1939–1945: A Complete History*, Westport (Conn.) 1981.
Haimson, Leopold, »The Problem of Social Stability in Urban Russia, 1905–1917«, *Slavic Review* 23, Dezember 1964, S. 619–641, und 24, März 1965, S. 1–21.
Halberstam, David, *The Best and the Brightest*, New York 1972.
Hammer, Ellen J., *The Struggle for Indochina, 1940–1955*, Stanford 1966.
Hancock, Eleanor, *National Socialist Leadership and Total War*, 1941–45, New York 1991.
Hancock, W. K., *British War Economy*, London 1949.
Harris, C. R. S., *Allied Military Administration of Italy, 1943–1945*, London 1957.
Hartendorp, A. V. H., *The Japanese Occupation of the Philippines*, 2 Bde., Manila 1967.
Harvey, S., »Mobilisation économique et succès militaire pendant la seconde guerre mondiale«, *Revue d'histoire de la Deuxième Guerre mondiale* 36, April 1986, S. 19–35.
Hayes, Peter, *Industry and Ideology: I. G. Farben in the Nazi Era*, Cambridge (Mass.) 1987.
Hayne, M. B., *The French Foreign Office and the Origins of the First World War, 1898–1914*, Oxford 1993.
Henry, Louis, »Évolution démographique de l'Europe 1938–1948«, *Population* 4, 1949, S. 743–747.
Hermes, Walter G., *Truce Tent and Fighting Front [U. S. Army in the Korean War]*, Washington 1966.
Hinsley, F. H. et al., *British Intelligence in the Second World War: Its Influence on Strategy and Operations*, Bd. 3, 2. Teil, London 1988.
Hiro, Dilip, *The Longest War: The Iran-Iraq Military Conflict*, New York 1991.
Hirschfeld, Gerhard, *Nazi Rule and Dutch Collaboration: The Netherlands Under German Occupation, 1940–1945*, Oxford 1980.
– Ders. und Patrick Marsh (Hg.), *Kollaboration in Frankreich. Politik, Wirt-*

schaft und Kultur während der nationalsozialistischen Besatzung 1940 bis 1944, Frankfurt am Main 1991.

Hoffmann, Peter, *Widerstand, Staatsstreich, Attentat. Der Kampf der Opposition gegen Hitler*, Frankfurt/Main, Wien, Zürich 1971.

Holmes, Richard, *Acts of War: The Behavior of Men in Battle*, New York 1986.

Homze, Edward L., *Foreign Labor in Nazi Germany*, Princeton 1967.

Hondros, John Louis, *Occupation and Resistance: The Greek Agony*, 1941–44, New York 1983.

Hoover, Herbert, *The Ordeal of Woodrow Wilson*, New York 1958.

Hosmer, Stephen T., *Constraints on U.S. Strategy in Third World Conflicts*, New York 1987.

– Ders., *The Army's Role in Counterinsurgency and Insurgency* [Rand Corp. R-3947], Santa Monica 1990.

Howard, Michael (Hg.), *Soldiers and Governments: Nine Studies in Civil-Military Relations*, London 1957.

Hughes, Daniel J., *The King's Finest: A Social and Bureaucratic Profile of Prussia's General Officers, 1871–1914*, New York 1987.

Hurwitz, Samuel J., *State Intervention in Great Britain: A Study of Economic Control and Social Response, 1914–1919*, New York 1949.

Hyland, William G., *Mortal Rivals: Superpower Relations from Nixon to Reagan*, New York 1987.

Iatrides, John O., *Revolt in Athens: The Greek Communist »Second Round«, 1944–1945*, Princeton 1972.

– Ders., »The Doomed Revolution: Communist Insurgency in Postwar Greece«, in: Roy Licklider (Hg.), *Stopping the Killing: How Civil Wars End*, New York 1993, S. 204–232.

– Ders. (Hg.), *Greece in the 1940s: A Nation in Crisis*, Hanover (N.H.) 1981.

Iggers, Georg (Hg.), *The Social History of Politics: Critical Perspectives in West German Historical Writing Since 1945*, Learnington Spa 1985.

Ike, Nobutake (Hg.), *Japan's Decision for War: Records of the 1941 Policy Conferences*, Stanford 1967.

Iriye, Akira, *Power and Culture: The Japanese-American War, 1941–1945*, Cambridge (Mass.) 1981.

Isoart, Paul (Hg.), *L'Indochine française, 1940–1945*, Paris 1982.

Jacquemyns, G., *La Société Belge sous l'Occupation Allemande, 1940–1944: Alimentation*, Brüssel 1950.

Japanese Military Administration [Philippines], Department of General Affairs, *The Official Journal of the Japanese Military Administration*, 2. Aufl., Bd. 1, Nr. 1, Manila 1942. [Exemplar in der Hoover Institution Library, Stanford (Cal.)].

Joffre, J.J.C., *The Personal Memoirs of Joffre: Field Marshal of the French Army*, 2 Bde., New York 1932.

Johnson, Chalmers, *Peasant Nationalism and Communist Power: The Emergence of Revolutionary China, 1937–1945*, Stanford 1962.

Judt, Tony (Hg.), *Resistance and Revolution in Mediterranean Europe, 1939 bis 1948*, London 1989.

Károlyi, Michael, *Fighting the World: The Struggle for Peace*, New York 1925.

Kataoka, Tetsuya, *Resistance and Revolution in China: The Communists and the Second United Front*, Berkeley 1974.

Kater, Michael H., *The Nazi Party: A Social Profile of Members and Leaders, 1919–1945*, Cambridge (Mass.) 1983.

– Ders., *Different Drummers: Jazz in the Culture of Nazi Germany*, New York 1992.

Katkov, George, *Russia 1917: The February Revolution*, London 1967.

Kaufman, Burton I., *The Korean War: Challenges in Crisis, Credibility, and Command*, New York 1986.

Kautsky, Karl (Hg.), *Die deutschen Dokumente zum Kriegsausbruch 1914*, 4 Bde., Berlin-Charlottenburg 1919.

Kédros, André, *La Résistance grecque (1940–1944)*, Paris 1966.

Kedward, H. R., *Resistance in Vichy France: A Study of Ideas and Motivation in the Southern Zone, 1940–1942*, New York 1978.

– Ders., *In Search of the Maquis: Rural Resistance in Southern France, 1942–1944*, Oxford 1993.

Keegan, John, *The Face of Battle*, London 1976.

– Ders., »Regimental Ideology«, in: Geoffrey Best und Andrew Wheatcroft (Hg.), *War, Economy and the Military Mind*, London 1976.

Keep, John L. H., *The Russian Revolution: A Study in Mass Mobilization*, New York 1976.

Keiger, John F. V., *France and the Origins of the First World War*, London 1983.

Kennedy, Paul M., *The Rise and Fall of the Great Powers: Economic Change and Military Conflict from 1500 to 2000*, New York 1987 (deutsche Ausgabe: *Aufsteig und Fall der großen Mächte. Ökonomischer Wandel und militärischer Konflikt von 1500–2000*, Frankfurt/Main [S. Fischer Verlag] 1989).

– Ders. (Hg.), *The War Plans of the Great Powers, 1880–1914*, Boston 1985.

Kerkvliet, Benedict J., *The Huk Rebellion: A Study of Peasant Revolt in the Philippines*, Berkeley 1977.

Kershaw, Ian, *Popular Opinion and Political Dissent in the Third Reich: Bavaria 1933–1945*, Oxford 1983.

– Ders., *The »Hitler Myth«: Image and Reality in the Third Reich*, Oxford 1987.

Kesselring, Albert, *Soldat bis zum letzten Tag*, Bonn 1953.

Khan, Huynh Kim, *Vietnamese Communism, 1925–1945*, Ithaca 1982.

Kido, Marquis, *The Diary of Marquis Kido, 1931–1945*, Frederick (Md.) 1984.

King, Jere Clemens, *Generals and Politicians: Conflicts Between France's High Command, Parliament and Government, 1914–1918*, Berkeley 1951.

Kissin, S. F., *War and the Marxists: Socialist Theory and Practice in Capitalist War, 1848–1918*, London 1988.

Kitchen, Martin, *The German Officer Corps, 1890–1914*, Oxford 1968.

Kitsikis, Dimitri, »La famine en Grèce (1941–1942): les Conséquences politiques«, *Revue d'histoire de la Deuxième Guerre mondiale* 19, April 1969, S. 17–41.

Klein, Burton H., *Germany's Economic Preparations for War*, Cambridge (Mass.) 1959.

Knox, Alfred W. F., *With the Russian Army, 1914–1917*, London 1921.

Kocka, Jürgen, *Klassengesellschaft im Krieg. Deutsche Sozialgeschichte 1914 bis 1917*, Göttingen 1978.

Kofos, Evangelos, *Nationalism and Communism in Macedonia*, Thessaloniki 1964.

Kogan, Norman, *Italy and the Allies*, Cambridge (Mass.) 1956.

Koistinen, Paul A. C., »The ›Industrial-Military‹ Complex in Historical Perspective: World War I«, *Business History Review* 41, Winter 1967, S. 378 bis 403.

– Ders., »The ›Industrial-Military‹ Complex in Historical Perspective: The Inter-War Years«, *Journal of American History* 56, März 1970, S. 819–839.

– Ders., »Mobilizing the World War II Economy: Labor and the Industrial-Military Alliance«, *Pacific Historical Review* 42, 11/1973, S, 443 bis 478.

Kolko, Gabriel, *Anatomy of a War: Vietnam, the United States, and the Modern Historical Experience*, New York 1985.

– Ders., *Confronting the Third World: United States Foreign Policy, 1945 to 1980*, New York 1988.

– Ders., *The Politics of War: The World and United States Foreign Policy, 1943–1945*, überarbeitete Fassung, New York 1990.

– Ders., »The Gulf and Afterwards: The Future of American Foreign Policy«, *Studies in Political Economy* 34, Frühjahr 1991, S. 7–28.

– Ders. und Joyce Kolko, *The Limits of Power: The World and United States Foreign Policy, 1945–1954*, New York 1972.

Kousoulas, D. George, *Revolution and Defeat: The Story of the Greek Communist Party*, London 1965.

Krepinevich, Andrew F. jr., *The Army and Vietnam*, Baltimore 1986.

Kriegel, Annie, *Aux origines du communisme français, 1914–1920*, Bd. 1, Paris 1964.

Kriegel-Valrimont, Maurice, *La Libération: les archives du COMAC (mai–août 1944)*, Paris 1964.

Kuisel, Richard F., *Capitalism and the State in Modern France*, New York 1981.

Kulischer, Eugene M., *Europe on the Move: War and Population Changes, 1917–1947*, New York 1948.

Laborie, Pierre, *L'Opinion française sous Vichy*, Paris 1990.

Large, David Clay (Hg.), *Contending with Hitler: Varieties of German Resistance in the Third Reich*, New York 1991.

Larkin, John A., *The Pampangans: Colonial Society in a Philippine Province*, Berkeley 1972.

Laurel, R. Kwan, »The Life of Commander Hizon«, *Midweek* (Manila), 6.–13. November 1991, S. 16 f.

Lazitch, Branko, *Les partis communistes d'Europe, 1919–1955*, Paris 1965.

Leage of Nations, Economic, Financial and Transit Department, *Food Rationing and Supply, 1943/44*, Genf 1944.

– Dies., *Food, Famine and Relief, 1940–1946*, Genf 1946.

Leed, Eric J., *No Man's Land: Combat and Identity in World War I*, New York 1979.

Legnani, Massimo, »La société italienne et la Résistance«, *Revue d'histoire de la Deuxième Guerre mondiale* 23, Oktober 1973, S. 37–54.

Levine, Robert A., *The Arms Debate and the Third World* [Rand Corp. N-3523], Santa Monica 1987.

Levy, Carl (Hg.), *Socialism and Intelligentsia, 1880–1914*, London 1987.

Lewis, John Wilson (Hg.), *Peasant Rebellion and Communist Revolution in Asia*, Stanford 1974.

Liddell, Hart, B. H., *Through the Fog of War*, New York 1938.

– Ders., *The Tanks: History of the Royal Tanks Regiment and Its Predecessors*, Bd. 1, London 1959.

Liebknecht, Karl, Rosa Luxemburg und Franz Mehring, *Die Krise der Sozialdemokratie*. Von Junius, Zürich 1916.

Liebmann, Marcel, *The Russian Revolution: The Origins, Phases and Meaning of the Bolshevik Victory*, London 1970.

Littlejohn, David, *The Patriotic Traitors: A History of Collaboration in German-Occupied Europe, 1940–1945*, London 1972.

Lloyd, Alan, *The War in the Trenches*, London 1976.

Lloyd George, David, *War Memoirs*, Bd. 1, London 1933.

Lockhart, Greg, *Nation in Arms: The Origins of the People's Army of Vietnam*, Sydney 1989.

Long, Ngo Vinh, *Before the Revolution: The Vietnamese Peasants under the French*, New York 1992.

Lottman, Herbert R., *The Purge*, New York 1986.

Lutz, Ralph H. (Hg.), *Fall of the German Empire, 1914–1918*, 2 Bde., Stanford 1932.

– Ders., *The Causes of the German Collapse in 1918*, Stanford 1934.

Lyttelton, Adrian, *The Seizure of Power: Fascism in Italy, 1919–1929*, New York 1973.

Macmillan, Harold, *The Blast of War, 1939–1945*, London 1967.

Madjarian, Grégoire, *Conflits, pouvoirs et société à la libération*, Paris 1980.

Magnus, Philip, *Kitchener: Portrait of an Imperialist*, London 1958.

Marcot, M., »Pour une Enquête sur les Maquis: Quelques Problèmes«, *Revue d'histoire de la Deuxième Guerre mondiale* 33, Oktober 1983, S. 89–100.

Marjolin, Robert, *Architect of European Unity: Memoirs, 1911–1986*, London 1989.

Marshall, S. L. A., *Men Against Fire: The Problem of Battle Command in Future War*, New York 1947.

Martin, François, *Heures tragiques au Tonkin*, Paris 1949.

Marty Papers, Manuscripts of André Marty in the Hoover Institution Library.

Marwick, Arthur, *The Deluge: British Society and the First World War*, New York 1965.

– Ders., *War and Social Change in the Twentieth Century: A Comparative Study of Britain, France, Germany, Russia and the United States*, London 1974.

– Ders. (Hg.), *Total War and Social Change*, London 1988.

Mason, Timothy W., *Social Policy in the Third Reich: The Working Class and the »National Community«*, Providence 1993.

– Ders., »The Legacy of 1918 for National Socialism«, in: Anthony Nicholls und Erich Matthias (Hg.), *German Social Democracy and the Triumph of Hitler*, London 1971, S. 215–239.

– Ders., »Women in Germany, 1925–1940: Family, Welfare and Work«, *History Workshop* 1, Frühjahr 1976, S. 74–113; 2, Herbst 1976, S. 5–32.

Matloff, Maurice, *Strategic Planning for Coalition Warfare, 1943–1944 [U. S. Army in World War II]*, Washington 1959.

Maurice, Frederick, *Lessons of Allied Co-operation: Naval, Military and Air, 1914–1918*, London 1942.

Mayer, Arno J., *Politics and Diplomacy of Peacemaking: Containment and Counterrevolution at Versailles, 1918–1919*, New York 1967.

Mazower, Mark, *Inside Hitler's Greece: The Experience of Occupation, 1941–44*, New Haven 1993.

– Ders., »Military Violence and National Socialist Values: The Wehrmacht in Greece, 1941–1944«, *Past and Present* 134, Februar 1992, S. 130–158.

McInnes, Colin und G. D. Sheffield (Hg.), *Warfare in the Twentieth Century: Theory and Practice*, London 1988.

Mendelssohn-Bartholdy, Albrecht, *The War and German Society: The Testament of a Liberal*, New Haven 1937.

Michel, Henri, *Les courants de pensée de la résistance*, Paris 1962.

– Ders., *The Shadow War: Resistance in Europe, 1939–1945*, London 1972.

Michon, Georges, *La préparation à la Guerre: La loi de trois ans (1910–1914)*, Paris 1935.

Mierzejewski, Alfred C., *The Collapse of the German War Economy, 1944 to 1945: Allied Air Power and the German National Railway*, Chapel Hill 1988.

Miller, James E., *The United States and Italy, 1940–1950: The Politics and Diplomacy of Stabilization*, Chapel Hill 1986.

Miller, Steven E. (Hg.), *Military Strategy and the Origins of the First World War*, Princeton 1985.

Millett, Allan R. und Williamson Murray (Hg.), *Military Effectiveness*, Bde. 1 und 3, Boston 1988.

Milward, Alan S., *The German Economy at War*, London 1965.

– Ders., *The New Order and the French Economy*, Oxford 1970.

– Ders., *War, Economy and Society, 1939–1945*, Harmondsworth 1977.

Mitchell, Allan, *Revolution in Bavaria, 1918–1919: The Eisner Regime and the Soviet Republic*, Princeton 1965.

Mitchell, B. R., *European Historical Statistics, 1750–1970*, London 1975.

Mohrenschildt, Dimitri von (Hg.), *The Russian Revolution of 1917: Contemporary Accounts*, New York 1971.

Momyer, William W., *Airpower in Three Wars*, Washington (D. C.) 1978.

Montgomery, Viscount [Bernard Law], *Memoirs*, London 1958.

Moore, Barrington, *Ungerechtigkeit. Die sozialen Ursachen von Unterordnung und Widerstand*, Frankfurt am Main 1982.

Mordant, Eugène, *Au service de la France en Indochine, 1941–45*, Saigon 1950.

Morley, James William (Hg.), *The Fateful Choice: Japan's Advance into Southeast Asia, 1939–1941*, New York 1983.

– Ders., *The China Quagmire: Japan's Expansion on the Asian Continent, 1933–1941*, New York 1983.

– Ders., *Japan Erupts: The London Naval Conference and the Manchurian Incident, 1928–1932*, New York 1984.

Morsomme, Albert, *Anatomie de la guerre totale: ses aspects économiques et financiers*, Brüssel 1971.

Mrozek, Donald J., *Air Power and the Ground War in Vietnam: Ideas and Actions*, Maxwell Air Force Base (Ala.) 1988.

Mueller, John E., *War, Presidents and Public Opinion*, New York 1973.

Mühlberger, Detlef (Hg.), *The Social Basis of European Fascist Movements*, London 1987.

Müller, Klaus-Jürgen, *Armee, Politik und Gesellschaft in Deutschland 1933 bis 1945. Studien zum Verhältnis von Armee und NS-System*, Paderborn 1979.

Nef, John U., *War and Human Progress: An Essay on the Rise of Industrial Civilization*, Cambridge (Mass.) 1950.

Neufeld, Maurice F., *Italy: School for Awakening Countries; The Italian Labor Movement in Its Political, Social, and Economic Setting from 1800 to 1960*, Ithaca 1961.

Nobecourt, Jacques, *Une Histoire politique de l'armée: De Pétain à Pétain, 1919–1942*, Paris 1967.

Noguères, Henri, *Histoire de la Résistance en France: Juin 1940–Juin 1941*, Paris 1967.

– Ders. und Marcel Degliame-Fouché, *Histoire de la Résistance en France de 1940 à 1945*, Bde. 3, 4 und 5, Paris 1972, 1976 und 1981.

O'Ballance, Edgar, *The Greek Civil War, 1944–1949*, New York 1966.
Orlow, Dietrich, *The Nazis in the Balkans: A Case Study of Totalitarian Politics*, Pittsburgh 1968.
Oualid, William, »The Effect of War Upon Labour in France«, in: Charles Gide (Hg.), *Effects of the War upon French Economic Life*, Oxford 1923.
– Ders. und Charles Picquenard, *Salaires et tarifs, conventions collectives et grèves*, Paris 1928.
Paige, Jeffery M., *Agrarian Revolution: Social Movements and Export Agriculture in the Underdeveloped World*, New York 1975.
Palmer, Bruce jr., *The 25-Year War: America's Military Role in Vietnam*, Lexington (Ky.) 1984.
Papastratis, Procopis, *British Policy Towards Greece During the Second World War, 1941–1944*, Cambridge 1984.
Pares, Bernard, *My Russian Memoirs*, London 1931.
Parkinson, Roger, *Blood, Toil, Tears and Sweat: The War History from Dunkirk to Alamein, Based on the War Cabinet Papers of 1940–42*, London 1973.
– Ders., *A Day's March Nearer Home: The War History from Alamein to VE Day, Based on the War Cabinet Papers of 1942 to 1945*, London 1974.
Pastor, Peter (Hg.), *Revolutions and Interventions in Hungary and Its Neighbors, 1918–1919*, Boulder 1988.
Paxton, Robert O., *Vichy France: Old Guard and New Order, 1940–1944*, New York 1972.
»PCI Leaflets«, Sammlung der Kommunistischen Partei Italiens im International Institute of Social History, Amsterdam.
Pearson, Lester B., *Mike: Memoirs of the Right Honorable Lester B. Pearson*, Bd. 2, Toronto 1972.
Peck, Graham, *Two Kinds of Time*, 2. Aufl., Boston 1967.
Peck, Merton J. und Frederic M. Scherer, *The Weapons Acquisition Process*, Boston 1962.
Pedroncini, Guy, *1917: les mutineries de l'armée française*, Paris 1968.
Perreux, Gabriel, *La vie quotidienne des civils en France pendant la grande guerre*, Paris 1966.
Peukert, Detlev J. K., *Volksgenossen und Gemeinschaftsfremde. Anpassung, Ausmerzung und Aufbegehren unter dem Nationalsozialismus*, Köln 1982.
Philippines Department of Agriculture, Bureau of Agricultural Statistics, *Agricultural Development Trends in the 80's: Philippines vs. Other Selected Countries*, Manila o. J. [1970].
Phillips, Gregory D., *The Diehards: Aristocratic Society and Politics in Edwardian England*, Cambridge (Mass.) 1979.
Pogue, Forrest C., *The Supreme Command: The European Theater of Operations [U. S. Army in World War II]*, Washington 1954.
Porch, Douglas, *The March to the Marne: The French Army, 1871–1914*, Cambridge 1981.

Rabinowitch, Alexander, *The Bolsheviks Come to Power: The Revolution of 1917 in Petrograd*, New York 1976.
Ralston, David B., *The Army of the Republic: The Place of Military in the Political Evolution of France, 1871–1914*, Cambridge (Mass.) 1967.
Reale, Eugenio, *Avec Jacques Duclos*, Paris 1958.
Reck-Malleczewen, Friedrich P., *Tagebuch eines Verzweifelten*, Frankfurt am Main 1994.
Recto, Claro M., *Three Years of Enemy Collaboration*, Manila 1946.
Rees, David, *Korea: The Limited War*, New York 1964.
Renouvin, Pierre, *La crise européenne et la grande guerre (1914–1918)*, Paris 1934.
Rich, Norman, *Hitler's War Aims: Ideology, the Nazi State, and the Course of Expansion*, Bd. 1, New York 1973.
Rieber, Alfred J., *Stalin and the French Communist Party, 1941–1947*, New York 1962.
Rings, Werner, *Leben mit dem Feind. Anpassung und Widerstand in Hitlers Europa 1939–1945*, München 1979.
Rioux, Jean-Pierre, *The Fourth Republic, 1944–1958*, Cambridge 1987.
Ritter, Gerhard, *Der Schlieffenplan. Kritik eines Mythos*, München 1956.
Romanus, Charles F. und Riley Sunderland, *Time Runs Out in CBI: China-Burma-India Theater [U. S. Army in World War II]*, Washington 1959.
Rosinski, Herbert, *The German Army*, New York 1966.
Rousso, Henry, *The Vichy Syndrome: History and Memory in France since 1944*, Cambridge (Mass.) 1991.
Routh, Guy, *Occupation and Pay in Great Britain 1906–79*, London 1980.
Rumpf, Hans, *Das war der Bombenkrieg. Deutsche Städte im Feuersturm. Ein Dokumentarbericht*, Oldenburg und Hamburg 1961.
– Ders., »Die Verluste der westdeutschen Zivilbevölkerung im Luftkrieg«, in: *Wehrwissenschaftliche Rundschau* 3, 1953, S. 493–497.
Ryder, A. J., *The German Revolution of 1918: A Study of German Socialism in War and Revolt*, Cambridge 1967.
Salter, Stephen, »Structures of Ceonsensus and Coercion: Workers' Morale and the Maintenance of Work Discipline, 1939–1945«, in: David Welch (Hg.), *Nazi Propaganda: The Power and the Limitations*, London 1983, S. 88–116.
Sarafis, Stefanos, *ELAS: Greek Resistance Army*, London 1980.
Sauermann, Heinz, »Demographic Changes in Postwar Germany«, *Annals of the American Academy of Political and Social Sciences* 260, November 1948, S. 99–107.
Sauvy, Alfred, *La vie économique des Français de 1939 à 1945*, Paris 1978.
Scalapino, Robert A. und Chong-Sik Lee, *Communism in Korea*, Bd. 1, Berkeley 1972.
Scheidemann, Philipp, *Memoiren eines Sozialdemokraten*, 2 Bde., Dresden 1928.

Schnabel, James F., *Policy and Direction: The First Year [U.S. Army in the Korean War]*, Washington 1972.

Schorske, Carl E., *German Social Democracy, 1905–1917: The Development of the Great Schism*, Cambridge (Mass.) 1955 (deutsche Ausgabe: *Die große Spaltung. Die deutsche Sozialdemokratie, 1905–1917*, Berlin 1981).

Schreiner, George A., *The Iron Ration: Three Years in Warring Central Europe*, New York 1918.

Schurmann, Franz, *Ideology and Organization in Communist China*, Berkeley 1966.

Selden, Mark, *The Yenan Way in Revolutionary China*, Cambridge (Mass.) 1971.

Semelin, Jacques, *Sans armes face à Hitler: La résistance civile en Europe, 1939–1943*, Paris 1989.

Serfaty, Simon und Lawrence Gray (Hg.), *The Italian Communist Party: Yesterday, Today, and Tomorrow*, Westport (Conn.) 1980.

Serman, William, *Les officiers français dans la nation, 1848–1914*, Paris 1982.

Seton-Watson, Christopher, *Italy from Liberation to Fascism, 1870–1925*, London 1967.

Seydewitz, Max, *Civil Life in Wartime Germany. The Story of the Home Front*, New York 1945.

Shafer, D. Michael, *Deadly Paradigms: The Failure of U.S. Counterinsurgency Policy*, Princeton 1988.

Sherry, Michael S., *The Rise of American Airpower: The Creation of Armageddon*, New Haven 1987.

Shulman, Marshall D., *Stalins Foreign Policy Reappraised*, Cambridge (Mass.) 1963.

Shum, Kui-kwong, *The Chinese Communists' Road to Power: The Anti-Japanese National United Front, 1935–1945*, Hongkong 1988.

Silverstein, Josef (Hg.), *Southeast Asia in World War II: Four Essays* [Yale University Southeast Asia Studies Nr. 7], New Haven 1966.

Simmons, Robert R., *The Strained Alliance: Peking, Pyongyang, Moscow and the Politics of the Korean Civil War*, New York 1975.

Simon, John, *Revolutions Without Guerrillas* [Rand Corp. R-3683], Santa Monica 1989.

Smith, Denis M., *Italy: A Modern History*, Ann Arbor 1969.

Smith, Howard K., *The State of Europe*, New York 1949.

Smith, Russell Jack, *The Unknown CIA: My Three Decades in the Agency*, Washington 1989.

Snyder, Jack, *The Ideology of the Offensive: Military Decision Making and the Desasters of 1914*, Ithaca 1984.

Speer, Albert, *Erinnerungen*, Berlin 1969.

Speier, Hans, *Social Order and the Risks of War: Papers in Political Sociology*, Cambridge (Mass.) 1952.

Spiers, Edward M., *The Army and Society, 1815–1914*, London 1980.

Sprenger, Rudolf, *Bolshevism: Its Roots, Role, Class View, and Methods*, New York o. J. [1937?].
Spriano, Paolo, *The Occupation of the Factories: Italy 1920*, London 1975.
– Ders., *Stalin and the European Communists*, London 1985.
Stavrakis, Peter J., *Moscow and Greek Communism, 1944–1949*, Ithaca 1989.
Steinberg, David J., *Philippine Collaboration in World War II*, Ann Arbor 1967.
Steiner, Zara S., *Britain and the Origins of the First World War*, London 1977.
Steinert, Marlis G., *Hitlers Krieg und die Deutschen. Stimmung und Haltung der deutschen Bevölkerung im Zweiten Weltkrieg*, Düsseldorf, Wien 1970.
Stilwell, Joseph W., *The Stilwell Papers*, New York 1948.
Stockwell, John, *In Search for Enemies: A CIA Story*, New York 1978.
Stone, Norman, *The Eastern Front, 1914–1917*, London 1975.
– Ders., »Army and Society in the Habsburg Monarchy, 1900–1914«, *Past and Present* 33, April 1966, S. 95–111.
Stouffer, Samuel A. et al., *The American Soldier: Combat and Its Aftermath*, Princeton 1949.
– Ders., *The American Soldier: Adjustment During Army Life*, Princeton 1949.
Strong, Kenneth, *Intelligence at the Top: The Recollections of an Intelligence Officer*, London 1968.
Struye, P., *L'Évolution du sentiment publique en Belgique sous l'occupation allemande*, Brüssel 1947.
Studnitz, Hans-Georg von, *Als Berlin brannte. Diarium der Jahre 1943–1945*, Stuttgart 1963.
Sturmthal Adolf A., *The Tragedy of European Labor, 1918–1939*, New York 1943.
Sweet-Escott, Bickam, *Greece: A Political and Economic Survey, 1939–1953*, London 1954.
Sweets, John F., *Choices in Vichy France: The French under Nazi Occupation*, New York 1986.
Taruc, Luis, *Born of the People*, New York 1953.
Taubmann, Michael, *L'Affaire Guingouin*, Limoges 1994.
Thayer, John A., *Italy and the Great War: Politics and Culture, 1870–1915*, Madison (Wis.) 1964.
Thompson, John M., *Revolutionary Russia 1917*, New York 1981.
Thorez, Maurice, *Œuvres*, Bd. 20, Paris 1960.
Thorne, Christopher, *The Far Eastern War: States and Societies, 1941–45*, London 1987.
Tillon, Charles, *On chantait rouge*, Paris 1977.
Togo, Shigenori, *The Cause of Japan*, New York 1956.
Tokes, Rudolf L., *Béla Kun and the Hungarian Soviet Republic: The Origins and Role of the Communist Party of Hungary in the Revolutions of 1918–1919*, New York 1967.

Tonnesson, Stein, *The Vietnamese Revolution of 1945: Roosevelt, Ho Chi Minh and de Gaulle in a World at War*, London 1991.

Toscano, Mario, *Designs in Diplomacy: Pages from European Diplomatic History in the Twentieth Century*, Baltimore 1970.

Travers, Tim, *The Killing Ground: The British Army, the Western Front and the Emergence of Modern Warfare, 1900–1918*, London 1987.

Trotzki, Leo, *The History of the Russian Revolution*, 3 Bde., Ann Arbor 1957.

Trullinger, James Walker jr., *Village at War: An Account of Revolution in Vietnam*, New York 1980.

Trunk, Isaiah, *Judenrat: The Jewish Councils in Eastern Europe Under Nazi Occupation*, New York 1972.

Turner, Stansfield, *Secrecy and Democracy: The CIA in Transition*, Boston 1985.

Ullrich, Volker, *Die nervöse Großmacht 1871–1918. Aufstieg und Untergang des deutschen Kaiserreichs*, Frankfurt am Main 1997.

United Kingdom, Foreign Office, *Report of the British Parliamentary Delegation to Greece, August 1946*, London 1947.

– Ministry of Labor, *Economic Notes from German and Austrian Newspapers* (26. Oktober 1914–Dezember 1919).

– Parliament, *Report of the British Legal Mission to Greece, 17th January 1946*, Cmd. 6838, London 1946.

U. S. Army, Pacific Forces, Military Intelligence Section, »The Guerrilla Resistance Movement in the Philippines«, Bd. 1, 15. April 1946.

U. S. Commission on Integrated Long-Term Strategy, *Report: Discriminate Deterrence*, Washington, Januar 1988.

U. S. Department of State, *Foreign Relations of the United States*, Bd. 3, 1944, Bd. 4, 1948, Washington 1965 und 1974.

– Office of Research and Intelligence, »Status and Prospects of German Trade-Unions and Work Councils«, Nr. 3381, 27. Mai 1946.

U. S. House of Representatives, Select Committee on Foreign Aid, *Final Report on Foreign Aid*, 80:2, 1. Mai 1948, Washington 1948.

U. S. Joint Chiefs of Staff, *1991 Joint Military Net Assessment*, Washington, März 1991.

U. S. National Security Council, »United States Objectives and Problems for National Security«, Nr. 68, 14. April 1950 [Paginierung wie in der Originalvorlage].

U. S. Office of Strategic Services, Research and Analysis Branch, »Food Distribution in Italy«, R & A Nr. 1371, 27. Oktober 1943.

– »Food Resources of North Italy«, R & A Nr. 1400.4, 1. Januar 1944.

– »Food Rations and Prices in Italy Before and After Allied Invasion«, R & A Nr. 2324, 31. Juli 1944.

– »Biographical Reports« (Philippines), 25. November 1944.

– »Contributions of the Italian Partisans to the Allied War Effort«, R & A Nr. 2993, 31. März 1945.

U. S. Senate, Committee on Armed Services, *Report: Defense Organization: The Need for Change*, 99:1, Washington 1985.

– Special Committee to Study Problems of American Small Business, *Report: Economic Concentration and World War II*, 79:2, Washington 1946.

Urban, Joan Barth, *Moscow and the Italian Communist Party: From Togliatti to Berlinguer*, Ithaca 1986.

Vagts, Alfred, *A History of Militarism: Romance and Realities of a Profession*, New York 1937.

Vidalenc, Jean, *L'exode de mai–juin 1940*, Paris 1957.

Vlavianos, Haris, *Greece, 1941–49: From Resistance to Civil War: The Strategy of the Greek Communist Party*, London 1992.

Vokmanovic, Svetozar, *How and Why the People's Liberation Struggle of Greece Met with Defeat*, London 1985.

Waite, Robert G. L., *Vanguard of Nazism: The Free Corps Movement in Postwar Germany, 1918–1923*, Cambridge (Mass.) 1952.

Waites, Bernard, *A Class Society at War: England, 1914–1918*, Learnington Spa 1987.

Wall, Richard und Jay Winter (Hg.), *The Upheaval of War: Family, Work and Welfare in Europe, 1914–1918*, Cambridge 1988.

Waller, Willard (Hg.), *War in the Twentieth Century*, New York 1974.

Walter, Gerard, *Paris Under the Occupation*, New York 1960.

Warlimont, Walter, *Inside Hitler's Headquarters, 1939–1945*, London 1964.

Warmbrunn, Werner, *The Dutch Under German Occupation, 1940–1945*, Stanford 1963.

Watt, Donald Cameron, *Too Serious a Business: European Armed Forces and the Approach to the Second World War*, London 1973.

– Ders., *How War Came: The Immediate Origins of the Second World War, 1938–1939*, New York 1989.

Weathersby, Kathryn, »Soviet Aims in Korea and the Origins of the Korean War, 1945–1950: New Evidence from Russian Archives«, Cold War International History Project, Woodrow Wilson Center, November 1993.

Wehler, Hans Ulrich, *Das deutsche Kaiserreich 1871–1918*, Göttingen 1973.

Weinberg, Gerhard L., *The Foreign Policy of Hitler Germany: Starting World War II, 1937–1939*, Chicago 1980.

Whalen, Robert W., *Bitter Wounds: German Victims of the Great War, 1914 to 1939*, Ithaca 1984.

Wheeler, Mark C., *Britain and the War for Yugoslavia, 1940–1943*, Boulder 1980.

Wheeler-Bennett, John W., *The Nemesis of Power: The German Army in Politics, 1918–1945*, London 1967.

White, Theodore H. und A. Jacoby, *Thunder out of China*, New York 1946.

White, William D., *U. S. Tactical Air Power: Missions, Forces, and Costs*, Washington 1974.

Wildman, Allan K., *The End of the Russian Imperial Army: The Old Army and the Soldiers' Revolt (March–April 1917)*, Princeton 1980.

Wilensky, Harold D., *Organizational Intelligence: Knowledge and Policy in Government and Industry*, New York 1967.

Wilhelm, Maria de Blasio, *The Other Italy: Italian Resistance in World War II*, New York 1988.

Willard, Germaine et al., *De la guerre à la libération: la France de 1939 à 1945*, Paris 1972.

Willequet, Jacques, *La Belgique sous la Botte: Résistances et Collaborations, 1940–1945*, Paris 1986.

Williams, John, *The Home Fronts: Britain, France and Germany, 1914–1918*, London 1972.

Williamson, Samuel R. jr., *The Politics of Grand Strategy: Britain and France Prepare for War, 1904–1914*, Cambridge (Mass.) 1969.

Willoughby, Charles A. (Hg.), *The Guerrilla Resistance Movement in the Philippines: 1941–1945*, New York 1972.

Winter, J. M. (Hg.), *War and Economic Development: Essays in Memory of David Joslin*, Cambridge 1975.

Wittner, Lawrence S., *American Intervention in Greece, 1943–1949*, New York 1982.

Wolowski, Alexandre, *La vie quoditienne à Varsovie sous l'occupation Nazi, 1939–1945*, Paris 1977.

Wolters, Willem, *Politics, Patronage and Class Conflict in Central Luzon*, Quezon City 1984.

Woodhouse, C. M., *The Struggle for Greece, 1941–1949*, London 1976.

Woodside, Alexander B., *Community and Revolution in Modern Vietnam*, Boston 1976.

Woodward, Bob, *Veil: The Secret Wars of CIA 1981–1987*, New York 1987.

Woodward Llewellyn, *Great Britain and the War of 1914–1918*, London 1967.

– Ders., *British Foreign Policy in the Second World War*, Bd. 3, London 1971.

Young, Arthur N., *China's Wartime Finance and Inflation, 1937–1945*, Cambridge (Mass.) 1965.

Zee, Henri A. van der, *The Hunger Winter: Occupied Holland, 1944–45*, London 1982.

Zhukov, G. K., *Reminiscences and Reflections*, 2 Bde., Moskau 1985.

PERSONEN-, SACH- UND ORTSREGISTER

Hinweise zum Register:

- Unter den als Substantiv angegebenen Stichwörtern sind auch verwandte grammatische Formen desselben Stammes subsumiert. Beispiel: Unter »Kommunismus« finden sich auch Verweise auf »Kommunisten« und »kommunistisch«.
- Benennt der Autor einen Begriff austauschbar mit unterschiedlichen Wörtern, sind diese unter einem Stichwort zusammengefaßt, auf das durch Querverweis verwiesen wird. Beispiele: »Marxismus« / »Marxisten« / »marxistisch« s. unter »Kommunismus«; »Waffentechnik« s. unter »Rüstungstechnik«; »Zentraleuropa« s. unter »Mitteleuropa« etc.
- Metaphorische und Pars-pro-toto-Begriffe finden sich unter dem gemeinten Stichwort. Beispiel: Wenn »Berlin« metaphorisch für die deutsche Regierung steht, wurde die Stelle unter dem Stichwort »Deutschland« aufgenommen.
- Die Wörter »Rußland« / »russisch« / »Russen« können sich in der Zeit zwischen November 1917 und Dezember 1991 auf die Sowjetunion beziehen und wurden in diesen Fällen unter dem Stichwort »Sowjetunion« aufgenommen. Gleichermaßen wurde »amerikanisch« unter USA aufgenommen, wenn dies so gemeint ist.
- **Halbfett** hervorgehoben sind Seitenzahlen, wenn das entsprechende Stichwort in einer Kapitel- oder Zwischenüberschrift vorkommt.
- Querverweise sind *kursiv* gesetzt